Paris
1854

Goerres, J.

La Mystique divine, naturelle et diabolique

troisieme partie : La mystique diabolique

Tome 5

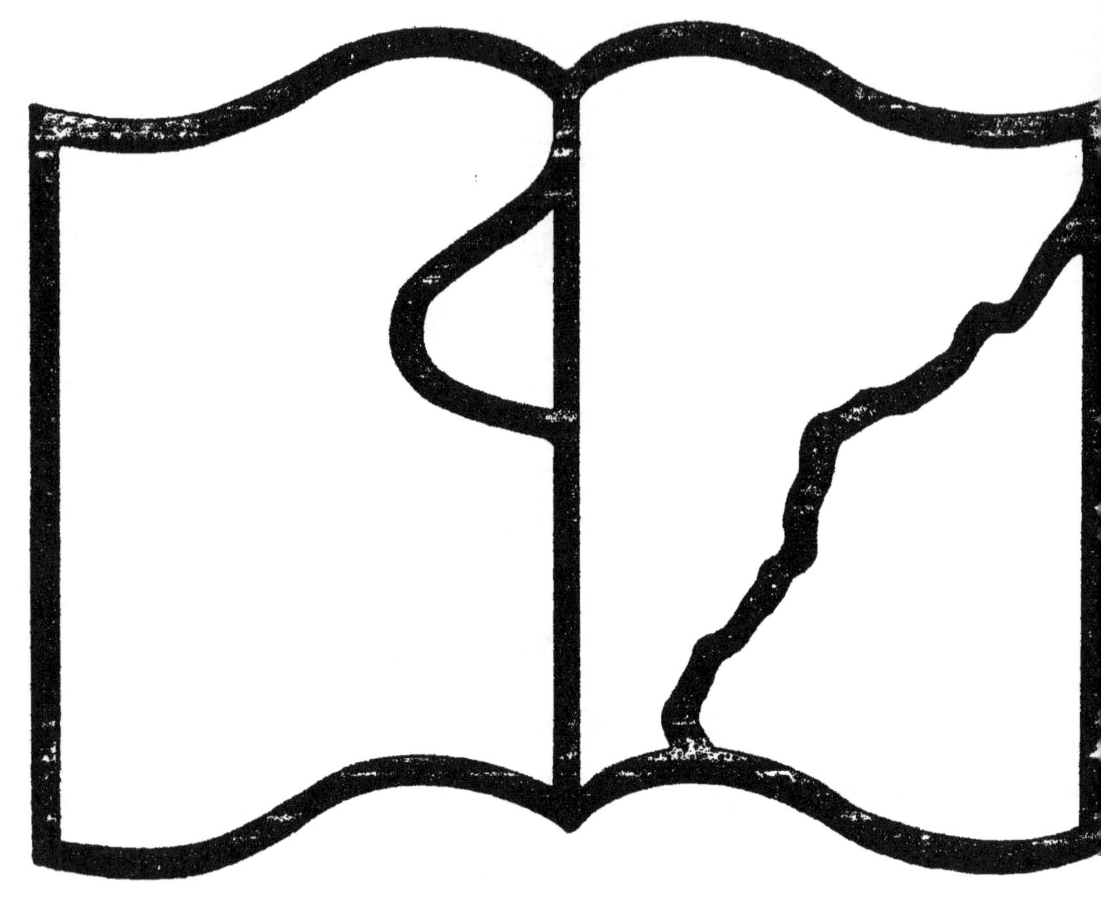

Symbole applicable
pour tout, ou partie
des documents microfilmés

Texte détérioré — reliure défectueuse

NF Z 43-120-11

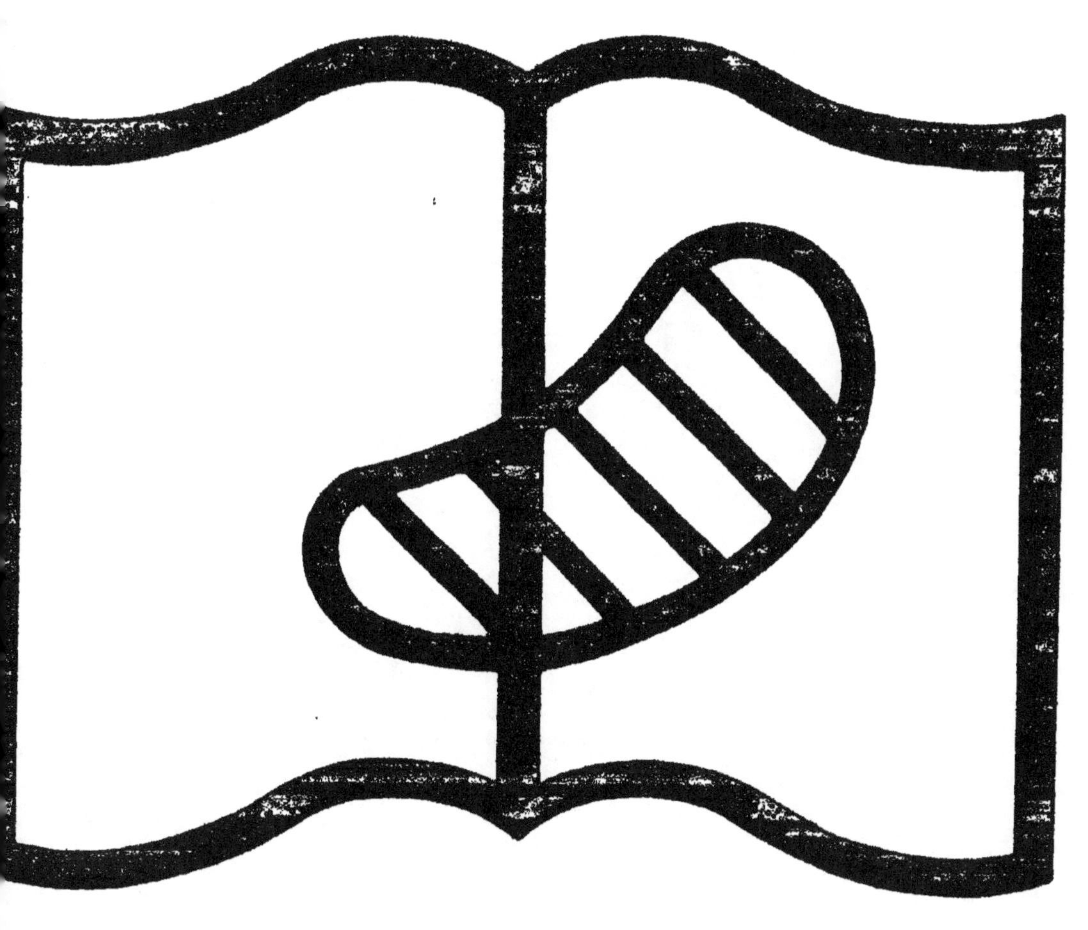

Symbole applicable
pour tout, ou partie
des documents microfilmés

Original illisible

NF Z 43-120-10

LA

MYSTIQUE

DIVINE, NATURELLE ET DIABOLIQUE.

TOME CINQUIÈME.

Paris. — Typographie de Firmin Didot frères, rue Jacob, 56.

LA
MYSTIQUE

DIVINE, NATURELLE ET DIABOLIQUE,

PAR GÖRRES,

OUVRAGE TRADUIT DE L'ALLEMAND

PAR

M. CHARLES SAINTE-FOI.

TROISIÈME PARTIE.

LA MYSTIQUE DIABOLIQUE.

TOME CINQUIÈME.

PARIS,
Mme Vve POUSSIELGUE-RUSAND, LIBRAIRE,
RUE SAINT-SULPICE, 23.

MDCCCLV.

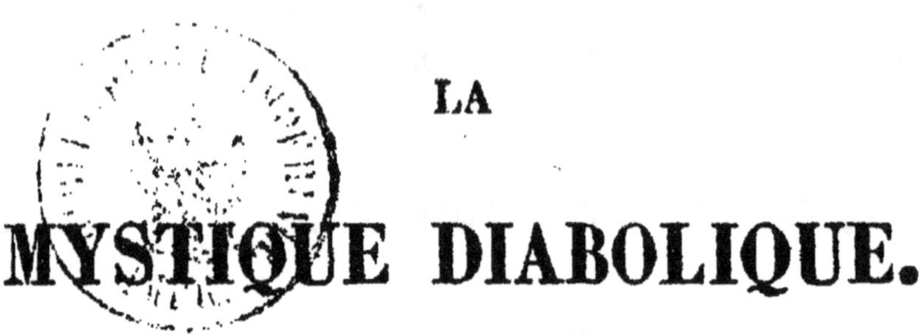

LA MYSTIQUE DIABOLIQUE.

LIVRE HUITIÈME.

CHAPITRE PREMIER.

Comment l'homme passe de la possession à l'union volontaire avec le démon. Pierre Bernardi. La femme de Calcia.

Le plus souvent les possédés tombent au pouvoir du démon contre leur volonté, et tous leurs efforts tendent à briser le plus tôt possible les liens qui les unissent à lui. Il n'en est pas toujours ainsi néanmoins, et la possession est quelquefois l'effet d'un pacte formel avec l'esprit mauvais. Quelque horrible que soit cet état, il a quelque chose qui flatte l'orgueil de l'homme ; et celui-ci en vient parfois jusqu'au point de s'applaudir du commerce familier qu'il a avec une puissance supérieure qui, feignant de le servir et de lui obéir, tourne contre d'autres sa funeste activité. Dans ce cas le rapport entre l'homme et le démon ne s'établit point d'une manière subite, violente et imprévue; mais le premier, abusant de sa liberté, s'abandonne avec une certaine réflexion à l'enivrement de l'orgueil, et après s'être soumis volontairement aux puissances infernales, il entre en participation de leur pouvoir, et reçoit ainsi la triste récompense de son crime. Ces rapports volontaires avec le démon commencent quelquefois dans le tumulte même de la possession. Quelquefois en effet les possédés, fatigués de leurs souffrances ou par quelque autre motif, se découragent, et, mettant bas les armes, reconnaissent l'empire du démon sur eux et se soumettent à son pouvoir. Leurs souffrances cessent à l'instant, il est vrai; mais aussi ils deviennent les instruments volontaires des puissances infernales, et sont par conséquent responsables du mal qu'elles font par eux. Pierre Bernardi d'Arcia était possédé d'un démon furieux : il mordait le nez et les oreilles de ceux qui approchaient de lui, et faisait retentir de ses hurlements les collines et les montagnes autour de Vallombreuse. Le démon, ayant été conjuré, raconta qu'un charme le tenait lié à cet homme, et qu'il ne sortirait que lorsqu'on aurait ôté ce charme, lequel était placé sous sa porte. Les moines, n'attachant aucune importance à ses paroles, continuèrent les exorcismes. Mais le possédé devint plus furieux encore; il criait en jetant des regards sauvages : « O croix! ô martyre! que je souffre! A quoi servent, scélérats que vous êtes, vos prières, vos chants et vos peines? Vous savez bien ce que je vous ai dit. » Quelques-uns de ceux qui l'avaient amené au couvent étaient d'avis que l'on ôtât de dessous la porte le prétendu charme dont il avait parlé; mais les moines s'y opposèrent, pour ne pas paraître ajouter foi au démon ou pour qu'on n'attribuât pas la délivrance du possédé à la rupture du charme. Ils continuèrent donc les exorcismes comme auparavant. Mais lui, s'arrachant des mains de ceux qui le tenaient, fut jeté à terre par le démon et tourmenté d'une manière effroyable. Ceci dura quelque temps encore; enfin le démon partit, ne pouvant résister plus longtemps. Il fallait entendre, dit Jérôme de Raggiolo, quelles voix étranges il

S. Bernardi.

poussa en sortant; je ne l'aurais jamais pu croire moi-même si je ne tenais le fait de personnes dignes de foi, qui les ont entendues. L'église et le couvent en furent comme ébranlés. Lorsque les gens qui avaient amené le possédé furent de retour à Florence, ils recherchèrent, malgré la défense des moines, ce qu'il y avait sous la porte de sa maison. Ils trouvèrent un drap entouré d'un fil de soie, qui contenait un os d'enfant, des cheveux de femme, une peau d'âne sur laquelle étaient écrits quelques caractères symboliques, et ils jetèrent le tout au feu.

Une femme de Calcia fut possédée du démon la veille de Sainte-Marie des Neiges. On l'amena à Vallombreuse, où Jérôme de Raggiolo l'exorcisa lui-même. Mais son démon resta longtemps muet. Un moine étranger, habile dans la nécromancie, étant venu par hasard, demanda la permission de dire quelques mots à l'oreille de la possédée; on le lui permit. Le démon, le regardant alors d'un air menaçant, lui dit : « Hypocrite, comment oses-tu faire violence, avec ton art criminel et dans le lieu saint, à celui que Dieu n'a pas encore contraint de sortir? Tu t'en repentirais sur l'heure si ce que tu portes sur la poitrine était ton ouvrage. » Le moine répondit : « Je ne crains point tes menaces. » Le démon le provoqua formellement, en lui donnant un rendez-vous, ou sur les Alpes ou ailleurs, à son choix; puis il ajouta : « Tu n'atteindras pas Pérouse avant d'avoir senti mon pouvoir. » Le moine continua son voyage; et étant arrivé près du lac de Pérouse, il s'assit sous un olivier au bord de l'eau. Bientôt une vapeur noire monta du lac, enveloppa le moine et se dissipa ensuite dans l'air. Le moine mourut à Pérouse, probablement des suites de sa frayeur. Les paroles qu'il avait dites à l'oreille de cette femme étaient sans doute cette formule : *Exi, dæmon, quia Ephimolei tibi præcipiunt*. Car, d'après une tradition nécromantique, ces paroles ont la puissance de guérir la possession, et de la faire distinguer de l'épilepsie. Si, après avoir entendu la formule, le possédé tombe sans

La femme de Calcia.

connaissance, puis se relève, et annonce les événements qui se sont passés au loin dans le même instant, alors il doit être délivré. Dans le cas contraire, ce n'est pas une possession, mais l'épilepsie.

D'autres fois, ce sont des amulettes qui, dans l'opinion du moins des possédés eux-mêmes, ont produit la possession; de sorte qu'en les éloignant on peut rendre la délivrance plus facile. On amena à Vallombreuse une vieille femme possédée du démon. Quoiqu'elle souffrît beaucoup, elle éclatait de rire parfois, puis se mettait à chanter comme les prêtres le *Credo* et les autres chants d'église. Le démon, enfin poussé à bout, dit par sa bouche : « Si vous n'ôtez pas ce qu'elle cache sous son vêtement, je ne sortirai pas. » On trouva l'objet désigné, et tous les moines le virent de leurs propres yeux. C'était un amulette de cire, sur lequel étaient écrits des signes, des lettres et des mots. Parmi ces derniers étaient ceux de Gog et de Magog, le tétragrammaton, les mots Adonaï et Sabaoth. On brûla l'amulette, et le démon sortit en faisant un grand bruit. Si l'on pouvait croire aux paroles du démon, il semblerait que la possession est parfois le résultat d'un commerce intime des esprits infernaux avec un tiers. Une jeune fille de Città di Castello devient possédée. Tantôt elle est calme, tantôt elle veut se percer d'une épée, égratigne et mord les autres. Le démon répond à ceux qui le questionnent qu'un prêtre aimait cette jeune fille, mais que, la trouvant rebelle à ses désirs, il l'avait conjuré de vaincre sa résistance. Comme ce moyen n'avait pas réussi, il s'était emparé d'elle, et il n'en sortirait, disait-il, que lorsque le prêtre qui la lui avait livrée lui donnerait son congé. Il partit néanmoins sans qu'on eût accédé à ses désirs.

Ces faits nous transportent dans un ordre de choses bien différent de celui que nous avons étudié dans le livre précédent; car il s'agit ici d'un commerce et d'une union volontaire avec le démon. Nous aurons donc à examiner premièrement la manière dont se forme cette union, et par quels moyens elle se prépare. Ce sera l'objet de la première section. L'union une fois consommée, les rapports qui en résultent doivent modifier d'une manière particulière tous les domaines de l'être. En effet, l'homme est sorti de l'ordre ordinaire de la nature, pour entrer dans un autre ordre bien différent du premier. Il a acquis en quelque sorte l'indigénat dans le royaume du mal; à partir de ce moment ses relations avec tout ce qui l'entoure ont changé, et il doit désormais ajuster sa vie aux nouveaux rapports qui ont surgi pour lui. Or, l'étude de ces nouveaux rapports formera l'objet d'une seconde section. Lorsque l'homme a ainsi complétement adapté sa vie à son nouvel état, il sent en soi certaines affinités et certaines répulsions qui lui font rechercher ce qui lui est semblable et rejeter ce qui lui est opposé; car un lien intime unit tous les citoyens d'un même État, et les sépare des autres sociétés. Outre l'inimitié dont les esclaves du démon sont animés contre l'Église, ils éprouvent encore une certaine sympathie pour le nouveau royaume dont ils sont devenus les citoyens. Nous étudierons dans la troisième section ces sympathies et ces antipathies des deux royaumes qui luttent incessamment l'un contre l'autre. Enfin nous examinerons dans la quatrième les rapports du royaume de Satan à l'égard de l'Église et de l'État; ce que ces deux derniers ont fait pour se défendre contre les attaques du premier et pour l'anéantir.

CHAPITRE II.

Origine de la magie diabolique. De la doctrine des Manichéens. Analyse de cette doctrine. Son rapport avec celle de l'Église. Les modifications qu'elle a éprouvées. Sa propagation.

Parmi toutes les causes qui préparent les voies au démon et rendent possibles ces associations monstrueuses de l'homme avec lui, une des plus efficaces est sans contredit la doctrine qui règne dans une société à une époque donnée. Cette cause une fois posée, les dispositions naturelles de l'individu continuent l'œuvre commencée, et la perversité de la volonté l'achève.

L'homme est poussé par sa nature à tendre vers le bien et à se rapprocher de tous ceux qui y tendent comme lui; mais dès qu'il entre en rapport avec le démon, nous le voyons au contraire se détourner du bien, et, prenant le mal pour but de ses efforts, renoncer ainsi au besoin le plus impérieux de son être. Il ne peut cependant être déterminé dans ses actes par une chose entièrement déraisonnable; car il est obligé de se rendre compte à soi-même de ce qu'il fait non-seulement au point de vue de la morale, mais encore au point de vue de la raison; et pour qu'il se décide à faire une chose il faut au moins qu'il trouve dans son esprit des prétextes qui l'excusent, s'il ne peut trouver des motifs qui la justifient. Pour qu'il puisse résister ainsi à cette aspiration qui le porte sans cesse vers Dieu, le bien essentiel, et contracter avec le démon, son implacable ennemi, une union criminelle et monstrueuse, il faut d'abord que, se trompant soi-même, il invente au gré de ses passions une théorie qui lui présente le bien sous la forme du mal, et le mal sous la forme du bien, et qui donne à sa conduite un principe pour base et pour appui. Or, c'est ce qu'a fait depuis bien longtemps déjà le manichéisme. De tout temps, l'Église a posé comme doctrine fondamentale que le bien seul est substantiel; que le mal n'affecte point la substance du bien éternel, mais qu'il n'est qu'un simple accident de la créature bonne à son origine, et qui dévie volontairement de sa fin; un accident supporté par la substance à laquelle il est inhérent et dans laquelle seule il peut subsister. Le mal dans l'homme résiste au bien; il en comprime autant qu'il peut la manifestation; mais il ne peut jamais attaquer proprement ce qu'il y a en lui de substantiel. D'après cette doctrine, l'Église, quoique l'ennemie irréconciliable du mal, peut user de douceur et d'indulgence à l'égard de ceux qui le commettent, et prévenir ainsi la ruine complète de la nature humaine et de toutes les institutions sociales. Par la même raison elle reconnait aussi une mystique sublime, par laquelle le bien qui est dans l'homme tend à s'unir plus étroitement avec le bien éternel. Toute autre mystique est pour elle une illusion; et celle qui s'attache au mal n'a aucune réalité à ses yeux, parce que le mal, n'étant qu'un accident, ne peut jamais donner à l'homme la plénitude qu'il cherche par un besoin impérieux de sa nature.

Analyse de la doctrine manichéenne.

A cette doctrine de l'Église, le manichéisme a opposé la sienne, dont le principe fondamental est que le mal n'est point un simple accident, mais qu'il est substantiel comme le bien; qu'il n'est point par conséquent le résultat d'une négligence, d'une faute ou d'une chute de la créature raisonnable. L'opposition qui sépare le bien et le mal pénètre donc jusque dans la racine la plus intime de tous les êtres, jusque dans la substance éternelle, et la Divinité elle-même est divisée par elle. D'après la forme chrétienne que la doctrine des manichéens a prise à l'époque du christianisme, ce n'est pas le même Dieu qui a créé tout ce qui subsiste; mais il y a deux principes consubstantiels, le dieu de la lumière et le dieu des ténèbres, le bon principe et le mauvais. Le Dieu tout-puissant a créé seulement les choses invisibles et incorporelles, tandis que l'autre, Lucifer, a tiré de l'éternité les choses corporelles et visibles. Cependant l'école italienne, qui a pris son nom de Concorito dans la Lombardie, attribue aussi au Dieu bon la création des quatre éléments, d'où l'esprit de ténèbres a formé ensuite à sa manière toutes les créatures; de sorte qu'elle attribue la matière au bon principe et la forme au mauvais. L'école provençale de Bagnoles, et l'école languedocienne des Albigeois reconnaissent le mauvais principe comme le créateur de la matière aussi bien que de la forme. Il y a donc deux natures, séparées par le fond même de leur substance, d'après le principe qui leur a donné l'être :

une nature bonne qui contient les choses incorporelles, et une mauvaise qui contient les choses corporelles ; et cette division profonde, qui sépare ainsi toutes les choses créées, se retrouve aussi dans l'homme ; car par la moitié visible et corporelle de son être il appartient à la mauvaise nature et au créateur de celle-ci, tandis que par la partie invisible et spirituelle il appartient à la bonne et à son auteur, qui ne peut rien créer de périssable. Le péché n'a donc point été à son origine et n'est point encore aujourd'hui un produit de la volonté libre, qui se communique ensuite aux générations humaines sous la forme de péché originel ; mais il est l'œuvre du Dieu des ténèbres. Celui-ci ne fait rien autre chose que le péché, et il n'y a point de péché sur la terre qui ne se commette dans le ciel ; car l'enfer est devenu le ciel au moment où son souverain s'est posé comme Dieu. Il n'y a donc point de repentir après le péché commis : la pénitence ne vient point du bon principe, et les âmes ne sont point condamnées à cause du péché. Car le Dieu bon donne la vie, mais jamais la mort ; il n'y a que le principe mauvais qui donne la vie et la mort au corps ; et le Dieu qui communique la grâce ne sait ce que c'est que venger le péché. La véritable Église ne possède donc point non plus le droit de punir. De même qu'Adam, le premier homme, n'est point venu de Dieu, ce n'est point Dieu non plus qui crée les âmes et qui les unit aux corps formés par la génération ; car celle-ci vient du principe mauvais, et le mariage est un crime, de même que l'usage de la chair comme nourriture. Le corps ne ressuscitera point, parce qu'il appartient au mauvais principe.

La division profonde que le manichéisme introduit en Dieu, dans la nature et dans l'homme, il la reconnait aussi dans l'histoire et dans le cours entier des choses. Ainsi, selon lui, les temps qui ont précédé le Christ étaient mauvais ; Moïse venait du mauvais principe, et sa loi était mauvaise comme lui. Ce n'est point le Père, le Dieu bon qui a parlé aux anciens patriarches, qui a tiré Israël de l'Égypte, prescrit la circoncision et donné l'Ancien Testament; tout cela est l'œuvre du prince des ténèbres. Le salut ne peut donc venir de lui. Avant Jésus-Christ, aucun homme n'a été bon, et les patriarches eux-mêmes n'ont pas été sauvés; mais depuis la venue du Christ, qui n'est ni Dieu ni vrai homme, qui n'a pris son corps ni du ciel ni de sa mère, puisque celle-ci n'était pas une véritable femme; qui n'a ni mangé ni souffert dans sa chair sur la croix; qui n'est ni mort, ni ressuscité, ni descendu aux enfers, ni monté au ciel, puisqu'il n'avait qu'un corps fantastique, de même que Jean-Baptiste, qui venait du mauvais principe; depuis la venue du Christ, disons-nous, quoiqu'il n'ait point pris sur lui le châtiment que nous méritions, le salut néanmoins est devenu possible par lui, et le Saint-Esprit peut être donné par l'imposition des mains, et non par le baptême de Jean, qui n'avait aucune vertu, pas plus que le sacrement de l'autel, ou que la confession et l'onction faite avec l'huile consacrée. La véritable Église fondée par Dieu ne peut contenir en même temps les bons et les méchants; car tout ce qui est méchant se sépare d'elle aussitôt. C'est pour cela que l'Église visible ne peut venir du bon principe, parce qu'elle est composée de bons et de méchants, et que la vie criminelle des clercs souille nécessairement leurs œuvres. Dans la véritable Église, il ne peut y avoir ni prêtres, ni diacres, ni évêques mauvais. Elle ne peut rien posséder en propre, mais seulement en commun. Elle ne peut poursuivre les méchants, ni les excommunier, ni faire des constitutions qui lui soient propres. On ne doit y prier et chanter que l'oraison dominicale. Les prières pour les morts viennent du mauvais principe, de même que l'emploi de la force et le recours au bras séculier, parce que l'homme ici-bas peut toujours se convertir. On ne doit point prêter serment ni donner l'aumône aux méchants. Cette analyse est tirée des extraits de Muratori, faits eux-mêmes d'après les manuscrits de Peregr. Priscian, sur les antiquités de Ferrare ; 2° d'un autre manuscrit du treizième siècle contre les Manichéens, par un nommé Grégoire ; et enfin d'un troisième que maître G. de Bergame a écrit contre les Cathares et les Pasagiens. Tous ces manuscrits sont conservés dans la bibliothèque Ambroisienne.

Son rapport avec la doctrine de l'Église.

Si nous considérons cette doctrine dans ses rapports avec celle de l'Église, nous reconnaîtrons que toutes deux elles partent du même principe, et reconnaissent dans l'homme une double loi, la loi de l'esprit et la loi de la chair. Mais l'Église, tout en admettant cette double loi comme nécessaire, ne reconnaît point dans l'une la loi des substances spirituelles et dans l'autre la loi des substances corporelles, pour ensuite attribuer l'une au bon principe et l'autre au mauvais, et les constituer ainsi dans un dualisme irréconciliable, qui remonte jusqu'à la substance éternelle. La loi de la chair, depuis la chute, trouve son application dans les deux régions, celle de l'esprit aussi bien que celle du corps. La loi de l'esprit s'applique également et à l'esprit et au corps, tels qu'ils sont sortis des mains du créateur, ou bien en tant qu'ils sont rentrés en cet état et s'y sont maintenus. De cette manière, le dualisme entre la chair et l'esprit est purement historique et accidentel. Cependant l'esprit ne peut imposer à la chair sa propre loi ; mais il a besoin pour cela du secours de Dieu, dont aucune division n'altère l'ineffable unité ; et c'est pour cela que, souffrant avec douceur et patience le mal qu'il ne peut empêcher, l'esprit cherche à éveiller les instincts supérieurs, afin d'attirer sur la terre le salut et la rédemption. La doctrine des Manichéens, au contraire, rend concrète et irrémédiable cette opposition entre la loi de la chair et la loi de l'esprit, puisqu'elle applique l'une exclusivement aux choses visibles et l'autre aux choses invisibles, pour les rattacher ensuite à deux dieux ennemis l'un de l'autre, le dieu de la lumière et celui des ténèbres. L'Église reconnaît bien dans l'homme deux natures ; mais ces deux natures sont au Seigneur et servent le même maître, tandis que les Manichéens considèrent l'homme comme soumis à deux puissances, à celle des ténèbres par son corps, et par son esprit au dieu de la lumière. De cette sorte il appartient nécessairement à deux églises, dont l'une ne peut souffrir aucun mal, et dont l'autre rejette tout bien de son sein. Ces deux églises se rencontrent en lui, rapprochées par le lien périssable de la vie. Son sort dépend des rapports réciproques des deux principes dans sa propre personne. S'ils se font pour ainsi dire équilibre, il est en paix. Par son corps, il appartient au royaume des ténèbres, et fait les œuvres des ténèbres, tandis que par l'esprit il appartient au royaume de la lumière, et il en fait les œuvres. Mais si les deux principes luttent en lui, il est obligé de prendre parti pour l'un ou pour l'autre, et tout dépend du côté où il penche davantage. Si l'esprit, par la puissance du destin, est le plus fort, l'homme passe dans les rangs du dieu de la lumière, et est admis parmi les Cathares, qui cherchent la pureté. Mais il doit avant tout combattre en soi la partie de son être qui est à Lucifer, et l'anéantir, afin de devenir par là un digne combattant. C'est ainsi que le manichéisme pousse l'homme à une mystique fausse, exagérée et qui aurait pour fin l'anéantissement même de la personnalité humaine. Ou bien l'homme sent au contraire que la chair est plus forte en lui que l'esprit, et dans ce cas il s'enrôle dans l'armée du dieu des ténèbres. Dans les deux cas, il sert un maître absolu et éternel ; dans les deux cas aussi, il lutte contre l'Église visible sur la terre : dans l'un à cause du mal, et dans l'autre à cause du bien qui est en elle.

L'erreur des Manichéens avait depuis longtemps étendu ses ravages en Orient lorsqu'elle apparut pour la première fois en Occident, au commencement du onzième siècle, au château de Montfort, dans le diocèse d'Asti. Pendant les deux siècles qui suivirent, elle se répandit en secret, et au commencement du treizième siècle elle inondait la plus grande partie de l'Italie et de l'Europe méridionale, et avait pénétré jusque dans le nord germanique. Elle était alors partagée en quinze sectes. Parmi elles, les hommes qui s'étaient décidés pour le bon principe, poursuivant jusque dans ses dernières conséquences l'idée qu'ils avaient embrassée, s'abandonnèrent à un ascétisme dur et étroit, ou firent profession d'un certain stoïcisme qui les portait à attaquer les abus dans l'Église et à représenter celle-ci comme une œuvre de ténèbres. Ils formaient ainsi le côté extérieur et apparent de la secte. C'étaient eux en effet qu'elle mettait en avant et se plaisait à montrer au monde, pour s'attirer la confiance et l'estime du peuple; et cette rigidité de mœurs était si bien reconnue comme le caractère distinctif de la secte que toute vertu qui s'élevait au-dessus du commun était désignée sous le nom de *Patalia*, du nom de la secte des Patalins, et que, dans la lutte que saint Ariald, au temps de saint Grégoire VII, entreprit à Milan contre les prêtres simoniaques et concubinaires, ceux-ci appelaient sa conduite une *patalia* inouïe et maudite. (Landulphus Senensis, l. III, ch. 2 et 7.) Au milieu de la corruption générale qui régnait alors, le démon trouva un grand nombre de partisans et d'adorateurs, qui, appuyés sur le système des Manichéens, crurent meilleur de prendre ouvertement le parti du diable et de le reconnaître pour chef. Or, comme un principe ne donne jamais de repos aux hommes qui l'ont embrassé jusqu'à ce qu'ils en aient développé toutes les conséquences, le royaume des ténèbres devint entre les mains de ces hommes criminels un État parfaitement organisé, gouverné par Satan lui-même, auquel ils juraient fidélité, dont ils se constituaient les apôtres et dont ils cherchaient à répandre le plus qu'ils pouvaient la puissance.

Modifications de cette doctrine.

Si, d'un côté, la partie honorable de la secte pouvait avec un certain orgueil produire au dehors sa doctrine, l'autre partie, celle qui avait embrassé franchement la loi de la chair et des ténèbres, était obligée de garder dans l'ombre et le silence une doctrine qui aurait effrayé le sens droit des populations chrétiennes si on n'avait eu soin de la leur cacher. Ainsi, pendant que les uns poursuivaient au grand jour l'œuvre à laquelle ils s'étaient voués, les autres se formèrent en sociétés secrètes, et célébrèrent leurs mystères impurs dans les forêts et les cavernes et sur le sommet des montagnes. Ces deux branches de la secte des Manichéens en étaient comme les deux extrêmes. Mais le bon sens naturel aux hommes se révolte contre de telles extrémités, et en abandonne la poursuite au petit nombre de ceux qui en sentent le désir. L'église de la lumière et celle des ténèbres formèrent donc une petite minorité au milieu de la secte, tandis que la masse chercha un milieu plus tempéré, qui lui permît de vivre et de laisser vivre les autres. Ce milieu ne pouvait être l'Église, puisque la secte sentait pour elle une irremédiable aversion. Il n'y avait donc qu'un parti à prendre, c'était de tempérer les deux directions extrêmes l'une par l'autre, d'éviter les inconvénients de chacune, et de se faire ainsi une vie réglée par la prudence mondaine et une sorte d'épicuréisme commode, qui, tout en sacrifiant au mal, sût néanmoins assaisonner et relever les jouissances qu'il procure par celles de l'esprit. C'est à ce milieu, partagé toutefois en plusieurs nuances, qu'a appartenu la grande majorité des Manichéens pendant le moyen âge, surtout dans les hautes classes, tandis que les deux parties extrêmes de la secte n'ont jamais compté qu'un petit nombre de partisans. Il y avait là un vaste champ ouvert à l'activité et aux efforts des puissances infernales. Pour accomplir leur œuvre avec plus de succès, les sectaires s'entourèrent aux yeux de la foule de l'éclat attrayant du merveilleux. Ils trouvèrent de grandes ressources sous ce rapport dans les arts magiques qu'ils avaient apportés d'Orient. Césaire cite à ce propos un fait qui exprime très-bien l'opinion qu'on avait à cette époque sur leur puissance merveilleuse et sur les rapports de celle-ci avec le pouvoir de l'Église.

« Lorsque, dit-il, l'hérésie des Albigeois commença de se produire dans le monde, quelques-uns de ces sectaires, Légende racontée par Césaire.

forts de la puissance du démon, firent des miracles et des signes qui non-seulement confirmèrent l'hérésie, mais encore trompèrent un grand nombre de fidèles. Entre autres choses, ils marchaient sur l'eau sans enfoncer. Un prêtre catholique et pieux, considérant que les vrais miracles sont incompatibles avec une doctrine fausse, prit dans une boite le corps du Seigneur, et se rendit sur le bord de la rivière où ces hérétiques exerçaient devant le peuple leur art diabolique, et il dit à haute voix, en présence de tous les assistants : « Satan, je t'adjure par celui que je porte en mes mains de cesser de tromper ici ce peuple par tes artifices. » Cependant un des sectaires continua de marcher sur les flots comme auparavant. Le prêtre, troublé à cette vue, jeta dans le fleuve le corps du Seigneur. Puissance merveilleuse du Seigneur sur les éléments! Au moment où les saintes espèces touchèrent l'eau, l'illusion disparut, et les faux saints, enfonçant comme du plomb, se noyèrent; mais des anges emportèrent la boite qui renfermait l'hostie. Le prêtre à cette vue se réjouit du miracle qui venait de s'opérer; mais ne pouvant se consoler d'avoir perdu les saintes espèces, il passa toute la nuit dans la prière et dans les larmes, et trouva le matin sur l'autel la boite avec le corps du Seigneur. Ce fait nous a été raconté dans le temps même où il est arrivé. » (L. IX, ch. 12.) Césaire ne cite ici aucun nom, aucun témoin : il ne fait pas même mention du lieu où le miracle est arrivé : il a donc emprunté son récit à une légende; mais cette légende exprime parfaitement l'opinion de l'époque. Il en est de même d'une autre histoire racontée par Cantimpré, contemporain de Césaire.

Autre légende.

« Lorsque maître Conrad prêchait contre les hérétiques en Allemagne, où il souffrit le martyre, un de ces hérétiques, comme me l'a rapporté Frère Conrad, provincial des Dominicains en Allemagne, voulut gagner à l'hérésie un frère du même ordre. Ne pouvant y réussir, il lui dit : « Tu es bien opiniâtre dans ta foi, et pourtant ce que tu en sais, tu ne le sais que par l'Écriture. Si tu voulais croire à mes paroles, je te ferais voir de tes yeux le Christ, sa mère et les saints. » Le Frère soupçonna quelque illusion du démon ; mais voulant voir ce qu'il en était, il dit au sectaire : « Je pourrais ajouter foi à tes paroles si tu pouvais toi-même faire ce que tu viens de me dire. » L'hérétique, plein de joie, fixa un jour au Frère. Mais celui-ci prit avec lui en secret sous son manteau le corps du Christ. L'hérétique le conduisit dans le creux d'une montagne, et de là le fit entrer dans un vaste palais tout éclatant de lumière. Là ils virent des trônes qui semblaient faits de l'or le plus pur, et sur lesquels étaient assis un roi et une reine éclatante de beauté. Ils étaient entourés d'anges, des Patriarches et des Apôtres. L'hérétique se prosterna devant eux : mais le Frère se tint immobile, étonné du spectacle qu'il avait sous les yeux. Son introducteur, se tournant vers lui, lui dit : « Pourquoi n'adores-tu pas le Fils de Dieu, qui est là devant toi? Avance, rends-lui hommage, et reçois de sa bouche les mystères de notre foi. » Le Frère, approchant, tira de dessous son manteau la custode, et la présenta à la reine qui était assise sur le trône, en lui disant : « Si tu es vraiment la reine et la mère du Christ, voici ton fils! Si tu le reconnais, moi aussi je te reconnaîtrai pour sa mère. » A peine avait-il parlé que toute cette fantasmagorie disparut. A l'éclat qui remplissait le palais succédèrent les ténèbres, de sorte que le Frère ainsi que son conducteur eurent peine à retrouver la porte. Ce dernier, effrayé de ce qu'il avait vu, revint à la foi. (Lib. I, cap. 25 Apum.)

La même histoire nous est racontée sous une forme plus populaire encore par Pic de la Mirandole (*de Strigibus*). Dans les Alpes Rhétiques vivait, il y a douze ans à peu près, un saint prêtre qui fut appelé pour porter le saint viatique à un malade. Comme la route était longue, il monta à cheval, après avoir attaché à son cou la custode qui renfermait les saintes espèces. Au bout de quelque temps, il rencontre quelqu'un qui l'invite à descendre de cheval pour venir avec lui voir un spectacle merveilleux. Le curé, poussé par une imprudente curiosité, accepte la proposition qui lui est faite. Mais à peine était-il descendu de cheval qu'il se sentit emporté dans les airs avec son compagnon. Ils se trouvèrent bientôt sur le sommet d'une haute montagne, dans une plaine vaste et délicieuse, entourée de grands arbres et de rochers inabordables. Au pied des arbres étaient des tables chargées de mets précieux : des chants et des sons d'une douceur inexprimable charmaient leurs oreilles, et tout ce qui peut réjouir le cœur se trouvait là en abondance. Le bon prêtre, ravi de ce spectacle, n'en pouvait croire ses yeux, et était hors de lui. Son compagnon lui demanda s'il ne voulait point honorer la reine qui était présente, et lui offrir un don. Elle était assise sur un trône élevé, parée d'un manteau royal. Tous les assistants, venant à elle deux ou quatre à la fois, se prosternaient devant elle, et lui offraient leurs présents. Le prêtre, la voyant ainsi dans tout l'éclat de sa gloire, crut qu'elle était vraiment la mère de Dieu, la reine du ciel et de la terre. Il ne soupçonnait pas que tout cela n'était qu'une illusion du démon. Comme il cherchait en lui-même ce qu'il lui offrirait, il pensa qu'il ne pouvait rien lui donner de plus agréable que le corps de son fils. Il approcha donc comme les autres, et, tombant à ses pieds, il prit la custode qu'il tenait suspendue au cou, et la déposa dans le sein de cette femme. Oh merveille! tout disparut aussitôt. Il comprit par là qu'il avait été le jouet d'une imposture, et, se voyant abandonné au milieu d'épaisses forêts, il pria le Seigneur de le délivrer du danger où il était. Après avoir erré longtemps dans les bois, il trouva enfin un berger qui lui apprit qu'il était au moins à cent milles du lieu où il devait porter le saint viatique. De retour chez lui, il fit sa déclaration auprès du magistrat. Cette histoire s'est passée sous le règne de l'empereur Maximilien.

CHAPITRE III.

Légende racontée par Césaire. Histoire racontée par Brognoli. Psellus.

Ce que le paganisme était autrefois au christianisme, l'hérésie, dans la pensée des hommes de cette époque, l'était pour le catholicisme : et ce sont ces rapports qui servent de base à toutes ces légendes, où l'on voit percer un reflet de cette autre légende plus ancienne de Radbod, roi des Frisons, qui conduit au Walhalla celui qui l'a converti, et voit disparaître tout à coup devant le signe de la croix toute la gloire de ce palais enchanté. Mais si ces récits ne sont, dans leurs détails, que des jeux de l'imagination, il y a toutefois en eux un grand fond de vérité et une idée fondamentale, qui supporte et domine toutes les circonstances particulières. Le souvenir des faits venant à s'effacer avec le temps, l'idée générale dont ils étaient l'expression est restée comme un canevas, que la légende a brodé plus tard en y ajoutant des détails conformes à l'esprit du temps. Cette idée, il est facile de le voir, c'est la persuasion où étaient les peuples que l'hérésie, de même qu'autrefois le paganisme, pouvait se servir de la magie dans un but criminel, mais que ces faux miracles ne pouvaient souffrir la concurrence avec les miracles vrais de la véritable Église. Or, tout l'artifice des hérétiques consiste à orner le mal et l'erreur d'un éclat faux et emprunté, qui leur donne l'apparence du bien et du vrai, mais qui disparaît à l'approche de la vérité. L'erreur cependant peut se manifester encore sous une autre forme : elle peut, tout en conservant au mal son horreur, le présenter comme une puissance qui lui est soumise et dont elle dispose. C'est de là qu'est sortie une autre espèce de légendes, où l'on voit les démons cités devant les nécromanciens et entrant en rapport avec eux, légendes dont le germe s'est développé sous plusieurs formes différentes, mais qui se confondent toujours plus ou moins avec l'histoire, parce que toujours elles reposent sur un fait vrai et sur une idée générale. Ainsi Césaire raconte, au livre V de ses *Histoires*, ch. 1-4, qu'un chevalier, ne pouvant se convaincre de l'existence des démons, pria un clerc, nécromancien très-célèbre, de lui en montrer quelques-uns. Celui-ci, après avoir essayé de le détourner de son projet, le conduisit enfin vers midi à un carrefour. Là il traça un cercle autour de lui avec une épée, en lui recommandant bien toutefois de ne pas faire le signe de la croix en son absence, de ne rien donner ni promettre au démon et de bien se garder surtout d'avancer un seul membre de son corps hors du cercle tracé, parce qu'il mourrait à l'instant même. Puis, après lui avoir fait toutes ces recommandations, il partit. Le chevalier, étant resté longtemps dans le cercle, vit comme des flots qui accouraient à lui pour l'engloutir; il entendit les mugissements d'une tempête, et enfin le grognement d'un grand nombre de porcs; mais rien de tout cela ne put lui faire perdre contenance. Bientôt après il vit dans la forêt voisine un horrible fantôme, ressemblant à un homme qui paraissait venir à lui par-dessus les arbres, et il comprit que c'était le démon. Le fantôme s'arrêta devant le cercle, et lui demanda ce qu'il voulait. Il ressemblait à un homme tout noir, habillé de noir aussi, d'une haute taille et si hideux que le chevalier ne pouvait le regarder. Il lui dit cependant : « Tu viens bien à temps, car je désirais te voir. — Pourquoi? — J'ai beaucoup entendu parler de toi. — Que t'a-t-on dit de moi? — Beaucoup de mal et un peu de bien. — Les hommes jugent souvent sans motif. Je n'ai jamais fait de mal à personne sans avoir été provoqué. Demande à ton maître, qui est mon ami, si je lui ai jamais fait de mal. Je fais ce qu'il veut, et lui aussi m'obéit en tout. — Où étais-tu quand je t'ai appelé? — J'étais à une aussi grande distance au delà de la mer qu'il y a de la mer ici; il est donc juste que tu me récompenses de ma peine. » Il se mit à lui demander d'abord son manteau, puis, sur son refus, sa ceinture, puis une brebis de son troupeau,

Légende de Césaire.

puis enfin le coq de sa basse-cour. Mais comme il n'en pouvait rien obtenir, il étendit les bras vers lui. Le chevalier se mit à crier, et le maître, étant accouru, fit disparaître le fantôme. Un autre, s'étant fait montrer le démon par le même maître, fut moins heureux; car, dans son effroi étant sorti du cercle, il fut si maltraité qu'il en mourut trois jours après. Dans une troisième légende ce sont des étudiants souabes et bavarois qui font le même essai à Tolède. Les esprits apparaissent devant le cercle sous la forme de guerriers armés qui luttent les uns contre les autres, et cherchent à effrayer les étudiants avec leurs lances et leurs épées; puis ils sont métamorphosés en femmes ravissantes de beauté, qui essayent par tous les moyens de les séduire. Tous restent fermes, à l'exception d'un seul, qui tend un doigt hors du cercle pour saisir un anneau que lui présente une de ces sirènes; mais il est attiré aussitôt hors du cercle, et disparaît. Les étudiants, et particulièrement les Bavarois, nation peu commode, menacent le maître de mort s'il ne leur rend leur camarade. Le maître effrayé convoque un conseil des démons, et ceux-ci conviennent de rendre celui qu'ils ont pris.

Ces deux récits ont pour fondement la même idée. De même que la véritable Église reconnaît des *obsessions* et des *possessions* du démon pour la purification des fidèles que Dieu veut éprouver, et dans lesquelles ceux-ci, doués du don de clairvoyance, voient l'esprit qui va s'emparer d'eux, ainsi l'église des ténèbres provoque par la magie diabolique des états semblables dans l'initiation de ses adeptes. La vraie Église tient, dans les cas de ce genre, les citoyens de son royaume enfermés en un cercle que le démon ne saurait dépasser, à moins que les hommes qu'il possède, abusant de leur liberté, ne le dépassent eux-mêmes en faisant hommage aux esprits mauvais, ne fût-ce qu'avec la moindre portion de leur être. La magie enferme aussi ses adeptes dans un cercle tracé par la pointe de l'épée; elle fixe les limites au delà desquelles l'esprit de ténèbres ne peut dépasser, à moins qu'ils ne lui en donnent le pouvoir. La légende, s'emparant de cette idée, ne tient aucun compte des illusions et des supercheries qui peuvent avoir lieu dans les faits particuliers. Césaire néanmoins nous donne ces récits comme historiques; il nomme le magicien : c'est un clerc nommé Philippe, fameux dans son temps par sa science magique. Ce clerc, que Césaire a connu, a été tué quelques années seulement avant que Césaire ait écrit son livre. Dans la première de ces histoires, il en nomme le principal héros : c'est le chevalier Henri, né au château de Falkenstein, échanson de Césaire, abbé de Prunn, à qui il a entendu raconter le fait. Ce chevalier, depuis son aventure, était resté tout blême, et il était mort peu de temps après. Le même docteur Philippe avait pris part au second fait, et la maison de celui qui avait été tué par le démon avait été confisquée par Walram de Lutzelmburg. La troisième histoire lui avait été racontée par Godschalk de Volmunstein, du même ordre que lui; et celui-ci l'avait apprise de ce même Philippe, à qui elle était arrivée pendant son séjour à Tolède. Il doit donc y avoir ici un fonds de vérité; et Weyer met sur ses traces lorsque, dans son livre *de Præstigiis Dæmonum*, l. II, ch. 5, il parle de certains arts magiques. Il nous apprend que, lorsque le cercle a été tracé, les néophytes doivent tourner continuellement, en allant de l'est à l'ouest, jusqu'à ce qu'ils soient pris de vertige et tombent à terre. Lorsqu'ils sont ainsi couchés, l'extase les prend, et le démon leur apparait. C'est là l'ancienne pratique, comme nous l'avons vu, des schamanes en Sibérie. C'est encore aujourd'hui celle des Indiens de l'Amérique du nord, qui tournent autour d'un pieu, à l'aide d'une corde qu'ils s'attachent au cou; et l'on voit que tout ici consiste à se donner le vertige, après quoi l'on devient clairvoyant, et l'on entre en rapport avec les puissances infernales. Le secret traditionnel se perdit avec le temps, et il ne resta plus que la légende. Il y avait donc dans cette eglise des ténèbres des traditions d'un art satanique qui étaient particulièrement appliquées dans les initiations. Le démon, au nom de qui elles se faisaient, devait apparaître, soit que cette apparition fût réelle, soit que ce fût une simple vision produite dans l'état de clairvoyance. Dans l'un comme dans l'autre cas, c'était surtout sous la forme d'un bouc que le diable se présentait. Le bouc jouait déjà un rôle important dans l'ancien culte des Mendésiens. Cette forme ne s'est point perdue dans les siècles suivants, comme le prouve l'histoire remarquable que nous allons raconter d'après Brognoli, qui en a été le témoin.

Histoire racontée par Brognoli.

Vers le milieu du dix-septième siècle, vivait au nord de l'Italie un homme savant dans le droit civil et le droit canon et livré à l'étude de la philosophie. Doué d'un esprit très-subtil, il cherchait à pénétrer le fond des choses. Il fréquentait les savants, et parmi eux il fit connaissance de quelques hérétiques ou magiciens, qui l'initièrent à leur art et à leurs doctrines, et lui communiquèrent la contagion de leurs mauvaises mœurs. Voulant exercer les théories qu'il avait apprises, afin de satisfaire ses passions, et ne pouvant y réussir sans le secours du démon, il se laissa entraîner par eux à se donner au diable et à lui faire des prosélytes. Ses rapports avec le diable avaient déjà duré un bon nombre d'années, lorsqu'en 1647, pendant une nuit, il fut tellement maltraité par lui qu'il se décida à retourner à Dieu et à implorer son secours, d'autant plus que sa mère avait adressé pour lui au Seigneur de ferventes prières. Soit par le conseil de ses parents, soit sur l'avis du P. Charles de Velitri, vicaire du Saint-Office à Tarvis, il se réfugia dans la maison du Saint-Office auprès de cet ecclésiastique, comme auprès d'un ami. On l'engagea à se confesser, et on lui choisit pour confesseur un théologien pieux et prudent, qui, ne le trouvant pas encore assez préparé, se donna toutes les peines pour l'aider à sonder suffisamment sa conscience. Mais tout à coup le démon s'empare de tous ses sens, et crie plusieurs fois par sa bouche : « Je suis Satan ; cet homme m'appartient, il ne peut pas se confesser ; je ne le permettrai jamais. Il est à moi en vertu du pacte que j'ai fait avec lui ; il m'a solennellement promis de m'obéir en tout, de ne jamais se confesser ni se séparer de moi. » Le prêtre, effrayé d'abord, mais ensuite fortifié dans le Seigneur, demanda au démon ce qu'il voulait. Celui-ci répondit : « Cet homme est un scélérat, qui fréquente depuis longtemps les hérétiques, qui encore aujourd'hui possède beaucoup de leurs livres, et est prêt à faire toute sorte de mal ; et si je reste ici, c'est pour l'empêcher de faire autant de mal qu'il le voudrait. »

Lorsque le prêtre ne parlait plus à cet homme de choses concernant le salut de son âme, la voix cessait aussitôt de se faire entendre, et il recouvrait l'usage de ses sens et de ses facultés. Le prêtre adjura une autre fois le démon de ne pas l'empêcher plus longtemps de se confesser. Cet homme se mit alors à pousser un rire sauvage ; et présentant le poing à l'exorciste, il l'insulta par ses mines et ses paroles, et semblait être devenu fou. Le prêtre ayant cessé les prières, il revint à soi, et lui parla sérieusement comme une personne savante et habile, lui affirmant qu'il maudissait de tout son cœur ce qu'il avait fait. Mais dès qu'il voulait confesser sacramentellement ces mêmes crimes qui lui faisaient horreur, ou dénoncer ses complices, il sentait aussitôt son cœur lié et comprimé, et était poussé à rire et à se moquer, par une puissance étrangère, à laquelle il ne pouvait résister. Cette puissance le forçait, disait-il, à mépriser et à outrager le prêtre qui l'engageait à se repentir ; et rien ne lui paraissait alors plus divertissant que de tourner en dérision les prêtres et les religieux, les usages et les cérémonies de l'Église. Ceci arrivait toutes les fois qu'il se décidait à faire un acte utile au bien de son âme, mais surtout lorsque, sur les avis du prêtre, il voulait abjurer ses erreurs devant le vicaire de l'Inquisition. Il poussait alors de violents éclats de rire ; et quoiqu'il s'efforçât de repousser la force par la force, et de se mettre à genoux pour produire quelque acte pieux, il ne pouvait y réussir. Le démon était plus fort que lui.

Il est impossible de ne pas attribuer toutes ces choses au mauvais esprit, qui, soutenu par une longue habitude du péché, employait tous ses efforts pour retenir cet homme sous sa puissance. Il possédait à la fois son âme et son corps, lui était toujours présent, et faisait de lui tout ce qu'il voulait, tantôt liant, contractant son cœur, tantôt le dilatant, et y excitant les passions souvent les plus contraires; tantôt mettant en mouvement sa bouche, sa langue, ses yeux, ses lèvres et les autres membres de son corps; tantôt affectant par différents objets ses sens intérieurs, afin de lui faire sentir toujours son pouvoir. « Comme je revenais en cette même année de Rome à Bergame, raconte Brognoli, je m'arrêtai en un lieu peu éloigné de la ville qu'habitait ce docteur. Le père Provincial et l'ecclésiastique dont je parlais tout à l'heure me conseillèrent de me charger de lui : les exorcistes le croyaient possédé du démon, tandis que les médecins le déclaraient atteint de folie. On me l'amena donc; je me mis alors à lui parler de différentes choses, et je reconnus à ses réponses qu'il n'était point fou, comme le croyaient les médecins, mais qu'il avait au contraire un jugement très-sain, un esprit très-pénétrant et très-cultivé. Puis, en présence de cet ecclésiastique et d'un docteur en droit son ami, je l'exorcisai; mais il ne fut point tourmenté par les exorcismes, comme il arrive chez les possédés : il éclata de rire au contraire, et me menaça du poing. Considérant qu'il avait fait un pacte avec le diable, que pendant huit ans il avait été son esclave et s'était donné à la magie, je crus qu'il fallait employer d'autres moyens. Pressé et par lui-même, et par les prières de son ami et de plusieurs ecclésiastiques de me charger de lui d'une manière plus spéciale, je me rendis à l'endroit où il habitait lui-même; et m'étant fait donner sur lui par l'Inquisiteur les pouvoirs nécessaires, après avoir invoqué le secours divin, je conjurai les démons en présence de notre Père Provincial, d'un Père Définiteur et de l'ami du docteur, et je leur défendis au nom de Dieu de l'empêcher à l'avenir de répondre librement à toutes nos questions. . . . .

« Je lui demandai alors pour quel motif il s'était adressé aux pères de notre ordre, et particulièrement à moi, et ce qu'il désirait de moi. Il me répondit : « Je veux savoir si je suis lié par un maléfice, ou si je suis possédé, ou de quelle maladie je souffre. » Il m'avoua ensuite que son cœur brûlait malgré lui d'un feu impur pour une personne dont l'image et la pensée ne lui laissaient aucun repos, et il attribuait cette passion à un maléfice. « Si vous croyez comme moi, me dit-il, que c'est là l'origine de mon mal, je vous prie de me rendre la santé. » Je compris par là qu'il voulait rompre le commerce qu'il avait avec le démon, non par amour pour Dieu et par le regret de l'avoir offensé, mais, comme un autre Antiochus, pour échapper à la justice divine. Je lui dis : « Je vous assure, avec cette certitude que peut avoir un serviteur de Jésus-Christ et de l'Église, que, si vous êtes réellement atteint d'un maléfice, vous serez guéri aux trois conditions suivantes : vous devez premièrement m'obéir en tout ce que je vous commanderai ; secondement me découvrir toutes les pensées, les paroles et les œuvres de votre vie, et particulièrement depuis le temps où vous avez commencé à fréquenter les hérétiques et à avoir commerce avec les démons; troisièmement vous devez écouter les raisons et les autorités que je vous apporterai pour vous convaincre de la vérité de l'Évangile ; et si vous avez quelque chose à y opposer, vous devez me le communiquer, afin que je puisse résoudre vos doutes. » Il promit tout cela en présence des ecclésiastiques et du docteur en droit. Pour l'empêcher d'éclater de rire à l'avenir et de se moquer de moi, je lui ordonnai sur-le-champ de faire l'abjuration suivante : Moi, N. N., ayant éprouvé que toutes les fois que je veux entreprendre un acte utile à mon salut je me sens poussé par une force extrême à éclater de rire, et me voyant forcé de cette manière à repousser tous les remèdes salutaires à mon corps et à mon âme, je déclare ici à genoux devant Dieu, mon Créateur et mon rédempteur, et devant vous, mon père, de tout mon cœur, de toute mon âme et de toutes mes forces, que lorsqu'il m'arrivera désormais de rire, ou de faire quelque chose qui exprime le mépris et la dérision, mon intention est de rire de Béelzebub, le prince des démons (c'était le nom du mauvais esprit auquel il s'était donné), et de tous ses partisans, de ce que par orgueil ils se sont séparés de Dieu et se sont attiré des châtiments éternels. Mon intention est encore de rire de joie de ce que Dieu, dans sa miséricorde infinie, m'a pardonné mes péchés, et de détester ceux-ci de tout mon cœur, parce qu'ils ont offensé Dieu, mon créateur et mon sauveur, que je veux aimer par-dessus toute chose. Ainsi, démons! poussez-moi à rire tant que vous voudrez; si je ris en effet, je veux que ce soit pour votre confusion et pour le salut de mon âme. »

« A partir de ce moment, le rire se changea chez lui en tristesse. On ne le vit plus jamais rire lorsqu'il était question de choses utiles à son âme; mais il paraissait, au contraire, plongé dans une douleur profonde et dans une noire mélancolie. Je priai les autres de me laisser seul avec lui; puis je l'interrogeai sur tout ce qu'il avait fait, sur ce qui lui était arrivé, sur le pacte qu'il avait fait avec le démon, sur ses complices, sur les livres hérétiques qu'il avait lus, sur son maître Hammerlein, sur sa présence au sabbat, sur ce que faisaient là les magiciens, les sorcières et les démons, sur les plaisirs et la gloire que le démon lui avait procurés; et il répondit à toutes mes questions, quoique avec une certaine difficulté. Il me dit qu'un an avant de s'être donné au démon il avait fréquenté des magiciens, parmi lesquels il y avait des luthériens, des calvinistes, des anabaptistes, des manichéens et surtout des athées, et qu'il avait étudié leurs livres et leurs doctrines. Il en était venu à renoncer à Dieu, et se trouvait prêt de cette manière à entrer formellement au service du démon.

« Son initiation eut lieu de la manière suivante, l'an 1638, dans une grotte des montagnes de Gênes. Il s'y rendit, accompagné de neuf autres magiciens et de tous les hérétiques qu'il avait fréquentés dans une certaine ville, à cause de ses études. Ils y trouvèrent le démon assis sur une pierre, sous une forme humaine. Ses yeux lançaient du feu; il avait la barbe d'un bouc, des pieds de taureau, des cornes et des griffes; sa voix, grêle et rauque, était terrible néanmoins. Tous, en le voyant, se prosternèrent devant lui et lui rendirent hommage en lui baisant le derrière. Le premier magicien, se plaçant au milieu des autres qui étaient à genoux, dit au démon qu'il lui amenait un novice, un docteur savant dans l'un et l'autre droit et en même temps théologien profond, et qu'il le priait de l'admettre parmi les siens. Le prince des ténèbres, fier de cette nouvelle acquisition, répondit que le néophyte n'avait qu'à lui exposer ses désirs. « Je désire, dit celui-ci, que tu m'indiques un trésor et la manière de m'en emparer; mais je veux que ce soit de l'or et de l'argent véritables, et non pas une illusion. Je demande de plus que les démons que j'invoquerai se prêtent à tous mes désirs, et me portent rapidement partout où je voudrai aller. Le démon lui répondit que tout cela était facile, pourvu qu'auparavant il renonçât à Dieu et qu'il crût fermement qu'il n'y avait point d'autre Dieu que lui, le démon; qu'il rejetât tous les articles de la foi, les sacrements et les cérémonies de l'Église, que pendant toute sa vie il méprisât les ecclésiastiques et les religieux; qu'il n'allât jamais à confesse, et qu'il regardât la confession comme une invention des simples pour tromper le démon. » Le novice promit de faire tout ce qu'on lui demandait, à l'exception du premier article. « Je ne puis, dit-il, admettre qu'il n'y ait pas d'autre Dieu que le démon, car cela répugne à ma raison. »

« Le premier des magiciens, qui jouait parmi eux le rôle d'évêque, trouva un moyen terme, et se tournant vers le novice, il lui dit : « Si tu ne veux pas croire avec moi qu'il n'y a point d'autre Dieu que le démon, crois du moins qu'il y a deux dieux, l'un qui a créé les choses invisibles et spirituelles, et l'autre créateur des choses corporelles et visibles. — Ceci, je puis le croire, répondit le novice. » Il renia donc Dieu, la sainte Vierge, le symbole, les sacrements, les cérémonies de l'Église; et, après avoir baisé plusieurs fois le démon, il lui promit fidélité, et lui fit profession de foi. Un acte authentique de tout ce qui s'était passé fut dressé et scellé par le magicien. Le nouvel adepte reçut du prince des démons un Martinet, c'est-à-dire un démon familier, qui devait être partout à sa disposition. Celui-ci et les Martinets des autres magiciens leur amenèrent un char magnifique traîné par quatre chameaux blancs; ils y montèrent tous, et furent transportés en un instant, avant le coucher du soleil, à la ville où ils demeuraient. Il me raconta tout cela, non en plaisantant, mais très-sérieusement, ajoutant qu'il l'avait déjà raconté à l'Inquisiteur, au tribunal, et qu'il était prêt d'ailleurs à abjurer avec une entière conviction toutes ses erreurs. Il m'avoua encore qu'il avait été conduit par les démons en Angleterre, en France et en Allemagne, qu'il avait assisté à leurs réunions avec d'autres magiciens à Trente, à Bergame, à Bruxelles, à Vérone et dans plusieurs autres villes. « Nous autres magiciens et nécromanciens, me disait-il, lorsque nous ne voulons pas nous rendre à ces assemblées nocturnes, nous pouvons, à l'aide de notre science, tracer certains cercles en murmurant quelques paroles, en invoquant certains démons et en adressant à leur chef certaines prières; nous pouvons nous dispenser de ce devoir, et le démon nous remplace. Je l'ai fait moi-même bien souvent; cependant j'ai visité d'autres fois aussi le sabbat, presque dans toutes les villes de l'État vénitien; mais les femmes et les magiciens d'un rang inférieur, ne possédant point ce degré de science, sont tenus de paraître à toutes les réunions, à moins qu'ils n'en soient dispensés pour une cause légitime.

« Les Martinets s'y trouvent vers la troisième heure de la nuit, et les hommes qu'ils protégent doivent y être présents avec eux. Ceux qui tardent ou ne viennent pas du tout sont frappés de maladies, et tourmentés dans leur âme et dans leur corps, non-seulement pendant la nuit de la réunion, mais encore les jours suivants; de sorte que rien de ce qu'ils font ne leur réussit jusqu'à ce qu'ils aient promis par serment d'être plus attentifs à l'avenir. Les riches particulièrement et les grands personnages, afin de n'être pas reconnus, portent un masque ou un voile. Pour le même motif, on ne les appelle point par leur nom, mais du nom de leur pays ou bien d'un pays étranger. » Tout ce qu'on raconte des flambeaux de poix dont on se sert dans ces solennités, des offrandes que chacun y apporte, etc., il le certifia d'après sa propre expérience. Comme je lui demandai quelles étaient ses offrandes à lui, il me répondit que, le démon aimant beaucoup le sang que les femmes répandent pendant leurs règles il s'en faisait donner par les magiciennes de son pays, et que c'était là son offrande. Il ajouta que le démon qui régnait dans la ville où il habitait s'appelait Béelzébub, et qu'il avait sous sa puissance trente mille démons prêts à faire toute sorte de mal; que lui-même, à cause de sa science magique, avait plein pouvoir sur les démons: qu'il pouvait les lier et s'en servir à son gré, à l'aide d'un anneau ou de quelque autre instrument, tandis qu'eux ne pouvaient ni se servir de lui ni le contraindre à des choses qu'il ne voulait pas; que ceux qui connaissent la magie peuvent, à l'aide de cette science, évoquer les démons, les lier, disposer d'eux, les enfermer dans des anneaux ou dans des vaisseaux, etc. Comme je lui représentais la folie de ces imaginations, il me dit un jour qu'il me donnerait une preuve de sa puissance, et que, par ses cercles magiques, il évoquerait les trente mille démons qu'il avait à son service. Je lui répondis qu'avec le secours de Dieu et du nom de Jésus-Christ, qui peut mettre en fuite tous les démons, je ne craignais rien d'eux.

« Il demeurait alors dans la maison de l'Inquisition, et juste au-dessous de la chambre de l'Inquisiteur, Charles de Velitri. La nuit suivante, celui-ci, ainsi qu'un laïque de ses amis, entendit dans la chambre où le magicien se trouvait seul une conversation très-animée entre les démons, qui tous parlaient à la fois, entraient en fureur, maudissaient Dieu, et se vantaient qu'ils se déferaient de moi, ce qu'ils essayèrent deux fois en effet pendant cette même nuit; mais aux deux fois la peur les éloigna de ma cellule. L'Inquisiteur et son compagnon furent très-effrayés de ce bruit et de ces cris, et aucun d'eux n'osa descendre à la porte de la chambre qu'occupait le magicien. J'y allai donc moi-même, et, confiant dans le secours divin, j'entrai dans sa chambre pour lui prouver l'impuissance des démons. Son frère me raconta aussi qu'il avait souvent entendu dans sa chambre, quoiqu'il y fût seul, plusieurs voix parler ensemble, et blasphémer contre Dieu, au milieu des éclats de rire, ce qui l'avait grandement effrayé chaque fois. Tout cela laissait peu d'espoir pour la conversion de cet homme. Je lui avais fixé un jour où il devait entendre la messe et commencer sa confession. Il promit tout; mais le démon lui donna une attaque de paralysie qui ne lui permit pas de sortir de son lit. J'allai le voir au bout de deux jours, lui reprochant de n'être pas venu à l'heure dite. « Excusez-moi, me répondit-il, car je ne puis bouger de mon lit, et cependant je suis content, et je ne ressens aucune douleur. » Je commandai au démon de le laisser libre; il se leva aussitôt, et se rendit à notre couvent; mais lorsqu'il voulut confesser ses péchés, on ne put apercevoir en lui aucune trace de repentir, et la même chose se répéta souvent dans le cours du mois. Plusieurs fois, en effet, il se montra disposé à faire sa confession, et il disait qu'il se repentait au fond du cœur de ses péchés, quoiqu'il lui fût impossible de donner aucun signe extérieur de douleur.

Mais à peine s'était-il mis à genoux pour se confesser que tous ses bons sentiments disparaissaient; l'acte qu'il faisait semblait n'avoir aucune valeur à ses yeux, et il disait qu'il ne se croyait coupable d'aucun péché mortel. A peine avait-on commencé de l'interroger qu'il se levait en disant qu'il ne se souvenait d'aucune faute. Souvent, lorsque je voulais le préparer à la confession, il m'interrompait et s'en allait, comme si quelqu'un l'eût appelé. Il fit souvent aussi la même chose chez l'Inquisiteur. Comme je lui recommandais de s'accuser d'avoir pratiqué la magie, d'avoir évoqué les esprits et d'autres crimes semblables, il me répondit qu'il ne pouvait s'accuser de cela, parce que c'était une chose sainte, que sa conscience était pure et ne lui reprochait rien. S'il voulait se repentir, le diable trouvait toujours le moyen de l'en détourner, parce qu'il ne regardait point Dieu, mais seulement le mal corporel dont il souffrait et qu'il cherchait à éloigner de lui. C'est ce qu'il me déclara souvent en me disant : « Je ne demande pas de toi que tu purifies ma conscience par la confession, car nous autres magiciens nous sommes tous sûrs de notre salut, et n'avons pas besoin de la confession; la contrition nous suffit, comme nous l'enseigne Pierre d'Abano dans ses écrits. Ce que je te demande, c'est que, si je suis atteint d'un maléfice, tu m'en délivres. » Ainsi il rapportait tout à sa santé corporelle, et n'avait nul souci du salut de son âme.

« Après que je me fus occupé de lui pendant un mois, l'Inquisiteur le renvoya chez lui pour qu'il se guérit de la maladie qui l'épuisait. Mais cette maladie augmentant avec le temps, il voulut se tuer dans son désespoir; et comme il ne pouvait quitter son lit, il criait sans cesse à ceux qui l'entouraient : « Donnez-moi une épée ou un poignard, afin que je me tue vite; pourquoi tarder davantage? Je n'ai besoin que d'une corde pour me pendre : ainsi le veut le maître auquel je me suis livré, à qui j'appartiens corps et âme, en vertu du pacte que j'ai fait avec lui et que je ne puis plus rompre. » Il tenait souvent de tels discours, et il aurait exécuté son criminel dessein si on ne l'eût surveillé jour et nuit, comme je le tiens d'un digne prêtre qui le vit souvent alors. » L'an 1667, dix-neuf ans plus tard, Brognoli, au moment où il allait publier son livre à Venise, s'informa auprès d'un autre prêtre si cet homme vivait encore. Le prêtre lui répondit : « Je crois que oui; mais je ne l'ai pas vu depuis longtemps, car depuis plusieurs années il est enchaîné, nu et privé de raison. » En effet, un jour qu'il était sorti de la ville avec quelques-uns de ses amis pour évoquer les démons, il oublia quelques-unes des prescriptions de son art, et alors les esprits mauvais se révoltèrent contre lui, le frappèrent de coups de bâton par tout le corps et particulièrement à la tête; de sorte qu'il resta à demi mort, et que ses compagnons eurent beaucoup de peine à le ramener. A partir de ce moment, il perdit complétement l'usage de la raison, et devint comme une brute. C'était, hélas! ajoute Brognoli, ce que je lui avais souvent prédit en le conjurant de rentrer en soi-même. » (*Alexicacon.*) Brognoli, auteur de ce récit, était Frère Mineur de la stricte observance, prédicateur et professeur de théologie. C'était un homme très-expérimenté dans ces matières, qui avait eu l'occasion de voir beaucoup de possédés a Rome, à Milan, à Venise et ailleurs, et d'observer la conduite des théologiens et des médecins. S'apercevant que bien souvent la médecine et la théologie empiétaient l'une sur l'autre, il écrivit son ouvrage afin de bien fixer les limites de chacune en ce genre, et il l'intitula : *Alexicacon, hoc est de maleficiis ac moribus maleficis cognoscendis* (tom. I et II; Venetiis, 1714). Ce livre est écrit avec intelligence et modération; il est bien supérieur aux ouvrages publiés sur ce sujet a la même époque; et l'auteur, dans les cas dont il a été témoin, rapporte simplement les faits comme il les a vus.

Lorsque l'on considère attentivement ce mélange épouvantable de folie, de possession, d'ensorcellement et d'ironie infernale, on ne tarde pas à saisir le fil des artifices diaboliques et des passions sauvages dont cette histoire tragique est tissue. Elle s'est passée vers la fin de la guerre de Trente ans, à cette époque funeste où une effroyable barbarie s'empara de presque toute la société européenne, et produisit des prodiges de scélératesse et de corruption, dont une soldatesque effrénée portait partout les miasmes impurs. Le héros de cette histoire avait été infecté de cette horrible contagion. Il fréquentait les magiciens, les Manichéens, les Anabaptistes, les protestants, et surtout les athées. Bien souvent sans doute il avait entendu traiter, dans les entretiens qu'il avait eus avec eux, les questions terribles qui agitaient cette époque. Le protestantisme avait éveillé le doute dans les intelligences, et l'avait poussé jusqu'au panthéisme païen et même jusqu'à l'athéisme. Les Anabaptistes, de leur côté, s'étaient égarés dans un faux mysticisme, croyant pouvoir arriver par ces voies à la vérité. Les magiciens se vantaient de posséder des pratiques qui reposaient sur un autre monde que le monde chrétien. Les Manichéens promettaient de découvrir les mystères de ce monde enveloppé de ténèbres, et c'est là ce qui explique ce voyage entrepris dans les montagnes de Gênes Il est facile de voir par le contexte même que ce sont les Manichéens qui ont joué le principal rôle dans la cérémonie de l'initiation. Neuf magiciens, c'est-à-dire neuf Manichéens, y assistaient, portant à la main des flambeaux de poix. Leur chef paraît dans la grotte sous la forme d'un homme, mais avec le masque d'un bouc. Ils se prosternent devant lui, et lui rendent hommage en lui donnant un impur baiser. Le premier d'entre eux, leur évêque, se lève seul au milieu des autres, et introduit le novice. — Les Manichéens, après s'être répandus en Italie, s'étaient constitués en une hiérarchie parfaite. On voit par les actes de l'Inquisition de Ferrare, vers la fin du treizième siècle, que la secte avait des évêques, des visiteurs, des questeurs et des messagers dans les districts de Ferrare, de Mantoue, de Vérone, de Bergame et de Vicence. Le zèle de l'Inquisition et les croisades en France brisèrent, au commencement du quatorzième siècle, les liens de cette société ténébreuse; mais elles ne purent l'anéantir tout à fait. Ses débris, fuyant la lumière du jour, se cachèrent dans l'obscurité qui avait toujours été son élément; et nous les retrouvons encore à la fin du seizième siècle dans la grotte des montagnes de Gênes, sous la forme de société secrète, se réunissant pour recevoir de nouveaux adeptes.

D'après l'analyse que Psellus, vers la fin du onzième siècle, a faite de la doctrine des Manichéens, telle qu'elle existait chez les Euchites ou Enthousiastes, secte manichéenne qui existait dans la Thrace, ceux-ci admettaient comme principes un père et deux fils. Le père gouverne le monde supérieur, et les fils président, le plus jeune au monde céleste, et l'aîné au monde inférieur. Conformément à cette division fondamentale, ils partageaient tout en trois. Quelques-uns rendaient les honneurs divins aux deux fils en même temps, parce que, quoiqu'ils ne fussent pas toujours d'accord ensemble, ils étaient néanmoins les enfants d'un même père, et devaient plus tard rentrer en grâce avec lui. D'autres honoraient le plus jeune seulement comme maître des régions supérieures, sans pour cela refuser tout culte à l'aîné, dont ils craignaient la puissance. Mais ceux d'entre les Manichéens qui étaient arrivés au comble de l'impiété renonçaient tout à fait au culte du maître du ciel, et réservaient tous leurs hommages pour son frère aîné, qu'ils appelaient Satanaki et le premier né, et qu'ils reconnaissaient comme le principe du monde végétal et animal, en un mot de tous les corps composés, comme aussi de toute corruption et de toute dissolution. Pour l'honorer mieux encore, ils accablaient d'outrages le fils qui préside au ciel, l'accusant d'être jaloux de son frère, parce que celui-ci gouverne avec sagesse le monde terrestre, et d'exciter à cause de cela des tremblements de terre, la grêle et la famine. (Mich. Pselli *de Operatione dæmonum*; 1688, p. 7-19.)

Psellus.

Psellus raconte encore (p. 29) que les démons promettaient à leurs adeptes des honneurs, de l'or et des richesses, mais qu'ils ne pouvaient accomplir leurs promesses. Ils trompaient souvent les initiés par une certaine fantasmagorie et par certaines apparitions lumineuses, qu'ils osaient appeler théopties, ou visions divines, auxquelles on ne pouvait arriver qu'après avoir commis des actions abominables. Il parle aussi d'excréments humains solides et fluides que les adeptes devaient goûter pour se rendre les démons favorables. Voici, d'après lui, en quoi consistait leur sacrifice. Le soir du jour où nous célébrons la passion de Notre-Seigneur, ils se rendaient dans une maison, où, après avoir éteint toutes les lumières, hommes et femmes s'unissaient dans une abominable confusion. Neuf mois après, ils revenaient au même lieu; et quatre jours après la naissance des enfants, fruits de ces unions monstrueuses, on prenait ceux-ci à leurs mères, on leur tirait des veines tout le sang qu'elles renfermaient, et on les brûlait respirant encore sur un bûcher. Puis on mêlait leur sang avec de la cendre, et ce mélange impur, ajouté à leur nourriture et à leur breuvage, leur servait de communion. Ils croyaient effacer par là le caractère imprimé dans leur âme par le baptême, et préparer ainsi l'entrée au démon. Tous leurs efforts tendaient à obtenir que les démons se montrassent à eux sous une forme visible. Le même auteur parle plus bas de ceux qui parmi les Manichéens avaient le don de prophétie. « Un d'entre eux m'avait désigné lui-même, ajoute Psellus, une fois dans une de leurs réunions. « Sachez, avait-il dit, qu'un homme sera envoyé contre nous pour persécuter notre croyance et abolir nos pratiques. Il me tiendra enchaîné, moi ainsi que beaucoup d'autres; mais, malgré tous ses efforts pour m'emmener d'ici à Byzance, il n'y réussira point. » Il donna ensuite mon signalement de la manière la plus exacte. Je le pris en effet plus tard, et le mis en prison. Et comme je lui demandais d'où il tenait le don de prophétie, il refusa d'abord de répondre; mais, forcé de parler, il me dit qu'il avait appris son art d'un vagabond de Libye. « Celui-ci, me dit-il, m'ayant mené pendant la nuit sur une montagne, me fit goûter d'une certaine herbe, me cracha dans la bouche, m'oignit les yeux avec un certain onguent, et me fit voir une multitude de démons, parmi lesquels j'en aperçus un qui vola vers moi sous la forme d'un corbeau, et, entrant par ma bouche, pénétra jusqu'au fond de mes entrailles. A partir de ce moment jusqu'aujourd'hui j'ai pu lire dans l'avenir toutes les fois que mon démon l'a bien voulu. Il n'y a que quelques jours dans l'année où je ne puis obtenir de lui qu'il me révèle quoi que ce soit : c'est aux fêtes de la croix, aux jours de la passion et à celui de la résurrection. » Quelqu'un des siens ayant reçu un coup de poing sur la bouche, il dit à l'agresseur : « Tu payeras cher ce coup. » Puis, se tournant vers moi, il me dit : « Tu auras beaucoup à souffrir dans ton corps, car les démons t'en veulent, parce que tu as aboli leur culte ; et ils t'ont préparé des dangers auxquels tu n'échapperas point si une puissance supérieure à la leur ne t'arrache à leurs mains. » Tout arriva comme il l'avait prédit, et je serais mort au milieu des dangers de toutes sortes dont j'ai été environné si Dieu ne m'en avait inopinément délivré. » (Psellus, p. 89-98.)

CHAPITRE IV.

Influence du judaïsme sur la magie. Le Talmud et la Cabale. La magie naturelle et la sorcellerie ont été connues des Juifs. Leurs espérances dans le Messie. Barchochebas et Sabbataï. Persécution des Juifs. Réaction contre leurs oppresseurs. On les accuse de tuer des enfants chrétiens. Divers récits à ce sujet. Simon de Trente.

Les Juifs, dispersés depuis tant de siècles parmi les chrétiens, ne pouvaient manquer, malgré la haine dont ils étaient l'objet, d'exercer sur eux à la longue une influence considérable, surtout dans la magie. Le Talmud et la Cabale admettaient un double royaume des esprits : le paradis, *Le Talmud et la Cabale.*

partagé en sept degrés, dont chacun est sous la garde d'un ange, et un enfer de forme pyramidale, comme celui du Dante, traversé par sept fleuves de feu et gardé par autant d'anges de la mort. Tous ces *Satanim* ou contradicteurs, ces Schedim ou destructeurs, ces Seirim ou terribles avaient pour chef Smaël ou Satan, dont la moitié féminine s'appelait Lillith ou le serpent; et tous ensemble cherchaient à répandre partout la destruction et la mort, et à ramener l'état du chaos. Smaël était d'abord serviteur du Très-Haut; mais ayant usurpé la divinité, il est devenu son ennemi, et il sera anéanti un jour par lui. Il y a des degrés et des différences de sexe parmi les esprits impurs, de même que parmi les esprits purs. La femme de Smaël, c'est le serpent; et à partir du jour où celui-ci a séduit Adam il est devenu son maître jusqu'à la venue du roi messie. Par le poison dont il l'a infecté, Satan s'est acquis un pouvoir continuel sur l'homme. La puissance que Dieu lui a laissée est donc très-grande. Les Satanim demeurent avec l'homme et près de lui; ils cherchent à lui nuire et en veulent à son sang. Satan ne pénètre pas seulement auprès de ceux qui se donnent volontairement à lui, mais il poursuit aussi les hommes pieux, et les trouble par l'esprit de confusion ou par la possession. L'homme dont un mauvais esprit s'est emparé n'agit plus que par l'inspiration de celui-ci.

De même que le culte pur et bon a pour but la sanctification de l'homme et le rétablissement de l'harmonie primitive, ainsi au contraire le culte impur a pour fin de troubler cette harmonie. Ce culte satanique atteint son apogée lorsque l'homme, de son plein gré et par un acte formel, s'abandonne au démon, entre avec lui et ses partisans dans un commerce personnel et familier, se réunit avec eux à certaines époques pour se livrer aux plaisirs de la danse, de la table ou à d'autres encore; car il est reconnu que tous les magiciens se lient au démon par un pacte et lui livrent leur âme. Toutes les espèces de magie se tiennent ensemble, et viennent de l'ancien serpent, qui est l'esprit impur, et c'est pour cela que les arts magiques s'appellent *arts du serpent*. Plusieurs magiciens prennent aussi la forme de bêtes pour faire du mal aux hommes ; ou bien ils peuvent en peu de temps traverser de grands espaces. Ils se servent souvent de moyens extérieurs, et particulièrement d'onguents composés d'huile et de certaines herbes. Il y a aussi des femmes qui ont un pacte avec les Schedim, qui se réunissent avec eux à certaines époques, dansent et même cohabitent avec ces esprits, qui leur apparaissent sous la forme de boucs. Dans plusieurs pays, ces femmes sont mises à mort ; car quoique leur crime ne consiste en aucune action extérieure, mais seulement dans une action interne et imaginaire, elles méritent néanmoins la peine de mort pour s'être livrées à Satan. Il arrive aussi que les esprits féminins approchent des hommes pendant qu'ils sont endormis, et cohabitent avec eux. Les esprits masculins font la même chose pour les femmes, qui mettent au monde de cette manière des démons. La puissance du mauvais œil est grande aussi. Les démons n'appartiennent pas tous aux ordres supérieurs ; il y a parmi eux des esprits élémentaires, les uns formés de l'élément du feu, invisibles, mais portés au bien, ce sont les Salamandres du moyen âge ; les autres composés d'air et de feu, invisibles et bons comme les premiers, ce sont les Sylphes. La troisième classe est composée de feu, d'air et d'eau. Ces esprits, qui rappellent les Ondines du moyen âge, sont quelquefois perceptibles pour les sens, et leur vie est toute végétale. Enfin, les esprits du quatrième ordre ont de plus un élément terrestre : ils sont visibles, d'une nature minérale, et appartiennent, ainsi que les précédents, à la faction de Smaël. Ils habitent tous les cercles supérieurs et intimes des éléments, et connaissent l'avenir quand il n'est pas éloigné. Ils se nourrissent de l'encens qu'on brûle en leur honneur, et leur rang est fixé par la finesse de l'élément qui constitue leur corps. On voit par ces doctrines, dont on peut suivre le fil depuis le commencement du dix-septième siècle jusqu'à l'époque où fut composé le Sohar, que les Juifs ont connu parfaitement non-seulement les possessions du démon, mais encore la magie, la sorcellerie avec tous leurs divers phénomènes, et que tous ces arts ténébreux se sont développés chez eux, comme parmi les sectes chrétiennes, ce qui prouve à la fois une racine commune et un contact perpétuel de ces sectes avec les Juifs.

Espérances des Juifs.

Le peuple juif est un peuple éminemment mystique; et c'est à cette disposition qu'il doit en partie d'avoir été choisi pour devenir le peuple privilégié de Dieu, d'avoir été tiré de la captivité d'Égypte, et, après s'être conquis une patrie, d'y avoir vécu pendant tant de siècles sous un gouvernement théocratique. L'histoire tout entière de ce peuple, sa ruine elle-même rendent témoignage de cette veine mystique que n'ont pu tarir les calamités dont il a été accablé. Ce caractère qui le distingue s'est reproduit d'une manière particulière toutes les fois que ses espérances dans le Messie qu'il attend se sont réveillées. Lorsque Barcochebas trompa pour la première fois son attente, l'enthousiasme dont il fut animé pour son nouveau roi ne put être éteint que par un bain de sang, plus terrible encore que celui qu'il avait éprouvé sous Titus. En 432 un second Moïse parut dans l'île de Crète, annonçant qu'il avait été envoyé une seconde fois dans le monde pour introduire de nouveau le peuple d'Israël dans la terre de ses ancêtres. Aussitôt les Juifs, abandonnant leurs métiers et leurs propriétés, suivirent leur nouveau guide au rivage de la mer, et là, sur ses ordres, inébranlables dans leur foi, ils se précipitèrent en foule dans les flots, et y perdirent tous la vie. Ceux qui survécurent à cette calamité prétendirent qu'ils avaient été trompés par un esprit de ténèbres, l'un des démons de Smaël. (Socrate, l. VII, ch. 36.) Plus tard, au commencement du dix-septième siècle, lorsque Sabbathai Zewi se donna en Orient pour le fils de David et le Messie

Barcochebas.

Sabbathai.

promis, il eut pour précurseur Nathan de Gaza, qui, étant devenu clairvoyant, connaissait et racontait des choses passées dont il ne pouvait rien savoir naturellement; il avait des visions et prédisait l'avenir. Bientôt des prophètes et des prophétesses parurent à Samarie, à Adrianople, à Thessalonique, à Constantinople et dans plusieurs autres lieux; des hommes, des femmes, des jeunes gens, des jeunes filles et des enfants même furent saisis de l'esprit prophétique. Ils étaient tout à coup renversés par terre comme des épileptiques, ils entraient en convulsions, et annonçaient alors en langue hébraïque ou araméenne, quoiqu'ils ne connussent ni l'une ni l'autre, des choses extraordinaires, ou qui s'étaient passées depuis longtemps, ou qui devaient arriver. Chacune de ces prophéties finissait par ces paroles : Sabbathai Zewy est le vrai Messie de la maison de David, à qui la couronne et le royaume ont été donnés.

Ce peuple violent, inflammable et constant dans ses passions, après avoir méconnu sa haute destinée, fut condamné pour une troisième fois à vivre captif parmi les autres peuples de la terre, afin de servir de témoin au christianisme, suivant l'expression du pape Innocent III. En Allemagne les juifs étaient considérés comme appartenant a la chambre impériale, et l'empereur pouvait en disposer à son gré. Il en était de même à peu près dans les autres États chrétiens de l'Occident. Les grands vassaux s'étaient partagé ce peuple infortuné, et, le traitant d'après toute la rigueur de la lettre, ils l'avaient attaché à leurs domaines et privé de tout droit personnel ou réel. En vain les papes, entre autres Innocent II et Innocent III, Alexandre III et Grégoire IX, tâchèrent d'adoucir leur sort; en vain les évêques cherchèrent à les protéger contre l'injustice et la violence; en vain les synodes s'efforcèrent de régler d'une manière conforme à la charité évangélique leurs rapports avec les chrétiens; rien ne put alléger leur sort, et chaque année, lorsque revenait le jour où on célébrait la passion du Sei-

Persécution des Juifs.

gneur, la haine dont ils étaient l'objet se réveillait ; car on était persuadé, à tort ou à raison, qu'ils profanaient ce jour par des blasphèmes contre le Dieu des chrétiens. Les juifs, opprimés partout, reçurent comme compensation les richesses de la chrétienté, sans en excepter les trésors de l'Église ; et il devait venir un jour où ses ministres eux-mêmes leur livreraient les vases sacrés. Ils réussirent ainsi à s'emparer de la plus grande partie du numéraire, qu'ils faisaient fructifier encore par des usures excessives. Ce peuple avare trouvait dans ses richesses toujours croissantes de quoi se consoler de ses humiliations. Les juifs étaient protégés, il est vrai, par les grands, qui partageaient avec eux le profit de leurs usures. Mais le peuple, pressuré deux fois et par les maîtres et par les esclaves, s'indignait de plus en plus contre ce métier dont il était victime et contre la prospérité toujours croissante de ces étrangers, qui s'attachaient comme des plantes parasites aux nations parmi lesquelles ils vivaient, pour en absorber toute la vie.

L'orage se forma lentement, s'annonçant de temps en temps par quelques éclats isolés ; mais enfin, lorsque les croisades eurent ébranlé l'Europe jusque dans ses fondements, la tempête longtemps contenue éclata tout à coup. En France, en Espagne, en Angleterre, en Italie, sur les bords du Rhin et du Danube, en Bohême et en Hongrie, les populations poursuivirent les juifs avec un acharnement inexprimable, employant contre eux le pillage, l'incendie et l'assassinat. Dans le duché d'York, en Angleterre, cinq cents juifs, qui s'étaient retirés dans une forteresse, y mirent le feu après avoir tué leurs femmes et leurs enfants, et périrent ainsi au milieu des flammes. La petite noblesse des environs, dont ils étaient les créanciers, fit brûler dans la cathédrale tous les titres de leurs créances. (M. Pâris, p. 111.) Ils furent chassés partout ; mais la compassion et l'or qu'ils avaient gardé leur ouvrirent de nouveau les portes. Louis VII, roi de France, les toléra, et

Pierre le Vénérable, qui fut abbé de Cluny de 1122 à 1157, qui connaissait bien le Talmud et qui avait fait traduire en Espagne le Coran, sommait ce prince d'employer leurs richesses contre les Sarrasins. Voici ce qu'il écrivait dans son épître trente-sixième : « Ce que je vous dis des juifs, ô roi, est bien connu de tous. S'ils remplissent leurs greniers de fruits, leurs celliers de vin, leurs sacs d'argent et leurs cassettes d'or, ce n'est ni en travaillant la terre, ni en servant à la guerre, ni en pratiquant quelque autre métier utile et honorable, mais c'est en trompant les chrétiens et en achetant à vil prix des voleurs les objets dont ils se sont emparés. Si quelque larron, forçant une église, emporte des chandeliers, des encensoirs, la croix elle-même ou les calices, il va chez les juifs, et, jouissant par eux d'une damnable sécurité, non-seulement il y trouve un lieu de recel pour ses larcins, mais encore il vend à la synagogue de Satan ce qu'il a pris à la sainte Église de Dieu. Les vases qui ont renfermé le corps et le sang du Christ, il les livre à ceux qui ont tué ce corps et versé ce sang, qui ont rassasié d'opprobres le Sauveur du monde pendant qu'il vivait sur la terre, et qui aujourd'hui encore ne cessent de blasphémer contre lui, maintenant qu'il est assis à la droite de son Père. Ces vases sacrés, quoique ce soient des objets insensibles, ne sont pas à l'abri de leurs outrages, et ils sont employés, comme je l'ai entendu dire souvent par des hommes dignes de foi, à des usages auxquels on ne peut penser sans crime et qu'on ne peut exprimer sans horreur. Mais ce n'est pas encore assez ! Pour que ces vols criminels restent cachés, et pour que le juif qui les recèle jouisse d'une entière sécurité, il existe une ancienne loi, une loi vraiment satanique, émanée de princes chrétiens, d'après laquelle, lorsque des vases sacrés sont trouvés chez un juif, il n'est tenu ni à les rendre ni à découvrir le voleur. » C'étaient là des paroles accablantes pour les grands de l'époque, qui, comme Guillaume II d'Angleterre, recevaient de l'or des juifs pour empêcher les fils de ceux-ci de se faire chrétiens lorsqu'ils en avaient le désir. Ces paroles expliquent bien, sans la justifier toutefois, la barbarie avec laquelle les populations à cette époque traitaient de temps en temps les juifs.

Meurtres d'enfants chrétiens.

Le Talmud raconte que les étoiles filantes sont les larmes qu'Élohim verse deux fois par jour sur la captivité de son peuple. Chaque matin il mugit comme un lion par le même motif, frappant du pied le firmament. Chaque jour il exhale une plainte comme une tourterelle gémissante, et crie : « Malheur, malheur à moi pour avoir fait de ma maison un désert, pour avoir livré mon temple aux flammes, et dispersé mes enfants parmi les nations. » Un peuple qui a su conserver ainsi son orgueil national jusque dans son abjection, qui a osé prêter à Dieu lui-même son indignation et sa douleur devait être profondément atteint par les mauvais traitements et les mépris dont il était l'objet. Mais, sans défense et sans courage, leur colère concentrée ne pouvait se produire au grand jour, et était contrainte d'avoir recours à des voies mystérieuses. C'est là ce qui explique ces récits où on accuse les juifs d'avoir empoisonné les sources et les rivières, d'avoir volé la sainte eucharistie et d'avoir ravi des enfants pour les immoler à leur vengeance. Le plus ancien fait en ce genre parait être celui de Guillaume de Norwich, que des juifs anglais enlevèrent à ses parents, l'an 1144, et qu'ils immolèrent cruellement dans la semaine de la Passion. (*A. S.*, 25 mart.) Plus tard, en 1171, des juifs français immolèrent également à Blois, dans le temps de Pâques, un enfant, et ils furent, à cause de cela, livrés aux flammes par le comte Théobald. L'an 1179, les juifs de Pari crucifièrent un enfant, Richard de Pontoise. (*A. S.*, 25 mart.) En 1181, on apprit d'Angleterre que les juifs avaient fait de même pour un enfant nommé Robert, ce qui fit éclater en 1189 une sédition redoutable. Dans tous ces cas aucune instruction formelle et authentique n'eut lieu : les enfants qui avaient été mis à mort furent honorés comme saints par le peuple, et les miracles qu'opéraient leurs reliques servirent de garantie à ces récits ; garantie cependant qui n'était pas toujours suffisante, parce que le peuple, en visitant ces reliques, y apportait son enthousiasme. Or, plus d'une fois, on le sait, l'enthousiasme de la multitude a fait croire à des miracles opérés par les restes de certains personnages que l'Inquisition a dû condamner plus tard.

On raconta à Philippe-Auguste, lors de son couronnement, que du temps de son père les juifs avaient, par mépris pour les chrétiens, immolé chaque année un enfant, comme ils avaient fait pour Richard de Pontoise. Là-dessus tous les juifs du royaume furent mis en prison, toutes les créances qu'ils avaient sur les chrétiens furent anéanties, et en 1182 ils furent tous bannis du royaume, et leurs terres furent confisquées au profit du roi. Mais dès l'année 1198 cet édit fut rapporté, parce qu'on s'aperçut avec douleur qu'on avait tué la poule qui pondait les œufs d'or. Les juifs s'étaient vengés dans la ville de Brienne des mauvais traitements dont on usait à leur égard en couronnant d'épines, en battant de verges et en pendant ensuite un chrétien accusé d'un meurtre et un paysan insolvable que la comtesse de Brienne leur avait livré. Quatre-vingt-deux d'entre eux payèrent ce crime sur le bûcher. Les meurtres d'enfants continuent pendant tout le cours du treizième siècle. Lorsque Henri III, roi d'Angleterre, eut poussé à bout les juifs par ses extorsions, et les eut réduits au point de demander à émigrer en emportant leurs biens, leur vengeance se fit jour en 1255 par l'attentat de Lincoln. Les chroniques du pays racontent qu'ayant trouvé un enfant de neuf ans, nommé Hugues, ils l'attirèrent dans la maison d'un nommé Jopin ; que là ils le laissèrent vingt-six jours sans manger, le flagellèrent, lui écorchèrent le nez, lui coupèrent la lèvre supérieure, et lui brisèrent les dents. Puis ils lui percèrent tout le corps avec des aiguilles, et le tuèrent enfin avec une lance. On retira le cadavre d'un puits, et des miracles nombreux confirmèrent le peuple dans l'opinion que cet enfant avait été mis à mort par les juifs; on s'empara d'eux. Jean de Lessinan instruisit le procès; et comme on avait promis la vie à Jopin, leur grand rabbin, il avoua tout. Il fut néanmoins traîné dans les rues attaché à la queue d'un cheval, et mourut de ce supplice : dix-huit autres subirent plus tard à Londres le même châtiment, et les soixante qui restaient n'échappèrent au même sort que par l'intervention des Dominicains et de Richard, frère du roi.

L'an 1287, sur les bords du Rhin, dans l'Oberwesel, les juifs s'emparèrent d'un jeune homme de quatorze ans, nommé Werner, pendant qu'il ôtait de la terre dans la cave de l'un d'entre eux. Ils le pendirent la tête en bas, pour s'emparer de l'hostie qu'il avait reçue le matin avant son travail; mais ils ne purent y réussir. Ils le firent donc mourir après un long martyre et le jetèrent loin de là dans des épines. Quoique l'empereur Rodolphe et l'archevêque de Mayence intervinssent en faveur des juifs, la noblesse de Souabe, indignée déjà par un autre meurtre qu'ils avaient commis à Pforzheim en 1271 sur une petite-fille de sept ans, se déclara contre eux, et plusieurs milliers de juifs perdirent la vie. Déjà en 1256 l'empereur Frédéric II avait ordonné une enquête au sujet des meurtres qu'on leur reprochait, mais elle n'avait eu aucun résultat. Le mahométisme, qui n'est au fond que le judaïsme poussé jusqu'au plus haut degré d'abstraction et dépouillé de l'idée du Messie, manifesta dès son origine à l'égard de celui-ci des sympathies intimes. Les juifs prirent part avec des hérétiques nestoriens à la rédaction du Coran. Les juifs avaient déjà, avant Mahomet, fondé des royaumes parmi les Ismaélites, et le prophète n'avait renoncé qu'avec peine à l'idée de les gagner à sa doctrine, et n'avait employé qu'à regret contre eux les armes matérielles. En Espagne, depuis que ce pays avait été conquis par les Sarrasins, on avait toujours accusé les juifs d'intelligence avec ces ennemis de la chrétienté. L'an 1321, on prétendit en France avoir trouvé des lettres où le roi de Grenade annonçait au juif Samson qu'il avait chargé trois bêtes de somme de trésors et de poisons pour empoisonner les eaux, et il promettait aux juifs, en récompense de ce service, de les introduire dans la terre promise. Or lorsqu'en 1348 l'Europe fut affligée d'une effroyable mortalité qui n'épargnait que les juifs, les soupçons qu'on avait conçus contre eux augmentèrent, et une persécution terrible éclata contre ces hommes que l'on croyait avoir conjuré la ruine de la chrétienté. Lorsque plus tard le règne de l'islamisme finit en Espagne, les juifs furent enveloppés dans sa ruine. Après le milieu du quinzième siècle, le bruit se répandit qu'on avait découvert à Hispale une propagande juive dirigée contre les chrétiens, et que les apostats, dans leurs réunions secrètes, vomissaient contre Dieu d'effroyables blasphèmes. On y envoya donc en 1482 deux Inquisiteurs pour examiner l'affaire. Ils firent un édit d'après lequel on donnait à tous ceux qui avaient apostasié la foi quarante jours pour se convertir. Dix-sept mille personnes revinrent ainsi à l'Église : les autres furent mis à mort ou mis en prison. Mais lorsque le royaume de Grenade fut tombé, lorsqu'on apprit que des juifs avaient volé et profané les saintes espèces à la Guardia, qu'ils avaient pris et crucifié un enfant, on publia en 1492 un édit qui leur ordonnait à tous de sortir d'Espagne, sous peine de mort, dans l'espace de trois mois, en leur laissant toutefois la faculté de vendre leurs biens, et d'en emporter l'argent avec eux. Une indicible terreur s'empara d'eux; ils émigrèrent par centaines de mille en Afrique, en Grèce, en Romanie et en Égypte : d'autres se retirèrent en Portugal, en France, en Italie, en Allemagne; beaucoup périrent dans des naufrages, ou tombèrent entre les mains des pirates. Ce fut une calamité plus grande que celle qu'ils avaient éprouvée au temps de Titus et d'Adrien, et qui excita la compassion des chrétiens eux-mêmes.

Dans le siècle qui s'écoula de l'année 1394, où ils furent

chassés de France par Charles VI, jusqu'à cette catastrophe, nous voyons reparaître les meurtres d'enfants. Mais déjà les enquêtes juridiques donnent à ces faits un caractère plus authentique. Un des plus remarquables en ce genre est l'histoire d'un enfant nommé Simon, né en 1472, à Trente, de parents pauvres, et qui fut tué par les juifs en 1475. Poussés par le vieux rabbin Moïse, qui connaissait, croyait-on, l'heure de la venue du Messie, les anciens de la synagogue, Tobie, Ange et Samuel, résolurent d'immoler un enfant chrétien aux fêtes de Pâques. Mais leurs serviteurs ayant refusé de se prêter à leurs désirs et de voler un enfant qu'ils pussent mettre à mort, Tobie se chargea de l'affaire, d'autant plus que sa profession de médecin lui en facilitait les moyens. Après avoir dérobé un enfant à ses parents, on le tint caché pendant quelque temps dans la synagogue, et on le mit à mort au jour indiqué. Les meurtriers cachèrent le cadavre; car les parents de l'enfant le cherchaient partout avec la force armée. Puis, le danger devenant plus pressant, on le jeta dans un ruisseau qui coulait près de là, et l'on alla ensuite déclarer au magistrat qu'on l'avait trouvé dans l'eau. L'évêque ordonna une enquête : on choisit pour juges l'échevin Jean et le préfet Jacques de Sporo. Ceux-ci firent venir Archange Baudoin de Trente, Math. Tiberinus de Brescia, Chr. de Fatis de Turlach, tous médecins et chirurgiens, pour faire un rapport sur le cadavre et sur les blessures qu'il portait. Leur rapport ne fit que confirmer les soupçons qu'on avait déjà. On mit la main sur les juifs, que le bruit public désignait comme auteurs du crime. Ceux-ci choisirent pour avocats les docteurs les plus renommés de l'université de Padoue. Leurs déclarations se contredirent d'abord, mais enfin la torture leur arracha un aveu complet, qui se trouva parfaitement d'accord d'ailleurs avec toutes les circonstances du crime, car on trouva la bouteille où le sang de la victime avait été reçu. Les meurtriers convaincus furent condamnés : tous les juifs

Simon de Trente.

furent chassés de Trente, et l'on changea la synagogue en une chapelle consacrée à l'enfant qui était mort martyr. Tous ces faits sont consignés dans un rapport authentique, adressé par le médecin Tiberinus au sénat et aux citoyens de Brescia. Le crime avait été commis dans la nuit du 23 mars, et la sentence fut exécutée le 21 juin : mais entre ces deux époques le bruit de l'attentat parcourut l'Italie tout entière. Le 22 avril, le doge de Venise Mocenigo publia un édit où il disait qu'il était présumable que l'accusation portée contre les juifs avait été inventée dans un but particulier, et qu'il voulait que les juifs demeurassent tranquilles dans ses États. Il défendait de rien changer dans leurs rapports, et interdisait aux prédicateurs et à tout autre d'exciter le peuple contre eux. Cette conduite était digne, juste et habile sans doute.

Cependant, lorsqu'on connut le résultat du procès, un second arrêt du 12 août de la même année révoqua le premier, permit de porter en procession les images du martyr, et laissa aux prédicateurs la faculté de parler de ce crime en chaire, à la condition toutefois qu'ils ne chercheraient point à soulever le peuple contre les juifs, parce que les innocents ne devaient point être punis. Les magistrats de Trente envoyèrent le 21 septembre à Venise une lettre, qui se trouve encore dans les archives de Saint-François de la Vigne, où la chose est racontée d'une manière parfaitement d'accord avec le rapport de Tibérinus. Puis ils ajoutent que les juges, quoique ce crime les eût profondément affectés, quoiqu'ils connussent l'imposture et la perfidie des juifs, leur haine contre l'Église et la puissance de leur or, avaient néanmoins agi à leur égard avec tant de gravité et de modération qu'en parcourant les actes du procès on est plutôt tenté de les accuser de trop de douceur que de dureté ; qu'à la vérité la torture leur avait arraché l'aveu de leur crime, mais que du moment où Tobie l'avait confessé tous les autres avaient unanimement confirmé son témoignage, et désigné le lieu, le temps et tous les détails de l'attentat; que ce n'était pas au reste la première fois que la chose arrivait; que le même fait s'était reproduit à Spire sur les bords du Rhin, à Dortmund en Westphalie, à Maëstricht dans le duché de Gueldre; que deux enfants avaient été immolés à Dutsch, entre Cologne et Aix-la-Chapelle, deux autres à Penigen en Souabe, un autre à Amberg dans la Bavière supérieure, deux à Endigen dans le margraviat de Bade, et que dernièrement encore toute la chrétienté avait appris avec horreur ce qui s'était passé en Sicile. Les miracles toujours croissants du martyr de Trente répandirent son culte au loin. Cependant un bref du pape Sixte IV, du 10 octobre 1475, interdit la béatification jusqu'à ce que les enquêtes nécessaires eussent été faites devant le siége apostolique, auquel seul appartient la décision. Le pape mettait en même temps les juifs sous la protection de l'Église. Le doge de Venise ordonna de se conformer à ce bref dans ses États. Plusieurs cardinaux et d'autres prélats furent chargés d'examiner, en qualité de commissaires, les actes du procès; et lorsque la chose eut été mûrement étudiée, on approuva toute la procédure le 20 juin 1478. Le culte du martyr se trouva permis de cette manière, quoiqu'il n'existe aucun bref à ce sujet. (*Creta sacra.*)

A peine cinq années s'étaient écoulées depuis l'attentat de Trente lorsque le sénat de Venise eut occasion de se convaincre de la perversité des juifs dans son propre domaine, à Portobuffaleto dans le Frioul. Les juifs Servadéus et Moïse avaient chargé Jacob, fils de Simon de Cologne, et un autre du même nom de leur procurer un enfant. Ceux-ci ayant trouvé à Trévise Sébastien Novello de Bergame, un pauvre enfant de sept ans, lui persuadèrent de les suivre à Portobuffaleto; là ils le tuèrent le jeudi saint. Les meurtriers furent emmenés à Venise; et après avoir été jugés et convaincus selon les formes juridiques, ils furent exécutés sur la place Saint-Marc. Cinq ans après, le 5 avril 1485, un enfant nommé Laurent périt de la même manière à Marostica, dans le district de Vicence; et les juifs en furent chassés pour toujours à cause de cela. On apprit aussi d'Orient que les juifs avaient acheté dans le Pont un esclave chrétien à des pirates, et l'avaient crucifié. A la même époque, l'an 1486, six enfants, d'après les chroniques de Regensburg, furent immolés de la même manière. L'an 1540, un enfant de quatre ans, nommé Michel, fut tué à Heitingen aux fêtes de Pâques; et l'an 1579, en Lithuanie, un enfant nommé Sinuai et une petite fille nommée Élisabeth, tous deux âgés de sept ans, furent mis à mort à Punic, par le juif Joachim Sinerlovicz, avec le consentement de ses coreligionnaires. L'an 1650, un enfant de quatre ans, nommé Mathias, tomba encore victime de la fureur des juifs à Cadana en Bohême; et Ferdinand III lui fit élever un monument. On n'avait plus entendu parler depuis ce temps de ces attentats jusqu'à ce que le crime commis de nos jours à Damas soit venu réveiller l'attention publique sous ce rapport. Ces meurtres au reste s'étaient si profondément empreints dans la conscience du peuple qu'ils étaient devenus en Angleterre l'objet d'un chant populaire.

Dans ces haines réciproques des chrétiens et des juifs, il est impossible de méconnaître la patte de cette bête féroce qui dort dans le cœur humain; l'action du démon était manifeste. L'imagination des peuples, sans cesse excitée par ces attentats, souvent imaginaires, mais souvent aussi incontestables, s'était pour ainsi dire familiarisée avec l'idée des crimes les plus monstrueux. C'est là ce qui explique en partie, dans les synagogues juives, ces blasphèmes horribles contre tout ce qu'il y a de plus saint. Ces sacriléges exercés sur la sainte hostie, ces meurtres d'enfants commis avec les circonstances les plus révoltantes, tous ces crimes se représentent trop souvent pour qu'ils n'aient pas eu en quelque sorte une racine naturelle dans l'état maladif de l'imagination à cette époque. On accusait aussi les juifs d'empoisonner les sources et les rivières.

Ces bruits souvent répétés avaient donné au peuple une idée terrible de la puissance des empoisonneurs; et l'on avait fini par croire que leur pouvoir s'étendait jusque sur les autres éléments, et qu'ils pouvaient changer le temps, endommager les plantes et détruire les récoltes. Toutes les branches de l'ascèse diabolique ont donc fleuri parmi les juifs : l'interprétation des songes, la rabdomancie, les sorts, l'astrologie, les amulettes, les Téraphims et la nécromancie ; et encore aujourd'hui ce sont des femmes juives qui préparent en Orient les philtres d'amour pour les femmes du harem. La légende du Faust juif se continue à travers tous les siècles, depuis le commencement du christianisme. Le rabbin Scheda se vante déjà dans le *Sohar* d'avoir appris beaucoup de choses du démon. Le juif Sédécias, qui vivait en France au temps de Louis le Pieux, s'était proposé, disent les chroniques, de convaincre les hommes de l'existence des esprits élémentaires dont il est fait mention dans la Cabale. Il leur ordonna donc de se rendre visibles. Ils le firent, et l'on vit alors dans les airs un spectacle merveilleux. Des êtres ayant forme humaine apparurent comme rangés en bataille, tantôt se mettant en mouvement avec un ordre parfait, tantôt se tenant sous les armes ou campant sous des tentes magnifiques. Quelquefois ils paraissaient voguer dans des navires aériens d'une admirable construction. Ces apparitions étaient du même genre que celles qui se sont produites tant de fois ailleurs, et particulièrement dans les montagnes d'Écosse. Ce Sédécias était le Faust juif des temps carlovingiens, et Trithémius raconte de lui qu'il avait une fois jeté dans l'air un homme, qu'il l'avait coupé en morceaux, et qu'il l'avait ensuite remis dans son état naturel; une autre fois il avait, en présence d'un grand nombre de témoins, avalé un chariot chargé de foin, avec le cheval et l'homme qui le conduisait.

Vers la fin du treizième siècle, le rabbin Jéchiel, grand cabaliste de son temps, fut appelé à la cour du roi de

France. Les juifs l'honoraient comme un saint ; mais les Parisiens le redoutaient comme un magicien. On disait qu'il travaillait la nuit à la lueur d'une lampe qui avait le privilége de ne s'éteindre jamais. Les rabbins Élie de Worms, Isaac Hünerfanger, Lévi de Moravie, Nephthali Cohen de Francfort et d'autres furent renommés plus tard comme de grands magiciens. Souvent aussi les juifs en masse étaient soupçonnés de magie. C'est sur cette accusation que le juif Chanina fut brûlé vivant. A Ascalon on pendit en un jour quatre-vingts femmes juives convaincues d'empoisonnement et de magie. C'est pour le même motif que les juifs furent chassés de Thuringe. Comme la Cabale jouissait parmi eux d'une si grande autorité, il était naturel qu'ils l'étudiassent avec zèle; et l'oppression sous laquelle ils gémissaient à cette époque devait en rendre la partie diabolique plus attrayante pour eux. Ils devaient être séduits par l'espoir de se créer des partisans dans le royaume des esprits, et de pouvoir avec leur secours mettre un terme au joug qui les accablait, venger les mauvais traitements dont ils étaient l'objet ou découvrir au moins les trésors cachés dont ces esprits passaient pour être les maîtres. Les dispositions naturelles des juifs pour la magie durent être favorisées par leur dispersion sur toute la face de la terre; car ils se trouvèrent ainsi en contact avec tous les foyers de cet art ténébreux, particulièrement parmi les Sarrasins, et surtout parmi les Marocains au nord-ouest de l'Afrique. La plaie des maux qu'ils avaient soufferts saignait toujours, et la soif de vengeance qui dévorait leur âme leur donnait une audace qui ne s'effrayait plus de rien. Faut-il s'étonner que la magie ait trouvé parmi eux un si grand nombre d'adeptes, et qu'ils aient fourni à la littérature en ce genre un si grand nombre d'ouvrages. Les juifs étaient alors les fermiers généraux des princes. Tous les impôts, les revenus, les droits de péage et de douane passaient par leurs mains. Ils étaient les banquiers de tous les grands; ils avaient accaparé de très-bonne heure la profession de médecin, qui leur donnait à la fois l'occasion de pénétrer dans la nature des choses et d'acquérir une influence considérable sur la société chrétienne. Magiciens et alchimistes pour eux-mêmes quand il le fallait, ils savaient aussi employer leur art soit pour, soit contre les chrétiens, selon qu'ils y trouvaient leur profit.

CHAPITRE V.

Influence des Bohémiens. Leur origine ; leurs migrations ; leur caractère. La chiromancie.

Vers l'an 1417, au temps de l'empereur Sigismond, une bande d'environ trois mille personnes émigra en Moldavie. Bientôt augmentée par de nouvelles recrues, elle se répandit en Valachie et en Hongrie, et le roi leur octroya le droit de s'établir autour des villes et dans les domaines de la couronne. Ils s'appelaient Zincalo, et par abréviation au pluriel Cales, hommes noirs, ou Chai, Romano, quelquefois même Sinte, désignant par là que l'Inde avait été

Origine des Bohémiens.

leur berceau. Leur origine indienne est d'ailleurs confirmée par leur langage, le romany, qui vient évidemment du sanscrit et qui s'est approprié un grand nombre de mots persans, slaves et grecs modernes. Les Anglais, après avoir fait de longues recherches dans les Indes pour découvrir la souche de ce peuple, ont fini par la reconnaître dans les montagnes de l'Inde septentrionale. Ces étrangers racontaient qu'ils étaient venus de la petite Égypte, d'où un jugement de Dieu les avait chassés. Le Pharaon de la contrée, après avoir vaincu tous les peuples du monde, avait osé dans son orgueil défier au combat Dieu et son armée céleste. Dieu, refusant le défi, avait, pour punir l'orgueilleux, ouvert une large grotte dans le flanc d'une montagne, et une tempête l'y avait entraîné avec toute son armée; après quoi la grotte s'était refermée sur eux.

Lorsqu'on approche de la montagne pendant la nuit de la Saint-Jean, on entend le roi chanter avec son armée. Après cette catastrophe, tous les rois et les peuples s'étaient révoltés contre le Pharaon, et après avoir vaincu son peuple privé de chef et sans défense, ils l'avaient chassé et dispersé dans tout le monde. C'était ainsi qu'ils avaient été forcés d'émigrer, et ils s'appelaient à cause de cela Chai, le peuple de Chal, ou bien encore, comme en Hongrie, le peuple de Pharaon.

Ils avaient donc été chassés de leur pays par suite d'une guerre de religion. Or, si l'on considère qu'au milieu de leur indifférence religieuse ils ont gardé quelques notions obscures de la métempsycose, qui ne se retrouve que dans le Bouddhisme, on est porté à croire que les grandes guerres des Bouddhistes contre les Brahmes peuvent avoir été l'occasion de leur exil. De l'Inde ils pénétrèrent probablement en Perse, où Ferdussi fait déjà mention d'eux au onzième siècle, et de là ils entrèrent dans la petite Égypte, probablement le Delta, et parcoururent l'Asie, en prenant peut-être la même route par laquelle, dans les temps primitifs, les Indiens, au rapport d'Eusèbe, étaient entrés dans la terre du Nil. On les y retrouve encore aujourd'hui sous le nom de Ghasie. De là ils se répandirent dans le nord de l'Afrique; et c'est d'eux probablement que parle Léon l'Africain sous le nom de Zingales, comme pillant les caravanes qui allaient d'Agade à Bornu. Les Dar Buschi-Fals ou devins du Maroc, qui ont une langue à part, différente de l'arabe et du schilhuh, appartiennent vraisemblablement à la même souche. Dans leur marche à travers l'Asie, ils laissèrent partout des bandes plus ou moins nombreuses, et l'on retrouve en plusieurs tribus de ce pays leurs mœurs et leurs habitudes. Il est probable que plusieurs essaims, tournant vers le nord, pénétrèrent par Astracan en Russie. D'autres, partant d'Égypte et traversant la Syrie et l'Asie Mineure, s'établirent dans le royaume de Byzance. De là ils entrèrent en Bulgarie, et

Leurs migrations.

c'est là sans doute que leur langue s'est approprié les mots grecs, slaves et valaques qu'on y trouve. Après avoir obtenu en Hongrie de l'empereur Sigismond un sauf-conduit, ils traversèrent l'Allemagne jusqu'à la mer du Nord. Une partie cependant, parcourant la Bohême et la Suisse, vint à Rome en 1422, afin d'obtenir du pape un sauf-conduit pour voyager à travers la chrétienté tout entière. Il paraît que leur demande ne fut pas mal accueillie; toujours est-il qu'à partir de ce moment on crut que le pape leur avait imposé comme pénitence un pèlerinage de sept ans. On les honorait donc comme de pauvres pèlerins, et ils se répandirent ainsi par toute l'Europe jusqu'en Espagne, empruntant aux pays qu'ils avaient successivement parcourus les noms de Maures, d'Égyptiens, de Bohémiens et d'Allemands, et passant pour les descendants des Tartares, ou des Perses, ou des Ciliciens, ou des Nubiens.

Leur caractère.

Les chroniques du temps nous les représentent comme un peuple sauvage et nomade, attiré par le butin et la corruption de même que les oiseaux de proie, vivant de pillage et au jour le jour, léger, inconstant, mobile jusque dans le jeu de ses traits, variable comme l'eau et l'air, lâche ou téméraire selon l'occasion, rampant devant toute supériorité, féroce à l'égard du faible, sans foi ni loi, violent, querelleur, vain et fanfaron au delà de toute expression, paresseux, porté à la lubricité et à toutes les jouissances matérielles. Ils sont adroits, industrieux, intelligents, surtout lorsqu'il s'agit de tromper ceux qui ne sont pas de leur sang, et pour lesquels ils nourrissent une haine profonde et héréditaire; ils sont remplis de dispositions pour la musique, et d'aptitude pour le petit nombre de professions qu'ils exercent, comme par exemple le métier de forgeron ou de marchand de chevaux. C'est ici surtout qu'ils s'entendent merveilleusement à tromper, et il n'est aucune espèce de vol qui ne leur soit familier. Ils se distinguent de tous les autres peuples par l'éclat brillant et fixe de leurs yeux, et sont encore aujourd'hui, après quatre siècles, tels qu'ils étaient alors. Leur existence éphémère, renfermée dans le court moment qui passe, et s'écoulant avec lui sans soucis, ne laisse jamais pénétrer en eux aucune idée religieuse ou sérieuse. Sans foi, sans pratiques et sans tradition, ils embrassent partout la religion du pays où ils vivent, en laissant de côté toutes les pratiques qui les gênent. Dans leurs migrations à travers l'Europe, lorsqu'ils étaient encore accueillis avec bienveillance, comme il leur arrivait souvent de faire du feu dans les greniers et les étables sans qu'il en résultât jamais aucun incendie, malgré le voisinage de matières si inflammables, ils attribuaient ce bonheur à la vertu d'une certaine racine qui croît sur une haute montagne de la petite Égypte, et dont ils faisaient venir chaque année une grande quantité. C'était là un des éléments de l'art magique qu'ils avaient apporté d'Orient; les autres, ils les ont pris aux divers peuples parmi lesquels ils ont passé ou demeuré.

Leur magie.

Ayant connu l'aimant dans leurs pérégrinations, leur imagination enfantine y vit un symbole de leur amour du pillage, de leur penchant à la volupté et de leur adresse à découvrir les trésors cachés. Dans leur enthousiasme, ils lui attribuèrent une efficacité merveilleuse, et ils croient que ceux qui possèdent ce talisman n'ont plus rien à craindre, ni de l'acier, ni du plomb, ni de l'eau, ni du feu, ni même de la mort; qu'il les rend invisibles à ceux qui les poursuivent, et qu'il jouit de propriétés remarquables dans les philtres. Ils attribuent des qualités semblables aux Évangiles; et Borrow en ayant répandu parmi eux une traduction dans leur langue, ils ne manquaient jamais de la porter avec eux, comme un charme protecteur, quand ils allaient piller quelque part. Un vieux Bohémien disait à Grellmann : « Tout ce que sait notre peuple, il l'a appris de vous. » Et, en effet, beaucoup des formules dont ils se servent sont en langue allemande. C'est aussi dans leurs courses qu'ils ont connu la superstition du mauvais œil, à laquelle ils attachent une grande importance. Ils croient que le malheur s'établit dans la maison où se trouve un enfant non baptisé, et que le bonheur, au contraire, accompagne chaque jour que l'on commence en allant à l'église de sa paroisse. Cette opinion a, comme on le voit, une origine toute chrétienne. La chiromancie, ou la faculté de deviner l'avenir par l'inspection de la main, est de toutes les pratiques magiques la seule qui appartienne en propre aux Bohémiens. Cette faculté, du reste, est en grande partie l'effet de la perspicacité du regard des Bohémiennes; et il n'est pas besoin, pour l'expliquer, de l'attribuer à quelque propriété particulière de leur nature. Cet art, qui les a rendues fameuses dans le monde entier et à l'aide duquel elles voient dans les mains de la jeune fille l'homme qu'elle doit aimer un jour, dans celles des femmes les enfants qu'elles mettront au monde et dans les mains des parents les riches héritages qui leur sont réservés; cet art s'appelle chez eux la *bahi*. On voit par tout ce que nous avons dit jusqu'ici ce qu'il faut penser de l'opinion de ceux qui regardent la sorcellerie tout entière comme une imposture inventée par ce peuple. Rien ne se rapproche plus, il est vrai, du sabbat que le spectacle que présente une horde de Bohémiens, lorsqu'elle campe la nuit dans l'obscurité des forêts, autour d'un grand feu, dont les flammes, luttant avec l'ombre des arbres, répandent sur tout ce théâtre comme une clarté magique; lorsque les hommes et les femmes produisent avec orgueil les fruits de leurs larcins, se livrent à leurs danses sauvages, mangent les animaux qu'ils ont volés, pendant que leurs chefs observent encore une sorte d'étiquette.

La chiromancie.

L'effet produit par eux dut être considérable lorsqu'ils commencèrent à paraître en Europe, lorsque attirant à eux les femmes des paysans ils cherchaient à les intimider et à les tromper par des prestiges qu'ils avaient appris dans leurs courses vagabondes. Il est incontestable que dans beaucoup de cas le prestige et l'illusion ont dû avoir une grande part ; mais il est impossible de supposer que dans tous les cas de sorcellerie il se soit trouvé des Bohémiens pour tromper par des tours de passe-passe les yeux des assistants. Les Bohémiens, bien différents des juifs, dont ils se rapprochent sous tant d'autres rapports, ne se sont jamais adonnés sérieusement à la magie ; mais ils se sont contentés de prendre de cet art mystérieux ce qui pouvait servir leurs vues et leurs intérêts. Ils s'en sont approprié les formes extérieures et les jongleries ; et pendant que les magiciens juifs cherchaient surtout à se mettre en rapport avec les hautes classes de la société, eux, au contraire, agissaient de préférence sur le peuple des campagnes. Ils ont bien pu aussi emprunter au sabbat des sorciers ses formes extérieures. Les effets de lumière de leurs bivouacs dans la solitude des forêts, le contraste singulier entre la nature sauvage au milieu de laquelle ils vivaient et la connaissance qu'ils avaient des raffinements de la civilisation moderne, le déréglement de leur vie, qui ne connaissait aucune contrainte, tout cela pouvait bien, en agissant fortement sur l'imagination, y produire comme un reflet des visions du sabbat. On les a accusés plus d'une fois non-seulement de voler les enfants, mais encore de les manger. Peut-être ce dernier reproche leur avait-il été attiré par la singularité et la malpropreté de leur cuisine. Les Bohémiens dansent les mêmes danses lascives dans lesquelles les Égyptiennes se sont acquis une si grande réputation, et qu'ils appellent en Espagne *maguendoy*. Cette danse, si nous en croyons les renseignements qui nous ont été donnés, ressemble beaucoup aux danses du sabbat. Ils connaissaient aussi les amulettes et les racines magiques. Leurs femmes composaient des philtres avec de la racine de bon-baron. Les hommes jetaient parmi les troupeaux une poudre, ou quelque autre chose de semblable, qui les rendait malades. Et c'était pour eux un profit considérable ; car ou on les faisait venir pour guérir la bête devenue malade; ou, si elle mourait, on la leur abandonnait comme une proie.

CHAPITRE VI.

Dispositions naturelles à la magie et à la sorcellerie. Les unes viennent du tempérament, les autres des astres. Mythes des contrées du Midi et du Nord à ce sujet. L'Église cherche à les détruire. Saint Taurin. Attachement du peuple au paganisme. Idée d'un royaume de Satan sur la terre.

L'homme est un être éminemment historique. Chacun de nous contribue pour sa part à faire l'histoire; mais chacun de nous aussi reçoit d'elle à son tour des influences qui le modifient profondément. La magie est un fait historique. Mais il ne peut rien y avoir dans l'histoire qui n'ait été d'abord, ou qui ne soit en même temps dans les individus; car ceux-ci ne reçoivent d'elle que ce qu'ils y ont mis eux-mêmes. Le second élément de la magie consiste donc dans cette part que fournit l'individu. Or, celui-ci est composé d'une âme et d'un corps. L'étude de cet élément individuel a donc deux faces, correspondantes aux deux parties dont se compose l'individualité humaine. Dieu a donné à l'humanité la terre comme théâtre de son action et de son développement. Mais lorsque la chute de notre premier père eut creusé un abîme entre lui et les hiérarchies célestes, qui jusque-là avaient vécu pour ainsi dire avec lui dans une sainte familiarité, Dieu, par une providence pleine d'attention pour nous, jeta comme un voile sur le monde des esprits; de sorte que ni les anges qui sont restés fidèles ni ceux qui ont été chassés du ciel ne peuvent plus nous apparaître que sous une forme terrestre et en empruntant à la nature extérieure quelques-uns de ses éléments. Tel est le cours ordinaire des choses. Les abîmes sur lesquels nous marchons sont fermés et scellés. Nos regards peuvent bien s'élever jusqu'aux espaces lumineux du firmament; ils ne peuvent monter plus haut, ni pénétrer jusqu'au séjour des esprits bienheureux. Mais lorsque nous voyons des individus ou des populations entières, quittant les sentiers battus, frapper à la porte de l'abime et y chercher du secours, nous ne pouvons nous expliquer un aussi étrange phénomène qu'en supposant que l'ordre naturel et ordinaire des choses a été plus ou moins profondément altéré en eux, et qu'il s'est établi entre les ténèbres de ces sombres régions et les ténèbres de leur propre cœur une certaine sympathie qui les met en rapport avec les puissances infernales.

Influence des astres.

Lorsque ce trouble se produit d'abord dans l'organisme, il forme à la longue une disposition maladive aux choses extraordinaires et comme une idiosyncracie qui prend plaisir aux choses désagréables et trouve dans le mal son bien. Cette maladie a dès lors sa racine dans les organes de la vie, et particulièrement dans le système ganglionnaire. Ces dispositions naturelles et maladives sont développées encore bien souvent par des influences sidérales. Dans la religion naturelle de l'antiquité, c'étaient particulièrement le soleil et la lune qui mettaient en mouvement les instincts de l'homme et les développaient. Le soleil était pour eux comme la racine des œuvres qui s'accomplissent avec réflexion et au grand jour, tandis que la lune exerçait particulièrement son influence sur les œuvres plastiques du monde nocturne. On les considérait l'un et l'autre comme des puissances mystiques, dont les influences produisaient des phénomènes extraordinaires et extatiques; et comme la femme est plus accessible à ces sortes d'influences, on les attribuait d'une manière spéciale à la lune, qui semble avoir un rapport spécial au sexe féminin. La lune était la Lilith des Hébreux, l'Artémise du fond de l'Orient, l'Alilat des Arabes, la Mélitta des Assyriens, la Pschat aux deux cornes ou la Bubastis des Égyptiens, la Diane des Grecs ou la mère de la vie cachée, l'Holda des peuples du Nord, qui marche sur les sommets des montagnes. A sa suite couraient en dansant les jeunes filles de Lydie et les vierges de Sparte. Elle était considérée partout comme ayant sous sa domination la vie féminine, et comme étant le cœur de la nature, d'où la vie se répand ensuite dans le cœur de chaque individu, qu'elle entretient ainsi dans un rapport continuel avec le centre même de la nature. Hélios, au contraire, ou Apollon, c'est-à-dire le soleil, était regardé comme la source des esprits nerveux, comme le sensorium et le centre nerveux de l'univers entier. De même qu'on attribuait à la lune un rapport spécial avec la femme, ainsi on attribuait au soleil une influence particulière sur les hommes, parmi lesquels les rois passaient souvent pour les fils du soleil.

Mais l'antiquité, qui n'avait point encore sur l'origine et la nature intime des choses ces notions claires et précises que nous a données la foi, voyait partout un dualisme et une opposition irréconciliable. Le bien et le mal étaient à ses yeux deux forces correspondantes et nécessaires de tout être ici-bas; et il ne faut pas s'en étonner, puisqu'ils faisaient remonter ce dualisme jusqu'à la Divinité même, source et principe de tous les êtres. La vie et la mort marchaient ensemble partout et toujours, sans que l'une pût jamais vaincre l'autre. Le même soleil dont les rayons échauffent la terre et font mûrir les moissons produit ces chaleurs dévorantes d'où naissent à la fois bien souvent la disette et la contagion. De même aussi que la lune nous montre tantôt son côté lumineux et tantôt son côté obscur, ainsi elle apparaît à l'humanité, dans la croyance des peuples anciens, tantôt comme une divinité douce et bienfaisante, et tantôt au contraire comme une ennemie du genre humain; tantôt sous le symbole de Bérécynthe qui perce Ménalon, et tantôt sous celui d'Hécate qui préside au monde inférieur et à ses mystères effroyables. Ce dualisme se reproduit jusque dans les chœurs des filles de la terre, qu'un rapport magnétique liait d'une manière spéciale à cet astre des nuits; et les chœurs qui fêtaient Hécate étaient bientôt suivis de ceux qui honoraient Bérécynthe.

Mythes du Midi.

Les mystères par lesquels l'humanité rendait un culte aux divinités de la nature se partageaient aussi en deux classes, les mystères du jour et ceux de la nuit. Jusque dans les premiers temps du christianisme, les chœurs des femmes consacrées au culte de la lune reproduisent le caractère et la nature de celle-ci. C'est sous sa présidence et pendant la nuit qu'elles tiennent ces assemblées où elles délibèrent sur les destinées des royaumes de la nuit, où elles choisissent les prêtresses qui doivent servir leur reine, où elles punissent les fautes et récompensent la fidélité. Lorsque Diane, la bonne mère, conduit ses chœurs, les hommes ouvrent leurs cuisines et leurs celliers, et les Bonnes Dames qui suivent la déesse goûtent à ces offrandes sans en diminuer la quantité, et donnent en récompense une année fertile et heureuse ; car leur maîtresse s'appelle *Abundantia* ou *Satia* ; et partout où elle va les bonnes choses naissent sous ses pas. Mais bientôt l'autre côté apparaît : Diane est remplacée par Hécate; la terre est frappée de stérilité ; la malédiction repose sur les familles ; les enfants se flétrissent sur le sein de leurs mères, et la vie s'efface partout. La beauté elle-même devient une bête dévorante ; Lamia, la fille de Bel et de Libia, gagne la faveur du roi de l'Olympe, et il l'emmène en Italie, où l'on construit en son honneur une ville qui porte son nom. Junon tue par jalousie tous ses enfants et ceux des autres femmes. Les Lamies, ces esprits qui effrayent les enfants, apparaissent alors, prenant la forme d'oiseaux, de chiens, de souris ou de mouches ; elles sont portées en même temps et à la volupté et à la cruauté, et allument les feux impurs dans ceux qu'elles veulent dévorer. La fille de la première Lamie fut la sibylle africaine, l'ancienne Saga, nom qui vient de *sagire*, regarder d'un œil pénétrant. C'est l'aïeule de toutes les femmes qui veulent sonder les mystères du monde inférieur, tandis que les *Striges* des Latins voltigent autour du berceau des enfants, sucent leur sang pendant qu'ils dorment et déchirent leurs entrailles.

Mythes du Nord.

Ces traditions ou plutôt ces mythes terribles des contrées méridionales sont du reste parfaitement conformes à ceux du Nord. La même division existe dans le royaume de Holda, cette Diane des peuples septentrionaux. Lorsqu'elle est bien disposée, sa bienveillance se communique aux compagnes qui la servent. Elles l'aident à filer les fils qui doivent servir à tisser les arbres et les plantes des champs; elles gardent avec elle dans un puits profond les enfants qui doivent naître, et les font sortir ensuite quand ils doivent voir le jour; elles remplissent les cruches d'hydromel et de vin. Mais si la colère pénètre dans le cœur de la déesse, elle se communique bientôt aussi à ses compagnes. Les fruits se dessèchent dans les champs; l'air est agité par d'horribles tempêtes; les sages-femmes volent les enfants à leurs mères et les mangent, et la disette succède à l'abondance.

L'Eglise cherche à les détruire.

Lorsque le christianisme parut dans le monde, il trouva ces doctrines et ces mythes répandus partout. Il chercha aussitôt à leur opposer la doctrine céleste que Dieu lui-même était venu apporter sur la terre. Il présenta la Divinité comme le bien absolu, sans aucun mélange de mal. Devant cette doctrine, les puissances qui s'étaient cachées jusque-là sous le masque des formes de la nature, afin de mieux tromper les hommes, durent se démasquer. Elles s'étaient données pour des dieux, dont l'être se manifestait en elles sous son double aspect, c'est-à-dire comme bon et mauvais; elles apparurent dès lors comme des puissances démoniaques, qui avaient usurpé l'être de la Divinité. Les partisans qu'elles avaient trouvés parmi les hommes durent tomber avec elles au même degré d'avilissement. Nous trouvons dans la vie de saint Taurin, évêque d'Évreux, un fait qui nous indique de quelle manière les populations chrétiennes, depuis les premiers siècles du christianisme jusqu'à la fin du moyen âge, considérèrent ces rapports des puissances

S. Taurin.

infernales avec l'humanité. Saint Taurin avait conjuré un démon qui s'était établi dans un temple consacré à Diane et qui y jouait le rôle de cette déesse de la nuit. Comme il avait cédé au saint sans résistance, il ne fut point chassé au fond de l'enfer; mais Dieu lui permit de subir sa peine dans la même contrée où il avait régné jusque-là, et de paraître sous des formes diverses, sans pourtant jamais faire de mal à personne. Il était connu du peuple de la contrée sous le nom de Gobelin, et son souvenir vivait encore au milieu du douzième siècle, où la vie du saint fut écrite. (*A. S.*, 11 aug.)

Le peuple avait éprouvé bien souvent l'action et le pouvoir des esprits connus sous le nom de *Farfadets*. La nature équivoque et mixte de ces êtres bons et mauvais à la fois, leur adresse et leur complaisance d'un côté, leurs caprices et leurs espiègleries de l'autre avaient appelé son attention, et il s'était plus d'une fois demandé d'où ils venaient et ce qu'ils étaient. Le christianisme lui faisait entrevoir l'origine de ces esprits douteux. Saint Taurin chasse de son temple l'ancienne déesse de la nuit. La puissance de la nature, ramenée dès lors à l'esprit qui habitait en elle, est contrainte de servir l'homme dans le lieu même où elle avait auparavant régné sur lui, et de se produire sous la forme d'un génie familier, qui l'aide dans les soins du ménage. Un canon attribué au synode d'Ancyre parle aussi des femmes criminelles qui, trompées par les illusions des démons, s'imaginent que lorsque Diane, la déesse de la nuit, les convoque à son service elles chevauchent à sa suite dans l'obscurité de la nuit, montées sur des bêtes, et traversent ainsi d'immenses espaces. Ici les démons prennent le masque et l'apparence des femmes du voisinage, pendant qu'elles dorment dans leurs lits, comme saint Germain en fit l'épreuve. En Grèce, on parle d'esprits nommés *Gellons*, qui entrent dans les appartements les portes fermées, et enlèvent les enfants à l'insu de leurs mères. L'empereur Maurice, dans les premiers jours de son existence, fut, au témoignage de sa mère, emporté plusieurs fois par un esprit de cette sorte, qui ne put cependant lui faire aucun mal. (Surius, 25 février.) En Italie, les anciennes *Matres* et *Matronæ* sont devenues les *Mascas*. Les fées, pour lesquelles les femmes de Naples chargeaient leur table de mets, afin de les engager à garder leurs enfants et à tenir propre leur maison, ne sont plus que des esprits de mensonge, qui se rendent au sabbat à la suite de leur reine détrônée, connue en Irlande sous le nom de la reine Mab, et à Brescia sous celui de la Donna del Giuco. « Car, dit Barthélemy de Spina, nous savons, par les aveux de ceux qui vont au sabbat, qu'ils attendent d'abord que le signal leur en soit donné par le bruit que fait la reine en passant devant leur maison, suivie de ses adeptes. Dès qu'ils entendent ce bruit, ils s'oignent le corps avec un certain onguent, et se joignent à la troupe, jusqu'à ce qu'ils arrivent au lieu indiqué. Ce rendez-vous est, entre tous les autres, pour l'Italie, le noyer de Bénévent, là où était l'arbre des Lombards avec le dragon d'or. Partout, au reste, ces lieux étaient les mêmes où les païens avaient autrefois fêté les mystères de leurs dieux. » (*De Strigibus*, c. 30.)

Attachement du peuple au paganisme.

Ainsi le christianisme avait modifié profondément toute la doctrine; il avait arraché l'humanité aux liens de la nature, et l'avait introduite dans un royaume plus pur et plus élevé. Mais ces liens tenaient encore fortement; car ils avaient été comme rivés par l'habitude à cette portion de l'homme qui appartient à la terre, et ils étaient devenus tous les jours plus forts à mesure qu'il avait laissé s'effacer dans son esprit le sens profond des symboles dont se composait alors la mythologie des peuples. La foi de l'antiquité était attachée à la nature par tous les instincts du cœur humain; elle était le résultat des influences du soleil et de la terre. Quand le grain poussait dans les champs, quand les bosquets qui environnaient les temples se couvraient de feuillage, alors l'enthousiasme de la nature se réveillait parmi les populations, et elles se sentaient attirées par un attrait tout-puissant vers les sombres royaumes de la nuit. Ces liens étaient plus intimes encore chez le peuple des campagnes, et particulièrement chez les femmes. On sait avec quelle obstination les paysans tenaient au culte de la nature, dans lequel ils avaient été élevés, puisque leur nom de *paysan* (*pagani*) leur est venu de cet attachement même aux pratiques du paganisme. Même en Italie, où était le centre de la chrétienté, le christianisme ne put se développer que lentement parmi eux. Dans le quatrième siècle déjà, les villes étaient toutes chrétiennes, tandis que les populations de la campagne et particulièrement des montagnes étaient entièrement païennes. Et les saints évêques Gaudence de Brescia et saint Maximin de Turin reprochent amèrement aux possesseurs des terres de laisser leurs colons persévérer dans le paganisme. Saint Benoit trouva encore de son temps, près du mont Cassin, un temple d'Apollon où le peuple sacrifiait à ce dieu. Ce vieil arbre des Lombards, près de Bénévent, était encore à la fin du septième siècle un objet de vénération pour le peuple, lorsqu'enfin saint Barbatus, évêque du lieu, prit un jour une hache, et, se faisant aider de quelques personnes, le coupa par la racine; après quoi il amassa la terre autour, afin qu'il n'en restât plus aucune trace. (*Act. Sanct.*, 19 febr.)

A la fin du quinzième siècle, les habitants d'Arezzo honoraient encore une source qui avait été un objet de culte pour le peuple dès les temps les plus anciens du paganisme, et sur laquelle on avait élevé un autel. Ils continuaient d'y aller, selon l'ancienne coutume, pour consulter l'oracle d'Apollon, ou s'y faire guérir de leurs maladies. C'est saint Bernardin qui parvint enfin à arracher cette vieille superstition. Il prêcha un jour sur ce sujet; puis, profitant des bonnes dispositions de ses auditeurs, il les engage à l'accompagner. Il sort aussitôt, suivi du peuple avec des pioches et d'autres instruments, arrive à la source, qu'il bouche avec des pierres; puis il renverse l'autel, effaçant ainsi pour toujours le souvenir de ce culte. C'est ce que raconte la Vie du saint, écrite, comme l'on croit, par Antonio Neri d'Arezzo. On voit par les actes des conciles et des synodes tenus en France, en Espagne et en Allemagne quelle peine on eut à déraciner dans ces pays les anciennes croyances. En Allemagne surtout, les peuples des montagnes et les tribus agricoles de la plaine saxonne montrèrent sous ce rapport une persévérance extraordinaire. Jamais au fond le paganisme ne cessa entièrement dans ces contrées; car il reparaissait à la première occasion favorable. Ainsi, lorsqu'au temps de l'empereur Lothaire l'erreur d'Arius et de Sabellius se répandit dans la Frise, la doctrine des Ases y reparut aussitôt. Partout on entendait dire que l'ancienne demeure des Elfes s'était ouverte de nouveau. Ces Elfes s'appelaient, dans le langage populaire, les Dames Sages. Leur séjour était une caverne souterraine, d'où l'on entendait, disait-on, un sourd murmure, puis des pleurs et des plaintes, des cris d'enfants, auxquels succédaient des chants de joie et une musique délicieuse. On se disait encore que les voyageurs et les bergers qui passaient par là la nuit étaient enlevés; que des mères avaient disparu avec les enfants qu'elles allaitaient; et l'on gardait soigneusement les femmes en couches et les nouveau-nés, pour qu'ils ne tombassent point entre les mains des Elfes. Saint Odulphe dut prêcher contre ces superstitions, qui disparurent dès que le peuple fut affermi de nouveau dans la foi. (Cornelius Kempensis, *de Origine et situ Frisiæ.*) Nous voyons les mêmes phénomènes se reproduire d'une manière épidémique en quelque sorte dans ces contrées toutes les fois que la religion y subit quelques modifications un peu importantes. Le peuple avait donc gardé un secret attachement aux pratiques du paganisme, même après avoir embrassé la foi chrétienne; seulement les objets de son culte lui avaient été enlevés.

Idée d'un royaume de Satan sur la terre.

Longtemps encore le clergé eut à lutter contre les souvenirs et les restes des anciennes superstitions. Plus d'une fois même il lui fallut par prudence transiger avec elles. Il parvint enfin à remporter la victoire et à persuader au peuple que ces honneurs divins, rendus aux puissances de la nature, étaient un larcin commis à l'égard de Dieu, et que ce n'était pas lui, mais les démons qu'ils honoraient de cette manière. Mais le mal était déjà fait ; ce temps de transition, qui avait duré plusieurs siècles, avait frayé le chemin qui mène au culte du mauvais principe; et lorsque le manichéisme parut il trouva les populations disposées à l'accueillir. Les souvenirs du paganisme, les erreurs nouvelles, les ténèbres de cette époque, celles de la nuit et des forêts et les ténèbres bien plus dangereuses encore de l'esprit et du cœur, toutes ces choses contribuèrent à creuser l'abime. On vit apparaître et se développer l'idée d'un royaume de Satan sur la terre, ayant ses lois, ses constitutions, ses formes, et subsistant à côté du royaume de Dieu; d'un royaume où devaient se faire jour les réclamations imprescriptibles de la matière et de la chair contre l'esprit. La lutte irréconciliable des deux puissances devait être continuée dans le monde. Dans cette lutte, la chair se présentait avec ses instincts énergiques, et semblait combattre pour son émancipation. Cette lutte dut être plus terrible encore dans les classes inférieures, où ces instincts étaient restés plus puissants, où la lumière du christianisme n'avait jamais jeté qu'un faible éclat. Les cultivateurs, les bergers, les marins, tous ceux qui sont dans un commerce journalier avec la nature physique et qui ont plus d'occasions que les autres d'exercer les forces du corps prirent en grand nombre parti pour le règne de la chair et de Satan. Les habitants des montagnes, ou bien encore ceux qui demeuraient dans des régions marécageuses et éloignées du courant de la civilisation, les habitants des côtes de la mer, forcés par la pauvreté du pays à exposer leur vie aux hasards des flots pour se procurer leur subsistance devinrent les alliés naturels en quelque sorte de ce nouveau royaume. Il se recruta surtout parmi les femmes, que leur constitution corporelle met dans un rapport plus intime avec la nature, que la mobilité de leur être, leur facilité à recevoir les impressions extérieures, la vivacité de leur imagination et leur nature passionnée faisaient pencher davantage de ce côté.

CHAPITRE VII.

Des influences locales de la magie. Les Alpes et les Pyrénées. Le Labourd. L'Espagne. Le Dauphiné. L'Angleterre. L'Italie. L'Allemagne. La Suède.

On voit par tout ce que nous avons dit jusqu'ici comment le développement de la magie se trouve lié particulièrement à certaines époques et à certains lieux. De même qu'elle est favorisée par les époques de transition, ainsi s'attache-t-elle de préférence aux lieux où l'élément naturel a conservé plus de force, et se reflète avec plus de puissance dans les domaines supérieurs de la vie. L'histoire à la main, on peut démontrer qu'elle a atteint son plus grand développement là où le paganisme a persévéré plus longtemps, où plus tard, et à cause de cela peut-être, le manichéisme a poussé des racines plus profondes. La grande chaîne de montagnes qui parcourt l'ancien monde de l'est à l'ouest nous indique à peu près la route qu'elle a suivie dans son cours. A l'ouest, la France et l'Italie méritent une attention particulière sous ce rapport. Quant à la France, Spina, dans son *Fortalitium fidei*, écrit au commencement du quinzième siècle, cite la Gascogne et le Dauphiné comme renfermant un grand nombre de magiciennes; et A. Tostato cite à la même epoque l'Espagne. Ainsi ce sont les habitants des Pyrénées et des Alpes qui se sont le plus distingués en ce genre, ainsi que la Lorraine, où Remy eut tant à faire. Les Basques sont connus depuis longtemps comme le peuple le plus attaché à son sol, à ses habitudes et à ses mœurs; et c'est, parmi les peuples de l'Europe méridionale, le seul qui ait gardé intacte son ancienne langue. Or, c'est dans la partie française du pays des Basques, dans

Les Alpes et les Pyrénées.

Le Labourd.

le petit pays de Labourd, que, sous Henri IV, la sorcellerie et la magie excitèrent des plaintes générales. Le roi nomma en 1609 une commission composée du conseiller d'État Espaignet, comme président, et du conseiller au parlement de Bordeaux de Lancre, pour faire une enquête sur les lieux mêmes et juger les coupables, avec réserve toutefois des oppositions et appels qui pourraient être faits. Ils restèrent quatre mois dans le pays, et se convainquirent que l'accusation était fondée. Les preuves étaient accablantes, et l'instruction révéla les faits les plus extraordinaires. Leur présence répandit du reste une terreur panique dans tout le pays : tous s'enfuyaient sous prétexte de faire un pèlerinage à Montserrat et à Saint-Jacques. La Navarre et toutes les frontières espagnoles se remplirent de fugitifs, et les inquisiteurs espagnols furent contraints de s'y rendre pour arrêter cette émigration toujours croissante. L'enquête suivit cependant son cours; et de Lancre en a consigné les résultats dans un livre qu'il publia en 1613 à Paris, sous le titre de *Tableau de l'inconstance des mauvais anges ou démons, où il est amplement traité des sorciers et de la sorcellerie*.

Il dit, dans le premier livre, discours II et III, que la terre de Labourd se compose de vingt-sept paroisses et d'une population de trente mille âmes, sans commerce ni métiers. Les habitants demeurent sur les côtes de la mer, et s'étendent dans l'intérieur des montagnes. Accoutumés aux tempêtes de l'Océan, le calme de la mer leur est insupportable. Confiant toute leur fortune à ses vagues, ils passent dans leurs barques les jours et les nuits. Aussi leurs mœurs, leurs habitudes, leur langue et leurs croyances même portent l'empreinte de cet élément, qui leur est si familier. Ils s'emportent et s'enflent comme ses flots. Ils sont vifs, violents et colères : au moindre caprice qui leur passe par la tête, ils se jettent sur vous et vous mettent le poignard à la gorge. Le sol leur fournirait de quoi vivre si un penchant irrésistible ne les portait sans cesse vers l'Océan. Ils sont d'ailleurs paresseux lorsqu'ils reviennent de leurs excursions, et leur oisiveté les mène à une mendicité qu'ils supportent avec peine, parce qu'ils sont orgueilleux comme les Espagnols, leurs voisins. Les privations auxquelles ils sont condamnés éteignent en eux l'amour de la patrie, et leurs longues absences finissent par les rendre indifférents à l'égard de leurs femmes et de leurs enfants. Ils ne passent guère que l'hiver auprès d'eux; et comme ils n'ont aucun métier qui les occupe, dès qu'ils ne sont plus sur mer, ils dépensent au cabaret ce qu'ils ont gagné, sans en rien donner à leur famille. Souvent même ils ne connaissent pas très-bien leurs femmes, ne passant avec elles que la moitié de l'année. C'est une coutume chez eux de prendre une femme à l'essai pendant plusieurs années avant de l'épouser. Celle-ci, bien souvent, pendant l'absence de son mari, choisit un autre père pour ses enfants; et lorsque le premier est de retour, il ne trouve rien à redire à cet arrangement.

On raconte que les Indiens d'Hispaniola s'enivrent avec la vapeur d'une certaine herbe nommée *cohoba;* puis, se mettant les mains entre les genoux et baissant la tête, ils restent ainsi quelque temps dans un état d'extase, après quoi ils disent des choses merveilleuses de leurs faux dieux, à peu près comme les sorcières quand elles vont au sabbat. Les femmes basques font de même avec la nicotiane, qu'elles cultivent avec soin dans leurs jardins. La vapeur de cette herbe leur procure une ivresse qui leur dégage le cerveau et leur fait oublier la faim; mais elle rend en même temps leur haleine et tout leur corps si puant qu'aucune créature ne peut la supporter, si elle n'y est accoutumée. Or, elles emploient quatre fois par jour ces sortes de fumigations. Déjà avant d'être mariées, leur genre de vie, leur costume, la liberté dont elles jouissent dans leurs rapports avec les hommes multiplient les séductions et les fautes; de sorte qu'elles se trouvent toutes disposées à celles d'un autre genre. Ni elles ni leurs maris ne sont élevés dans la crainte de Dieu. Leurs prêtres eux-mêmes sont en grande partie adonnés au culte de Satan, et profanent souvent leurs églises par des cérémonies sacriléges. Il a été constaté juridiquement en effet que le sabbat s'est tenu plusieurs fois dans l'église du Saint-Esprit, sur le mont Rhune, et dans l'église de Dourdax. Les femmes participent à ce culte abominable. Elles ont un libre accès dans l'église en qualité de sacristines; elles y entrent dès avant le jour, ou le soir après le coucher du soleil, sous prétexte des fonctions qu'elles ont à y remplir, ce qui doit donner lieu à beaucoup d'abus dans un pays où les mœurs sont si libres. Tout cela explique les progrès de la magie dans ces contrées. Les hommes, étant pauvres et trop orgueilleux pour aller mendier, ne se trouvent que trop disposés à se laisser aller aux illusions du diable. Les femmes, adonnées à l'oisiveté et dévorées d'ennui, prêtent aussi facilement l'oreille à ces trompeuses promesses, et croient trouver dans les orgies du sabbat un paradis terrestre, qui enflamme leurs désirs. Le plus grand effort de Satan est dirigé contre les pauvres enfants, qui, regardant les églises comme la maison de Dieu et les curés comme des protecteurs, y cherchent un asile, mais les trouvent profanées par les plus abominables sacriléges. On les voit dormir par troupes dans les églises; et il leur semble que le diable n'a aucun pouvoir sur eux, et ne peut les en arracher pour les emporter dans ses assemblées maudites.

Du pays des Basques, le mal gagnant vers l'ouest, infecta bientôt toute la Péninsule espagnole. Pendant que la commission française agissait dans le Labourd, et s'efforçait de détruire par le feu cette peste, l'Inquisition ne restait pas oisive en Espagne: au mois de novembre 1610, un auto-da-fé eut lieu à Logrono en Castille. Cinquante-trois personnes y furent amenées: vingt et un, hommes et femmes, marchaient les pieds nus comme pénitents, un cierge à la main et une corde au cou. Vingt et un autres avaient la mitre de papier sur la tête, comme signe qu'ils étaient L'Espagne.

réconciliés ; puis on portait les os et les images de cinq défunts; et six autres enfin terminaient la procession avec l'habit de Saint-Benoît et la mitre sur la tête. Les cinq images avec les os et les six coupables qui venaient les derniers furent livrés au bras séculier et brûlés. Parmi ceux-ci se trouvait Marie de Rocaya, qui s'était distinguée entre tous les autres dans la magie. Parmi les autres se trouvaient douze magiciens et magiciennes dont on avait fait le procès; le reste était accusé de divers crimes. Vingt-quatre furent punis de diverses peines corporelles : dix-huit autres, ayant avoué qu'ils avaient eu commerce pendant toute leur vie avec des magiciens, et ayant déclaré les larmes aux yeux qu'ils voulaient revenir à la foi, furent reçus comme pénitents et reconciliés à l'Église. Partout en Espagne, cette ancienne patrie des Priscillianistes, l'Inquisition agit de la même manière.

Le Dauphiné.

Un autre foyer de magie pour la France s'était établi dans les Alpes, et particulièrement dans le *Dauphiné*. Pendant que la Provence et le Languedoc penchaient davantage vers le manichéisme pur, qui s'était produit d'une manière si terrible en ce pays dans les guerres des Albigeois, le Dauphiné s'était laissé gagner par le rationalisme; et quoique celui-ci, au premier abord, semble incompatible avec la croyance aux démons et les pratiques de la magie, il s'en accommode très-bien cependant dès qu'il y trouve un encouragement et un appui pour les passions du cœur humain. C'est des hauteurs des Alpes que les Bons-Hommes du moyen âge étaient descendus à l'ouest dans les vallées du Rhône, tandis que les Vaudois s'y répandaient à l'est. C'est dans ces contrées que les Turlupins, au quatorzième siècle, méconnaissant la liberté personnelle, avaient établi leurs associations de pauvreté, et que la doctrine des Bégards s'était développée, partant de cette formule : « Où est l'esprit du Seigneur, là est la liberté » C'est encore sur les hauteurs du Dauphiné que le calvinisme fonda son école de prophètes. De là cette école se propagea dans les Cévennes, qui unissent les Alpes aux Pyrénées, et elle prit facilement racine dans le peuple de ce pays, irrité par la révocation de l'édit de Nantes. Tous les symptômes de l'extase se produisirent pendant la guerre des Cévennes, et témoignent de la disposition de ces peuples à la clairvoyance. Aussi la sorcellerie et la magie s'établirent rapidement dans ces contrées, où elles trouvèrent les voies déjà préparées et par les doctrines manichéennes et par le rationalisme dont étaient infectés les peuples de ces montagnes. De là le mal s'étendit par la Bourgogne, d'un côté en Savoie, et de l'autre en Lorraine. Aussi Remy, à la fin du quinzième siècle, y trouva les choses dans un état si déplorable que dans l'espace de quinze ans il fut obligé de faire le procès à plus de neuf cents personnes. La contagion, suivant le cours de la Moselle et de la Meuse, pénétra d'un côté dans l'évêché de Trèves, et de l'autre en Belgique et dans les Flandres. Le reste de la France n'avait pas échappé à ce fléau, puisque Crespet, dans son livre *de Odio Satanæ*, portait au temps de François Ier, d'après des témoignages authentiques, à cent mille le nombre de ceux qui étaient impliqués par toute la France dans des procès de magie. Le conseiller de parlement Florimond de Rémond raconte, au chapitre VII de son *Antechrist*, que ce crime était devenu si commun que ni les prisons ni les juges ne pouvaient plus suffire, et que les choses qu'ils entendaient dans les interrogatoires les glaçaient d'horreur.

L'Angleterre.

Le poison s'était glissé jusqu'en Angleterre. Déjà en 1303 un évêque anglais avait été accusé à Rome d'avoir fait un pacte avec le diable, et de lui avoir prêté hommage. Les erreurs de Langham de Kent, de Wiclef et d'autres encore montrèrent que l'hérésie, sous sa double forme rationaliste et manichéenne, avait pénétré dans ce pays. L'excitation religieuse qu'y produisit la prétendue réforme, de même qu'en Écosse, développa parmi les peuples de ces deux contrées les dispositions à la clairvoyance et à la seconde vue qui existaient déjà. Patrick Walker, qui écrivait sous

Charles II, raconte qu'il y avait à cette époque des visions singulières en certains lieux retirés et déserts ; qu'en 1668 et 1669 ceux qui s'assemblaient dans ces lieux, lorsqu'on leur prêcha l'Évangile, voyaient des tentes autour desquelles étaient réunis des hommes et des femmes et d'où l'on entendait partir des voix. La première nuit surtout que John Dickson prêcha à l'est de Glasgow, le peuple en allant au sermon eut la même vision. Une voix vint de la tente et cria : « C'est là l'Évangile éternel; confessez-le et gardez-le, et il ne vous sera point ôté. » Mais dès qu'ils voulurent aller pour voir ce que c'était, la vision disparut. D'autres, qui venaient par une autre route, entendirent des voix délicieuses chanter le Psaume 93; de sorte qu'ils s'arrêtèrent jusqu'à ce que les voix eussent cessé de chanter. D'autres encore, qui étaient restés chez eux en des lieux différents, entendirent chanter les Psaumes 44 et 46, de sorte que, les premiers étant revenus, ils les reçurent en leur disant : « Pourquoi êtes-vous restés si longtemps? Le prédicateur était cependant bien près d'ici; car nous avons entendu chanter le Psaume, et nous pourrions vous dire ce qu'on a prêché. » John Blackadder questionna à ce sujet un grand nombre de témoins dignes de foi, et tous rendirent témoignage à la vérité du fait. Il en fut ainsi à Craigmad dans le Stirlingshire, où Stirling entendit le Psaume 121, et vit parmi le peuple qui chantait un cheval blanc avec une selle rouge. A Darmead on entendit des voix chanter le Psaume 59. Le peuple était alors dans une telle exaltation qu'il croyait que les évêques de la haute Église avaient des griffes aux pieds, et ne jetaient point d'ombre. Il croyait aussi que les hommes de guerre qui les poursuivaient portaient des cuirasses impénétrables, et montaient des chevaux qui pouvaient gravir les rochers comme des renards. Il était persuadé que les juges de paix avaient un commerce familier avec le démon. Or, tous ces pays étaient au temps de Jacques peuplés de magiciens et de sorciers, comme en font foi les actes du parlement d'Angleterre, de 1541 à l'année 1682, dans laquelle on pendit à Exeter les trois dernières sorcières.

L'Italie.

Cependant les deux foyers de la magie en France, établis dans les Pyrénées et dans les Alpes, n'avaient point tiré le mal de leur propre fonds; ils l'avaient seulement modifié et développé. Le mal leur était venu de l'Italie. Il y avait en effet dans les villes et dans les campagnes de l'Italie beaucoup d'hommes entachés de manichéisme et de rationalisme et adonnés de plus aux pratiques de la magie. On trouve dans le prolongement des Alpes françaises une population d'origine italienne, ressemblant en plusieurs points aux Basques, aux Ibériens et aux Dauphinois galliques; ce sont les habitants des districts de Côme, de Bergame et de Brescia. Bernard Retegno, que le pape Jules II envoya en 1505 comme Inquisiteur en ces pays, trouva dans le diocèse de Côme les actes de l'Inquisition relativement à la sorcellerie, qui remontaient jusqu'à l'an 1350. Le mal y était si grand que, d'après Spina, le nombre de ceux dont l'inquisiteur et ses huit ou dix vicaires firent le procès montait à mille par an, et qu'on en brûla plusieurs centaines en quelques années. Dans le comté de Burbia, voisin de Côme, ces malheureux étaient allés dans leur folie jusqu'à manger les enfants. L'inquisiteur Cumanus fut chargé de procéder contre eux par un habitant du pays qui avait perdu un enfant de cette manière. Quarante et une personnes furent livrées au feu par suite de ce procès; les autres prirent la fuite dans le Tyrol. (*Malleus maleficarum*, t. I, p. 105.) Camonica, la vallée de l'Oglio, qui donne sur le lac Iseo, est habitée en grande partie par des bergers. Presque tous, d'après Thevet, sont adonnés à la magie, et ils en exercent les pratiques par le moyen des simples que leur fournissent les montagnes et les vallées de leur pays. (La *Cosmographie universelle* d'André Thevet; Paris, 1575, t. II, p. 705.) Théodore de Folengo, dans son poëme de l'*Orlandino*, 1er chant, strophe 12, fait mention de ce fait, qui s'est continué jusqu'à nos jours. Un des inquisiteurs en eut connaissance vers l'an 1517, par suite de quoi un grand nombre de ces malheureux furent livrés aux flammes. Le peuple eut recours aux armes, et appela de l'Inquisition à l'évêque. Celui-ci chargea le jurisconsulte Alciat de lui faire un rapport sur cette affaire. Mais le gouvernement de Venise s'en saisit; les Dix annulèrent le jugement du tribunal ecclésiastique, et ordonnèrent la révision du procès, ce qui fit rentrer le peuple dans l'ordre.

Bernard de Côme raconte que Barthélemi de Homate fut envoyé comme inquisiteur, vers l'an 1460, dans le diocèse de Côme. Pendant une enquête qu'il faisait dans un lieu nommé Mandrisio, le podestat voulut un jour s'assurer si les sorcières allaient vraiment et en personne au sabbat, ou si ce n'était qu'une vision de l'imagination. Il convint donc avec une des femmes initiées à ces sortes de mystères qu'elles le conduiraient un jour au sabbat. Il se rendit en effet un jeudi, avec le notaire de l'Inquisition et une troisième personne, au lieu désigné par cette femme. Ils y virent un grand nombre de personnes assemblées autour du démon, qui avait pris une forme humaine et qui d'abord ne parut pas s'apercevoir de leur présence. Mais une fois la réunion terminée, il fit un signe, et aussitôt les assistants tombèrent sur les trois etrangers, et les accablèrent de coups, de sorte qu'ils moururent tous les trois dans l'espace de quatorze jours. Un grand nombre de gens, ajoute Bernard, se souviennent encore à Côme de cet événement. Au reste, dans ces vallées comme ailleurs, la magie et l'hérésie marchaient ensemble, et les efforts de l'Église pour déraciner ce double mal avaient pour eux l'approbation de la masse du peuple, comme le prouve le fait suivant, qui nous est raconté par Giussano dans sa *Vie de saint Charles Borromée*.

La vallée de Mesolcino, qui appartient au canton des Grisons, était, au temps du saint archevêque, remplie d'hérétiques et de magiciens, qui y commettaient des crimes épouvantables. Par leurs maléfices ils nuisaient également aux hommes et aux animaux, attirant mille maladies diverses et même la mort sur les enfants et les adultes. Les habitants de la vallée se rassemblèrent donc, l'an 1583, pour délibérer sur les mesures qu'il y avait à prendre afin de détruire un si grand mal ; et l'on résolut de s'adresser à l'archevêque, pour lui demander ses conseils et son assistance. Ils lui envoyèrent donc quelques-uns des principaux personnages du pays. Le saint les reçut avec bonté, plein de joie de voir que Dieu lui procurait les moyens de faire quelque chose pour eux, et il leur promit de se rendre lui-même sur les lieux, afin de mieux juger de ce qu'il y avait à faire. Les envoyés s'en retournèrent grandement consolés. Saint Charles crut qu'il fallait d'abord envoyer un inquisiteur pour faire une enquête juridique contre ceux qui se seraient rendus coupables de maléfice et de magie. Il choisit pour cet office François Borsatto. C'était un jurisconsulte de Mantoue très-distingué, qui avait embrassé depuis peu l'état ecclésiastique et qui était venu de Milan pour se placer sous la direction du saint. Borsatto s'acquitta avec une grande prudence des fonctions qui lui avaient été confiées. Il trouva tout le pays infecté de magie ; et, ce qui est pis encore, il découvrit que le prévôt lui-même de la collégiale de Roveredo était à la tête des coupables. Il instruisit le procès selon les formes juridiques, et agit avec tant d'humanité et de bienveillance qu'il se gagna le cœur de tous les habitants, et put dès lors faire tout ce qu'il voulut. Il prépara ainsi les voies au saint archevêque. Celui-ci néanmoins, sachant avec quelle prudence on doit procéder en ces sortes de matières, et combien il est difficile de déraciner les abus de cette espèce, choisit, après avoir, selon sa coutume, consulté Dieu dans la prière, plusieurs hommes distingués par leur science et leur piété, qui pussent l'aider dans des conjonctures aussi délicates. Parmi eux se trouvaient le P. François Pignarola, noble milanais et prédicateur très-célèbre, qui fut plus tard évêque d'Asti ; le P. Gagliardi, de la société de Jésus, homme d'une grande expérience et théologien consommé, et

B. Morra, auditeur général du saint, que Clément VIII créa plus tard évêque d'Averse, après qu'il eut soutenu de longs combats pour l'Église. Puis il partit de Milan au commencement de novembre pour Rovereto, où il fut reçu par tout le peuple avec de grandes acclamations de joie.

Borsatto présenta au cardinal le résultat de l'enquête qu'il venait d'achever. Celui-ci, sachant que ces sortes de gens sont très-difficiles à persuader à cause de l'union intime qu'ils ont contractée avec le démon, essaya avec une grande patience tous les moyens pour les convaincre de leur erreur et pour les engager à renoncer au diable et à ses artifices. Ses peines ne furent pas inutiles; car beaucoup se convertirent, et il reçut une fois l'abjuration de cent cinquante personnes, qui se confessèrent ensuite à lui et communièrent de sa main. Onze vieilles femmes adonnées à la magie et qui étaient à la tête des autres persévérèrent dans leur impiété, et furent livrées au bras séculier pour être brûlées. Le prévôt de Rovereto, qui était le chef de toute la secte, montra la même opiniâtreté. Ni le saint ni les autres ne purent fléchir ce cœur endurci. On fut donc obligé, pour se conformer aux saints canons, de le dégrader publiquement, en présence du Cardinal, qui fondait en larmes et qui prêcha ensuite au peuple un sermon où il exprimait combien il lui en coûtait d'être forcé d'en venir à des extrémités qui répugnaient tant à son cœur. « Vous voyez, mes enfants, disait-il, comment la sainte Église punit ceux de ses ministres qui se sont rendus indignes de leur profession. » On ne peut dire toutes les peines qu'il se donna pour convertir les hérétiques et pour guérir le peuple de ces odieuses superstitions. Il convertit ainsi toute cette vallée et y rétablit l'ordre; et ce succès parut un vrai miracle à tous ceux qui connaissaient l'état des choses.

L'Allemagne.

Si de l'Italie nous jetons les yeux sur l'Allemagne, nous y trouverons le mal plus grand peut-être encore. Vers la fin du quinzième siècle, au témoignage de Nider, la magie était très-répandue dans le canton de Berne; et Pierre de

Berne, juge séculier, procéda contre elle avec une grande rigueur. Il y avait à cette époque un certain Scaf ou Schaf qui se vantait de pouvoir se changer en souris afin d'échapper à ses ennemis, ce qui ne l'empêcha pas d'être tué par eux plus tard. Il avait pour disciple Hoppo, qui initia lui-même à la magie un nommé Stadelein, que Pierre de Berne fit brûler. Ils se vantaient de pouvoir à leur gré changer le temps, faire périr le grain, étouffer les enfants, rendre stériles les animaux et les hommes, frapper de folie les chevaux sous leurs cavaliers; de pouvoir voyager dans les airs, éloigner leurs persécuteurs par des odeurs infectes, découvrir les choses cachées, voir dans le lointain et prédire l'avenir. Sprenger et Institor, auteurs du *Marteau des sorcières*, eurent aussi beaucoup à faire dans la Suisse allemande; et de là, en passant par Bâle et Strasbourg, ils descendirent jusqu'au bas Rhin. Dans la Franconie orientale, le mal était aussi très-répandu; et de 1627 à 1629 cent cinquante-huit personnes, parmi lesquelles quatorze curés et cinq chanoines, furent livrées aux flammes. Déjà, dès le commencement du quatorzième siècle, les Lollards avaient introduit le manichéisme en Autriche et en Bohême; et un siècle plus tard l'hérésie de Jean Hus était venue raviver encore ces mauvais éléments. Il n'est donc pas étonnant que les pratiques de la magie aient pénétré si facilement dans ces pays, et se soient répandues de là dans tout le Nord. Dans la Frise, le Mecklembourg et la Russie orientale, dans le cœur même du protestantisme, les bûchers dévoraient chaque jour de nouvelles victimes.

La contagion pénétra jusque dans les montagnes scandinaves, après avoir éclaté d'abord dans le district d'Elffdale. En 1559 elle apparut à Mohra et dans les contrées environnantes, et les habitants prièrent le gouvernement de prendre des moyens vigoureux pour l'arrêter. On envoya une commission composée d'ecclésiastiques et de séculiers. Celle-ci, après avoir entendu tous les témoins, constata qu'il y avait dans le bourg de Mohra soixante-dix magiciennes, qui La Suède.

avaient séduit trois cents enfants. Vingt-trois des premières et quinze des derniers furent condamnés à mort. Trente-six enfants passèrent par les verges, et vingt durent pendant trois dimanches de suite se tenir debout à la porte de l'église, avec des verges à la main. On peut encore voir les actes du procès dans la chancellerie royale à Stockholm. Sparr, ambassadeur de Suède à Londres, et Leyenbergh, ambassadeur à la même cour en 1682, ont attesté par écrit que tous les faits consignés sont vrais, et parfaitement d'accord avec les renseignements qu'ils avaient obtenus eux-mêmes sur cet objet. Le roi de Suède écrivit lui-même au duc de Holstein que ses juges et ses commissaires avaient condamné plusieurs femmes et plusieurs enfants sur des faits évidents ; qu'il ne pouvait du reste décider si les faits qu'ils avaient avoués et dont ils avaient été convaincus étaient réels, ou s'ils n'étaient pas simplement le résultat d'une imagination exaltée. Il y avait là évidemment une disposition endémique dans le peuple de ces contrées, disposition qui s'y est manifestée dernièrement encore. (Glanvil, *Sadducismus triumphatus*; Londini, 1726.)

CHAPITRE VIII.

Des dispositions individuelles à la magie et de leur développement interne. Histoire arrivée en Danemark. Histoire de trois frères de duché de Bade. Histoire d'un Bénédictin.

Dès qu'un individu est disposé aux influences magiques par son caractère ou sa constitution, il suffit quelquefois d'une impression vive et profonde pour développer ces dispositions et produire des états extraordinaires et énigmatiques; de sorte qu'il est très-difficile bien souvent de décider s'ils sont vraiment le résultat d'une prédisposition de l'individu, ou s'ils n'ont pas été plutôt déterminés par quelque action du dehors. Une histoire remarquable qui s'est passée à Köge, près de Copenhague, au commencement du dix-septième siècle, nous initiera à ce genre de faits et d'opérations. Elle a été rédigée par la femme même de la maison où elle s'est passée, et elle a été publiée plus tard par Brunmann, recteur de l'école d'Herlof, qui l'a complétée d'après les actes judiciaires du lieu. Le fait s'est passé de 1609 à 1614, et la première publication en a été faite en 1674 en langue danoise, lorsqu'une des filles de la maison vivait encore. Plus tard, le livre fut publié en latin, sous le titre de : *Energumeni Coagienses*; Lipsiæ, 1695.

« Le démon nommé *Malum domesticum*, c'est ainsi qu'Anne commence son récit, se fit sentir la première fois un soir que nous étions au lit mon mari et moi. Nous entendîmes sous notre tête un bruit qui ressemblait au gloussement d'une cane appelant ses petits. Nous nous levâmes tout effrayés, et racontâmes le lendemain la chose à nos amis. Ceux-ci attribuèrent ce bruit à la présence de quelques serpents ou à quelque autre cause naturelle. Nous visitâmes scrupuleusement le lit, les oreillers et la paillasse sans y rien trouver. Peu de temps après, comme je sortais un soir de ma chambre pour aller au cellier, je vis venir vers moi à la porte comme un crapaud avec des jambes longues et grêles. Dans mon effroi j'appelai à mon secours toute ma famille, mais nous ne trouvâmes rien. La nuit suivante, mon enfant le plus jeune poussa un cri terrible ; et la servante, ayant allumé une lumière pour aller voir ce que c'était, pâlit elle-même, et dit que le démon s'était jeté sur elle. A partir de ce moment, en effet, elle tomba malade, de sorte que nous fûmes obligés de prendre une autre fille pendant six mois pour la servir. Une autre fois, ma petite-fille de huit ans accourut tout éplorée vers son père en lui disant qu'elle n'osait plus dormir dans la chambre des enfants, parce que, dès que la nuit arrivait, elle voyait venir un homme habillé de soie, d'un regard terrible, ce qui la jetait dans un grand effroi. Nous lui reprochâmes sa timidité, et la contraignîmes à se mettre au lit. Mais à peine son père l'avait-il quittée qu'elle poussa un grand cri. Nous courûmes à elle, et la trouvâmes pâle comme une morte. Elle tomba malade, et refusa de boire et de manger. Elle guérit néanmoins dans la suite. Bientôt après, mon mari étant parti pour l'Allemagne, nous fûmes assaillis de grandes terreurs. Un jeune homme nommé Jacques, neveu de mon mari, commença à être inquiété par le démon. Le soir, dès qu'il allait au lit, il se mettait à pleurer, et disait qu'il ne pouvait dormir dans sa chambre à cause du démon et des fantômes qu'il y voyait. Nous lui fîmes donc son lit dans la nôtre; mais lorsqu'il s'y fut mis il se plaignit de nouveau : nous accourûmes à lui, et nous vîmes trembler tout son lit. Ses paupières étaient tellement écartées qu'on ne pouvait ni les fermer ni les ouvrir. Sa bouche, au contraire, était tellement serrée que personne ne pouvait l'ouvrir. Lorsqu'il fut revenu à lui-même et qu'il commença de parler, nous lui demandâmes comment il se trouvait. Il répondit : « Dieu le sait; pour moi je l'ignore. » Il s'endormit enfin, et reposa tout le reste de la nuit jusqu'à dix heures du matin. A son réveil, il était si pâle et si abattu que tous en étaient effrayés.

« Le soir du même jour, pendant qu'il était à table pour le souper, je lui dis : « Mange, mon Jacques, puis va te mettre au lit, et recommande-toi au bon Dieu, afin que cette nuit soit meilleure que la dernière. » Pendant que je lui parlais, les portes de la chambre et de la cuisine s'ouvrirent d'elles-mêmes avec une telle violence qu'elles frappèrent contre le mur. Puis Jacques fut emporté hors de la chambre dans le vestibule, où il fut enlevé à deux mètres de hauteur sans être soutenu par personne. Ses bras étaient levés, ses yeux ouverts, sa bouche contractée, et son menton était agité de convulsions si violentes qu'il semblait qu'il allait se détacher. Nous le primes par les mains et par les pieds, et employâmes tous nos efforts pour le tirer en bas; mais ses membres étaient tellement roides et immobiles que nous ne pûmes pas même les faire bouger. Nous

nous mîmes tous à genoux, priant Dieu d'avoir pitié de nous, et aussitôt Jacques fut délivré et replacé sur le sol; mais sa bouche était encore fermée, et il ne pouvait parler : nous fûmes obligés de la lui ouvrir de force avec une cuiller d'argent. Il poussa un profond soupir, et recouvra la parole. Nous lui demandâmes comment il se trouvait. « J'espère, me dit-il, être mieux, avec le secours de Dieu; car au moment où vous vous êtes mis à genoux pour le prier, il est parti, et est allé du puits au bûcher. — Qui? lui demandai-je. — Satan. » Je lui demandai s'il s'était donné au diable. Il fondit en larmes, et me dit : « Vous me faites injure en me croyant capable d'un tel crime : mes parents m'ont élevé dans d'autres sentiments. » Pendant qu'il parlait, on entendit dans le vestibule un grand bruit et une grosse voix que personne ne pouvait comprendre. Mais Jacques dit que c'était la voix de Satan, qui lui parlait. En ce moment il parut dans le vestibule un grand feu qui errait çà et là. Jacques dit que c'était Satan qui de sa gueule vomissait des flammes. Nous le conduisîmes dans la chambre, et lui lûmes de l'Écriture sainte jusqu'à deux heures après minuit, où il s'endormit pour ne se réveiller qu'à onze heures du matin. Il fut néanmoins bientôt attaqué de nouveau, et le mal empirait chaque jour, d'autant plus que je ne voulais rien dire jusqu'au retour de mon mari. Satan disait de lui qu'il lui en voulait depuis quatorze ans, mais qu'il n'avait rien pu contre lui à cause du grand homme qu'il invoquait nuit et jour. C'est ainsi qu'il avait coutume d'appeler Dieu. Satan tourmentait de plus en plus le pauvre jeune homme. Quelquefois il le crucifiait, lui inclinant la tête, et lui mettant les pieds l'un sur l'autre, comme l'on représente Jésus-Christ sur la croix. Personne ne pouvait alors le faire bouger, et ses yeux étaient comme ceux d'un mort.

« Mon mari revint enfin, et nous lui racontâmes tout ce qui s'était passé. Il fit faire des prières pour nous, ordonna trois dimanches de suite un jour de pénitence, pendant lequel aucun être vivant dans sa maison ne pouvait manger ni boire. Le premier dimanche il sembla que Satan allait briser les vitres, et Jacques se plaignit qu'il voulait l'emporter par la fenêtre. Le démon parut à quelques-uns sous la forme d'un corbeau, à d'autres sous celle d'une oie. Jacques avait dormi tranquille pendant un mois : il nous avait même dit que ses anges lui avaient annoncé qu'il irait mieux. Cependant un soir vers onze heures il nous avertit que le démon allait revenir. Il revint en effet, et le tourmenta jusqu'à Pâques. Il paraissait des fantômes dans toutes les chambres de la maison. Le démon prenait tantôt la forme de M. J. Knuse de Karslund, tantôt celle de M. Mathias de Herfögle, tantôt celle d'un marchand, tantôt celle d'un chien ou d'un porc. La figure et les mains de plusieurs personnes de la maison enflèrent tellement qu'elles n'étaient plus reconnaissables. A chaque apparition du démon nos enfants poussaient des cris affreux. L'un d'eux, qui avait à peine deux ans, s'arrachait les cheveux, indiquant du doigt l'endroit où il voyait le démon et criant : « Il est là, il est là. » Jacques ressentait toujours ses approches, et nous engageait alors à éloigner les enfants. La servante d'un de nos voisins nommé Meier vint un jour chez nous avec l'enfant de son maître. Jacques l'avertit de s'éloigner; mais elle voulut rester. Or la figure et la main lui enflèrent tellement qu'elle n'était plus reconnaissable. Nous accueillîmes un soir une pauvre femme; mais le diable lui apparut sous la forme d'un des bourgeois de la ville, et l'effraya tellement qu'elle ne pouvait revenir de sa peur. Lorsque enfin le temps approcha où le pauvre jeune homme devait être délivré, il se leva sur son lit, et combattit avec Satan, employant pour armure la parole de Dieu. Il récita beaucoup de prières, leva les mains au ciel, et s'écria : « Béni soit Dieu, qui m'a délivré de Satan. » Puis, se tournant de l'autre côté, il tendit la main à quelqu'un que nous ne voyions point, et lui dit : « Salut, bon ange qui êtes à la droite de Dieu; ne m'abandonnez plus jamais ni sur eau ni sur terre. » Il dit encore d'autres choses, tendit une seconde fois la main, après l'avoir baisée, puis se cacha sous sa couverture, de sorte que nous ne lui voyions rien que le haut de la tête, et nous l'entendîmes chanter d'une voix perçante comme celle d'un enfant : « Gloire à Dieu dans les hauteurs, et paix sur la terre aux hommes de bonne volonté. » Puis il se leva et se trouva parfaitement guéri. Il ne pouvait rien faire auparavant sans notre aide, tellement il était perclus ; mais il ne sentit plus rien de cette infirmité. Nous étions pleins de joie, et rendîmes grâces à Dieu.

« Mais sa main s'appesantit sur nous d'une manière plus terrible encore. Mon mari commença d'être tourmenté jour et nuit d'une manière épouvantable. Le mal se déclara un dimanche où j'étais restée à la maison pendant le service divin à cause de la maladie d'un de mes enfants. Nous fûmes tous renversés d'effroi. Revenus à nous, nous nous mîmes à prier, et le mal disparut. Cependant les servantes et les enfants virent encore de nouvelles apparitions, et mon mari, qui déjà depuis trois semaines était plongé dans une profonde mélancolie, devint, en apprenant ces choses, plus triste encore qu'auparavant. Comme je le conjurais un jour de me dire ce qu'il avait, il éclata, et me dit : « Que Dieu, qui a toujours pitié de ceux qui l'invoquent, se souvienne de moi et des nôtres, et nous prête secours. Satan me tourmente tellement jour et nuit que le ciel et la terre semblent m'écraser de leur poids. Je sens que je n'ai plus longtemps à vivre sur la terre. » Le mal ne fit dès lors que s'aggraver encore. De temps en temps il lui venait au côté des ulcères gros comme des œufs de poule. Je fis prier pour lui dans les églises, et allai trouver M. Jean à la cure de Norderup, pour lui demander son assistance. A mon retour, comme j'arrivais dans une forêt, la voiture devint si pesante que les chevaux pouvaient à peine la traîner : les arbres craquaient autour de nous ; un fantôme haut comme une tour nous apparut, et nous entendîmes une voix terrible que nous ne pûmes néanmoins comprendre. De retour à la maison, je me mis au lit; et m'étant endormie la main droite sur la tête, il me sembla qu'une souris me rongeait un doigt. La douleur me fit pousser un cri; et pendant un mois entier je ne pus remuer le doigt, quoiqu'il n'y parût rien. La nuit suivante, pendant que j'étais au lit avec mon mari, nous ressentîmes une telle chaleur qu'il semblait que le lit était en feu. Le matin, lorsque nous nous levâmes, nous aperçûmes sur le drap de dessous, depuis l'oreiller jusqu'aux pieds, comme une chaîne formée par des amas d'ordures qui se tenaient toutes, et qui étaient en si grand nombre qu'elles couvraient presque le drap tout entier. Nos voisins le virent comme nous, et en furent étonnés. Ingeburge, femme de Meier, qui était venue aussi, entendit un grand éclat de rire, mais sans voir personne. Comme elle s'éloignait effrayée, mon mari tomba sans connaissance. Nous le portâmes au lit, et nous assîmes devant la maison jusqu'à neuf heures. Lorsque je voulus aller au lit, mon mari n'y était plus, et nous le trouvâmes pleurant dans une petite chambre. Après quelque temps, le mal cessa enfin comme il avait commencé, dans l'oreiller du lit de mon mari, où le démon semblait s'être retiré, et dont il ouvrit un coin en sortant, de sorte que les plumes volèrent par toute la chambre. A partir de ce moment, mon mari ne ressentit plus rien.

« Mais bientôt notre fils, âgé de neuf ans, tomba malade, sans qu'on pût connaître la nature de son mal. Il sentait comme quelque chose de vivant qui lui courait dans le corps, et le mordait çà et là. Tous les remèdes furent inutiles. Un jour qu'il était dans son lit, celui-ci fut enlevé à plus de deux mètres de haut et balancé dans l'air. Pendant que j'allais appeler mon mari, l'enfant fut tiré de son lit, et se tenait sur la tête les pieds en haut et les mains tendues; de sorte que nous eûmes beaucoup de peine à le porter au lit. Il sentait toujours quelque chose lui courir dans le corps, qui de temps en temps enflait d'une manière horrible. D'autres fois sa langue sortait de sa bouche; puis elle se repliait comme un drap, et ses lèvres étaient toutes saignantes. D'autres fois encore, ses membres s'entrelaçaient tellement que quatre hommes robustes ne pouvaient les séparer. On entendait sortir de lui le grognement d'un porc, le gloussement d'une poule ou le hurlement d'un chien. Quelquefois il était transporté sur la charpente de notre chambre, ou sur un amas de bois, de sorte qu'il ne savait plus comment sortir, et pleurait amèrement. Une fois il fut jeté par-dessus le mur chez notre voisin Meier. Souvent ses yeux et ses joues s'enfonçaient tellement qu'on ne les voyait plus. Quelquefois il devenait roide comme un morceau de bois, et nous le placions contre le mur, où il restait en cet état comme une colonne. Un dimanche, pendant que j'étais au sermon du soir, le démon, prenant ma forme, maltraita ma mère, qui était restée à la maison, lui tirant ses souliers des pieds pour l'en frapper; aussi me fit-elle à mon retour les plus amers reproches. Malgré le témoignage de plusieurs femmes qui avaient assisté avec moi au sermon, elle eut beaucoup de peine à se laisser convaincre, jusqu'à ce que l'esprit, parlant par la bouche de l'enfant, raconta l'affaire à mon mari, ajoutant : « Si le Grand l'avait permis, je l'aurais traitée de telle sorte que j'aurais fait pleurer sur elle toute la ville. » Un soir, pendant que nous récitions le psaume 46, il se mit à hennir comme un cheval, et il couvrit tellement de crachats le visage de mon mari qu'ils lui coulaient jusque sur sa barbe. Il me mit des couteaux sur la poitrine; mais je lui dis qu'il pouvait frapper au nom de Jésus, et les couteaux tombèrent aussitôt à terre. Il dit un jour à mon mari : « Ne sois pas si pressé; tu ne me chasseras pas d'ici, jusqu'à ce que ceux qui m'ont amené aient reçu leur récompense. Telle est la volonté du grand homme. Quoique je sois un menteur, il me force néanmoins à dire la vérité. Je voudrais bien que le temps de partir fût arrivé. » Mon mari lui ayant demandé quand viendrait ce temps, il répondit : « Le grand homme seul le sait. »

« Mon mari, après avoir tant souffert et dans sa personne et dans les siens, passa à une vie meilleure, et me laissa seule lutter contre le démon, qui ne cessait point de parler par la bouche de mon fils. Ceci dura deux années encore. Maître Glostrup fit prier pour nous dans l'église; il venait souvent nous voir, parlait avec Satan, et le réprimandait fortement. Il essaya aussi de parler latin avec lui, mais le démon répondit qu'il ne voulait pas se casser la tête avec le latin. Enfin, Dieu, qui n'abandonne point les siens, mit fin à tous nos maux. J'ai écrit ceci en souvenir de ce qui s'est passé dans notre maison; et c'est la pure vérité : que Dieu me soit en aide. Cette histoire est connue aussi de M. Glostrup, alors notre curé, aujourd'hui évêque d'Opslœ, de Bartholo Joannis, de Pierre Mann et d'autres encore dont les uns vivent et les autres sont morts, etc. » On pourrait en la lisant s'imaginer que tous les membres de cette honorable famille étaient devenus fous l'un après l'autre. Mais cette hypothèse est inadmissible; car il faudrait regarder comme fous encore tous les curés et tous les autres personnages qui sont nommés dans ce récit; le censeur du livre, Berharod, qui, après l'avoir lu, croit qu'il contribuera à confirmer la doctrine de l'Écriture sur les démons; puis les deux bourgmestres de la ville, et le sénateur Pomeyer, qui déclarent en présence de Dieu au rédacteur Brunsmann qu'il n'y a aucun motif de soupçonner quelque supercherie dans le rapport d'Anne Barscher; que la vérité du fait leur a été certifiée par leurs prédécesseurs, et qu'il se trouve d'ailleurs raconté tout du long dans leurs actes. Et d'après les extraits que Brunsmann a faits de ces actes il faudrait étendre bien davantage encore cette accusation de folie. Barscher, le maître de la maison, avait attribué tout le mal à une femme nommée Jeanne Thomann, avec laquelle il avait eu des relations de commerce qu'il avait rompues ensuite, parce qu'elle avait été accusée de complicité avec Christine Capserin, condamnée pour crime de magie. Le dépit de Jeanne augmenta encore lorsque Barscher acheta une maison qu'elle avait voulu avoir et dont elle avait déjà offert un certain prix. Il lui intenta donc un procès devant le conseil de la ville. Le 8 juin 1612 on nomma seize juges, qui sont nommés dans les actes, en leur recommandant de rendre en cette affaire un jugement dont ils pussent répondre devant Dieu et les hommes. Le procès dura depuis le 8 juin jusqu'au 3 août, où les juges firent, la main sur les saintes Écritures, la déclaration suivante : « Que Dieu et sa sainte parole nous soient en aide. Nous n'avons rien pu découvrir autre chose en cette affaire, sinon que Jeanne Thomana est la cause des mauvais traitements du serviteur de Jean, qui est regardé comme possédé; et nous ne pouvons nous empêcher de reconnaître qu'elle est vraiment coupable de magie diabolique. » Elle avoua son crime, et fut exécutée le 11 septembre. On voit que les juges avaient jugé d'après leur conscience; et l'on doit croire qu'ils avaient vérifié tous les faits du procès. L'ignorance où l'on était alors des faits de ce genre leur a-t-elle permis de porter un jugement bien sûr? Le mal était-il réel comme ils l'ont cru? C'est là une autre question que nous traiterons plus tard d'une manière générale. Ce qui est certain, c'est qu'il y a beaucoup de désordres d'une nature extraordinaire où l'homme tombe lorsque, étant déjà disposé à recevoir les influences du démon, ses prédispositions sont favorisées par quelque circonstance particulière. Nous ne voulons en donner ici qu'un exemple.

Histoire de trois frères du duché de Bade.

Dans une contrée peu éloignée, où se trouve un sanctuaire célèbre, fréquenté par un grand nombre de pèlerins, le prêtre chargé d'exorciser les possédés qui viennent y demander à Dieu leur délivrance a fait l'expérience suivante, qu'il a consignée lui-même par écrit dans les termes que nous allons dire : « Dans la semaine sainte de 1836, trois frères protestants de Rheinbischofsheim dans le duché de Bade, Jacques, David et Frédéric, vinrent avec une lettre d'un curé catholique de l'Alsace, qui me priait de les exorciser, parce qu'ils étaient continuellement tourmentés eux et toute la maison par les mauvais esprits. Voici quel fut le résultat de mes entretiens avec ces trois jeunes gens. Nés de parents qui cultivaient la terre, ils avaient été dès leur jeunesse appliqués aux mêmes travaux. Leur santé était bonne et leur constitution vigoureuse. L'aîné, Jacques, apprit le métier de forgeron; David, le second, prit du service à l'armée, et Frédéric était toujours resté à la maison. Pendant que Jacques était encore à l'étranger, David éprouva tout à coup des phénomènes singuliers. Il lui semblait que le vent soufflait sur lui, et sa poitrine était tellement comprimée qu'il commença de cracher le sang. Il vint à l'hôpital de Carlsruhe; mais tous les remèdes s'étant trouvés inutiles, on lui donna son congé. Revenu chez lui, il ne se trouva pas mieux; et il se passa des choses très-singulières dans la maison et dans l'étable. Jacques, pendant qu'il était à l'étranger, avait aussi commencé à voir ce qui se passait dans la maison de son père; et le plus jeune des trois frères lui-même, Frédéric, fut bientôt tourmenté comme David, ainsi que leur jeune sœur. On entendait dans la maison des bruits singuliers et effrayants; et le bétail dans l'étable était attaqué par des maladies extraordinaires. Lorsque les frères traversaient les champs, ou conduisaient leur charrette, on leur jetait souvent d'en haut des pierres. Plusieurs fois, par le temps le plus serein, un orage s'élevait subitement, ou bien encore un animal inconnu se présentait à eux, et disparaissait tout à coup. Jacques souffrait peu corporellement; mais c'était une espèce de visionnaire, et il voyait venir, disait-il, des esprits malfaisants. Un peu plus tard, les trois frères éprouvèrent une certaine émotion intérieure, qui se termina par une hémorragie; mais l'accès une fois passé ne laissa après lui aucune trace. Souvent il leur semblait qu'ils étaient battus par des mains invisibles, mais sensibles néanmoins, ou encore qu'on leur perçait le corps. Ils n'attribuaient ces choses ni au démon ni à des fantômes, mais à de mauvaises gens. Jacques croyait avoir reconnu dans les apparitions qu'il avait eues des personnes vivantes et alliées à la famille. Les trois frères, après avoir inutilement cherché du secours auprès des médecins, eurent recours aux magiciens. Ceux-ci leur procurèrent de temps en temps du soulagement par des moyens sympathiques, mais c'était pour peu de temps; et les trois malades s'imaginaient que cela venait de ce que les magiciens étaient mieux payés par ceux qui leur en voulaient. Je ne savais que penser de tout cela. David et Frédéric, les deux plus jeunes des trois, me paraissaient attaqués de phthisie. Ils n'étaient ni exaltés ni pusillanimes; leurs réponses à toutes mes questions étaient simples et judicieuses; de sorte que je ne pouvais attribuer ces phénomènes à leur imagination, quoiqu'ils fussent protestants, et que je susse que parmi les protestants, surtout dans le duché de Bade, ces sortes de choses sont plus fréquentes que chez les catholiques. Après leur avoir expliqué le sens de la bénédiction de l'Église, je la leur donnai tous les jours une ou deux fois. Ils m'assurèrent qu'ils s'en trouvaient soulagés; ils parurent même être tout à fait guéris. Je les congédiai donc dans la semaine de Pâques, avec une lettre pour le curé qui me les avait envoyés. Je le priais de s'informer avec soin de toutes les circonstances qui pouvaient jeter quelque jour sur cette affaire, et d'employer au moins l'*exorcismum probativum*, puisqu'une défense générale lui interdisait l'exorcisme proprement dit.

« Les trois frères revinrent au mois de juin, à mon grand étonnement, et m'apportèrent une lettre du curé, qui m'écrivait qu'il s'était rendu lui-même à Bichofsheim, dans la maison de leurs parents, mais qu'après toutes les recherches il n'avait pu découvrir les causes de l'état singulier où ils se trouvaient. Il les avait fait examiner par les médecins, qui n'avaient pu découvrir aucune maladie corporelle. Il avait demandé deux fois par écrit au vicaire général la permission de les exorciser; mais il n'en avait reçu qu'une réponse évasive. Il s'était donc contenté de bénir la maison, et depuis ce temps on n'y avait plus entendu les bruits extraordinaires qu'on entendait auparavant. Le bétail avait aussi recouvré la santé; mais l'état des trois frères ne s'était pas amélioré, et il me priait instamment d'employer les exorcismes. Sa lettre était accompagnée des rapports des médecins qui avaient été consultés. Le docteur Kühn constatait dans le sien que les trois frères avaient été traités par lui, plusieurs années auparavant, pour une hémorragie des poumons, mais que les remèdes qu'il avait employés avaient été sans résultat, parce qu'il n'avait pu pénétrer suffisamment les causes du mal. Le docteur Humann d'Herrlisheim déclarait qu'il avait examiné les trois malades avec le stétoscope, mais qu'il n'avait rien trouvé en eux qui indiquât un vice organique, ou un désordre physiologique dans l'ensemble des fonctions du corps. Les trois frères m'assurèrent qu'après leur départ d'ici ils étaient restés deux jours libres de toute souffrance, mais qu'ensuite le mal était revenu comme auparavant. Pendant leur absence, la maison avait été troublée par des bruits de revenants, et l'on avait cru un instant que tout le bétail allait mourir. Le père désolé avait imploré l'assistance du curé catholique, qui, ne pouvant aller lui-même dans la maison, lui avait donné des palmes bénites. On les brûla dans l'étable, et le bétail recouvra aussitôt la santé. Plus tard, le curé était venu et avait béni une seconde fois la maison; et depuis ce temps il ne s'y était rien passé d'extraordinaire, si ce n'est qu'ils souffraient toujours comme auparavant. Ils me prièrent instamment de les secourir. Je fus obligé de me mettre à l'œuvre, ce que je fis avec beaucoup de peine, à cause de l'incertitude de cette affaire. Je leur fis raconter de nouveau toute leur histoire. Je leur adressai de nouvelles questions, auxquelles ils durent répondre par écrit ; mais je ne fus pas plus avancé que la première fois. Ils confirmèrent ce qu'ils m'avaient dit auparavant, en ajoutant encore quelques nouveaux détails. J'ai oublié une grande partie des choses qu'ils m'ont dites ; je me contenterai donc de citer quelques faits écrits par Jacques lui-même.

« Pendant qu'il était encore à l'étranger, il vit souvent venir à lui dans son atelier, soit le jour, soit la nuit, un homme qui lui montrait ce qui se passait alors chez son père. S'il voulait sortir, il se trouvait comme cloué à sa place ; il pouvait cependant travailler. Bientôt la chose empira : au lieu d'un homme qui venait le visiter, il en vint plusieurs, qui le forçaient la nuit à jurer, à déterrer les cadavres, à porter des bières ou à s'y mettre lui-même, qui le crucifiaient ; puis, la chose une fois finie, il n'y paraissait plus. Il voyait apparaitre des femmes nues qui l'excitaient à la volupté, qui lui montraient comment elles avaient gâté l'eau du puits chez son père, et lui promettaient de tout réparer s'il voulait épouser l'une d'elles. D'autres fois, ces apparitions menaçaient de le dévorer, tiraient des pistolets, le frappaient, le prenaient aux cheveux. Une fois, un homme lui apparut avec des chaines d'or et d'argent, et lui mit autour des bras deux anneaux d'or. D'autres fois on l'emportait dans les nuages sur le mont Sinaï. Ces fantômes lui apparaissaient presque toutes les nuits, et chaque fois certains maux se déclaraient chez ses frères. Il écrivit à ce sujet beaucoup de choses peu sensées. Il était intimement convaincu que les personnes qui lui apparaissaient étaient de ses proches parents, entre autres une tante et sa fille, toutes deux en très-mauvais renom. Il avait dû même épouser la dernière, mais le mariage avait manqué. Son propre pasteur se trouvait parmi les apparitions. Comme il avait été tenu, lui et ses trois frères, aux fonts de baptême par cette tante, je pensai que ce pouvait être là la première cause du mal, et je leur fis renouveler les promesses baptismales. Je continuai à prier avec eux, et me décidai enfin à employer l'exorcisme contre les maléfices. Il ne produisit aucun effet remarquable, si ce n'est que Frédéric plusieurs fois fut pris d'une sueur tellement abondante qu'elle coulait par gouttes de tout son corps, ce qui pouvait d'ailleurs s'expliquer par son état de souffrance. Ils m'assurèrent que toutes les fois que je priais sur eux ils se trouvaient mieux, et qu'ils éprouvaient du soulagement dès qu'ils entraient dans le cloître ; ils étaient persuadés que, si je prenais la chose plus sérieusement, ils guériraient tout à fait. Je les avais déjà depuis trois semaines près de moi sans avoir pu produire aucun effet considérable. Leur absence était une gène pour eux et pour leur famille ; je les congédiai donc en leur donnant une lettre pour le curé, à qui je communiquai tout ce qui s'était passé, en lui disant que je n'avais trouvé aucun signe certain d'une influence diabolique. L'inefficacité des exorcismes pouvait bien venir de ce que les jeunes gens étaient hors de la communion de l'Église. Ce défaut aurait pu, je le sais, être suppléé par ma foi et ma confiance en Dieu ; mais comme c'est là un don qu'il fait à qui il veut, on ne peut me rendre responsable du peu de résultats qu'ont eu mes efforts. Je disais encore au curé dans ma lettre qu'on pourrait peut-être s'adresser à un médecin religieux et digne de confiance, pour qu'il magnétisât ces jeunes gens, ou que lui-même pourrait employer les exorcismes en particulier et sans en rien dire à personne. » Ils partirent avec cette lettre, et le prêtre qui l'avait écrite n'entendit plus parler d'eux. Il est regrettable que cette histoire n'ait pu être observée que d'une manière incomplète, car elle aurait permis d'étudier attentivement un état très-singulier en soi. Ce récit, tel qu'il est, expose sincèrement les phénomènes d'une disposition que l'on retrouve souvent dans la magie. Il ressort clairement de ce récit que la maison de ces gens était passée de l'état naturel à un état contre nature ; que les trois frères, qui auparavant jouissaient d'une santé parfaite, devinrent malades et étiques par suite de ce rapport; que tous, liés mutuellement par un lien physiologique, ont agi réciproquement les uns sur les autres; que les animaux même de la maison se sont trouvés engagés dans ce lien, et ont participé par une sorte de sympathie à ces rapports extraordinaires.

Dans les cas même où la nature n'est pas disposée aux influences magiques, elles peuvent être provoquées d'une manière artificielle et par des moyens naturels. La nature a aussi son organisme qui se manifeste particulièrement dans le règne végétal. Il existe en effet certaines plantes dont les sucs recèlent une vertu secrète et mystérieuse, et qui, introduits dans l'organisme, y produisent des états extraordinaires, troublent le regard de l'esprit, le plongent dans une sorte d'ivresse, et lui découvrent des régions inconnues. Par l'emploi fréquent de ces sucs énergiques, les organes peuvent acquérir une certaine aptitude naturelle, qui fait que les mêmes phénomènes peuvent se reproduire en quelque sorte d'eux-mêmes sans le secours du moyen extérieur qui les a fait naître à l'origine. Or tous ces états, quand ils sont provoqués dans un but coupable, aboutissent à un terme commun, c'est-à-dire aux orgies du sabbat. Nous citerons à ce sujet une expérience d'autant plus remarquable qu'elle a été faite par un homme appartenant aux classes supérieures de la société, et moins accessible à cause de cela aux illusions. Le fait a été conservé par le révérend père Silvestre Prierias, maître du Sacré Palais, dans son livre de *Strigimagarum dæmonumque mirandis*; Romæ, 1521, lib. II, ch. 1. L'auteur, après avoir, dans le premier livre, prouvé, à la manière d'Aristote, la possibilité d'une action de la part du démon, s'exprime, au commencement du second livre, de la manière suivante. « Un habitant de Plaisance, qui, s'il n'est pas mort depuis peu, appartient encore à la congrégation des Bénédictins de Sainte-Justine, et est connu sous le nom de Jérôme, avait coutume de raconter le fait suivant comme l'ayant éprouvé lui-même. Comme il était encore dans le monde, il eut une

Histoire d'un Bénédictin.

liaison avec une jeune fille qu'il avait séduite par le secours d'une magicienne, à qui il avait promis pour cela d'assister au sabbat. Après s'être déshabillé, il s'oignit la peau au-dessus de la main avec un onguent que lui avait donné cette femme, et il fit pendant cette opération certains signes qu'elle lui avait appris. La magicienne et la jeune fille dont il avait abusé firent la même chose. Tous les trois furent aussitôt enlevés et emportés par une ouverture du toit. Pour lui, il lui semblait être assis sur un cheval rapide. Ils atteignirent ainsi le noyer de Bénévent, avec une telle célérité que l'air sifflait fortement autour d'eux. Plusieurs milliers de personnes étaient réunies sous cet arbre; une faible lumière éclairait la scène, et elles se livraient aux plaisirs les plus variés. Le témoin revint ensuite chez lui par le même chemin, et il aperçut dans sa route beaucoup de fleuves et de villes, parmi lesquelles il remarqua particulièrement celle de Venise, qu'il n'avait jamais vue; et plus tard, lorsqu'il la visita pour la première fois, il reconnut très-bien la même ville qu'il avait vue dans ses visions. Il en fut de même des autres lieux. De retour chez lui, il eut horreur de ce qu'il avait fait, et touché de la grâce, il confessa son crime à l'évêque ou à son vicaire, revint au giron de l'Église, et entra dans l'ordre des Bénédictins, où il vit encore saintement aujourd'hui. Celui qui voudra s'assurer plus parfaitement encore de ce fait peut s'adresser au frère André de Gênes, homme pieux et savant. Je le cite ici comme un témoin encore vivant. »

CHAPITRE IX.

Des lutins et des farfadets. Histoires racontées par Coleti, par Menghi. Histoire arrivée à Mulldorf.

Le démon peut entrer en rapport avec ce monde de plusieurs manières, ou en y étant appelé par l'homme, qui en a été constitué le gardien, ou en s'y introduisant de lui-même. Ses premières atteintes se font ordinairement sentir dans cette région intermédiaire où la lumière et les ténèbres luttent, et forment comme une espèce de clair-obscur favorable à ses desseins. Son action se trahit d'abord par des phénomènes insignifiants et innocents en apparence, par des caprices et des agaceries qui ressemblent souvent à ceux d'un enfant. C'est là la région de ces esprits dont le souvenir et la tradition se sont conservés chez tous les peuples, sous des formes et des noms différents, de Cobolds allemands, de Drôles du Nord, de Follets italiens. Ces formes peuvent être en partie ce qu'elles représentent, c'est-à-dire les jeux innocents et diaboliques à la fois d'un monde intermédiaire situé comme entre la lumière et les ténèbres; des jeux où se produit cette ironie capricieuse et légère qui gît au fond des choses même les plus sérieuses. Mais ces jeux ne sont pas toujours aussi innocents qu'ils le paraissent. Déjà toute ironie est d'une nature équivoque; et dans le sarcasme, qui est son expression la plus haute et la plus complète, elle semble souvent emprunter à l'enfer même ses méchantes inspirations. Cette apparence innocente peut donc n'être qu'un masque sous lequel le démon cache des intentions plus sérieuses et prépare les voies à une action plus profonde. Aussi tous les exorcistes intelligents et expérimentés avertissent de se défier des illusions de ces esprits follets et ténébreux, et ne balancent pas à dire que c'est un péché d'entrer avec eux dans un rapport familier. Coleti, dans son livre intitulé *Energumenos dignoscendi et liberandi..... ratio*, p. 118, consacre à cet objet un chapitre particulier. « Je parle ici, dit-il, de ces esprits qu'on appelle ordinairement en Italie follets ou esprits familiers et dont on doit éviter le commerce avec autant de soin que celui du démon. Leur familiarité commence par des agaceries. Des objets de peu de valeur sont enlevés de la maison, particulièrement ceux qui appartiennent à la personne à laquelle ces esprits se sont attachés ; et après qu'ils ont disparu pendant quelque temps on les retrouve sans savoir comment ils sont revenus ; de sorte qu'on ne voit en tout cela qu'un jeu innocent. Mais les esprits qui jouent ainsi avec les hommes et qui les flattent sont précisément ceux dont il faut le plus se garder Quelquefois ils se rendent visibles pour certaines personnes, soit le jour, soit la nuit, ou à certains temps déterminés, et paraissent sous diverses formes, tandis qu'ils sont invisibles pour d'autres. Le plus souvent, quand ils apparaissent, c'est sous la forme de nains, qui sautent dans les coins des chambres, rient, font du tapage, se glissent près des lits et tirent les couvertures de ceux qui dorment. Ils ne cherchent point à posséder ceux qu'ils attaquent, mais seulement à s'introduire dans leur familiarité. Ils s'adressent de préférence aux jeunes femmes, leur font des promesses, leur témoignent de l'amour, leur apportent tantôt ceci, tantôt cela, et leur apparaissent sous la forme d'un beau jeune homme. Elles ne conçoivent d'abord aucun soupçon ; mais malheur à elles si, dès les premières poursuites, elles ne mettent en fuite l'ennemi, comme fit celle dont je vais raconter l'histoire.

Histoire racontée par Coleti.

« Il y a peu de temps, une jeune fille de la campagne vint me trouver avec son père, et se plaignit que le démon cherchait à gagner sa familiarité. Il lui avait d'abord apparu plus d'une fois sous la forme d'un homme hideux ; et lorsque la peur la faisait fuir il courait après elle. Il lui volait souvent quelque chose, particulièrement son pain. Lorsque ses parents, qui étaient pauvres, avaient coupé à chacun la portion de pain qui lui revenait, l'esprit malin prenait celle de la jeune fille sans toucher aux autres, et la rapportait le plus souvent, comme par manière de jeu. Il en était de même des autres objets qui lui appartenaient. Mais ce jeu lui déplaisait fort ainsi qu'à ses parents, car ils soupçonnaient qu'il aurait une mauvaise issue. Ils s'adressèrent donc à moi, et me prièrent de les délivrer de cette incommodité. Je donnai à la jeune fille, en présence de son père, toutes les instructions nécessaires; puis j'ordonnai au démon, au nom de *Jésus*, de ne plus reparaître et de ne plus rien faire de désagréable à ces pauvres gens. Il obéit à mes injonctions, et la jeune fille vit encore aujourd'hui, libre de toute attaque de la part du diable. » Ce ne sont point là des rêves, car ceux qui veillent ne rêvent point; ni des fantômes de l'imagination, car les personnes dont il s'agit ici avaient la plénitude de leurs facultés. Le démon s'adresse souvent à des jeunes filles, comme dans le cas que nous venons de citer. Menghi, dans son *Compendium* de l'art des exorcistes, publié en italien en 1601, cite deux autres faits de ce genre qui ne sont pas moins remarquables et dont il a été témoin lui-même. « Il y avait en 1579, à Bologne, un riche bourgeois dont la maison était inquiétée par un esprit follet, de sorte qu'il eut recours aux théologiens et aux exorcistes, et que l'affaire parvint aux oreilles de l'évêque. Mais, malgré tout ce qu'on put faire, l'esprit follet restait toujours. Il semblait aimer une des servantes de la maison; car il la suivait partout où elle allait, lui faisait mille jeux et mille plaisanteries; et lorsqu'elle était grondée par ses maîtres il se vengeait d'eux en leur jouant quelque mauvais tour dans la maison. Un jour que cette jeune fille l'avait maltraité, il entra en colère contre elle, et lui déchira sa robe de la tête aux pieds. Et comme elle était très-mécontente à cause de la perte que cela lui causait, il remit la robe dans l'état où elle était auparavant. La famille, voulant se débarrasser de lui à tout prix, fit, d'après le conseil des voisins, manger la jeune fille au delà de toute mesure. L'esprit en fut courroucé; et, après avoir manifesté son indignation à la jeune fille et au maître de la maison, il sortit, et l'on n'entendit plus parler de lui. La même chose arriva, en 1580, à un autre bourgeois, qui avait aussi chez lui une jeune fille de quinze ans qu'un esprit follet agaçait continuellement, tantôt par jeu, tantôt d'une manière sérieuse, brisant des cruches, jetant des pierres devant la chambre du maître de la maison; de

Histoire racontée par Menghi.

sorte que celle-ci semblait menacer ruines, et que personne ne s'y croyait sûr de la vie. Les gens de la maison, après avoir essayé toute sorte de moyens, m'amenèrent un jour chez eux, pour me montrer le mal dont ils avaient à souffrir, et me demander conseil. Mais tout ce qu'on fit fut inutile, et le calme ne revint dans la maison que lorsque la jeune fille en fut partie. »

On comprend que des rapports familiers, entretenus pendant plus ou moins longtemps avec des esprits équivoques d'abord, mais qui peu à peu découvrent leur véritable nature, doivent conduire tôt ou tard à un pacte formel avec le démon. Nous citerons ici à ce sujet une histoire remarquable arrivée à Salzburg, vers le milieu du siècle dernier, et qui nous a été conservée par le supérieur d'un ordre religieux. L'écrit porte la date du 8 mars 1751; il est en latin, et l'éditeur qui l'a publié en italien affirme qu'il mérite une foi entière. « Depuis plusieurs mois déjà, est-il dit dans cette pièce, on désirait avoir quelques détails sur la condamnation et l'exécution de la sorcière qui a été mise à mort dernièrement ici; mais il avait été jusque-là impossible de les donner, parce que le père G. N. ne les avait pas encore reçus des juges. A mon retour de Rome, je demandai à l'un des conseillers secrets de notre prince la permission de jeter un coup d'œil sur les pièces du procès. Il refusa de me les communiquer; mais il me raconta le fait lui-même, tel qu'il est contenu dans cette feuille. Le 23 janvier 1749, il se passa des choses extraordinaires dans l'atelier d'un forgeron de Mülldorf, au district de Salzburg. Les pinces, les marteaux et les autres outils ou même des objets qu'on n'y avait point vus auparavant se remuaient tout à coup d'une manière singulière, volaient autour de l'atelier, et tombaient à terre. Tantôt un marteau, tantôt un morceau de tuile tombait d'en haut sur l'un des assistants, mais d'une manière si légère que chaque objet semblait avoir perdu son poids et ne faisait aucun mal. On ne savait que penser de tout cela; plusieurs étaient effrayés,

Histoire arrivée à Müll-dorf.

soupçonnant quelque chose de surnaturel. La servante du forgeron, Anne Bayerin, était la seule qui ne témoignât aucune inquiétude. Elle disait en riant qu'elle n'avait pas peur, et qu'elle ne craignait de tout cela aucun mal pour elle. On appela des ecclésiastiques pour bénir la maison et la délivrer des embûches du diable; mais le mal continua jusqu'à ce qu'on eût renvoyé la servante. Les mêmes phénomènes s'étant reproduits dans une autre maison où elle passait la nuit, le juge du lieu entendit sur ces faits sept des citoyens des plus considérables après leur avoir fait prêter serment; et, sur leur témoignage, il fit arrêter Anne Bayerin.

« Je ne voudrais pas assurément justifier jusque dans leurs moindres détails les interrogatoires faits à ce sujet, ni prétendre que les aveux de l'accusée portent toujours le cachet de la vraisemblance. Il est cependant des choses qu'il est impossible de nier. Ainsi, par exemple, cette femme, qui, sous l'apparence de la simplicité, cachait une perversité profonde, avoua, sans qu'on l'eût menacée d'employer la question, qu'elle avait été séduite par une femme de Neumarkt, petite ville située entre Ottingen et Landshut, et qu'elle s'était donnée au démon en écrivant avec son sang ces paroles : Je suis à toi, et tu es à moi. De plus, que souvent, après avoir reçu la sainte hostie, elle l'avait tirée de sa bouche, et s'en était servie pour d'horribles sacriléges; que plusieurs fois elle avait été emportée avec sa maîtresse et d'autres encore, par le secours du démon, à des danses nocturnes; que là elle avait reçu un morceau de sucre, qu'elle avait ensuite jeté dans le vase d'une paysanne; qu'il était arrivé de là que pendant plus de six mois cette pauvre femme n'avait pu faire de beurre, et qu'elle avait été obligée de vendre sa vache pour en acheter une autre; ce dernier fait a été affirmé avec serment par la paysanne elle-même; qu'enfin elle avait été, avec le secours du démon, la seule cause des mouvements extraordinaires qui avaient eu lieu dans l'atelier du forgeron. »

(*Animadversioni critiche sopra il notturno congresso delle Lammie;* Venezia, 1751, p. 168.)

Le récit de ce religieux suffit pour nous donner une idée générale de la manière dont les choses se sont passées dans cette affaire; mais il n'est pas assez détaillé pour nous en découvrir le fond. Il est évident que des esprits follets y ont joué le principal rôle. Quant au fait lui-même, s'il n'était pas déjà suffisamment confirmé par une multitude d'autres faits de ce genre, il ne nous serait pas permis de le révoquer en doute; car il est attesté par sept témoins dignes de foi, et il s'agissait d'ailleurs d'une affaire capitale. Les phénomènes qui se sont produits dans l'atelier du forgeron sont d'une nature telle qu'il est impossible de ne pas les attribuer à quelque action diabolique. L'accusée avait les manières, la conduite et la physionomie d'une sorcière des anciens temps. Elle avait tout avoué sans y être contrainte par la torture et sans même en être menacée. Ses aveux sont confirmés par ceux de la femme de Neumarkt, qui lui avait servi de maîtresse. Toutes les deux, quoiqu'interrogées séparément et sans s'être entendues auparavant, témoignent absolument la même chose. Les deux femmes avaient visité ensemble le sabbat, et s'étaient données au démon par un écrit signé de leur sang, après quoi avaient eu lieu et l'histoire de la paysanne dont la vache ne pouvait plus donner de beurre et les sacriléges commis avec la sainte hostie. Ainsi nous voyons, d'un côté, apparaître dans l'atelier du forgeron ces esprits d'une nature équivoque dont nous avons parlé plus haut, et de l'autre une femme qui, entraînée par sa perversité naturelle, va pour ainsi dire au-devant d'eux, et les admet à sa familiarité. C'est du moins ce que l'on peut conclure de ses propres aveux. Il serait possible néanmoins qu'elle se fût trompée ou qu'elle eût cherché à tromper les autres sous ce rapport, et nous ne pouvons avoir sur ce point une certitude entière. Il n'en est pas moins vrai que non-seulement la chose est possible en soi, mais encore qu'elle arrive en beaucoup de cas de possession; car, comme nous l'avons vu plus haut, celle-ci est bien souvent le résultat ou d'un pacte formel avec le démon, ou d'une certaine familiarité entretenue plus ou moins longtemps avec les mauvais esprits.

CHAPITRE X.

Des exercices préparatoires de la magie. Les prophètes du Dauphiné. Histoire de Madeleine Bavent.

La magie a eu, comme nous l'avons vu déjà, ses écoles, ses initiations et sa discipline. Nous pouvons connaître à peu près ce qui se passait dans ces académies du diable par l'école de prophètes qui prépara la révolte des Cévennes. La paix de 1682 avait été désavantageuse aux calvinistes de France, et les populations du Midi étaient revenues en masse à l'Église. Les chefs les plus téméraires préparèrent donc l'année suivante une révolte dans le Dauphiné et le Vivarais; mais l'issue en fut malheureuse pour eux, et ils se réfugièrent après leur défaite à Genève, en Hollande et en Allemagne pour y chercher du secours. Jurieu, l'un d'entre eux, afin de préparer les esprits, écrivit en 1685 un commentaire sur l'Apocalypse, où il annonçait, comme devant avoir lieu dans cinq ans, la ruine de l'Église catholique et le retour de la réforme en France. Cet écrit produisit un grand mouvement parmi les populations où la nouvelle erreur avait pris racine; et il se manifesta bientôt, par suite de cette excitation, des états extatiques fort extraordinaires, que l'on chercha à régler et à discipliner, afin de s'en faire un appui pour soulever le peuple dans la guerre que l'on méditait. Le lieu que l'on choisit pour établir cette école de prophètes était une verrerie nommée Peyra, située dans les montagnes du Dauphiné, au milieu des rochers et des bois. On choisit pour président un des

Les Prophètes du Dauphiné.

protestants les plus fougueux de ces contrées, nommé du Serre. Il était né dans le pays, et allait souvent à Genève, comme employé de la verrerie. On fit à Genève une collecte pour fournir aux frais de la guerre, et l'on envoya de là deux prédicateurs, Henri et Perrin, pour soulever le peuple. Du Serre se fit donner par ses coreligionnaires quinze jeunes garçons, pendant qu'un nombre égal de jeunes filles se réunit autour de sa femme. Il leur inspira d'abord une haine profonde contre l'Église, et leur découvrit que Dieu leur avait communiqué son esprit et qu'il les avait choisis eux-mêmes pour en faire des prophètes et des prophétesses, pourvu qu'ils voulussent bien se préparer à recevoir une aussi grande faveur. Ces enfants, dans leur innocence, se prêtèrent à tout ce qu'on exigea d'eux. Ils furent soumis à une discipline extrêmement sévère, et surtout à des jeûnes réguliers continués pendant trois jours. Pendant ce temps on leur faisait des lectures sur l'Apocalyse, sur l'Antechrist de Rome et sur sa ruine prochaine. On tâchait ainsi de diriger leur esprit de ce côté et de les familiariser avec le langage des prophètes. Cette discipline développa bientôt parmi la plupart de ces jeunes élèves les phénomènes du somnambulisme. Ils se jetaient par terre les yeux fermés: la gorge et le creux de l'estomac leur enflaient, et ils restaient quelque temps en cet état, hors d'eux-mêmes. Quand les choses en étaient venues à ce point chez un disciple, le maître jugeait que le temps d'épreuves était fini pour lui. Il assemblait alors toute la communauté, plaçait au milieu celui qu'il voulait initier, et lui disait que le temps de son initiation était arrivé; puis il le baisait d'un air sérieux et plein de mystère, lui soufflait dans la bouche, et lui annonçait qu'il avait reçu l'esprit de prophétie. Les autres assistaient pleins d'étonnement à la consécration du nouveau prophète, désirant parvenir bientôt à la même dignité. Ceux qu'il avait initiés ainsi, il les envoyait chacun dans son lieu, en leur recommandant de communiquer le don qu'ils avaient reçu à ceux qu'ils en trouveraient dignes après un noviciat semblable au leur.

Parmi les jeunes élèves de cette école de prophètes, il y en avait deux qui s'étaient particulièrement distingués, un jeune homme de vingt-cinq ans, nommé Gabriel Astier, et une jeune bergère du bourg de Cret, nommée la belle Isabelle. Pendant que les autres se tenaient dans l'obscurité, ces deux adeptes se choisirent un théâtre plus grand. Gabriel passa dans le Vivarais, et Isabelle se rendit à Grenoble : c'était précisément à l'époque où le prince d'Orange passait en Angleterre. Les calvinistes croyaient volontiers aux prophètes qui leur annonçaient le triomphe de leur foi, et il se fit ainsi un grand mouvement dans le peuple de ces contrées. La vigilance des magistrats empêcha néanmoins qu'on n'en vînt à une révolte dans le Dauphiné. La prophétesse fut renfermée à Grenoble, et revint au giron de l'Église. Astier, devenu plus prudent, se cacha. Il consacra d'abord toute sa famille dans les fonctions de prophète, puis il conféra à d'autres la même dignité : mais la chose étant venue à s'ébruiter, il s'enfuit à Boutiers, dans des montagnes inaccessibles, et tint avec les habitants des assemblées nocturnes qui comptaient de quatre à cinq cents, et même parfois de trois à quatre mille personnes, hommes, femmes et enfants. Le prophète se tenait debout au milieu d'eux, sur un lieu élevé, et ouvrait l'assemblée en criant : Miséricorde, miséricorde ! Le peuple agenouillé répondait par le même cri, que répétaient alentour les échos des montagnes. Puis on récitait une prière, et l'on chantait un psaume. Le président se levait alors ; l'assemblée en faisait autant ; puis, tenant les mains au-dessus de sa tête, il criait : « Jetez-vous par terre à la renverse, sans rien craindre ; » et tous faisaient comme il avait dit sans qu'ils se fissent aucun mal, ce que l'on attribuait à une vertu miraculeuse du prophète. Celui-ci tombait lui-même dans un état extatique, au milieu de la foule étendue par terre ; puis, réveillé par ceux de ses disciples qui se trouvaient plus près de lui, il se mettait à prophétiser ; et s'avançant vers celui qu'il croyait le mieux préparé, il lui soufflait dans la bouche en disant : « Reçois le Saint-Esprit. » Il cédait alors sa place au nouveau prophète, qui se mettait aussi à prophétiser, et communiquait à d'autres le don qu'il avait reçu.

Tout cela ne venait ni de l'imagination ni d'une certaine adresse acquise par l'exercice, mais tenait à un état physique particulier, comme le prouvent et le frisson dont ils étaient saisis, et les contorsions des bras et des jambes, et les convulsions qui les faisaient écumer, et l'enflure qui se manifestait dans certaines parties de leur corps. Cette école se répandit bientôt dans tout le pays, et l'on craignit une révolte générale qui pouvait se propager facilement jusqu'en Gascogne. On prit donc des mesures sérieuses; et dès la première bataille les rebelles durent renoncer à la fausse opinion qu'ils étaient invulnérables, et qu'en criant *Tartara* ils mettaient en fuite leurs ennemis. Ce premier combat fut suivi de plusieurs autres. Les rebelles furent dispersés; Astier fut pris et jugé, après quoi la province redevint tranquille. Cependant l'incendie s'était communiqué aux populations des Cévennes, où l'on en vint en 1688 à une révolte qui fut bientôt étouffée. Mais dans l'année 1702, lorsque la guerre de succession éclata, cette flamme, qui n'était qu'assoupie, se manifesta de nouveau, et produisit la guerre des Cévennes, qui fut conduite et dirigée par les prophètes. Ceux-ci formaient une hiérarchie composée de quatre degrés. Au plus bas étaient les *éveillés*; au second, ceux qui avaient reçu l'esprit par le souffle; au troisième, ceux qui avaient le don de prophétie ; au quatrième enfin, ceux qui avaient simplement le don, et qui, ne s'occupant plus des choses terrestres, ne prophétisaient plus et n'assistaient plus aux délibérations. Tout ce qui était arrivé au temps des Manichéens et des Anabaptistes se renouvela dans cette guerre mémorable, où le peuple des montagnes se battit avec un grand courage, mais où il se souilla trop souvent aussi par des atrocités et des meurtres commis de sang-froid. En proie à mille illusions, il prouva par sa conduite que l'esprit dont il était animé n'était point un bon esprit. (*Histoire du fanatisme de notre temps*, par de Brueys; 1755, 1er vol., p. 1-235.)

Madeleine Bavent.

On peut dire que le peuple luttait ici pour ses convictions, quoique celles-ci fussent erronées, et que ses chefs, malgré l'abus qu'ils faisaient de leur fausse inspiration, partageaient, en grande partie du moins, l'enthousiasme qu'ils communiquaient aux autres. Il n'en est pas ainsi dans l'histoire que nous allons raconter. Ici le mal se produit dès le commencement dans toute sa hideuse difformité. Le fait nous a été conservé par Madeleine Bavent, qui en a été elle-même la principale héroïne. « Née en 1607 à Rouen, nous dit-elle, je perdis mes parents à l'âge de neuf ans. Je fus élevée jusqu'à douze ans par un oncle, et restai ensuite jusqu'à seize chez une femme qui m'apprit à coudre. Il y avait alors à Louviers un couvent de Franciscaines; et comme j'avais toujours eu une dévotion particulière pour saint François, je témoignai le désir d'être reçue dans le monastère. J'y entrai avec l'intention bien sincère, je puis le jurer sur mon âme, de servir le Seigneur. Mais nous avions là pour directeur un prêtre abominable nommé David. Il nous faisait des lectures dans un livre composé par un Capucin, sur la volonté de Dieu; mais il l'expliquait d'une manière singulière, et malheureusement nos maîtresses des novices étaient tout à fait d'accord avec lui. Sous prétexte de nous façonner à cette obéissance qui doit accomplir les choses les plus pénibles et les plus contraires à la nature, il exigeait de nous des choses abominables. Il nous disait qu'on doit tuer le péché par le péché, et revenir ainsi à l'innocence de nos premiers parents, qui avant leur chute ne connaissaient point la honte. On nous accoutumait à profaner en mille manières l'image de Jésus crucifié et la sainte hostie. J'eus horreur d'abord de ces abominations, et je passais à cause de cela pour une personne désobéissante, orgueilleuse et entêtée. Pour apaiser les remords de ma conscience, David me disait que toutes ces choses n'étaient point des péchés; et lorsque je demandai un autre confesseur, on me le refusa. Je sortis donc du couvent, mais j'eus la simplicité d'accepter la place de portière que l'on m'offrit. Je restai donc dans ce poste abandonnée à moi-même, et toujours en relation avec le monastère, quoique j'en fusse dehors. J'en étais sortie vers la fin de janvier.

« David fit un voyage à Paris à la Chandeleur, revint vers la fin du carême, et mourut le lundi de la semaine sainte. Il ne s'était rien passé entre nous, si ce n'est de temps en temps quelques libertés coupables. Avant son départ pour Paris, il m'avait confié une boite en me défendant de l'ouvrir; mais la curiosité m'entraina, et je trouvai dans la boite un papier écrit de sa main en caractères inconnus; je lui rendis le tout à son retour. Je le soignai quelque temps pendant sa maladie; et le jour de sa mort il donna ce papier à Mathurin Picard, qui pensait absolument comme lui et qu'il avait désigné comme son successeur au couvent. Il me recommanda particulièrement à ses soins dans un entretien secret qu'il eut avec lui. Ce papier était le papier des blasphèmes, et l'on s'en servait toujours au sabbat. Picard devint donc après la mort de David confesseur et directeur du couvent, et moi je restai portière. Je tombai ainsi de mal en pis; l'insolence de ce prêtre à mon égard augmentait de jour en jour, et je ne pouvais me soustraire à ses poursuites; car il me tenait dans les chaînes de l'enfer. Je fus obligée à Pâques de me confesser à lui; mais à peine eus-je commencé qu'il ne voulut plus m'écouter davantage, disant qu'il n'y avait aucun péché dans les choses dont je m'accusais. Il me témoigna une grande passion, tâcha de m'en inspirer une pareille, et se mit à me faire mille compliments pleins de tendresse. Toutes les confessions que je lui ai faites depuis ce temps ont eu le même caractère. Cependant je n'ai jamais aimé sincèrement ce malheureux prêtre, et je ne sais par quelle puissance il m'avait attachée à lui. C'est un grand malheur que de ne pas laisser aux âmes le choix de leur confesseur, et de les forcer de s'adresser à un homme qui peut les perdre. On connaissait au couvent nos rapports criminels. Plusieurs personnes même du dehors s'efforcèrent de m'arracher au danger; mais on ne voulut pas au couvent me permettre de choisir un autre confesseur. Il est vrai que, soit par aveuglement, soit par le désir de mener une vie dissolue, je ne fis pas de mon côté tout ce que je devais. Picard me poursuivait toujours, et dans une maladie violente où j'étais privée de sentiment, et plus morte que vive, il ne me quitta pas du tout. Cependant j'avais jusque-là résisté à ses poursuites, excepté une seule fois, où il fit semblant d'être malade, et m'arracha plutôt par violence que par persuasion ce que je lui avais toujours refusé.

« Ce n'est pas, au reste, la seule chose qu'il fit pour m'enlever mon honneur. Pendant ma maladie, il m'avait fait souscrire un papier dont je ne connaissais pas le contenu. Un jour, à l'autel, il me mit une hostie dans la main, et pressant mes doigts, il la brisa, de sorte que les fragments tombèrent à terre. Il voulut aussi plusieurs fois me faire boire du vin qu'il avait laissé dans le calice après la messe; mais je refusai toujours de le faire. Comme il craignait que je ne devinsse grosse, il me laissa retourner dans le couvent, où l'on m'accueillit sans difficulté, parce qu'il donna pour moi une somme d'argent. Je trouvai au noviciat les mêmes abominations qu'auparavant, quoique Picard n'eût pas auprès des religieuses un aussi libre accès que son prédécesseur. Après que j'eus prononcé mes vœux, il m'en demanda une copie; je l'écrivis sous sa dictée. Comme j'allais la signer, il me dit que je devais m'unir d'intention à lui, que, s'il mourait avant moi, je devais avoir la volonté de mourir avec lui, et d'être sauvée ou damnée avec lui. Ces propositions m'épouvantèrent; je fis une longue résistance, et le consentement que je lui donnai à la fin n'était qu'extérieur; encore avais-je exclu le dernier point, celui qui concerne la damnation. Cependant, tourmentée par les remords de ma conscience, je m'adressai au prêtre qui confessait les malades de l'hôpital que nous visitions. Picard, s'en apercevant, s'empressa d'exécuter son projet. Un jour qu'il me donnait la communion à la grille, il me toucha avec le doigt à travers mon voile, et me dit au lieu des paroles accoutumées : « Tu verras ce qui va t'arriver. » Je retournai à ma place au chœur; mais l'agitation où j'étais me fit sortir dans le jardin, et je m'assis sous un mûrier. Un chat m'apparut alors, mettant ses pieds de derrière sur mes genoux et ses pieds de devant sur mes épaules, et ouvrant sa gueule devant ma bouche comme pour reprendre la sainte hostie que je venais de recevoir. Je ne saurais dire ce qui arriva, car je restai assise pendant une heure, incapable de faire le signe de la croix ou de chasser cette bête. Picard me vit dans le même jour; et comme je lui demandai si c'étaient là les grandes choses qu'il m'avait promises, il me répondit : « Tu en verras bien d'autres. » Deux ou trois jours après, il me dit : « A présent que nous nous sommes vus, ne veux-tu pas que nous nous revoyions encore? » Je lui dis : « Oui, » pour la perdition de mon âme. Dans la nuit, vers onze heures, après mon premier sommeil, je m'entendis appeler par une religieuse. Je me levai; mais une fois arrivée à la porte, je perdis connaissance, et me sentis transportée dans un lieu où il y avait avec Picard beaucoup de prêtres et de religieuses. Il me dit alors : « Ne t'avais-je pas dit que nous nous verrions encore aujourd'hui? » Je répondis : « Oui, mais je ne croyais pas que ce serait hors du couvent, et cette réunion m'est tout à fait inconnue. » Il me dit de ne pas m'en tourmenter, et il m'arracha un consentement formel pour tout ce qui se ferait là, particulièrement pour ce qu'il y ferait lui-même. J'étais toujours inquiétée par les remords de ma conscience. Picard le savait bien ; aussi n'avait-il pas une entière confiance en moi, et il ne m'initiait pas à tous ses secrets. Le lendemain de cette aventure, je découvris tout à un prêtre nommé Langlois ; mais il ne me dit pas que j'avais été conduite au sabbat, et il me laissa sans conseil. Six mois plus tard, on éloigna Picard, qui était devenu suspect, et on nomma à sa place pour confesseur du couvent ce même prêtre nommé Langlois. Je lui confiai donc que j'étais souvent transportée pendant la nuit dans certains lieux. Je me proposai en même temps de faire une confession générale ; et je l'avais déjà faite aux trois quarts lorsque Picard, l'ayant appris, me fit venir au parloir. Il me demanda pourquoi je restais si longtemps avec le nouveau confesseur. Je lui répondis : « Pour faire une confession générale. — Bien, me dit-il en me touchant la main ; tu as commencé, mais tu ne finiras pas. » Il disait vrai ; car, comme il me l'avoua depuis, il avait mis un charme entre mon confesseur et moi, et lorsque je commençais à lui parler il me semblait qu'il me fermait la bouche, et qu'il repoussait au fond de ma conscience les péchés que je voulais accuser. Il me paraissait comme lié vis-à-vis de moi ; et dès que j'entrais dans le confessionnal j'étais tourmentée d'une manière horrible. On se jetait sur moi lorsque je voulais commencer à parler ; on me frappait la tête contre le mur, et l'on me jetait par terre. Les personnes qui étaient présentes entendaient très-bien les coups que je recevais ; elles voyaient les enflures et les traces noires et bleues qu'ils laissaient sur mon corps. Après la communion, j'étais renversée les pieds en haut, et je sentais le besoin de vomir l'hostie que j'avais reçue. J'écrivis au P. Benoit, mais on retint ma lettre. J'écrivis alors à l'évêque d'Évreux, et mes lettres, qui existent encore en partie, ne commencèrent à produire quelque impression que dans la cinquième année de mes souffrances. » (*Histoire de Madeleine Bavent*, p. 1-25.)

Ce Picard avait été curé à Mesnil-Jourdain, près de Louviers, et il passait pour un homme très-expérimenté dans la vie spirituelle. Le P. Esprit du Bosroger, provincial des Capucins de la province de Normandie, qui l'avait connu, raconte de lui qu'il était affilié à une secte d'illuminés. Il savait si bien régler son air, sa démarche, ses paroles et tout son être qu'on aurait pu le prendre pour un ange. Son maintien grave et sérieux, ses yeux baissés, sa longue barbe, la pâleur de son visage, ses paroles douces et bienveillantes, la chaleur de son zèle, sa mesure dans toutes ses actions, ses paroles enflammées sur Dieu et sur le paradis, ses soupirs, son regard contemplatif, sa lenteur à dire la messe, pendant laquelle il paraissait hors de lui, la ferveur de son action de grâces, interrompue souvent par des sanglots et un profond silence, tout cela lui donnait la réputation d'un saint, quoique ce ne fût qu'un pharisien, un hypocrite et un loup parmi les sœurs du couvent. Il continua l'œuvre de son prédécesseur. Marcher nu, c'était disait-il, originairement le signe de l'innocence; car le péché n'est pas dans le corps ni dans les actions corporelles, mais dans le discernement de la prudence humaine. Celui qui discerne, dit l'apôtre, est maudit. Celui qui ne voit pas le péché ne pèche pas, parce que l'esprit est intimement uni à Dieu. Il faut mortifier la prudence humaine et terrestre. L'esprit ne doit point se fatiguer à réfléchir sur ses actes, pour en discerner la valeur morale; mais nous devons plutôt, nous abandonnant nous-mêmes, laisser une entière liberté à nos passions, pour qu'elles se détruisent les unes par les autres. Il n'est donc pas étonnant que Madeleine Bavent, d'un esprit borné, mais passionnée en même temps, soit tombée dans les piéges de ce gnostique. Le P. Esprit, qui fut plus tard pendant longtemps confesseur dans ce même couvent, raconte que trois ou quatre autres religieuses succombèrent comme Madeleine aux suggestions de Picard; et les autres auraient eu probablement le même sort s'il n'avait été obligé d'aller à Paris et à Rome, à cause du procès qui lui fut intenté, et s'il ne fût mort aussitôt après son retour. (*La piété affligée*, par le P. Esprit du Bosroger, provincial des Capucins; Amsterdam, 1706.)

De même que les sacrements ont une vertu sanctifiante, ainsi leur profanation a je ne sais quelle vertu pervertissante. Aussi Picard, pour en venir à son but, commence par abuser du sacrement de la Pénitence, et fait partager à M. B. son sacrilége. C'est par là que se forment les premiers liens qui enchaînent à lui cette pauvre fille sans expérience, dont la constitution nerveuse ne la disposait déjà que trop aux influences magnétiques. Car on ne peut méconnaître dans cette histoire l'action d'un double magnétisme, qui établit d'abord entre M. B. et Picard des liens naturels, lesquels, par un abus longtemps prolongé des choses saintes, conduisirent enfin à ce magnétisme infernal dont Satan est à la fois le principe et le terme. M. B. est comme enchaînée à la personne de Picard : elle pense pour ainsi dire avec l'esprit de cet homme, et sent avec son cœur. Elle se trouve toujours près de lui, parle avec lui, et semble ne vivre que par lui. Aussi, dès qu'il est mort, ce rapport cesse tout à coup. Voici ce qu'elle raconte elle-même à ce sujet : « Pendant qu'il était en agonie, je montais l'escalier qui conduit à la galerie du dortoir. Je vis alors Boullé, qu'il avait choisi pour son successeur, entrer dans la cour, comme pour aller à la chapelle. Au même instant la fenêtre par laquelle je regardais fut brisée devant moi, et je subis une attaque terrible du démon ; car je fus traînée à travers le dortoir et très-maltraitée. Le soir, comme j'étais assise dans ma cellule, une voix rauque me cria : « Nous avons notre proie. » C'était précisément, comme je l'appris ensuite, l'heure où il rendait l'âme. Depuis sa mort, j'ai toujours vu apparaître chaque nuit devant moi l'économe d'un couvent qui m'est bien connu, mais que je n'ai jamais vu ni au sabbat ni ailleurs. Il me sommait d'accomplir la promesse que j'avais faite à Picard de vouloir être partout où il serait et de l'y suivre bientôt. (*Idem.*) »

CHAPITRE XI.

L'action de Satan cachée sous le masque de la sainteté. Madeleine de la Croix.

Sur la pente glissante qui conduit l'homme aux plus profonds abimes du mal, le terme est atteint bien plus tôt lorsque, de même qu'à la première tentation, aux plaisirs des sens se joint l'ambition de devenir comme les Elohim et la témérité qui fait tout oser pour arriver à son but. Là surtout est le plus grand danger pour l'homme en cette vie. En effet, le chemin que nous devons parcourir pour aller à Dieu se partage en deux directions et en deux voies, dont l'une conduit aux régions de la lumière, tandis que l'autre nous fait descendre au royaume des ténèbres. Sur les points où les eaux se partagent, il suffit souvent d'un accident léger du sol pour déterminer leur cours au Nord ou au Midi, vers telle ou telle mer : ainsi bien souvent, dans ces moments suprêmes où se décide la direction de notre vie, il suffit d'une pensée d'orgueil, qui se cache sous le voile de la sainteté, pour nous entrainer dans l'abime. Nous citerons à ce sujet un fait qui s'est passé en Espagne dans la première moitié du seizième siècle. Là vivait alors Madeleine de la Croix, Franciscaine, dans le couvent de Sainte-Élisabeth à Cordoue. Elle était née en 1487 à Aquilar. Elle entra au couvent en 1504 ; et après s'être acquis une grande réputation de sainteté, elle fut élue par trois fois de suite abbesse du monastère, en 1533, 36 et 39 ; et en 1544 elle comparut devant l'Inquisition, qui lui fit son procès. Voici comment un des témoins s'exprime sur la renommée qu'elle s'était faite : « Le renom dont elle jouissait me donna le désir de faire sa connaissance ; car tout ce qu'on me racontait d'elle excitait mon admiration. Elle était estimée et honorée non-seulement par le peuple, mais encore par les personnages les plus considérables, par des cardinaux, des archevêques, des

Madeleine de la Croix.

ducs, des savants et des religieux de tous les ordres. Le cardinal Alphonse Manrique était venu de Séville tout exprès pour la voir, et l'appelait dans ses lettres ma très-chère fille. Les inquisiteurs de Cordoue lui témoignaient le plus profond respect, et le cardinal Quignones, général des Franciscains, avait fait le voyage de Rome à Cordoue pour la voir et lui parler. Jean Reggio, nonce du pape, était venu aussi à Cordoue dans le même but, et notre impératrice, la femme de Charles Quint, dans une lettre qu'elle lui écrivait, l'appelait sa très-chère mère et l'être le plus accompli qu'il y eût sur la terre. Elle lui avait envoyé avec cette lettre son portrait, le bonnet et la robe de baptême du fils qu'elle venait de mettre au monde, et qui fut plus tard Philippe II, afin qu'elle bénît ces deux objets. On parlait d'elle dans toute la chrétienté : les prédicateurs vantaient sa sainteté dans les chaires; elle était l'objet du respect et de l'affection la plus tendre pour tous les confesseurs du couvent et pour les provinciaux de l'ordre. Ceux qui étaient le plus avancés dans les voies de la piété croyaient voir dans la vie de cette femme une nouvelle route pour devenir saints. Elle était en effet bienveillante avec tout le monde, aimable avec discrétion, compatissante et si édifiante qu'elle donnait à chacun le désir de servir Dieu. Son habileté dans le maniement des affaires était avec cela si grande qu'on venait de tout côté lui demander conseil, et que son monastère ressemblait à une chancellerie. » D'autres témoins parlèrent aussi de ses extases, de ses ravissements et des prophéties qu'elle avait faites. Ainsi elle prédit entre autres choses au marquis de Villena sa mort prochaine, au général de son ordre Quignones son élévation au cardinalat, au roi François Ier sa captivité et son mariage avec la reine veuve de Portugal, sœur de Charles Quint. Tout cela fut cause qu'on publia sa vie pendant même qu'elle vivait encore.

Telle était cette femme à l'extérieur. Mais qui ne s'étonnerait des profonds détours du cœur humain? Cette même femme parut le 13 mai 1546 dans un auto-dafé, pour entendre sa sentence, après que le secrétaire du tribunal eut lu un extrait de son procès; et c'est à cet extrait que nous empruntons les détails qui suivent. Madeleine avoua que le démon lui avait apparu, lorsqu'elle n'avait encore que cinq ans, sous la forme d'un ange de lumière, et lui avait annoncé qu'elle était appelée à devenir une grande sainte. Les apparitions s'étaient répétées souvent dans la suite. L'esprit, prenant une fois la forme de Jésus crucifié, l'engagea à se crucifier avec lui, ce qu'elle fit à l'aide de clous qu'elle enfonça dans les murs. Puis, le démon l'ayant invitée à le suivre, elle tomba à terre et se rompit deux côtes, qu'il remit en gardant toujours la forme de Notre-Seigneur. Lorsqu'elle eut atteint l'âge de sept ans, le démon l'exhorta à commencer une vie plus sévère encore. Dans le zèle qui la dévorait, elle abandonna donc une nuit la maison de son père, et se retira dans une grotte qui était proche, afin d'y vivre en ermite. Mais le lendemain matin elle se retrouva dans la maison de son père sans savoir comment elle y était venue. Un jour l'esprit, se donnant toujours pour Notre-Seigneur, l'épousa, et pour signe de son alliance lui toucha deux doigts, lui annonçant en même temps qu'ils ne croîtraient plus, ce qui arriva en effet, et la décida à faire part à plusieurs personnes de cet événement, comme d'un miracle. A l'âge de douze ans, elle passait déjà pour une sainte; et pour se maintenir dans cette réputation, elle fit beaucoup de bonnes œuvres et de faux miracles. Elle avait avec cela des visions d'esprits qui prenaient la forme des saints qu'elle honorait davantage, comme saint Jérome, saint Dominique, saint François et saint Antoine. Elle se prosternait devant eux, croyant que c'étaient de véritables saints; elle crut même quelquefois voir la Sainte Trinité, et tout cela augmentait encore le désir qu'elle avait de passer pour une sainte.

Lorsque cette vanité posséda son âme tout entière, le

démon lui apparut sous la forme d'un beau jeune homme, et lui dit qu'il était un des séraphins tombés du ciel, et qu'il était son compagnon depuis sa cinquième année. Son nom était Balban, et un autre esprit qui l'accompagnait s'appelait Pithon. Il lui donna à comprendre que si elle continuait à être bien avec lui, il lui procurerait toutes les jouissances qu'elle voudrait, et qu'il répandrait bien davantage encore la réputation de sainteté où elle était déjà. Madeleine accepta la proposition, à la condition toutefois qu'elle ne serait pas liée à lui pour toujours, ce à quoi Balban consentit sans difficulté. Il y eut donc un véritable pacte avec le démon, où elle promettait de suivre ses conseils. A partir de ce moment, l'esprit lui servit d'incube jusqu'à la déclaration extrajuridique qu'elle fit en 1543, dans son couvent. Il lui apparut une fois sous une forme noire et abominable ; et comme dans son effroi elle prononça le nom de Jésus, ce mot dissipa la vision. Il revint bientôt après, et lui reprocha vivement sa méfiance ; mais il se réconcilia ensuite avec elle, après qu'elle lui eut promis de ne plus avoir peur s'il lui apparaissait de nouveau sous la même forme, comme il le fit plusieurs fois en effet. Après qu'elle eut pris l'habit, lorsqu'elle allait à la communion, elle jetait souvent un cri et affectait des extases que ses sœurs regardaient comme véritables. On lui perça une fois les pieds avec des aiguilles, pendant qu'elle était dans cet état ; et, quoiqu'elle sentît la douleur, elle se retint, pour ne pas perdre la réputation de sainteté qu'elle avait usurpée. C'est dans le même but qu'elle se crucifia plusieurs fois dans sa cellule, et qu'elle se fit des plaies aux mains, aux pieds et au côté. Elle sortit plusieurs fois du couvent avec le secours de son démon, pour aller visiter d'autres monastères ; et après y avoir vu ce qui s'y passait, elle le racontait aux autres pour faire parade de sa science. Elle alla même une fois à Rome, et y reçut la communion des mains d'un prêtre qui avait un péché mortel sur la conscience ; et son absence ne fut point remarquée dans son couvent, parce que Pithon y avait pris sa forme et sa place. Son esprit lui avait souvent prédit l'avenir, comme la captivité et le mariage du roi de France, les guerres des communeros, etc.; mais tout ce qu'elle avait prédit n'arriva pas. Elle se souillait de temps en temps avec le démon; et une fois qu'elle avait repoussé ses infâmes suggestions, il l'avait dans sa colère enlevée en l'air, pour la laisser retomber ensuite sur la terre; de sorte qu'on la reporta dans sa cellule dans un état très-fâcheux.

Quant aux supercheries par lesquelles elle avait su s'acquérir la réputation d'une sainte, Majole, dans son livre *Dierum canicularium*, admet une intervention manifeste du démon. L'lorente au contraire, dans son *Histoire critique de l'inquisition d'Espagne*, t. II, croit que Madeleine, après avoir été trompée par ses propres illusions, se mit à tromper les autres avec une impudence et une effronterie que rien ne pouvait déconcerter. Cette opinion n'étonnera point ceux qui connaissent l'esprit dans lequel a été fait ce dernier ouvrage. Aux jours de fête, on voyait souvent Madeleine enlevée de trois ou quatre pieds au-dessus de terre. Toutes les fois qu'elle allait à la communion avec les autres sœurs, le prêtre, qui avait soin de compter auparavant les hosties, en trouvait une de moins, qui se retrouvait ensuite d'une manière visible pour toutes dans la bouche de Madeleine. Souvent elle portait dans ses bras l'image de Jésus nouvellement né, et l'arrosait de ses larmes; et sa chevelure croissait alors d'une manière surnaturelle jusqu'à ses pieds, puis se raccourcissait peu à peu. L'lorente raconte ce fait d'une autre manière, lorsqu'il dit qu'abusant d'une idée mystique elle avait fait croire aux religieuses et aux autres qu'au jour de l'Annonciation elle avait conçu l'enfant Jésus du Saint-Esprit, l'avait enfanté à Noël, puis qu'elle l'avait enveloppé dans sa chevelure, qui de noire était devenue rouge; que par suite de cela on demanda de ses cheveux comme reliques, et qu'elle en donna en effet à plusieurs personnes. Un jour qu'elle était au chœur avec les religieuses, le démon lui apparut sous la forme d'une colombe et se plaça tout près de son oreille. Là-dessus elle dit aux sœurs que c'était le Saint-Esprit; et celles-ci, se prosternant à terre, l'adorèrent. Elle avoua que pendant onze ans elle avait voulu persuader aux autres qu'elle ne prenait aucune nourriture et ne vivait que de la sainte Eucharistie; mais que pendant les sept premières années elle mangeait en secret du pain et buvait de l'eau, à l'aide de quelques religieuses qui la soutenaient dans son imposture, et que pendant les quatre dernières années elle avait su se procurer en secret de quoi manger; qu'elle avait engagé les autres à manger de la chair les jours maigres ou à travailler les jours de fêtes, en leur disant que ce n'était pas défendu, et qu'elle avait fait croire à celles qui étaient plus familières avec elle que beaucoup de prêtres et de moines entretenaient des femmes sans offenser Dieu. Elle avoua encore beaucoup d'autres révélations prétendues, des apparitions d'âmes, d'anges, de démons, beaucoup de fausses prophéties ou guérisons et beaucoup d'autres abus de cette sorte.

Elle joua ce jeu pendant trente-huit ans avec un plein succès. Enfin, le désir qu'elle avait de passer pour ne point manger la trahit. Quelques sœurs du couvent, ayant conçu des soupçons, l'observèrent plus attentivement, et découvrirent l'imposture la dernière année de son supériorat. Elles firent part de leur découverte au Provincial, au Gardien et aux confesseurs, mais tous regardèrent cette accusation comme une calomnie. Cependant, lorsqu'il fallut procéder à une nouvelle élection, le parti des religieuses qui lui étaient contraires l'emporta, et l'une d'elles fut choisie pour abbesse. Ceci arriva en 1542. Jusque-là les aumônes qu'on lui avait apportées étaient innombrables, et elle les avait employées au profit du couvent, qu'elle avait reconstruit presque en entier. Or, depuis qu'elle eut cessé d'être supérieure, elle faisait des aumônes qu'on lui donnait l'emploi qu'elle voulait, parce que les donateurs abandonnaient tout à son bon plaisir. Cependant l'année suivante elle tomba gravement malade, et sa conscience se réveillant, elle fit, après des combats terribles, un aveu oral et par écrit de toutes les impostures dont elle s'était rendue coupable. Une lettre d'une religieuse du même ordre, du 30 janvier 1544, rend compte de ce qui se passa dans cette circonstance. Les médecins avaient déclaré que son état ne laissait aucun espoir, et qu'elle n'avait qu'à se préparer à la mort. Lorsque son confesseur se présenta pour la disposer à recevoir les sacrements, elle fut prise d'un tremblement convulsif qui effraya tout le monde. Elle le pria de revenir le lendemain; mais les convulsions ayant reparu le lendemain et le surlendemain comme la première fois, le confesseur jugea qu'il y avait là une cause surnaturelle, et il l'exorcisa. La puissance de l'exorcisme força le démon de parler par sa bouche. Il dit qu'il était un séraphin; qu'il avait à côté de lui un compagnon, et sous lui plusieurs légions; qu'il possédait Madeleine presque depuis sa naissance, et qu'il était bien décidé à ne pas la quitter, parce qu'elle lui appartenait, et qu'il espérait l'entraîner avec lui dans l'enfer. Le confesseur réunit alors toutes les sœurs du couvent, et la somma de confirmer en leur présence ce qu'il venait d'entendre. Elle déclara donc que depuis son enfance elle avait plusieurs démons, et que depuis sa treizième année la présence de ces démons lui était devenue agréable, par suite d'un pacte qu'elle avait fait avec eux, à la condition de passer pour une sainte. Le confesseur rendit compte au Provincial de l'ordre de ce qui s'était passé. Celui-ci se rendit au couvent avec quelques autres religieux de son ordre, un peu avant Noël de 1543. Les inquisiteurs de Cordova, instruits de la chose, prétendirent que c'était à eux qu'il appartenait de faire l'enquête. Le Provincial cependant s'était préparé à lui donner les sacrements, et l'avait décidée à souscrire dans sa cellule une déclaration où elle reconnaissait plusieurs de ses impostures. Madeleine reçut donc le viatique et rendit grâces à Dieu d'avoir pu s'acquitter de ce devoir sans qu'il se passât rien d'extraordinaire au dehors, quoiqu'elle doutât toujours cependant de la miséricorde de Dieu. Les sœurs s'étant retirées, Madeleine se trouva seule avec celle qui a consigné tous ces détails dans sa lettre et qui était restée afin de préparer les choses nécessaires pour l'extrême-onction. Tout à coup la malade lui dit qu'elle se trouvait beaucoup mieux, et la pria instamment de lui donner quelque chose à manger pour apaiser sa faim. Lorsqu'elle eut mangé, elle parut avec joie revenir à la vie. Son confesseur étant venu la visiter, elle voulut continuer sa confession publique; le confesseur se prépara donc à l'écrire sous sa dictée, en présence du P. Pierre de Bergara. Mais Madeleine n'ouvrit la bouche que pour rétracter tout ce qu'elle avait dit auparavant, et les deux prêtres s'en allèrent très-mécontents. Les sœurs lui conseillèrent pour son propre repos de faire une confession sincère, et elle le leur promit enfin. Le confesseur fit semblant d'éloigner toutes les religieuses qui étaient dans sa chambre; mais elles se placèrent de manière à entendre tout ce qu'elle dirait sans être vues d'elle. Madeleine fit plusieurs déclarations, que le confesseur écrivit, après lui avoir fait promettre de souscrire le tout en présence des sœurs. Celles-ci parurent aussitôt; mais au moment où elles se présentèrent Madeleine éprouva de nouveau des convulsions. Le confesseur employa les exorcismes, et le démon recommença de parler en elle, et déclara qu'elle était toujours en son pouvoir. Enfin, le 24 décembre, elle répéta avec calme, en présence du Provincial, les aveux qu'elle avait faits, et les shires de l'inquisition l'emmenèrent aussitôt dans les prisons du saint-office.

Ces détails ont été extraits des actes mêmes du procès par Llorente, qui, comme on devait s'y attendre, a omis tout ce qui lui a paru merveilleux. Majole y ajoute d'autres circonstances, qui n'ont, il est vrai, pour garantie que son témoignage. D'après lui, pendant que se faisait l'enquête, le démon ne cessa point d'inquiéter le couvent. Il paraissait souvent sous la forme d'un Maure; il se montrait à matines sous la figure de Madeleine, et effrayait ainsi les pauvres religieuses, qui avaient à cause de tout cela conçu une telle horreur pour leur ancienne abbesse qu'elles obtinrent enfin son éloignement du couvent. Pour bien discerner ce qu'il faut en tout cela attribuer à l'illusion ou à la supercherie de Madeleine, à la crédulité et aux préventions de son entourage, et ce qui doit être considéré comme l'effet d'une obsession diabolique, il faudrait avoir les actes sous les yeux; et encore serait-il difficile avec cela de faire à chacune de ces causes la part qui lui revient. Madeleine fut, au reste, condamnée à se rendre de sa prison dans la cathédrale de Cordoue, avec l'habit de son ordre, mais sans voile, une corde au cou, un bâillon dans la bouche et un cierge allumé à la main. Là on avait élevé un échafaud d'où on lui lut sa sentence; après quoi on lui fit le sermon d'usage en ces circonstances. Elle fut condamnée à passer le reste de ses jours dans un couvent de Franciscaines, situé hors de la ville. Elle devait être exclue des réunions de la communauté, et privée du droit de donner sa voix dans les délibérations. Elle ne pouvait porter le voile, et devait manger tous les vendredis au réfectoire avec les religieuses qui étaient en pénitence. Il lui était défendu aussi de parler à qui que ce soit sans la permission de l'inquisiteur, à l'exception toutefois de son confesseur et de ses supérieurs. Elle ne devait être admise à la sainte table qu'après trois ans, à moins d'une maladie grave. La sentence portait enfin que, dans le cas où elle omettrait une seule de ces prescriptions, elle serait considérée comme relapse et comme ayant abjuré la foi catholique.

CHAPITRE XII.

États personnels de ceux qui sont engagés dans la magie et la sorcellerie. Histoire de Jeanne Fery.

Celui qui, par l'un des moyens que nous avons désignés plus haut, est lié avec le principe du mal se trouve par là introduit dans une nouvelle sphère. Une sorte de métempsycose s'est passée en lui, et son être tout entier doit participer aux nouveaux rapports qu'il a contractés; car le principe auquel il est soumis le saisit dans toutes les régions de son être, où il pénètre peu à peu, les enlaçant chaque jour davantage dans ses liens maudits; il s'approprie ainsi toute sa nature, et la modifie d'après ses propres lois. Un changement aussi profond ne peut avoir lieu sans le consentement de la volonté de l'homme et sans qu'il ait enlevé lui-même la ligne de démarcation qui le sépare du principe mauvais. Ce consentement peut, il est vrai, lui être comme extorqué d'en bas; mais il peut être aussi le résultat d'une libre détermination de la volonté, qui cherche son salut dans ces voies inaccoutumées. Dans l'un et l'autre cas, cet état doit avoir été préparé par certaines manières de voir et de juger plus ou moins singulières. L'homme, avant d'arriver à ce terme, se fait comme une perspective, qui change en quelque sorte pour lui tous les rapports et lui fait voir les choses tout autrement qu'elles ne sont en effet. Cette déviation de l'intelligence a souvent sa première cause dans la faiblesse et la médiocrité de l'esprit. Le mal une fois produit, la perversité de la volonté le développe, les influences du démon le fortifient, et les choses en viennent au point que la nature humaine, bouleversée jusque dans son fond, s'accommode de ce qui lui est le plus contraire, et s'unit à ce qu'elle repousserait de toutes ses forces si elle n'était faussée jusque dans ses éléments les plus intimes. Nous citerons à ce sujet les aveux d'une femme dont l'histoire mérite de trouver place ici.

J. Fery. Jeanne Fery naquit, vers la moitié du quinzième siècle, à Sore, sur la Sambre; elle entra au couvent des sœurs noires de Bergen, diocèse de Cambrai. L'an 1584, lorsqu'elle était âgée de vingt-cinq ans, on crut remarquer qu'elle était possédée par des esprits mauvais; et l'archevêque de Cambrai Louis de Berlamont ordonna d'employer à son égard les exorcismes. Le combat dura près de deux ans. Elle fut enfin délivrée, et écrivit peu de temps avant sa délivrance, après une vision qu'elle avait eue, les aveux dont nous extrayons les passages suivants. « Je sais que j'ai été livrée au démon par la malédiction de mon père. Le diable m'apparut à l'âge de quatre ans sous la forme d'un beau jeune homme. Il me dit qu'il voudrait bien être mon père; et comme il me donnait des pommes et du pain blanc, je consentis à le regarder comme mon père véritable. Tant que je fus enfant, j'eus avec lui un autre démon qui veillait à ce que je ne reçusse point les coups qu'on m'infligeait comme châtiment. Ceci dura jusqu'à ma douzième année. Ennuyée du couvent où l'on m'avait placée, je retournai chez ma mère; puis j'entrai bientôt chez une couturière de Bergen, chez qui je faisais à peu près tout ce que je voulais. Le démon m'apparut, et me dit que, puisque je l'avais accepté pour père, je devais faire sa volonté; que jusque-là j'avais vécu comme un enfant, mais que, je devais maintenant faire ce que font tous les autres, quoiqu'ils ne le disent pas; autrement il me ferait beaucoup de peine; mais que, si j'accédais à ses désirs, il me procurerait de l'or, de l'argent, à boire et à manger autant que je voudrais. Je refusai d'abord; mais ensuite je lui accordai tout ce qu'il me demandait. Je vis apparaître alors devant moi une grande multitude de ces esprits, ce dont je fus très-effrayée; car je n'en avais jamais vu jusqu'alors plus de deux ou trois ensemble. Ils me firent prendre une plume et du papier, et renoncer par écrit à mon baptême, au christianisme et à toutes les cérémonies de l'Église. Après que j'eus signé ce papier de mon sang, ils me le firent avaler dans une orange. Celle-ci me parut très-douce, à l'exception du dernier morceau que je trouvai d'une amertume insupportable. A partir de ce moment j'ai toujours eu horreur de l'Église, et j'ai vécu d'ailleurs dans l'habitude de tous les péchés.

« Lorsque je fus plus âgée, et que l'on me parla de recevoir les sacrements, mes esprits s'en montrèrent très-courroucés ; et ils me tourmentèrent jusqu'à ce que je leur eusse promis qu'une fois que j'aurais l'hostie en mon pouvoir j'en ferais ce qu'ils voudraient. Il me fallut d'abord donner ma langue à l'un d'entre eux, et me réduire ainsi à l'impossibilité de rien dire au prêtre dans la confession que ce qu'ils me permettraient de dire. Ils me donnèrent une profonde horreur contre la sainte hostie, tout en me disant que je devais faire comme faisaient ceux parmi lesquels je vivais. Pendant la messe qui précéda ma première communion, je mangeai beaucoup de sucre et de confitures, par mépris pour le sacrement que j'allais recevoir. Immédiatement après avoir reçu l'hostie, je me retirai de côté; et comme aussi longtemps que je l'eus dans la bouche je sentais au cou de grandes douleurs, je la pris et l'enveloppai dans mon mouchoir de cou. Arrivée à la maison, je la mis dans un petit mouchoir de lin blanc, quoiqu'ils voulussent me persuader de la mettre dans un lieu sale. Mais elle me fut ensuite enlevée par une force supérieure. Je ne pouvais comprendre pourquoi on honorait tant un objet qui me paraissait si peu de chose, et personne ne pouvait satisfaire à ce sujet ma curiosité. Les esprits mauvais s'en montrèrent irrités; ils vomirent contre la sainte hostie toute sorte de blasphèmes, et je dus leur faire un écrit par lequel je renonçais à la communion ainsi qu'au faux Dieu qui était mort sur la croix. Je maudis aussi le sacrifice de la messe, et promis qu'à l'élévation, les yeux fixés sur l'hostie, je cracherais à la figure du Christ et le maudirais. Je m'engageai au contraire à adorer leurs dieux, et à observer leurs cérémonies. Ils mirent et cachèrent dans mon corps cet acte signé de mon sang. J'en fis un troisième, où je m'engageais à rester toujours avec eux; mais ils gardèrent cet acte en leur pouvoir. J'étais ainsi tout à fait séparée de l'Église catholique, comme si je n'y avais jamais été. Cependant, comme je ne pouvais toujours convenablement ôter l'hostie de ma bouche quand je communiais, je convins avec eux que ce jour-là ils me laisseraient tranquille et sortiraient tous de moi, car ils ne pouvaient souffrir la sainte hostie; et le jour où je communiais ils me regardaient comme impure et n'étant bonne à rien; mais le jour suivant ils me tourmentaient davantage. Toutes les fois que je voulais aller à l'église, ils me rendaient les membres si pesants qu'il me semblait traîner après moi des masses de fer.

« Lorsque j'entrai dans l'ordre des Franciscaines, je leur souscrivis un quatrième acte, où je leur donnais plein pouvoir sur mon corps et mon âme, leur livrant l'un et l'autre pour l'éternité, et les mettant sous leur protection. Ils m'avaient comme absorbée et changée en eux. Je ne pouvais plus faire aucune bonne œuvre, et je vivais comme une brute, sans aucune connaissance de Dieu. Ils me laissaient cependant remplir machinalement toutes les fonctions de mon ordre. Dans la nuit qui précéda ma profession, ils me firent souscrire une protestation, où je déclarais que mes vœux ne seraient qu'un jeu; qu'au lieu de vouer obéissance à Dieu et à mes supérieurs ce serait à eux que je la donnerais, pour agir uniquement d'après leur bon plaisir; que je ne voulais jamais être religieuse; et comme pièce authentique je leur donnai la profession que j'avais faite. Ainsi, plus j'allais plus je me pervertissais. S'il me venait quelque bonne pensée, ils me tourmentaient par des pensées impies, et j'étais obligée de leur engager mon cœur pour qu'ils pussent en régler tous les mouvements. Un esprit maudit m'apparut un jour, me demandant que je lui donnasse à lui tout seul autant de pouvoir sur mon âme et mon corps qu'en avaient tous les autres ensemble. Il en amena trois autres avec lui, auxquels je devais permettre d'entrer dans mon corps et d'en sortir selon leur bon plaisir. Il me promit en revanche de me rendre si habile que je pourrais l'emporter sur tous les autres. Comme j'étais curieuse, et désirais beaucoup posséder cet art dont il me faisait tant d'éloges, je me laissai persuader, et donnai au premier des trois pouvoir sur ma mémoire, au second sur mon entendement et au troisième sur ma volonté. Ainsi tous mes sens étaient liés, et j'étais comme transformée en un démon. L'esprit maudit qui m'avait apparu m'en amena un autre qui s'appelait Charme. Lorsque je l'avais dans les mains, je voyais et savais tout ce que je voulais; j'avais la science de toutes les mauvaises doctrines et de toutes les fausses religions qui étaient répandues dans le monde et sur lesquelles il y aurait bien des choses à dire. Après lui en vint un autre nommé Doctrine Erronée. Il avait avec lui des blasphémateurs, des païens et des Sarrasins. Il me demanda pourquoi je portais toujours sur moi un morceau de la croix. Il me fallut l'éloigner de moi avec d'horribles malédictions, le fouler aux pieds, et renoncer au Dieu qui y a été attaché, à son sang, à tous les articles de la foi et aux sacrements. Ils me servirent alors des repas splendides, et je me regardais comme la plus heureuse créature qui fût sur la terre.

« Quelque temps après ils me reprochèrent de ne leur avoir encore demandé aucune grâce, et me dirent que je devais désirer de recevoir le baptême à leur manière, ce que je fis pour leur appartenir entièrement. Ils m'ôtèrent donc mes vêtements, m'oignirent les membres avec une huile précieuse, puis me donnèrent d'autres vêtements; et je chantai avec eux leurs chants diaboliques et maudits. Ils me dirent qu'ils n'auraient pas le pouvoir de me garder à leur service jusqu'à ce que j'eusse renoncé à toutes les grâces que j'avais reçues de l'Église. Je renonçai donc au sacrement de Confirmation; et reçus chaque mois la communion de leurs mains et à leur manière, me privant auparavant pendant trois jours de toute nourriture, à l'exception de celle qu'ils me donnaient eux-mêmes. Ils prenaient alors un morceau de pain qui avait un goût délicieux; puis, après l'avoir béni et avoir fait beaucoup de cérémonies et de grimaces, ils me le mettaient dans la bouche; et c'est là ce qu'ils appelaient leur communion. Ils blasphémaient avec dérision contre la communion chrétienne, me disant que je devais jeter par terre la sainte hostie et cracher sur elle. Ils me firent prendre aussi un morceau de la vraie croix : je le mis sur une table, y clouai la sainte hostie, en disant que si c'était là le vrai Dieu, il devait le prouver, et ne pas se laisser ainsi maltraiter. Je sais très-bien que je disais tout cela avec un sentiment tout particulier de colère et de haine. Misérable que je suis! Je regardais ce Dieu si bon comme plus méchant que les voleurs qui étaient crucifiés avec lui, et je ne pouvais concevoir qu'un Dieu se fût ainsi laissé clouer sur une croix. Un jour que la procession du Saint Sacrement passait devant ma chambre, et que je voyais le peuple le suivre avec un grand respect, portant des flambeaux dans les mains, je m'étonnai qu'on honorât ainsi une chose qui était pour moi un objet d'horreur, et je me mis à rire et à plaisanter.

Cependant les démons préparèrent devant moi, par l'entremise de celui qui s'appelait Magie, des tables sur lesquelles ils placèrent leurs dieux avec de grandes marques de respect, et chantèrent des chants diaboliques qui étaient très-agréables à mes oreilles : je ne faisais d'ailleurs aucune prière que par leur inspiration. Après qu'ils eurent ainsi placé leurs idoles, ils me firent monter sur le premier degré de l'autel; puis ils poussèrent un grand cri, et me firent promettre que je n'adorerais jamais d'autres dieux que ceux qu'ils m'enseigneraient. Après que je leur eus fait ce vœu, ils m'embrassèrent avec de grands témoignages de joie, et me comblèrent d'éloges, croyant qu'ils ne s'étaient jamais attaché personne aussi fortement que moi. Ils me faisaient souvent de grandes fêtes, et me disaient combien ils seraient heureux de me conduire de cette vie dans l'autre. Ils avaient horreur des images des saints, et me punissaient sévèrement lorsque je faisais devant elles la prière accoutumée qu'ils m'avaient apprise. Ils tenaient fortement à leurs prescriptions; et lorsque j'en avais transgressé quelques-unes, je devais m'en confesser à l'un d'eux. J'étais alors traitée sans miséricorde; et tous, l'un après l'autre, m'infligeaient un châtiment. Lorsqu'il arrivait un jour de jeûne, ils m'apportaient de la viande, et me forçaient à en manger; et lorsque je me montrais rebelle à leurs ordres, ils m'enfonçaient dans le corps des animaux impurs. Tous les jours de grandes fêtes étaient pour moi des jours de jeûne; et ils m'avaient soumis à une multitude de pratiques entièrement opposées à celles de l'Église. Si j'en omettais quelqu'une, ils me rendaient tellement affamée que j'en devenais comme folle; et cependant je ne pouvais rien garder de ce que je mangeais jusqu'à ce qu'ils me l'eussent permis. Je vivais ainsi dans le plus dur esclavage, obligée chaque jour ou chaque semaine d'obéir successivement à l'un d'entre eux, qui se donnait le titre de Dieu. Mais il y en avait un qui restait toujours près de moi, m'amusant en mille manières, ce qui me plaisait beaucoup et me mettait de bonne humeur. J'en avais encore un autre avec moi, qui s'appelait l'Esprit de la vraie liberté. Ils travaillèrent pendant quelques années à me faire sortir du couvent, mais ils ne purent y réussir.

« Un démon me donna une fois une image qui me paraissait très-belle. C'était, disait-il, le vrai Dieu que je devais servir, et il s'appelait Ninus. Après que j'y eus consenti, il ordonna aux autres de préparer une place; et il parut aussitôt une foule d'esprits, auxquels j'abandonnai mon corps, pour qu'ils en fissent tout ce qu'ils voulaient. Un autre vint, qui s'appelait l'Esprit du Sang, et me dit que pour devenir parfaite et sans tache je devais faire de mon corps une victime vivante. Cette proposition me révolta. Je n'avais point encore vu ce dieu du Sang, et je refusai ce qu'il me demandait. Il me menaça de me couvrir de confusion devant le monde entier. Puis il vint un démon qui s'appelait Beléal, auquel je devais offrir un sacrifice. Ils le placèrent sur un trône. Le démon du Sang me présenta à lui, me demandant que je lui donnasse de mon plein gré pouvoir d'entrer dans mon corps et d'en sortir quand il le voudrait. On devait me couper un morceau de chair en trois parties différentes de mon corps; et quoique l'opération dût être douloureuse, elle devait être récompensée par de grandes grâces, et produire des effets supérieurs à tous ceux que j'avais éprouvés jusque-là. J'allais, disait-il, ressembler à Dieu. Séduite par leurs promesses, je me remis entre leurs mains. Ils me placèrent donc sur une table, où j'avais d'abord étendu un linge blanc pour recevoir le sang, puis ils me coupèrent un morceau de chair que j'offris en sacrifice à Beléal. Les deux jours suivants, la même opération fut répétée. Hélas! je ne puis dire jusqu'à quel point elle fut douloureuse. Encore me fallut-il feindre au dehors une autre indisposition. Cependant j'entendais souvent des personnes pieuses me parler avec un profond respect du Très-Saint Sacrement. Et je pensais alors que, si je pouvais voir un signe qui confirmât ce qu'ils m'en disaient, je l'adorerais aussitôt avec mes autres dieux. Ceci blessa les démons, et j'en fus sévèrement punie par eux. Ils m'ordonnèrent de prendre une hostie, car j'en avais toujours une provision. J'en pris donc une et la portai dans une chambre haute de la maison. Là ils me dirent : Nous t'ordonnons de la maudire en notre présence, et de la percer par dérision avec un couteau : tu verras alors combien c'est peu de chose. Je tirai mon couteau et en perçai l'hostie. Aussitôt il en coula du sang, et la chambre fut remplie d'un éclat extraordinaire qui entourait la sainte hostie; celle-ci disparut, et fut reportée au lieu où étaient les autres. Je fus saisie d'épouvante, d'autant plus que les démons s'étaient enfuis en poussant des hurlements affreux, et m'avaient laissée seule à demi morte. Je me mis à pleurer, et à considérer que j'avais été jusque-là indignement trompée par les démons. Ceux-ci revinrent vers moi furieux, et me dirent que jusque-là ils m'avaient trompée en effet, que j'avais percé de mon couteau le vrai Dieu; que le péché que j'avais commis était irrémissible, et que je n'avais plus qu'à me pendre comme Judas. Comme ils me menaçaient de divulguer la vie que j'avais menée jusque-là, je consentis à être pendue par eux. Ils me dirent donc de monter dans une des chambres hautes de la maison, et de me mettre moi-même autour du cou ma ceinture de cuir. Je le fis et m'abandonnai entièrement à eux. Ils étaient en grand nombre autour de moi, se disputant mon âme. Ils se mirent à m'enlever pour m'étrangler, mais tous leurs efforts étaient inutiles. Ils attribuèrent leur impuissance à la protection de sainte Marie-Madeleine, et me dirent de renoncer à cette débauchée. Je le fis, croyant être à demi morte. Mais, malgré leur fureur et les coups qu'ils me donnèrent dans le ventre, ils ne purent me tuer. Le démon du meurtre me dit alors que je devais m'enfoncer mon couteau dans la gorge et me punir ainsi comme je le méritais; mais je ne pus porter le bras au cou, malgré le secours qu'ils me prêtèrent. Je dus leur donner ma ceinture, et ils l'ont toujours gardée depuis.

« Je descendis épuisée et brisée. J'étais triste, et ne pouvais chasser de mon esprit l'image de ce que j'avais vu. On envoya chercher un médecin qui m'administra plusieurs remèdes; mais ce n'était pas des remèdes corporels dont j'avais besoin. A partir de ce moment je cherchais l'occasion de connaître la vérité sur le Saint Sacrement de l'autel; mais, comme je ne m'appartenais pas à moi-même et ne pouvais disposer d'aucun de mes membres, les démons m'empêchaient de parler lorsque je m'adressais à un prêtre, et me faisaient dire le contraire de ce que je voulais. Toutes les fois que j'allais devant le Saint Sacrement, il me prenait un tremblement et un frisson; et l'on s'aperçut enfin que je ne vivais pas comme il convient à une chrétienne et à une religieuse. On résolut de me renfermer dans une chambre séparée, et de chercher les moyens de me réconcilier avec Dieu. On ne savait rien cependant de tout ce qui m'était arrivé. Je menais la vie la plus malheureuse, et tout mon désir était de me tuer, si j'en trouvais l'occasion. Les sœurs, me voyant dans ce triste état, eurent compassion de moi, et cherchèrent à me consoler. Mais à leurs paroles bienveillantes je répondais par des paroles rudes et grossières, de sorte qu'elles furent contraintes de m'abandonner à moi-même. L'archevêque étant venu visiter notre couvent, je voulus avoir recours à lui; mais les démons m'aveuglèrent tellement qu'il m'inspira une profonde terreur. Ils me montrèrent une fois aussi dans l'enfer le châtiment que je devais y subir à cause de mes crimes. Je vis dans une fosse profonde du feu, des ténèbres, des dragons et des serpents dont l'un voulait me dévorer, parce que j'avais reçu la communion le Jeudi Saint. Voilà tout ce que leur méchanceté m'a fait souffrir. Tout cela est réel, et non le fruit de mon imagination; car je sais et confesse que tous les crimes dont je viens de parler, je les ai commis avec mon corps et avec mes membres. Mais la puissance et la miséricorde de Dieu, qui n'abandonne jamais ses créatures dans leurs nécessités, m'a fait chercher le secours dont j'avais besoin, et m'a envoyé sainte Marie-Madeleine. C'est pour la gloire de Dieu que j'ai écrit ces choses, afin que tout le monde connaisse quelles grâces j'ai obtenues par le secours de cette sainte. Je prends pour témoin de tout ce que j'ai écrit Dieu, mon maître, la sainte Vierge et toute l'armée céleste, et sur la terre monseigneur l'archevêque de Cambrai et toutes les sœurs qui m'ont vue et qui ont vécu avec moi. »

C'est ici que s'arrête le récit de cette malheureuse. Or tout ce qui se passa, pendant les deux années qu'elle fut traitée par les moyens spirituels, sembla confirmer parfaitement tout ce qu'elle avait elle-même raconté de son état intérieur. On récita sur elle les exorcismes, et l'on força l'un des esprits qui la possédaient à déclarer, au nom de tous les autres, qu'ils seraient forcés par les mérites de sainte Madeleine de se retirer d'elle. Comme on s'aperçut bientôt que la malade n'avait aucune instruction religieuse, l'archevêque chargea quelques ecclésiastiques de lui apprendre à connaître Dieu. Mais elle montra une grande opiniâtreté, disputant sur chaque point; et l'archevêque fut obligé de souscrire de sa propre main le *Credo*, afin de lui inspirer quelque confiance. On lui apprit aussi les devoirs de sa profession. L'écrit original qui renfermait ses vœux, et qu'elle avait donné au démon, se retrouva, et elle renouvela sa profession. On la conduisit dans toutes les églises et près de toutes les reliques du diocèse; on la baigna dans l'eau bénite, par la vertu de laquelle il lui sortit du corps des paquets de cheveux et une multitude de petites bêtes, comme des vers couverts de poils; et tous ces objets répandaient une très-mauvaise odeur. Pour dompter sa malice et pour fatiguer les démons, on la mit dans une prison étroite et obscure; mais le mal ne fit que croître, et on la reporta de nouveau à l'infirmerie, où la sœur Barbe Deruillers fut chargée d'en avoir soin. Là elle fut cruellement tourmentée par les démons, de sorte que souvent elle criait pendant trois heures de suite. Elle fut plus d'une fois, en présence de sa gardienne, tirée de son lit dans la chambre, et jetée contre terre avec une telle violence qu'on y voyait les traces de son corps. Souvent elle ne pouvait rien manger pendant trois jours; puis les démons lui remplissaient la bouche de vermine. Un jour elle fut entraînée vers un ruisseau qui coulait derrière le cloître, et jetée dans l'eau; mais sa gardienne cria au secours, et les démons ne purent la noyer. Une autre fois elle fut jetée dans la cour, par la fenêtre de sa chambre, puis reportée au haut de la maison, pour être de là précipitée en bas. Pour prévenir ces accidents, on l'attacha avec des cordes sur un siége de bois très-solide, et après lui avoir mis les mains en croix, on les lia fortement; mais tout fut inutile. Elle se dégagea le corps, les bras et les jambes de ses liens sans défaire un seul nœud; puis, vers minuit, elle fut transportée dans un lieu très-étroit; et ce ne fut qu'après l'avoir cherchée longtemps qu'on put la retrouver. Elle devint ensuite folle pendant quelque temps; de sorte qu'elle ne connaissait personne et qu'elle ne faisait que répéter : « Je veux mourir; » elle ne voulait à cause de cela ni boire ni manger.

Après cela elle devint muette, et pleurait sans cesse. Enfin elle ne put ni s'asseoir ni rester couchée; mais elle courait comme une insensée dans sa chambre. La veille des jours de jeûne elle ne pouvait rien prendre : puis au jour où il fallait jeûner elle avait une telle faim qu'elle aurait mangé sa propre chair. Alors les démons lui apportaient, en présence des prêtres qui étaient là, de la charogne, et on lui en remplissait la bouche, de sorte que personne ne pouvait rester auprès d'elle. Après une apparition de sainte Madeleine, il y eut comme un mur construit autour d'elle dans sa chambre, et qui empêchait les démons d'approcher d'elle. On eut bientôt connaissance des formules par lesquelles elle s'était engagée envers eux, et on les força par les exorcismes à les rendre. Quatorze hosties consacrées qu'elle avait mises de côté furent rendues de la même manière, et parmi elles se trouvait celle qu'elle avait percée avec son couteau et qui portait encore une tache de sang. Le morceau de la vraie croix qu'elle avait remis aux mauvais esprits fut rapporté de la même façon. Cependant, après tout cela, elle retomba dans ses anciens désordres, et promit de nouveau à ses démons de ne jamais plus les quitter; mais une nouvelle apparition de sainte Madeleine la remit dans le droit chemin. Les images d'argent auxquelles elle avait sacrifié furent rapportées. Et lorsqu'on eut appris que les démons lui avaient coupé un morceau de chair, on les conjura à ce sujet. Ils nièrent d'abord; puis ils dirent que s'ils la quittaient elle mourrait bientôt. Mais on n'en continua pas moins les exorcismes, et les trois morceaux de chair furent déposés, enveloppés dans un linge, au lieu qu'on leur avait désigné. Pendant toute la nuit suivante, elle souffrit horriblement, et les démons ne la laissèrent tranquille que le matin. Elle resta encore malade trois semaines, et dans les dernières nuits il sortit de son corps beaucoup de sang et de chair pourrie. Ses mauvais esprits furent chassés de son corps peu à peu par les exorcismes, à l'exception d'un seul qui était venu le premier et qui avait pris à son égard la place d'un père. Il lui dit que tout ce qu'elle avait dit et fait jusqu'alors était son ouvrage; que, s'il se séparait d'elle, elle deviendrait la fable du monde entier, et qu'après avoir passé pour une personne spirituelle elle ne pourrait plus dire un seul mot. Ceci lui toucha le cœur, et l'affligea tellement qu'elle se jeta aux pieds de son exorciste en le priant de lui laisser au moins ce démon. Comme il s'y refusait, elle cria en versant des larmes : Oh! que cette séparation est amère! L'exorciste lui promit qu'il serait son père à la place du démon qu'il allait chasser, et que l'archevêque serait pour elle comme un grand-père, et ce fut seulement alors qu'elle permit qu'on le chassât.

A partir de ce moment, elle se trouva réduite à un état d'enfance complète. Elle avait la simplicité, le naturel, la candeur et la pureté d'un enfant, ne sachant rien ni de Dieu ni des créatures, ne pouvant prononcer un seul mot, si ce n'est ceux de père, maison et belle Marie. Quand on lui donnait une image de la sainte Vierge, elle jouait avec elle comme une enfant avec sa poupée. Il fallut l'instruire comme on fait pour un enfant, et lui apprendre d'abord à faire le signe de la croix. Il fallut que l'évêque lui déliât la langue par sa bénédiction, pour lui rendre l'usage de la parole. Il en fut de même de tous les autres membres de son corps, dont elle ne put se servir qu'après cette même cérémonie. Elle fut encore pendant une année entière exposée aux attaques extérieures des démons, et eut beaucoup à souffrir de leur part. Sainte Madeleine lui ayant apparu le jour de sa fête, son esprit commença à devenir plus pénétrant, et l'on put lui enseigner la religion dans le catéchisme du P. Canisius, non toutefois sans beaucoup de mauvaise humeur et de contradiction de sa part. Car elle avait encore de temps en temps quelques rechutes ; et une fois entre autres elle se jeta sur l'archevêque, qui s'était chargé en partie de son instruction, avec une telle violence, en le menaçant des poings et des pieds, qu'il eut beaucoup de peine à lui échapper. Lorsqu'on en vint dans le catéchisme au chapitre de l'Eucharistie, elle ne pouvait se décider à croire ce dogme, et elle eut besoin d'une vision particulière qui lui ôta tous ses doutes. On employa quatre mois à lui apprendre le chant du chœur. Ses infirmités corporelles étaient cependant devenues si graves qu'on dut appeler un médecin appelé Cospeau et quelques dames habiles à traiter les femmes, pour voir si on ne pourrait pas lui procurer quelque soulagement. On fut d'avis que le mal était mortel, et les choses en vinrent au point qu'on croyait qu'elle allait mourir dans quelques heures. Mais elle rendit un grand nombre de morceaux de chair pourrie, et revint ensuite à son ancien état. Plusieurs fois elle eut alternativement des extases diaboliques et des extases divines ; mais la crise se manifesta enfin.

Elle réunit autour d'elle tous les ecclésiastiques qui lui avaient donné leurs soins et les religieuses de son couvent, pour qu'ils pussent l'aider de leurs prières, et le combat commença vers trois heures de l'après-midi, en présence de sainte Madeleine. Elle se mit à trembler d'un tremblement convulsif, comme celui d'une personne qui est à l'agonie. On l'entendait pendant ce temps parler avec ses bourreaux, et répondre à leurs questions. Elle criait : « On me déchire, on me déchire ; » puis elle tombait dans une angoisse inexprimable, et elle s'écriait tout à coup : « Hélas! que vais-je devenir? je ne puis souffrir plus longtemps un tel martyre. » On la consolait par la prière. Enfin elle entra en délire. On lui demanda alors ce qu'elle faisait ; elle répondit : « Au secours ! » puis elle s'appuya sur son oreiller et resta tranquille un moment. La lutte était terminée. Les parties de son corps qui avaient été endommagées lorsqu'on lui avait coupé plusieurs morceaux de chair étaient revenues à leur état naturel, et toutes ses douleurs avaient cessé. Les assistants chantèrent le *Te Deum*. Elle leur montra les nombreuses blessures qu'elle avait reçues dans la lutte, et sa chemise qui était pleine de sang. Puis elle récita ses heures, et alla au réfectoire avec les sœurs, pour le repas du soir. Le 6 janvier 1586 elle eut un dernier ravissement, où sainte Madeleine lui apparut, et la délivra complétement et pour toujours. On écrivit alors tout ce qui s'était passé : cet écrit et celui des religieuses furent lus en présence du notaire apostolique et royal G. de Liere, de l'archevêque, du docteur Buisseret, official, du chanoine Goubille, du doyen Hollo, de Mamsent, chanoine de Saint-Germain, de Banai, chanoine d'Andemie, du confesseur du couvent, de la sœur Deruillers, d'abord gardienne de Jeanne et maintenant abbesse, en présence de Jeanne elle-même, du médecin Cospeau et de quelques vieilles religieuses, qui toutes confirmèrent comme témoins oculaires la vérité des faits.

Ainsi l'authenticité de cette histoire merveilleuse est incontestable; mais que faut-il penser du fait en lui-même? C'est, dira-t-on, une monomanie religieuse. Mais si la folie peut s'allier avec une telle suite dans les idées et dans les actes, il n'y a plus moyen de la distinguer de l'état lucide de l'esprit. Dira-t-on que tout cela n'a été de la part de Jeanne qu'une indigne supercherie? S'il en était ainsi, il faudrait supposer en même temps que les religieuses au milieu desquelles elle a vécu, que les ecclésiastiques, l'archevêque de Cambrai lui-même, le médecin qui l'a traitée et les autres personnes qui l'ont soignée, que tous ceux en un mot qui ont été témoins oculaires des faits racontés dans cette histoire ont été aussi ou des imposteurs ou des dupes. Or, à moins d'admettre qu'ils aient tous perdu le sens, il est impossible de croire qu'ils aient pu être trompés sur des faits extérieurs, matériels et faciles à constater. Et, d'un autre côté, supposer qu'ils se sont tous entendus pour confirmer par leur témoignage l'imposture d'une femme abominable, ce serait aggraver la difficulté au lieu de la résoudre; car une telle perversité et un tel accord seraient impossibles sans une influence directe et manifeste de l'enfer. Pour échapper à ces invraisemblances et à ces contradictions il est nécessaire de descendre un degré plus bas dans ces domaines de la vie instinctive, où les énigmes de ce genre peuvent jusqu'à un certain point trouver leur explication. Nous ne prétendons pas exclure néanmoins tout soupçon de supercherie; car toutes les fois que l'action du démon se révèle, il faut s'attendre à rencontrer quelque tromperie. Le mensonge est son élément, et il ne peut agir que conformément à sa nature. Mais nous n'admettons la supercherie qu'après avoir admis l'action du démon, dont elle est comme une conséquence nécessaire. Jeanne est née pour ainsi dire dans l'état de clairvoyance; car les phénomènes qui caractérisent cet état singulier se manifestent dès les premières années de son enfance. C'est par un effet de cet état qu'elle voit le démon sous la forme d'un beau jeune homme, qui lui présente des pommes et du pain de froment, et qui s'offre à elle pour lui tenir lieu de père; mais cet état, indifférent en lui-même et qui peut conduire l'âme soit aux ravissements célestes des saints, soit aux extases ténébreuses de l'enfer, cet état, disons-nous, a pris chez Jeanne la seconde direction, lorsqu'arrivée à l'âge de douze ans, et devenue ainsi capable de réflexion et de délibération, elle lui a donné le consentement de sa volonté, et a rendu volontaires de cette sorte les phénomènes et les actes à l'égard desquels elle était passive auparavant, et qui ne pouvaient lui être imputés.

Ce consentement une fois donné, rien ne peut plus étonner dans la conduite de Jeanne. Elle est à l'égard des démons ce qu'une somnambule est à son magnétiseur; ses pensées sont le reflet de leurs pensées ; toutes les facultés de son âme et tous les membres de son corps leur appartiennent ; et elle aurait pu dire par une horrible parodie des paroles de saint Paul : « Je vis, ou plutôt ce n'est plus moi qui vis, mais c'est le démon qui vit en moi. » Nous voyons se reproduire dans la vie de Jeanne, comme dans un tableau raccourci, les plus horribles mystères du paganisme et jusqu'aux scènes sanglantes du culte indien de Shiva. De même que les adorateurs de Kali immolaient sur ses autels les membres de leurs corps pour les recouvrer ensuite, ainsi Jeanne offre en holocauste à ses idoles trois morceaux des parties les plus secrètes de son corps. C'est le renouvellement des mystères d'Atys et de Cybèle. La plaie béante aura continué de suppurer à l'intérieur ; et de l'utérus se seront détachés plus tard ces morceaux de chaire pourrie. Cette circonstance rend à elle seule toute illusion impossible ; et Jeanne, après la guérison de sa blessure, qui suivit sa délivrance, en appelle au témoignage de sa gardienne et des femmes qui la soignaient. S'il en est ainsi, si une pauvre sœur a pu se frayer dans sa cellule un sentier vers les abimes de l'enfer ; si, comme Jacob, mais dans un sens opposé, elle a pu voir les anges de l'abime monter et descendre vers elle, et l'associer à leur perversité, nous pouvons nous demander si des rapports semblables ne se sont pas produits aussi quelquefois parmi des masses entières? N'y a-t-il pas dans ce monde une espèce particulière d'hommes, disposés par leur nature à ces phénomènes singuliers et terribles à la fois? Et ne peut-on pas dire que, de même que les rhabdomantes sont dans un rapport secret et intime avec les métaux et les minéraux qui gisent sous la terre, et en ressentent les influences à travers la masse compacte qui les recouvre, ainsi ces hommes sont en rapport avec le royaume des esprits ténébreux, et en ressentent les influences sous le voile des formes naturelles qui nous les cachent ordinairement? La magie et la sorcellerie ne reposent-elles pas sur ce fondement? Il en est ainsi en effet; et pour prouver cette hypothèse par des faits évidents nous devons examiner d'abord si ceux-ci s'accordent entre eux et avec cette supposition elle-même. Ces faits, nous les prendrons dans les actes juridiques, que nous fournissent en grand nombre les procès de sorcellerie, particulièrement en France, où ces procès ont été conduits avec certaines formalités que l'on ne retrouve point ailleurs au même degré. Le livre de de Lancre que nous avons cité plus haut et celui de Nicolas Remy, qui a dirigé neuf cents procès de ce genre en Lorraine; les records anglais et écossais, les actes juridiques de l'Allemagne et enfin la démonomanie de Bodin nous fourniront un grand nombre de faits intéressants sous ce rapport.

CHAPITRE XIII.

États particuliers de la vie organique dans la sorcellerie et la magie. L'onguent des sorcières. L'habitude le rend inutile. État de clairvoyance. Le sommeil et le réveil ordinaires et magnétiques.

De même que la nourriture sert à entretenir la vie naturelle, ainsi les onguents et les breuvages magiques servent à provoquer dans l'homme les phénomènes de la magie. Ces breuvages et ces onguents sont ordinairement composés avec des plantes dont les sucs sont laiteux et épais et avec celles que l'on désigne sous le nom de narcotiques. De même que la région supérieure de l'organisme dans l'homme est dans un rapport plus intime avec les régions supérieures de ce monde, c'est-à-dire avec le ciel, ainsi la région inférieure de ce même organisme est particulièrement en rapport avec la région inférieure de l'univers. Cette basse région du corps humain repose sur l'élément végétal dans l'homme, et cet élément repose lui-même sur le règne végétal extérieur, qui le nourrit et l'entretient, et il en suit toutes les modifications. Or, le règne végétal dépend, et pour la structure et pour l'énergie, des sucs que fournit la terre, de la position du sol à l'égard du soleil. De plus, le caractère distinctif du règne végétal, c'est le sommeil; non ce sommeil immobile et continu que l'on remarque dans le règne minéral, mais une sorte de demi-sommeil qui, sans empêcher le mouvement intérieur de la séve, rend impossibles ces mouvements extérieurs que l'on remarque dans les êtres dont se compose le règne animal. Aussi toutes les substances narcotiques connues jusqu'ici sont fournies par le règne végétal. Il y a une certaine correspondance entre la diversité des plantes et la multiplicité des fonctions et des organes de la vie. Chaque plante agit spécifiquement sur l'organe particulier qui est en rapport avec elle. Aussi, de même qu'il y a des cardiaques, des aphrodisiaques, etc., il y a des substances magnétiques qui, agissant sur les ganglions, y produisent certaines dispositions nécessaires pour que les phénomènes magnétiques se développent. La vie qui subit leur action est élevée en quelque sorte au-dessus d'elle-même et par des moyens naturels; de sorte qu'on peut considérer cet état comme une modification inaccoutumée, mais naturelle, de la vie.

Cependant, si l'on considère la chose du point de vue moral, il en va bien autrement. Car, comme d'un côté le christianisme défend ou du moins dédaigne ces procédés par lesquels on donne à la vie un développement et une surexcitation extraordinaires, et comme d'un autre côté les esprits mauvais, moins difficiles, s'arrangent très-bien de ces procédés et y trouvent facilement leur compte, dès que l'homme, de propos délibéré, y a recours, il donne par là même accès au démon en lui, et les moyens naturels deviennent en ce cas des moyens magiques et coupables. L'homme chez qui l'instinct de la reproduction est naturellement très-développé n'a pas besoin de recourir aux aphrodisiaques. Si quelqu'un au contraire, pour éveiller cet instinct endormi, emploie quelque substance de ce genre, l'instinct une fois excité pourra bientôt se passer des moyens artificiels auxquels il doit son développement. Il en est de même des substances qui provoquent le sommeil magique. Celui qui est naturellement disposé à la clairvoyance n'a besoin ni d'onguent ni de breuvage pour développer en lui cet état. Mais si cette disposition n'existe pas, parce que l'enveloppe extérieure sous laquelle l'âme se voile est trop épaisse, l'emploi de ces onguents, continué pendant longtemps, finira par rendre inutiles ces moyens extérieurs. De Lancre dit à ce sujet qu'on croyait généralement dans le pays de Labourd que l'onguent des sorcières était préparé avec de la graisse d'enfants tués avant d'avoir reçu le baptême, et qu'il était d'usage que les novices dans la magie se fissent donner cet onguent par ceux qui étaient plus avancés qu'eux, et que ceux-ci se le procurassent eux-mêmes. C'était un moyen de les forcer à tuer les enfants. Lorsque les initiés avaient fait quelques progrès encore, l'onguent devenait tout à fait inutile.

De Lancre raconte qu'une sorcière nommée Necato, quoique prisonnière, allait toutes les nuits au sabbat ; et cependant elle ne possédait point d'onguent, et n'avait aucun moyen de s'en procurer, car elle était renfermée seule dans une chambre. Il y avait avec elle dans la même maison vingt ou vingt-cinq témoins qui allaient presque tous aussi au sabbat. Trois témoins déclarèrent que l'avant-dernier et le dernier jour de juillet ils avaient été avec elle au sabbat de Lacua, sur la côte d'Handaie. On leur répondit que cela était impossible, puisqu'ils étaient prisonniers, qu'ils étaient restés ces nuits-là même enfermés dans la prison, et qu'ils n'avaient point d'onguent à leur disposition. On confronta les témoins et l'accusée. Une jeune fille nommée Gastagnalde déclara que la femme Necato la conduisait ordinairement au sabbat, et que cette nuit-là même elle l'y avait portée à travers les airs, lui avait servi de marraine, et l'avait frappée durement. L'accusée avoua que le fait était vrai; mais elle prétendit que la plaignante avait mérité les coups qu'elle avait reçus, parce qu'elle avait frappé elle-même une tortue qu'elle lui avait donnée à garder. Cristoval de Garalde, âgé de quinze à seize ans, ajouta que, quoiqu'il fût renfermé comme les autres témoins, il avait été conduit au sabbat par la sorcière Marissans de Tartas; qu'elle l'avait emporté si haut dans l'air qu'il n'avait pu reconnaître le lieu où s'était tenu le sabbat; qu'il y avait été fort maltraité, et qu'il avait vu la Necato frapper la femme Gastagnalde. Un troisième témoin, la femme Aspilcuetta, confirma ces témoignages, ajoutant qu'une nuit elle avait été portée à Handaie, où l'on avait tenu un petit sabbat, et qu'elle y avait vu Detsail. Les juges connaissaient déjà cet homme par d'autres déclarations qu'ils avaient reçues, et ils savaient qu'il avait coutume de tenir au sabbat le bassin où chaque assistant déposait son offrande ou son amende. Ce Detsail était en prison comme les autres. La Necato l'avait accusé, et pour se venger il l'avait battue pendant le sabbat. Or, il y avait précisément alors à Handaie M. Laurent de Moisset, avocat au parlement de Bordeaux, qui était avec nous un des juges chargés d'instruire le procès de ces femmes. Deux femmes vinrent donc le trouver et lui dirent que Detsail, quoique prisonnier, avait assisté la nuit précédente à la réunion, et qu'il y avait frappé la Necato. Deux jeunes filles d'Handaie, qui n'étaient pas sorcières et qui demeuraient dans le voisinage du lieu où s'était tenu le sabbat, l'avaient reconnue à sa voix. On voulut s'assurer de la chose, et l'on fit comparaître la Necato. Elle répéta les aveux qu'elle avait faits auparavant On fit comparaître aussi Detsail, et elle persista devant lui dans sa déclaration, assurant en même temps qu'elle l'avait toujours vu portant le bassin des offrandes. (De Lancre, p. 108.)

On pourrait, dans le premier des cas cités par l'auteur, soupçonner un accord entre les témoins, qui étaient tous enfermés ensemble; mais l'aveu spontané des accusés repousse cette supposition. Au reste, tout doute disparaît lorsque l'on considère le témoignage des deux femmes qui vinrent trouver à Handaie M. Laurent de Moisset; car il est évident qu'elles n'avaient pu s'entendre avec les autres témoins et accusés. Quelque jugement que l'on porte sur ces diverses déclarations, il est impossible de n'y voir que l'effet de la folie ou de la méchanceté. Tous ces gens ont dû être dans un état qui les mettait en rapport les uns avec les autres, et c'est le seul moyen d'expliquer la conformité de leurs aveux. Cet état n'a pu être produit par un onguent magique, puisque aucun n'en avait à sa disposition; c'était donc en eux tous un état habituel, et c'est là ce que nous voulions établir. Cet état, qu'il soit naturel ou artificiel, commence toujours par le sommeil, auquel succède ensuite la veille : c'est donc évidemment un état de clairvoyance. « Nous demandâmes, nous dit de Lancre, à Marie Dindart de Sare si on pouvait aller éveillé au sabbat. Elle nous répondit qu'on n'y allait jamais avant d'avoir dormi auparavant, et que c'était pour cela que ceux qui ne voulaient pas y aller veillaient la nuit dans les églises; qu'il suffisait, au reste, d'avoir fermé seulement un œil, et qu'un instant après l'on était emporté; car il ne fallait qu'un moment pour transporter l'homme endormi de cette sorte dans les contrées les plus éloignées. Ces déclarations semblent néanmoins indiquer que ce sommeil était suivi d'un état de veille, et que c'était pendant ce second état que le ravissement avait lieu, non par l'effet d'une illusion, mais d'une manière véritable. Aussi, bien souvent les sorcières restaient dans les rues jusqu'à onze heures du soir, filant leur quenouille; puis, après s'être donné rendez-vous au sabbat, elles s'en allaient au lit et se levaient quelque temps après pour y aller, chacune à part ou plusieurs ensemble. La dame de Chantocorena ayant été accusée d'avoir été au sabbat dans la nuit du 28 septembre 1609, elle s'en défendit, parce que, disait-elle, elle avait veillé toute la nuit. C'était en effet la coutume de nos prisonnières de se donner toutes les peines du monde pour rester éveillées, afin de nous persuader par là qu'elles n'étaient point allées au sabbat; car toutes étaient persuadées qu'on ne pouvait y aller tant qu'on restait éveillé. » (De Lancre, p. 93.) C'est pour cela que les enfants se réfugiaient par troupes dans les églises, afin d'y passer les nuits sans dormir.

On voit que, tant que la volonté parvenait à dompter la nature et à éloigner le sommeil, elle empêchait le développement de cet état de veille intérieure sans lequel les phénomènes magiques ne peuvent se produire. Mais si la nature, liée ainsi par la vigilance et l'attention de la volonté, échappait un instant, elle se retournait aussitôt à l'intérieur, et l'individu était au moment même transporté au lieu où le portaient ses désirs. La clarté de la vue dans cet état dépendait naturellement et des circonstances et des progrès de chaque individu dans ces voies. Les régions infernales sont obscures et ténébreuses; il y a néanmoins dans cette obscurité même bien des nuances et des degrés. Chez les commençants, la vue est plus confuse, et il leur arrive comme à un homme qui sort du grand jour pour entrer dans une caverne obscure. Mais peu à peu leur œil intérieur s'accoutume à l'obscurité, et finit par y apercevoir les objets qu'elle recèle. Nous citerons ici une déclaration remarquable sous ce rapport de Jeanne Michaëlis, rapportée par Remi. Dans son interrogatoire, l'an 1590, elle déclara qu'au sabbat on n'avait plus sa vue naturelle, mais que tout paraissait confus, à peu près comme dans l'ivresse ou le sommeil, ou lorsque la vue est appesantie par la peur. Les idées sont plus ou moins confuses, selon qu'on est plus ou moins plongé dans cet état de clairvoyance. Ainsi de Lancre raconte, d'après les informations qui lui avaient été fournies par ses nombreux interrogatoires, que lorsque les sorcières voulaient aller au sabbat, seulement en imagination et par manière de vision, elles se couchaient sur le côté gauche; puis, lorsqu'elles s'éveillaient, le démon leur faisait exhaler par la bouche une vapeur épaisse, où elles pouvaient contempler comme en un miroir tout ce qui se passait au sabbat. Mais lorsqu'elles voulaient y assister en personne, elles s'oignaient le corps avec de la graisse d'enfant. D'autres avouèrent qu'elles se procuraient des extases, comme celles que l'herbe nommée cohoba produit chez les Indiens, et qu'elles avaient alors des visions merveilleuses. L'esprit transportait alors les initiés au lieu où se tenait le sabbat, quoiqu'il les laissât souvent dans le doute s'ils y étaient corporellement ou seulement par l'effet d'une illusion. (De Lancre, p. 84.) Nous voyons indiqués ici trois états, dont chacun est comme le développement de celui qui précède : premièrement, la simple vision, produite par une sorte de mirage obscur qui apparaît à l'œil intérieur devenu clairvoyant ; puis l'illusion fournie par cette image approche tellement de la vérité que ceux qui l'éprouvent la prennent pour la réalité, de sorte néanmoins qu'il leur reste encore quelques doutes; enfin, l'image devient tellement plastique et saisissable que le doute disparaît, et l'esprit est parfaitement assuré que ce qu'il voit est la réalité, parce qu'il ne lui reste plus aucun moyen d'apercevoir l'erreur. Le mari d'une sorcière déclara au juge Remi que dans la nuit du jeudi au vendredi, qui est la nuit des sorcières, sa femme était froide comme de la glace; et ce témoignage est important sous le rapport physiologique.

L'homme ayant une double nature, on peut distinguer en lui l'homme extérieur et l'homme intérieur, et chacun de ces deux hommes se partage de nouveau en deux, l'homme supérieur et l'homme inférieur; de sorte qu'on peut distinguer en lui quatre états bien différents : deux états de sommeil, où l'homme inférieur a le dessus, et deux états de veille, où l'homme supérieur domine. De ces deux états de sommeil, l'un est le sommeil ordinaire, où la vie inférieure, fermée en dedans, est portée par un instinct secret à sortir au dehors et à franchir les limites qui la circonscrivent ; l'autre est le sommeil magnétique, qui précède la clairvoyance et dans lequel la vie, fermée au dehors, sent comme une impulsion qui la porte à pénétrer au dedans jusque dans les régions spirituelles. Au-dessus de ces deux états de sommeil sont les deux états de veille qui leur correspondent. En effet, le sommeil naturel se termine par l'état de veille ordinaire, où la vie et les puissances supérieures se répandent dans l'homme extérieur. Le sommeil magnétique, de son côté, se termine par le somnambulisme ou la clairvoyance, dans laquelle ces mêmes puissances supérieures pénètrent dans le monde intérieur des esprits. Ces deux mondes sont des réalités : l'un d'eux comprend les substances corporelles soumises à l'empire de la nécessité ; l'autre comprend au contraire les substances spirituelles douées de liberté. L'homme penche vers l'un ou l'autre de ces mondes, selon ses dispositions particulières, les circonstances où il se trouve et l'instinct vital qui domine en lui. Or, le même rapport qui existe ici entre ces deux domaines de la nature peut exister aussi à l'égard de Dieu. L'homme, en effet, peut, en sortant de l'un ou de l'autre de ces deux états de sommeil, s'éveiller en Dieu ou par les voies ordinaires et extérieures de l'Église, ou par ces voies intérieures et mystiques familières aux saints. Mais Dieu est l'être le plus réel de tous les êtres, puisqu'il est le créateur de tout ce qui a dans le monde quelque réalité. Ce réveil en Dieu doit donc être un état très-réel, un état si réel que l'homme qui, après l'avoir éprouvé, rentre dans le monde ordinaire des phénomènes n'y trouve plus autant de consistance et de réalité que dans ce monde intérieur où il était ravi tout à l'heure.

Celui qui voit les choses en Dieu les connait dans leur vérité, tandis que celui qui les voit dans le miroir de ce monde n'en connait que le reflet. Mais ici encore ce sont les dispositions, le choix et la conduite de Dieu qui décident pour chaque individu de quel côté il penchera de préférence ; s'il s'attachera à la vérité en elle-même ou à la vérité cachée sous le voile des apparences. Or, à ce rapport qui existe entre Dieu et l'homme correspond un autre rapport entre l'homme et les puissances infernales; et ici le monde et Satan forment comme les deux pôles opposés. Si Dieu est l'être le plus réel, on peut dire en un sens que Satan est l'être le moins réel. Il n'a en effet que la réalité de son être, et il la tient de Dieu; tout le reste en lui est mensonge et imposture. Ceux donc qui entrent en rapport avec lui et qui regardent les choses dans le miroir magique qui les représente ne les voient plus telles qu'elles sont; car, outre l'apparence sous laquelle se voile toute vérité, lorsque nous la contemplons dans le miroir de ce monde, qui nous empêche d'en connaître la nature, il y a encore en cet état diabolique une difformité qui altère bien plus profondément encore l'image de chaque chose, et qui la fait paraître tout autrement qu'elle n'est. Tel est le somnambulisme des sorciers et des sorcières. Il est vrai et faux à la fois: vrai, en tant qu'il ne repose point sur de vaines imaginations; faux, en tant qu'il appartient au royaume négatif du mal et du mensonge.

CHAPITRE XIV.

Des signes extérieurs qui distinguent les sorciers. Ils sont comme le revers des stigmates.

Lorsque l'homme, abusant de sa liberté, entre volontairement en rapport avec le royaume des ténèbres, il est naturel que quelque signe extérieur le distingue, et le fasse reconnaître à ceux qui partagent avec lui le triste honneur d'appartenir à cette société maudite. Tout propriétaire a le droit de marquer de son nom, de son sceau ou d'un signe quelconque les choses qui lui appartiennent, afin de constater qu'elles sont sa propriété; les puissances de l'enfer ont ce même droit et tiennent à en user. Il est dit dans l'Apocalypse que les partisans de la bête sont obligés de porter un signe au front ou sur la main, et que personne ne peut ni vendre ni acheter s'il n'a le signe de la bête. Or, il en est ainsi dans ces régions où se réalisent les visions de l'Apocalyse; et quiconque y met le pied y reçoit dès son entrée un signe qui le fait reconnaître. Ce signe peut être couvert et caché; mais il ne saurait être effacé sans un secours supérieur. Il consiste dans de petites élevures, grosses comme des pois, qui apparaissent sur la surface du corps et qui sont insensibles. Elles se produisent souvent aussi comme des taches rouges ou noires, ou comme une dépression de la chair; d'autres fois elles n'ont rien qui les révèle à l'extérieur, et, dans ce cas, elles ne peuvent être découvertes que par ceux qui connaissent les endroits où elles paraissent ordinairement, ou bien par ceux qui ont l'instinct de ces sortes de choses. Lorsqu'on les perce avec une aiguille, il n'en résulte ni douleur ni effusion de sang; mais ces deux phénomènes se produisent autour de l'endroit où a eu lieu la piqûre. Ces endroits insensibles sont faciles à distinguer de ceux qui sont l'effet d'une maladie quelconque : ceux-ci, en effet, sont plus étendus; ils sont situés ordinairement aux extrémités du corps; la chair y devient molle, et, dans tous les cas, ils restent visibles, tandis que les autres sont souvent invisibles, se durcissent dans la chair, n'empêchent aucunement les fonctions des divers organes, et peuvent se répandre par tout le corps.

En Lorraine, quelques-uns avaient ces signes au front, d'autres derrière la tête, ou à la poitrine, ou sur le dos, aux hanches, aux paupières, etc. Ces signes leur étaient venus au moment où ils avaient renoncé à la foi, et ne leur avaient causé aucune douleur; et les endroits où ils avaient paru étaient dans le même état que les membres qui ont été touchés de la foudre. (Remi, ch. 5.) Dans le pays de Labourd, on trouva plus de trois mille personnes qui portaient ces signes, et parmi eux il y avait un grand nombre d'enfants. (De Lancre, p. 185.) Sur plusieurs personnes, ces signes semblaient avoir une forme extérieure distincte, celle d'un petit nuage, d'un pied de crapaud ou de lièvre, d'une araignée, d'un chien, etc. Le signe que de Vaulx avait sur le dos avait, d'après le témoignage d'Oranus, juge d'instruction, la forme d'un chat noir. Il était tout à fait insensible; mais dès qu'on le menaçait seulement du doigt par derrière sans qu'il pût le remarquer, il éprouvait des douleurs cuisantes à l'endroit où était ce signe. (Delrio, l. 2, q. 21.) La femme nommée Palud avait, au témoignage de Gaufredi, ces signes à la tête, au cœur, au ventre, aux épaules et aux jambes; et Marie de Sains déclara que l'impression de ces signes se répète souvent, et indique le rang de ceux qui les portent, et que les endroits où ils se produisent dépendent du degré de perversité de chacun. (*De Tribus energumenis*, p. 136.) Au reste, les témoignages ne s'accordent pas quant à la manière dont se fait l'impression de ces signes. Et ceci ne doit pas étonner, car la plupart les avaient reçus dans leur jeunesse, et ne se souvenaient plus si c'était une sorcière, ou le maître lui-même qui les leur avait donnés. Chez les magiciens de Castille, le démon s'était servi d'une aiguille d'or faux. (De Lancre, p. 399.) Gaufredi assurait qu'il y avait un démon particulier chargé d'imprimer ces signes avec la griffe du petit doigt; qu'on sentait alors une légère chaleur qui pénétrait plus ou moins avant dans la chair, selon que le signe était plus ou moins profond. (*Id.*, p. 194.) Selon d'autres, il se servait de l'une de ses cornes. On voit que tous s'accordent sur le fait lui-même, et qu'ils ne diffèrent que sur la forme et le mode; ce qui tient à la manière différente de voir et aux idées que chacun se faisait de cette singulière cérémonie.

Si nous nous en tenons au fait lui-même, nous ne pouvons nous empêcher d'y voir l'opposé et comme la caricature de la stigmatisation. Ici la vie se transforme en Dieu, source de vie, avec qui l'homme s'est uni intimement, et auquel il s'est en quelque sorte assimilé, après avoir rejeté de son âme tout ce qui pouvait mettre obstacle à cette union. Là, au contraire, la transformation se fait en un sens opposé. L'homme rejette ce qu'il y a en lui de bon et de vivant, et, s'unissant au démon, principe du mal, de la mort et des ténèbres, il absorbe et s'assimile le mal, les ténèbres et la mort. Les signes qui révèlent au dehors cette transformation n'apparaissent point aux pieds, aux mains ni au cœur, comme chez les saints stigmatisés, mais ils sont plutôt répandus sur toute la surface du corps, comme dans la flagellation, avec cette différence toutefois qu'ils sont insensibles et ne donnent point de sang. Marie de Sains déclara devant ses juges dix-huit fois, depuis le 19 mai jusqu'au 10 juin 1613, qu'elle avait reçu la nuit précédente dans la synagogue les stigmates. C'étaient ordinairement sept, ou cinq, ou trois endroits qu'elle désignait exactement. Et lorsqu'on suivait ses indications et que l'on ne perçait pas trop avant ces endroits, on les trouvait toujours insensibles et privés de sang, quoique le sang coulât facilement tout auprès d'eux. Des notaires et un grand nombre de témoins assistèrent aux expériences, ainsi que trois médecins, qui se perdaient en conjectures pour expliquer ce phénomène. En Lorraine, la cicatrice paraissait quelquefois, comme dans les plaies, recouverte d'une peau très-fine, sans que pourtant on remarquât ni sang ni aucune humidité. Marie de Sains prétend avec assez de raison que la stigmatisation diabolique, lorsqu'elle est répétée, s'applique à la partie du corps qui a le plus de rapport avec les crimes qu'on a commis. Ainsi, par exemple, chez les sacriléges, ce sont les mains et les pieds qui sont marqués. On comprend en effet que la mort doit spécialement laisser son empreinte là où le péché s'est accompli. Il y a là comme une sorte d'éruption où le mal intérieur se révèle.

CHAPITRE XV.

Le sabbat considéré comme orgie. Des repas et des voluptés du sabbat.

L'instinct vital, avons-nous dit, est profondément altéré dans ce commerce affreux de l'homme avec le démon. Or, la forme sous laquelle cet instinct se manifeste tout d'abord est celle de l'appétit des aliments. Cet appétit tend, de même que tous les autres, vers l'enfer, et cherche à s'y rassasier. Il y a là comme une horrible contrefaçon du sacrement de l'Eucharistie. De même que celle-ci établit entre Dieu et l'homme une communauté de vie et de sentiment, ainsi l'aliment symbolique dont le démon nourrit ses adeptes forme entre eux et lui des liens intimes et bien difficiles à rompre. Il se fait dans l'homme admis à ces horribles festins comme une sorte de transsubstantiation, qui change pour ainsi dire sa nature en celle du principe auquel il a soumis sa vie, et qui lui en communique à la fois l'esprit, les sentiments et les pensées. Si nous écoutons les témoignages des initiés à ce sujet, ils nous parlent de festins splendides, de tables chargées des mets les plus riches et les plus succulents, couvertes de nappes tissues d'or, de vins précieux servis dans des coupes d'or et d'argent. Ils sont assis à ces tables selon leur condition et leur rang. Mais il est remarquable que le sel n'y paraît point, et qu'à la place du pain on n'y voit que des gâteaux faits avec des pois. Le sel empêche la corruption ; il est le symbole du principe conservateur ; il n'est donc pas étonnant qu'on ne le trouve point sur les tables de celui qui est le principe de la destruction et de la mort. Il n'est pas moins remarquable que, d'après un grand nombre d'aveux, celui qui veut saisir ces mets si appétissants n'y trouve rien de solide, mais seulement de belles apparences, et qu'après ces festins on se sent plus affamé encore qu'auparavant. Ou bien encore le démon donne à ses disciples pour nourriture

Les festins du sabbat.

des viandes en putréfaction. La chair des chevaux qu'on a abattus, ou des porcs, des chiens et des chats sont les mets favoris dans ces exécrables repas, et ils laissent après eux un goût fade qui leur est propre. Lorsque ces chairs ont été mises en cet état par suite d'un crime, elles servent bien mieux encore au but que le diable se propose. Aussi la chair humaine putréfiée est un des mets les plus recherchés, surtout la chair de ceux qui se sont pendus, ou des hommes qui ont été assassinés. C'est là ce qui résulte des déclarations d'un grand nombre de personnes qui se vantent d'avoir assisté à ces festins.

On y mange la chair des enfants.

Mais rien ne surpasse en ce genre les mets fournis par les cadavres des enfants morts sans baptême, ou à leur défaut ceux des enfants baptisés. Jeanne d'Abadie de Siboro, âgée de seize ans, déclara qu'elle avait vu manger les cadavres de plusieurs de ces enfants, et entre autres celui d'un enfant appartenant au lieutenant Jean de Lasse; que Marie Balcon avait mangé l'oreille de ce dernier; que cependant on n'avait jamais mangé un enfant tout entier dans le sabbat d'une seule paroisse; et que, pour l'enfant de Jean de Lasse, on n'en avait mangé qu'un quart à Siboro, et que les trois autres quarts avaient été partagés en autant de paroisses; qu'on mangeait ainsi au sabbat tous les enfants dont on pouvait s'emparer. (De Lancre, p. 185.) Bien plus, on allait quelquefois jusqu'à manger les cadavres des initiés eux-mêmes. L'an 1610 à Logrono, en Castille, on fit le procès à un grand nombre de gens accusés de magie. Ceux-ci dirent entre autres choses qu'après qu'un des leurs était mort on allait le déterrer dans l'église. C'était au père ou à la mère, ou à l'un des parents du défunt qu'était réservé l'honneur d'ouvrir le cadavre, pour en tirer les entrailles, qui étaient ensuite enterrées de nouveau, et l'on portait le reste au sabbat. Là le maître ordonnait de couper le cadavre par morceaux que l'on distribuait ensuite. S'il en restait quelque chose, le roi du sabbat l'emportait avec lui, et en préparait le lendemain un repas à ses amis. Quant aux os, on les mettait dans des pots jusqu'à l'année suivante; et on les faisait cuire alors avec une herbe particulière qui les rendait mous comme des raves. On faisait aussi de la soupe de chair humaine, que l'on mangeait jusqu'à en vomir. Pour les petits enfants, on leur suçait le sang par la tête et le nombril : le cœur, les poumons et le foie appartenaient au maître, et le reste au roi et à la reine du sabbat. (De Lancre, p. 402.) Daspilcouete avoua qu'on prisait particulièrement au sabbat le cœur des enfants non baptisés; que Satan le coupait en petits morceaux qu'il distribuait selon son bon plaisir parmi les assistants. Jeanne d'Abadie ajouta qu'il en donnait à ceux qu'il voulait empêcher de jamais rien avouer devant la justice de ce qu'ils avaient vu. (*Idem*, p. 198.)

Il est probable qu'il est plus d'une fois arrivé que des hommes ou des femmes livrés au démon aient déterré des cadavres d'enfants, et les aient mangés. Ainsi un rapport de R. Cessac, de l'an 1609, nous apprend qu'une femme du pays de Labourd fut convaincue par plusieurs témoins d'avoir fait rôtir à la broche une partie du corps d'un enfant; et elle fut condamnée à mort pour cela et pour plusieurs autres maléfices. (*Id.*, 199.) Mais ordinairement ces sortes de choses ne se seront passées qu'en vision; de sorte que, les adeptes bandant leur esprit et leur volonté vers un crime de ce genre, l'acte se sera tout aussitôt représenté dans leur imagination par une vision si claire et si distincte qu'ils l'auront confondue avec la réalité. Tous ces festins sont donc des visions, et les mets qu'on y sert sont des aliments intérieurs et spirituels. Ce qui en forme la substance, c'est le péché : quant à la forme sensible sous laquelle ils se produisent, ce n'est qu'un symbole trompeur et mensonger. Mais quiconque mange des mets fournis par Satan et boit de son calice sent le besoin de respirer aussi dans son atmosphère. De même, en effet, que l'homme qui tend vers Dieu vit et respire en lui, ainsi celui qui s'enfonce dans l'abime veut vivre et respirer dans cet abîme. Quelquefois ces débauches de l'esprit produisent comme une fièvre interne qui se communique à l'organisme et le dévore. Ordinairement le feu qui consume ces malheureux ne dépasse pas les limites de l'ordre spirituel; et lorsqu'il semble se produire au dehors, il n'est que le reflet d'une imagination exaltée par le démon. De Lancre rapporte que ceux de Logrono qui étaient accusés de magie croyaient voir au sabbat des flammes où ils se jetaient sans en éprouver aucun mal. Ils disaient qu'on avait voulu leur donner à entendre que c'étaient là ces feux de l'enfer dont on cherchait à les effrayer, afin de leur en ôter ainsi la crainte. Mais ces feux n'étaient que le reflet des flammes qui les dévoraient à l'intérieur et qui se représentaient en vision à leurs regards. Or, de même que le feu mystique de la piété dans les saints consume la chair, en tant qu'elle est le symptôme du mal en nous, ainsi le feu dont le démon brûle ses adeptes mine et consume la chair, en tant qu'elle est le support et l'instrument du bien. Aussi chez les premiers, comme chez les derniers, le corps est affaibli et consumé par la flamme qui brûle à l'intérieur, avec cette différence que cette flamme conduit chez les uns à la vie, et chez les autres à la mort.

Les voluptés du Sabbat

C'est surtout dans l'appétit sexuel que se manifestent ces ardeurs, soit en doublant son énergie, soit en la réveillant, quand elle est assoupie; et comme ces ardeurs sont tout intérieures, c'est à l'intérieur aussi que l'homme en cherche la satisfaction; et l'organe extérieur ne joue en ces cas qu'un rôle subordonné. Cet appétit une fois excité va demander aux puissances infernales et aux visions de l'enfer la satisfaction qu'il convoite; et les orgies, de même que les festins du sabbat, n'ont de réalité que dans l'esprit qui les conçoit. En effet, il faut distinguer avec soin dans chaque instinct deux éléments : l'un spirituel, qui est l'instinct lui-même proprement dit, et l'autre corporel, qui git dans l'organe chargé de le satisfaire. Dans l'état ordinaire, il y a un rapport intime entre ces deux éléments; mais il peut arriver néanmoins que cette correspondance soit interrompue par quelque cause secrète; et dans ce cas l'instinct, séparé de l'organe qui lui correspond, peut trouver en soi-même sa propre satisfaction sans avoir besoin du secours de cet organe. Ou bien encore on peut supposer un tel degré d'excitation dans l'instinct et dans l'imagination, et par suite une telle clarté dans la vision que l'organe correspondant se trouve comme entraîné, et procure sans aucun acte extérieur les jouissances dont il est l'instrument. Enfin, si par un moyen artificiel ou par l'intervention d'une puissance supérieure, comme celle du démon, il était possible de produire cet état singulier dans plusieurs personnes à la fois, rien n'empêcherait alors que dans cette extase infernale et dans la vision qui en serait la suite il ne se produisît des phénomènes analogues à ceux qui ont lieu dans l'état ordinaire des choses. Ces personnes, surexcitées par les mêmes moyens, liées au même principe, se rencontrant dans le même ravissement et dans la même vision, ne peuvent-elles pas entrer les unes à l'égard des autres dans ces rapports qui constituent l'union des sexes? Ces phénomènes ne seraient ni tout à fait réels ni purement imaginaires; il en serait d'eux comme de ceux que l'on voit se développer souvent dans le magnétisme naturel; et leur réalité serait d'un ordre plus élevé que celle des phénomènes qui se passent dans l'état ordinaire des choses. Or, c'est là précisément ce qui a lieu dans les orgies du sabbat. Cent, deux cents personnes, plus ou moins, de tout âge, de tout sexe, magnétisées pour ainsi dire par le démon, entrent ensemble et à la fois dans une sorte de somnambulisme infernal. L'âme avec ses instincts, détachée pour un moment des organes qui leur correspondent, et planant pour ainsi dire au-dessus d'eux, n'a plus besoin de leur ministère pour produire ou pour éprouver les phénomènes.

les sensations, les perceptions dont ils sont les instruments. Elle se suffit à elle-même, et trouve dans son union avec le principe même du mal les coupables jouissances que l'homme cherche ordinairement dans le péché. Toutes ces âmes, ravies au-dessus d'elles-mêmes et du monde des phénomènes par la même extase, se rencontrant dans la même vision, se reconnaissent, se cherchent, se trouvent, s'embrassent, s'unissent dans des unions criminelles et monstrueuses; et les actes qui dans l'état ordinaire se produiraient au dehors s'accomplissent au dedans, dans ce lieu de l'âme, si l'on peut parler ainsi, où est le centre de toutes les impressions et le foyer de toute l'activité humaine.

Dans les extases dont Dieu favorise parfois ses saints, l'instinct de la reproduction, élevé et spiritualisé, se tourne vers la source même d'où il est venu; et de même que dans l'ordre physique la terre s'unit au soleil, principe de chaleur et de vie, ainsi leur âme s'attache dans une sorte de mariage mystique au principe universel et spirituel de la vie. La grâce, fruit de cette union, se manifeste sous la forme d'une fécondité spirituelle, dont les fruits sont les vertus. Personne n'a mieux représenté ce mariage mystique que l'extatique du couvent de Buken, Madeleine Buttler, lorsqu'elle nous parle de ses fiançailles avec le Seigneur et des sept enfants qu'elle a mis au monde après cette union, à savoir l'abstinence, la pauvreté, l'obéissance, etc.; entrant dans les plus petits détails sur chacun de ces enfants spirituels, et nous décrivant jusqu'à leurs vêtements. Il en est de même, mais en un sens opposé, dans l'union mystique de l'âme avec le démon; et les fruits de cette union, c'est toute la série de ces crimes épouvantables dont les procès intentés aux sorciers font mention. Le peuple, s'emparant de ces idées et de ces faits, leur a donné sa forme; et de là viennent ces récits populaires sur les orgies du sabbat. Ces récits sont vrais quand on les ramène à leur vrai principe; car les faits qu'ils racontent sont réels, non de cette réalité vulgaire que nous avons chaque jour sous les yeux, mais de cette réalité plus élevée qui se produit dans les régions spirituelles.

De Lancre entre à ce sujet dans des détails très-circonstanciés que nous ne pouvons qu'indiquer ici, ne voulant point alarmer la délicatesse de nos lecteurs par ce qu'ils ont d'obscène et de révoltant. Il dit que les filles et les femmes du pays de Labourd, au lieu de rougir des crimes dont on les accusait, en racontaient devant le tribunal toutes les circonstances, même les plus horribles, avec une telle effronterie et une telle complaisance que l'on voyait clairement qu'elles s'en faisaient un honneur et un plaisir, et qu'elles préféraient à toute autre chose les caresses du démon. Nos questions ne les embarrassaient point, et notre interprète, qui était prêtre, rougissait bien plus en leur traduisant nos demandes qu'elles ne le faisaient en y répondant. Et ce n'était pas seulement les femmes âgées qui montraient cette impudence, mais c'était encore des jeunes filles de treize à quatorze ans. Ceci néanmoins ne peut s'appliquer qu'à celles qui n'avaient encore connu rien autre chose que cette damnable école, et qui, dans leur ignorance, pouvaient croire que c'était un Dieu dont elles avaient reçu les caresses. Plusieurs parmi elles purent être ramenées à des sentiments meilleurs, et s'efforcèrent de renoncer à Satan. Quant aux vieilles sorcières, on ne pouvait obtenir d'elles aucun aveu. Marie Dindarte de Sare parle d'une femme qui, avant de livrer son corps à Satan, le pria de lui donner auparavant une autre forme, ce à quoi il consentit. Ce reste de pudeur, ineffaçable dans l'homme, ne pouvait être détruit tout à fait, même dans les orgies du sabbat ; car pendant que tout s'y faisait publiquement, ces commerces monstrueux entre les sorcières et les démons étaient cachés par un nuage épais aux enfants qui étaient présents.

Au reste, là comme sur la terre, les plus belles et les plus jeunes étaient les plus recherchées. Magnifiquement parées, elles étaient assises à côté du maître, et étaient regardées comme les reines du sabbat. Lorsque le festin et la danse étaient terminés, le maître les prenait, les emportait sur un lit de soie, au rapport de M. de Sare, âgée de seize ans, et se livrait avec elles aux actions les plus monstrueuses. Toutes les sorcières, au rapport de Remi, conviennent qu'il ne se peut rien imaginer de plus froid et de plus pénible que ce commerce abominable ; et Nicole Morelia assurait que toutes les fois qu'elle s'y était livrée elle avait dû se mettre au lit, et éprouvait une fatigue et un épuisement inexprimables. Elles se plaignent toutes d'avoir agi malgré elles en ces circonstances. Elles disent que toute résistance leur eût été inutile, que les démons sont jaloux les uns des autres. Ils préféraient les femmes mariées, afin d'ajouter à ces crimes celui de l'adultère. On réservait les jeunes filles pour plus tard. De même que tous les initiés devaient se livrer à Satan, leur maître, ainsi devaient-ils tous se livrer sans distinction les uns aux autres, parce qu'ils ne formaient tous qu'une seule chose en celui à qui ils s'étaient donnés sans réserve. Ainsi Jeanne d'Abadie déclare avoir vu les hommes et les femmes se mêler au sabbat dans une horrible confusion. Le diable, après avoir donné le signal, assignait à chacune celui à qui elle devait s'unir, et il choisissait presque toujours ceux qui pouvaient exciter davantage les répugnances de la nature et de la conscience, donnant la fille à son père, le fils à sa mère, la sœur à son frère, la pénitente à son confesseur, etc. Cela lui était arrivé à elle-même bien des fois, quoiqu'en dehors du sabbat elle n'eût pas voulu se permettre le moindre écart. Depuis l'âge de treize ans, elle faisait sans scrupule tout ce que Satan lui commandait de faire, parce que, disait-elle, c'était lui qui en était responsable. On retrouve dans ces orgies la pratique des théories infâmes renfermées dans une certaine classe de livres.

Ces commerces contraires à l'ordre de la nature ne produisaient aucun résultat ; c'est du moins le témoignage de Jeanne, témoignage qui est contredit cependant par d'autres. En considérant plus attentivement la chose, on découvre bientôt que les histoires racontées à ce propos sont des récits populaires, ou bien que la même surexcitation, qui avait fait regarder aux sorcières comme réel et sensible leur commerce avec le démon, continuant pendant tout le temps que dure ordinairement la grossesse, leur avait représenté celle-ci comme réelle. Il n'est pas rare, au reste, de trouver des femmes chez qui l'imagination, surexcitée d'une manière naturelle, produit des phénomènes analogues, et qui, jusqu'au dernier moment, se bercent du vain espoir d'être mères. D'après une déclaration reçue par Remi, il paraîtrait que les enfants regardés comme le fruit de ce commerce étaient désignés sous le nom d'enfants d'Adam. Ils pleuraient jour et nuit, croyait-on, étaient pesants comme du plomb, difformes, toujours affamés et maigres, leur donnât-on cinq nourrices à la fois. Il est évidemment question ici des enfants hydrocéphales, rachitiques ou crétins, car le peuple attribuait tous ces maux à un commerce avec le démon. Partant de ce principe, admis aussi par Luther, que tout mal physique est l'effet du péché, on oubliait que ce mal une fois existant se reproduit d'après des lois immuables, et n'a plus besoin, pour chaque cas particulier, d'une cause spéciale dont il soit l'effet immédiat. Plusieurs de ces pauvres enfants furent victimes de ce préjugé, comme on le voit particulièrement en Lorraine, où les sages-femmes avaient coutume alors de les faire périr secrètement. Ce préjugé trouvait heureusement un contre-poids en certains pays, dans un autre préjugé qui faisait regarder les crétins comme une bénédiction pour une famille. Le peuple se représentait encore sous une autre forme les fruits nés du commerce de l'homme avec le démon, et c'est de là que viennent les légendes sur les Elbes, etc. C'étaient des êtres entozoïques, ou ayant la forme de vers, que beaucoup de sorcières déclaraient avoir conçus dans ces circonstances, et qui, après avoir été portés dans une grossesse régulière en apparence, venaient au monde et étaient aussitôt mis en terre. Ces sortes de phénomènes s'expliquent par les principes que nous avons posés plus haut. Il est possible, au reste, que la surexcitation de toutes les puissances ait pu causer en certains cas une inflammation de l'organe sexuel, et développer des formations anormales dont la nature et le degré nous sont inconnus. C'est une maladie singulière et horrible à la fois que celle dont l'homme est atteint dans ces sortes de cas; et il n'est pas étonnant qu'elle donne naissance à des produits semblables aux hydatides qui naissent quelquefois dans les étroites cellules du cerveau et dans lesquelles une infirmité physique trouve quelquefois la crise salutaire qui la termine.

CHAPITRE XVI.

De la physionomie et de l'odeur infecte des sorcières.

Lorsque la vie se passe ainsi dans l'habitude des crimes les plus exécrables, il est impossible que la difformité intérieure qui en est le résultat ne se manifeste pas au dehors par une certaine laideur repoussante, et ce n'est pas sans raison que cette expression : *laid comme une sorcière*, a trouvé place dans le langage populaire. La physionomie des sorcières a conservé dans l'opinion du peuple certains traits caractéristiques, qui auront été fournis par les modèles les plus remarquables en ce genre et qui auront été appliqués ensuite à de pauvres vieilles femmes accablées par l'âge, la misère, les mauvais traitements et les ennuis de la prison, et qui n'avaient participé que bien légèrement aux crimes dont on les accusait. De Lancre nous a conservé un type remarquable de sorcière dans cette Necato dont nous avons déjà parlé plusieurs fois. Voici comment il nous la dépeint : « Cette femme, dont le nom indiquait déjà les habitudes, avait renoncé en quelque sorte à son sexe pour prendre la nature d'un homme, ou plutôt d'un

Laideur des sorcières.

hermaphrodite. Elle avait en effet l'expression, le langage et le maintien d'un homme, et encore d'un homme rude, d'un sauvage qui n'est jamais sorti de ses forêts. Elle avait de la barbe comme un satyre, des yeux petits, profondément enfoncés dans leur orbite, avec l'expression de férocité d'un chat sauvage, étincelants et si terribles que les enfants et les jeunes filles qu'elle avait emmenés au sabbat, et que nous confrontions avec elle, ne pouvaient supporter son regard, quoique par égard pour nous elle se donnât toutes les peines du monde pour en adoucir la dureté naturelle. On croyait, en la voyant, reconnaitre qu'elle était accoutumée à regarder cet objet épouvantable auquel elle avait emprunté la hideuse expression de ses traits. » (De Lancre, p. 135.)

Leur odeur infecte.

Un autre effet de la dissolution intérieure que produit le commerce avec les démons est l'odeur qui s'exhale de la bouche et de tout le corps de ceux qui sont initiés à ces mystères. Cette odeur se communique à leurs vêtements, et remplit pour longtemps les maisons qu'ils habitent, l'air et les lieux voisins; de sorte que tous ceux qui approchent d'eux en sont infectés. C'est ainsi que Bregnoli nous représente l'état des adeptes de Satan, et son témoignage est confirmé par les déclarations de tous les exorcistes. Ce caractère est tellement propre aux sorcières que les anciens les appelaient déjà *Fœtentes*, et les Gascons Fetillères. (Bodin, p. 360.) Nous voyons ici le contraire de ce qui arrive aux saints, lesquels bien souvent répandent autour d'eux un agréable parfum. Or, de même que ce parfum devient plus doux encore à chaque bonne œuvre qu'ils font, ainsi l'odeur infecte des saints du démon suit ordinairement dans son intensité les degrés de leur malice, et s'exhale avec plus de force à chaque crime qu'ils commettent. Nous avons attribué ce parfum de la sainteté à la formation d'une huile éthérée qui, sous l'influence d'une illumination supérieure, se développe dans les organes comme l'arome dans la fleur. Nous pouvons attribuer par la même raison la mauvaise odeur des sorciers à la production d'une huile animale et puante qui s'engendre au fond de l'organisme, au milieu des ardeurs impures qui le consument, d'une huile semblable aux sucs narcotiques qui se développent dans les plantes vénéneuses sous les ardeurs du soleil. Nous voyons se produire quelquefois dans la vie ordinaire des sécrétions de ce genre, comme résultat de cette dissonnance corporelle qui suit chaque déviation de l'harmonie morale, comme le témoigne le sens plus pénétrant des saints, qui bien souvent distinguent à l'odeur les péchés de ceux qui approchent d'eux, et particulièrement ceux de la chair; et le sens commun des peuples lui-même, pour exprimer la difformité du vice de l'orgueil, ne le désigne-t-il pas sous le nom d'un *orgueil puant?* Une familiarité habituelle avec le démon doit donc finir à la longue par rendre cette production continue, et en élever tellement la quantité et la qualité qu'elle devient perceptible aux sens, même dans l'état ordinaire. Ainsi, pendant que les saints possèdent une vertu conservatrice que ne peuvent détruire ni les infirmités ni les maladies, qui, au milieu des maux qu'accompagne d'habitude une odeur infecte et même après la mort, entretient dans leur corps un parfum délicieux, le principe destructeur qui consume la vie des adeptes de Satan leur donne, même dans l'état de santé, une odeur repoussante, et livre après la mort leur corps à une prompte dissolution. Leur malpropreté indique déjà pendant leur vie les souillures de leur âme. En effet, un grand nombre de déclarations portent que l'esprit impur ne leur permet point de se laver le matin; aussi croyait-on qu'on se préservait des enchantements en se lavant les mains chaque jour, ou bien en se recommandant à Dieu avant de sortir; et Remi nous apprend que Mugeta d'Essem, près de mourir sur le bûcher, conseilla à son mari cette double précaution.

—

CHAPITRE XVII.

États personnels de la partie psychique de l'homme dans la sorcellerie. Voyage mystérieux des sorcières. Leur vol. Jeanne Haquart. M. Worms. Leurs voyages au sabbat. Explication de ce phénomène.

Le torse, dans le corps humain, reçoit du principe même de la vie les influences qui le maintiennent dans son état. Or, il est particulièrement destiné à servir de support et d'organe à l'homme psychique. Dans les rapports ordinaires, le torse pose avec fermeté sur le sol; et la colonne vertébrale, autour de laquelle il est groupé, s'appuyant sur les extrémités inférieures, se meut d'un lieu à l'autre. Mais si ce rapport est détruit par une cause quelconque, l'élément dynamique dans l'organe, prenant le dessus sur l'élément matériel, se concentre en soi-même, et domine de plus en plus les puissances extérieures. Un autre centre de gravité surgit dans l'organisme, et rend possibles des mouvements que l'homme ne saurait exécuter dans l'état ordinaire, comme le vol, par exemple. Les cabalistes, pour désigner le support ou l'organe d'une force, l'appellent *char* de cette force; ainsi le char d'Élie des Mystiques est la puissance supérieure qui les emporte dans les régions célestes; et le char de feu des sorciers est la puissance inférieure qui les précipite dans les sombres abîmes. On a remarqué que les enfants eux-mêmes, après avoir assisté au sabbat, acquéraient cette disposition à voler. Remi nous raconte à ce sujet un fait remarquable, et confirmé par des témoignages dont il est difficile de suspecter la véracité.

Jeanne Haquart.

Françoise Haquart, qui parut en 1587 devant les tribunaux, avait livré sa fille Jeanne au démon lorsqu'elle n'avait encore que sept ans. Elle avait avoué son crime au juge, et la déclaration de la fille se trouvait d'accord avec celle de la mère. La première avait été relâchée à cause de sa jeunesse: mais la mère avait été condamnée au feu. Une dame respectable se chargea de l'enfant, afin de l'élever dans la crainte de Dieu et de l'arracher ainsi au démon. La chose semblait avoir réussi, lorsqu'une nuit Jeanne, pendant qu'elle était au lit entre deux servantes, fut enlevée tout à coup comme si le démon eût voulu l'emporter; et c'est ce qui serait arrivé si les servantes n'avaient crié : « Seigneur Jésus, sauvez-nous! » Le mauvais esprit, se voyant troublé dans son entreprise, laissa sa proie suspendue entre les soliveaux, et s'en alla. Tous les voisins furent témoins de ce qui était arrivé; car, aux cris des servantes, ils accoururent et virent de leurs yeux la jeune fille suspendue en l'air. La roideur de ses membres, le refus qu'elle fit pendant huit jours de prendre aucune nourriture, son silence et ses insomnies pendant tout ce temps prouvèrent qu'il n'y avait là aucune supercherie. (Remi, p. 192.) L'évêque de Pampelune, Pr. de Sandoval, dans son *Histoire de Charles-Quint*, raconte le fait suivant à l'occasion d'un procès de sorciers qui fut porté devant le conseil d'État de la Navarre. Voulant se convaincre par ses propres yeux de la vérité des faits dont on accusait les sorcières, il promit sa grâce à l'une d'elles si elle voulait exercer en sa présence ses œuvres magiques. Elle accepta la proposition, et demanda seulement qu'on lui rendit sa boite d'onguent qu'on lui avait ôtée. Elle monta sur une tour avec le commissaire et beaucoup d'autres personnes; puis, s'étant mise à une fenêtre, elle se frotta avec son onguent la paume de la main, les reins, les articulations du coude, la partie inférieure du bras, les épaules et le côté gauche. Puis elle cria d'une voix forte : « Es-tu là? » Et tous les assistants entendirent dans l'air une voix qui répondit : « Oui, j'y suis. » La magicienne se mit alors à descendre de la tour, la tête en bas, en se servant de ses mains et de ses pieds comme un écureuil. Lorsqu'elle fut arrivée à peu près au milieu de la tour, elle prit son vol, et les assistants la suivirent des yeux jusqu'à ce que l'horizon l'eût soustraite à leurs regards. Tous étaient dans la stupéfaction; et le commissaire fit annoncer publiquement que celui qui livrerait de nouveau cette femme aurait pour récompense une somme d'argent considérable. Elle fut ramenée au bout de deux jours par des bergers qui l'avaient trouvée. Le commissaire lui demanda pourquoi elle n'avait pas volé plus loin, afin d'échapper à ceux qui la cherchaient; elle répondit que son maître n'avait voulu l'emporter qu'à trois lieues de chemin, et l'avait ensuite laissée dans un champ où les bergers l'avaient trouvée.

L'lorente, dans son *Histoire de l'inquisition*, raconte ce procès, où étaient impliquées plus de cent cinquante personnes, qui furent punies soit par le fouet, soit par la prison. Ce fait est analogue à celui de ce brame indien que plusieurs Anglais virent voler en l'air à cheval sur un bâton. Il n'est pas toujours nécessaire d'attribuer les faits de ce genre à l'influence du démon; l'action de la nature peut bien souvent en être la cause. Ainsi Remi raconte qu'un jour dans les Vosges allemandes, et près de Huncaria, un orage violent s'étant élevé, accompagné de tonnerre et d'éclairs, des bergers qui étaient dans les champs cherchèrent un refuge avec leurs troupeaux dans un bois. Là ils aperçurent tout à coup deux paysans qui étaient suspendus au sommet d'un arbre et qui paraissaient si troublés qu'il était facile de voir que ce n'était pas d'eux-mêmes, mais par un accident qu'ils étaient arrivés là. L'état de leurs vêtements couverts de boue éveilla les soupçons des bergers, et leur fit croire que c'était peut-être le démon qui les avait portés sur ces arbres, d'autant plus qu'après y être restés quelque temps ils en descendirent au moment où on ne les regardait pas, et disparurent. Ayant été pris plus tard, ils avouèrent spontanément ce que les bergers avaient déclaré à leur égard. Une autre fois, à Belmont, deux hommes, un certain Rothar et un autre nommé Amant, furent précipités dans un ouragan du haut d'un nuage sur un toit. Le premier s'inquiétait beaucoup comment ils pourraient descendre à terre; mais l'autre lui répondit : « Fou, que tu es, n'aie pas peur; celui qui pouvoir de qui nous sommes peut faire bien davantage encore. » En effet, une trombe les emporta aussitôt, et les déposa par terre sans qu'ils eussent aucun mal. Or, au même instant la maison trembla tellement qu'elle semblait ébranlée jusque dans ses fondements. Ceux qui l'habitaient furent unanimes dans leur témoignage, et confirmèrent toutes les circonstances de ce fait.

Un magistrat de Roncas, nommé Cunin, au mois de décembre 1580, était sorti dans une prairie où l'appelaient quelques affaires; et comme le ciel se couvrit de nuages qui annonçaient un ouragan, il se mit en devoir de retourner promptement à la maison. Mais tout à coup la foudre déracina six chênes autour de lui, et un septième qui était tout près fut sillonné comme avec des griffes. Pendant qu'il s'en retournait, après avoir perdu son chapeau, il aperçut sur un chêne une femme qui semblait y avoir été déposée par un nuage. Il la reconnut, et lui cria : « N'es-tu pas Marguerite Warma? Il parait que ce n'est pas sans motif qu'on t'accuse d'être une sorcière? Comment es-tu venue là? » Elle lui répondit : « Ne dis rien de ce que tu as vu, et tu n'auras jamais à te plaindre de moi, ni toi ni les tiens. » Cunin fit sa déclaration devant le juge, et Marguerite la confirma par ses aveux, jusqu'aux derniers moments de sa vie, sans y avoir été contrainte par la question. (Remi, l. I, 29.) Delrio raconte comme incontestable un quatrième fait. Il se trouvait en 1587 à Calais lorsque l'archiduc Albert prit la ville. Les avant-postes wallons se tenaient sur le pont, du côté de Boulogne, où étaient les ennemis. Deux soldats aperçurent le soir, par un temps très-clair, un nuage très-obscur, et ils entendirent des voix confuses qui en sortaient sans qu'on pût rien distinguer de ce qu'elles disaient. Ils conçurent quelques soupçons; et l'un d'eux ayant tiré son arquebuse, ils virent tomber du nuage à leurs pieds une femme ivre, nue, d'un âge moyen, qui avait l'air d'une folle et qui ne put rien dire autre chose sinon ces paroles : « Sont-ce des ennemis ou des alliés qui

M. Warma.

sont ici? » (L. 5, p. 696.) Parmi les faits que nous venons de citer, les premiers sont confirmés par des déclarations juridiques; et pour le dernier, Delrio en appelle à un grand nombre de témoins oculaires. Ils doivent donc reposer sur un fond vrai. D'un autre côté, quand il s'agit d'un fait de ce genre, on doit toujours chercher à l'expliquer par des causes naturelles; et les explications de cette sorte doivent être admises jusqu'à ce qu'elles paraissent évidemment insuffisantes. Dans les trois premiers cas, un violent orage s'était élevé. Il n'est pas naturel, j'en conviens, qu'on cherche un abri contre l'orage sur les arbres ou sur les toits; mais il est possible que ces hommes y aient été portés par une trombe; et il ne serait pas étonnant dès lors qu'ils eussent perdu la présence d'esprit et que, dans leur trouble, ils eussent attribué au démon cet accident. Lorsque les circonstances rendent cette explication impossible, il faut alors avoir recours à celles que fournit le somnambulisme. L'on sait en effet que, dans cet état, le corps peut quelquefois s'élever au-dessus de terre. Quant aux influences sataniques, on ne doit les admettre que lorsque la vie antérieure de ceux qui sont impliqués dans ces faits nous autorise à le faire.

Des voyages des sorcières.

Si la disposition à s'élever en l'air se trouve à la fois dans un grand nombre de personnes, liées entre elles par des rapports démoniaques, et si le même instinct les dirige toutes vers le même but, vers le lieu du sabbat, il résulte de là ce qu'on appelle les voyages des sorcières. Ceux qui prennent part à ces excursions sont-ils transportés réellement et corporellement au lieu du rendez-vous? Ou bien, restant extérieurement à la même place, ne font-ils ces voyages que d'une manière spirituelle, de sorte que, sans quitter le lieu où ils sont, ils soient en même temps présents en un lieu éloigné? Ces deux explications ont été admises autrefois; et, pour justifier la première, on a cité des faits embarrassants pour une critique impartiale et qui exigent un examen sérieux. Nous citerons ici entre autres deux faits que raconte B. de Spina dans son livre *de Strigibus*. « Un médecin distingué de Ferrare, nommé Sozinus Bentius, se trouvant à la campagne, il y a environ trois ans, pour visiter ses propriétés, et causant avec son fermier, vint à parler des sorcières. Il prétendit que tout ce qu'on racontait d'elles et de leurs voyages au sabbat n'était que de pures imaginations. Le fermier, qui vit encore aujourd'hui sous le nom de Th. Pollastros, et demeure à Clavica Malaguzzi, dans le district de Mirandola, lui répondit qu'il connaissait un paysan du voisinage qui avait vu de ses yeux pendant la nuit des hommes et des femmes en grand nombre danser et se livrer à toute sorte de plaisirs. Le médecin, surpris de ce qu'il entendait, pria son fermier de lui amener ce paysan. Celui-ci vint, et raconta au médecin ce qui suit. « Une nuit, dit-il, m'étant levé trois heures avant le point du jour pour conduire mes bœufs et ma charrette à votre fermier, qui en avait besoin, et étant arrivé à cette plaine que vous voyez ici tout près, je vis au loin, et en différents endroits, beaucoup de feux qui ressemblaient à de grandes lumières; et il y avait entre eux une multitude d'hommes et de femmes qui semblaient se disputer ou bien danser ensemble. M'étant approché, je vis, à l'aide de la lumière que répandaient ces feux, plus de six mille hommes réunis. Il y en avait un grand nombre qui étaient assis à table, mangeant et buvant, tandis que d'autres dansaient et s'amusaient à toute sorte de jeux. D'autres enfin faisaient des choses que je ne puis dire. J'aperçus dans la foule plusieurs personnes qui m'étaient connues, et je parlai à quelques-unes d'entre d'elles. Mais environ une heure après tous disparurent comme dans un nuage à un signal donné. » Ce récit changea bien l'opinion du médecin, qui regarda non-seulement comme possible, mais comme réel ce qu'il avait pris jusque-là pour un vain préjugé. »

Le même auteur rapporte que le Frère Paul de Caspan, du même ordre que lui, lui avait raconté le fait suivant après l'avoir appris d'un prêtre très-pieux, nommé A. de Palavisinis, demeurant à Caspan, dans la Valteline. Souvent, lorsqu'il se levait avant le point du jour pour aller dire sa messe ou pour faire quelque autre chose, il avait vu dans une plaine voisine une grande multitude d'hommes et de femmes qui couraient avec des lumières comme pour jouer, et qu'il avait reconnus pour des magiciens et des sorcières tenant leurs assemblées. Dans ces deux récits, les hommes, le lieu, le temps, toutes les circonstances en un mot sont exactement indiquées; les témoins qui ont vu ces faits et ceux qui les ont racontés après eux offrent toutes les garanties qu'on peut désirer. Mais leur témoignage ne prouve pas cependant d'une manière indubitable que ces réunions qu'ils ont vues aient été réelles. Il aurait fallu pour cela vérifier s'ils n'avaient pas le don de seconde vue, ou si le sabbat ne leur a pas apparu seulement en vision. Rappelons-nous à ce sujet ce que nous avons raconté plus haut d'un fermier de Glenarz et de son fils près d'Inverness. Ici le fermier et son fils voient passer devant eux toute une armée; là, dans les deux faits que nous venons de raconter, ce n'est plus une armée que l'on a vue, mais c'est une fête. Or, dans ces deux cas, comme dans le premier, il est possible que toute l'histoire ait été l'effet d'une vision. On peut expliquer en partie de cette manière les déclarations des témoins qui, dans les enquêtes juridiques faites à ce propos, ont assuré avoir vu des sorcières danser sous des arbres. On a pris bien souvent pour des cercles magiques une enceinte formée dans l'herbe autour de certains arbres, de marronniers par exemple, où il ne pouvait croître aucune plante. On a cherché à expliquer de diverses manières ce phénomène, en l'attribuant à des ouvrages de maçonnerie qui auraient existé antérieurement dans ces endroits et les auraient rendus stériles pour toujours; mais cette explication n'est pas toujours admissible. Ainsi à Castelnuovo, dans le district de Vicence, où il y avait une enceinte de ce genre, Strozzi Cicogna fit creuser le sol, et l'on n'y trouva rien que de la terre.

Il y a encore une multitude d'autres récits sur ces assemblées du sabbat, qui se tenaient, disait-on, loin de la société des hommes et que des témoins oculaires avaient rencontrées par hasard; mais, outre que tous ces récits manquent d'une authenticité suffisante, il y aurait toujours à examiner si les faits qu'ils racontent sont réels, ou s'ils ne reposent pas sur une simple vision. Ces récits ne sont bien souvent que des légendes qui, en passant d'un peuple à l'autre, se modifient selon les temps et les lieux. Dans une époque où il y avait une telle surabondance de foi que le monde réel courait risque en quelque sorte de s'effacer dans l'esprit des populations, comme il arrive pour le monde invisible à l'époque d'incrédulité où nous vivons, ces légendes étaient admises sans difficulté. Bien souvent même, dans les procès de sorcières, lorsqu'un mari, pour disculper sa femme, assurait devant les juges qu'elle n'était pas sortie de son lit pendant la nuit où on l'avait vue au sabbat, ils lui répondaient que c'était un fantôme qu'il avait vu dans son lit, mais que le vrai corps n'y était pas. C'était le contraire qu'il fallait dire. Il était bien plus naturel en effet, et bien plus raisonnable de supposer que le vrai corps était resté au lit et que c'était le faux qui était sorti dehors. Beaucoup de sorciers et de sorcières, il est vrai, déclaraient spontanément devant les juges qu'avant d'aller au sabbat ils avaient laissé dans leur lit et à leur place l'oreiller de leur enfant, ou un balai, ou bien leur démon lui-même comme succube. (Remi, l. I.) Il est vrai encore que Binsfeld homme très-véridique, raconte, d'après les actes juridiques du tribunal de Trèves, que la femme de J. Eysenkopf, bourgeois de Wilmar, nommée Marguerite, étant accouchée d'un fils nommé Conrad, un mauvais esprit le lui vola très-souvent, en l'enlevant de son berceau pour le porter ailleurs, tantôt dans le lit de la mère, tantôt sous les degrés de l'escalier de la cave, tantôt dans le grenier ou aux lieux d'aisance. Mais pour qu'il ne lui arrivât aucun mal, l'esprit plaçait sous lui des draps qu'il avait également volés auparavant. Un jour, la mère ayant défait le lit que le démon avait préparé de cette manière dans la chambre des bains, le visage et les mains lui enflèrent, et il se détacha des écailles de sa peau. Le démon berçait aussi quelquefois l'enfant, qui pleurait toujours quand sa mère le mettait au berceau et qui devenait calme dès que l'esprit l'avait emporté ailleurs. Le doyen du lieu, Lyndner, écrivit à Binsfeld pour lui demander conseil, et celui-ci lui conseilla l'usage des sacramentaux. On les employa en effet, et les parents firent un pèlerinage, après quoi la chose cessa pour quelque temps. Mais bientôt après on trouva les objets bénits dont on s'était servi déchirés ou brisés, et le démon recommença son jeu. Le notaire du lieu écrivit, à la prière du doyen, tout ce qui s'était passé. (*Tractatus de confessionibus maleficorum*, etc., *auctore Binsfeldio*; 1596, p. 256.) Le même auteur raconte encore que, le 22 septembre 1589, un paysan de Longen, nommé Michel, qui fut exécuté pour crime de magie, avoua entre autres choses qu'il avait été vers Noël au sabbat, près de la croix de Longwich; mais qu'il y était arrivé après que la réunion était déjà terminée. Il s'était alors écrié: « Mon Dieu, c'est déjà fini! » Et au même instant il avait été renversé par terre.

Explication de ce phénomène.

Tout bien considéré, entre tous les faits que l'on cite, afin de prouver que les excursions nocturnes des sorcières sont réelles, il n'en est pas un seul qui démontre évidemment ce que l'on veut démontrer. Il est vrai que plusieurs saints dans l'extase ont acquis quelquefois une légèreté spécifique qui leur permettait de s'élever au-dessus de terre. Or, rien n'empêche de croire que le corps puisse acquérir la même faculté par l'opération du démon. Mais nous ne voyons point dans la vie des saints que ces phénomènes se soient produits dans un grand nombre de personnages à la fois. Nous ne voyons point, par exemple, que les saints répandus en divers lieux de la terre se soient donné rendez-vous, ou se soient rencontrés dans certains lieux et à certaines époques déterminées, pour assister ensemble à quelques réunions pieuses. Or, est-il raisonnable de supposer que Dieu laisse au démon et à ses prestiges plus d'espace et de jeu qu'il n'en a gardé pour soi-même à l'égard de ses saints? Il ne reste donc d'autre moyen pour expliquer la plupart des faits de ce genre que de supposer une vision produite par une extase diabolique. Quiconque entre en extase se trouve transporté dans une région plus intime que celle où il est habituellement. Dans l'état ordinaire et naturel, l'âme est présente à toutes les parties du corps qu'elle anime, et l'action de la volonté s'étend avec plus ou moins de liberté dans toute cette sphère; mais dans l'extase cette sphère s'agrandit, et l'âme n'est plus seulement présente au dedans de l'enceinte du corps; mais, sortant de son cercle, trop étroit désormais pour elle, elle pousse au dehors sa présence et son action; elle s'incorpore et s'approprie en quelque sorte une certaine portion de l'espace, qui devient pour elle en cet état comme une extension et un prolongement de son corps. Si donc elle dirige son attention sur un point déterminé de cette sphère qu'elle s'est ainsi appropriée, elle y est présente à l'instant; et comme elle n'a pas besoin pour y arriver de se séparer de son corps, puisque c'est l'objet lui-même qu'elle veut atteindre qui vient à elle, il doit lui sembler que son corps y est présent avec elle, et qu'elle s'y est réellement transportée avec lui. Le corps cependant est resté à sa place. Dans l'extase divine des saints, comme ces phénomènes se produisent en Dieu et par Dieu, qui est la racine de toute vérité, ils sont radicalement vrais, tandis que dans l'extase diabolique ils n'ont que l'apparence de la vérité, parce qu'ils sont les effets de l'esprit de mensonge.

Les jours de sabbat sont bien connus des initiés, et ils se recommandent mutuellement de ne pas y manquer; souvent même ils en sont avertis par leur démon. Les légendes anciennes nous parlent beaucoup aussi du bruit que fait la procession des sorcières en passant devant les maisons de ceux qui étaient en retard, et les invitant à venir. Ceux-ci s'oignent aussitôt lorsque cette formalité leur est encore nécessaire; car pour ceux qui ont l'habitude de ces voyages cette cérémonie devient inutile. Ils se frottent le corps nu avec leur onguent; quelquefois il leur suffit d'en frotter leurs vêtements, qui deviennent purs et propres dès qu'ils sont arrivés au sabbat. Quelquefois un simple désir suffit pour amener l'extase. Ainsi C. de Landalde, de la paroisse d'Ustaritz, avoue que lorsque le soir, assise devant son feu, elle désirait aller au sabbat, ce désir devenait tellement violent qu'elle n'y pouvait aucunement résister. Elle y allait alors à pied, sans avoir besoin de s'endormir auparavant. (De Lancre, p. 101.) Plusieurs autres sorcières déclarent aussi être allées à pied au sabbat, et en être revenues de même. Ces femmes sont si sûres de leur fait qu'elles se rappellent toutes les circonstances de leurs voyages, les hommes qu'elles ont rencontrés, ceux à qui elles ont parlé, et toutes sont parfaitement convaincues qu'elles ont assisté réellement et corporellement au sabbat. Le diable conduit souvent lui-même la procession des sorcières : c'est lui qui leur indique l'heure et le lieu du rendez-vous. Elles voient alors dans leur somnambulisme le démon sous la forme d'un cheval, d'un âne, d'un bœuf, d'un porc ou d'un bouc, qui les prend sur son dos. D'autres fois, c'est un balai, une quenouille, une fourche qui leur sert de véhicule. Tantôt il leur semble qu'elles ont des ailes et qu'elles parcourent dans leur vol d'immenses espaces. Le chant du coq leur est insupportable, car il annonce avec l'approche du jour le terme de leur voyage imaginaire. Le son des cloches ou l'invocation seule du nom de Jésus suffit aussi pour rompre le charme. Ces excursions laissent souvent après elles une profonde lassitude, qui impose aux sorcières un repos de quelques jours au lit.

CHAPITRE XVIII.

Le sabbat considéré comme la cour du démon. Temps, lieu et fréquence de ces assemblées. Métamorphoses qui s'y opèrent. Les crapauds du sabbat. Visions de Dominique, d'un moine de Clairvaux. Des formes que prennent les démons.

Le sabbat se tient ordinairement sur la montagne qui ferme l'horizon d'un pays. Là, s'il y a quelque lande sauvage, quelque désert inaccessible éloigné de toute demeure, près d'un lac ou d'une eau courante, c'est le lieu que l'on choisit de préférence. L'espace doit être plus grand pour les grandes assemblées. Le plus vaste dans le pays des Basques était sur le mont Rhune, et s'appelait Aquelare, le bosquet du bouc. Les petites réunions se tiennent dans les endroits plus resserrés et plus secrets. Ce sont souvent des places dans le voisinage des villes, près des grands bâtiments ou de la porte principale d'une église, vis-à-vis du grand autel. Quelquefois c'est une église solitaire ou une chapelle, comme celle du Saint-Esprit sur le mont Rhune, ou l'église de Dordach. D'autres fois encore c'est une ruine située sur une montagne, un cimetière éloigné ou un objet quelconque que l'on peut apercevoir de loin, comme dans le pays des Basques, à Saint-Jean de Luz, la chapelle appelée portugaise, qui sert de phare aux vaisseaux. Un certain ordre est observé dans le choix de ces lieux. Les réunions où assistent seulement les plus proches voisins se tiennent dans les maisons particulières, quelquefois même dans celles qui sont habitées par les juges, comme pour braver la justice. Les assemblées paroissiales se tiennent dans le voisinage de la paroisse, de sorte qu'une même commune a souvent plusieurs assemblées, et qu'après que l'une est finie dans un lieu ceux qui y ont pris part peuvent aller assister à une autre. Il y a aussi des réunions pour toute une province, qui se tiennent ordinairement sur les montagnes les plus élevées. Le maître insiste surtout pour que chaque initié se

Lieux où se tient le sabbat.

tienne à sa confrérie particulière. Ainsi une jeune fille qui demeurait à Saint-Pré n'assistait jamais au sabbat de ce lieu, mais devait aller à celui de Sare, lieu de sa naissance.

Quelquefois les assemblées ont lieu auprès d'un objet remarquable pour tout un pays, comme le noyer de Bénévent, fameux sous ce rapport depuis le temps des Lombards, et autour duquel la *bona societas* de l'Italie se réunissait pour jouer. Plus d'un chêne frappé par la foudre est devenu le but des réunions du sabbat. Ce qu'il faut, on le voit, c'est un objet où l'intention d'un grand nombre d'hommes puisse se fixer et se diriger. Rien ne convient mieux sous ce rapport que les choses qui ont appartenu à l'Église, parce que la malédiction s'attache volontiers à la bénédiction. Aussi la statistique du sabbat infernal est calquée sur celle de l'Église. Celle-ci a ses réunions de famille qui se tiennent à la maison; ses confréries, qui se réunissent dans les chapelles et les oratoires; ses paroisses, ses doyennés et ses évêchés. Or, la cité du démon imite cette hiérarchie dans les divers degrés de ses assemblées, et choisit aussi de préférence, comme époques de ses réunions, celles qui sont consacrées d'une manière spéciale par l'Église à quelques grands souvenirs. De même que les Turcs fêtent le vendredi, les Juifs le samedi et les chrétiens le dimanche, ainsi les adeptes du démon ont choisi le jeudi; et le sabbat se tenait ordinairement depuis onze heures avant minuit jusqu'à une ou deux heures du matin, et de préférence dans les nuits d'orage. En Castille cependant le sabbat se tenait trois jours de la semaine, les lundi, mercredi et vendredi. Quant aux petites réunions, elles avaient lieu presque chaque nuit, excepté le dimanche, où l'on croit que le charme perd toute sa force. En Espagne on allait au sabbat dès neuf heures du soir, et l'assemblée se dispersait au premier chant du coq. Toutes ces petites fêtes, célébrées dans les paroisses et dans les lieux particuliers, s'appelaient *Esbats*. Mais quatre fois dans l'année, à Pâques et aux grandes fêtes de l'Église, la procession se

Époques du sabbat.

rendait au bocage du Bouc; et cette assemblée eut lieu l'an 1567, dans le pays de Labourd, comme on le voit d'après les actes juridiques de cette contrée. La nuit la plus solennelle était celle de Saint-Jean-Baptiste au solstice d'été; c'est dans cette nuit qu'on se livrait aux plus grands désordres.

Chez les peuples du Nord, à Mohra et à Elfdale, le lieu du sabbat s'appelait Blokula. C'était une plaine immense, au milieu de laquelle était une maison spacieuse. Devant cette maison il y avait une petite prairie fermée, où conduisait une grande porte peinte. C'est là que les initiés laissaient paître les bêtes sur lesquelles ils étaient venus; et lorsque c'était des hommes qui leur avaient servi de monture, ils restaient à la porte appuyés contre les murs, et dormaient pendant tout le temps que durait la cérémonie. Dans une grande chambre de cette maison était une longue table où se faisaient les festins. Près de cette chambre il y en avait une autre avec de beaux lits bien parés. C'est, comme on le voit, une villa suédoise, aussi belle que pouvait se la représenter l'imagination des hommes du peuple. Il est aussi question quelquefois de palais et de jardins. Tous ceux donc qui, dirigés par la même intention, se rencontraient dans le même lieu se reconnaissaient mutuellement, et pouvaient, une fois qu'ils étaient éveillés, rendre compte de tout ce qu'ils avaient vu. Aussi tous les récits parlent du nombre considérable de personnes qui affluaient de tout côté à ces réunions, aux jours de grandes fêtes. Déjà dans les fêtes moins importantes, Catherine Kuffa, de Vellen, sur la Moselle, comptait plus de cinq cents personnes, parmi lesquelles les femmes l'emportaient de beaucoup pour le nombre sur les hommes. On compta une fois à Hunderalse, près de Handaye, dans une grande assemblée, plus de douze mille personnes. On voit que dans la vision démoniaque l'âme, lorsqu'elle pénètre plus avant dans le fond des choses, n'embrasse pas seulement de grandes masses d'objets extérieurs, mais qu'elle les distingue encore jusque dans leurs plus petits détails. Si dans ces réunions les femmes sont plus nombreuses, c'est parce qu'étant plus faibles et plus impressionnables elles s'égarent plus facilement dans ces voies.

Métamorphoses du sabbat.

Parmi les assistants, quelques-uns sont voilés et ne peuvent être reconnus par les autres. C'était probablement un moyen qu'on employait pour faire croire au peuple qu'il y avait dans l'assemblée des hommes riches et puissants; mais au fond c'est la même manière symbolique d'exprimer les choses que l'on retrouve chez ceux qui ont le don de seconde vue. Ceux qui ne sont encore que dans un rapport imparfait avec le démon paraissent comme voilés, parce que la vue intérieure de chacun est comme voilée à leur égard. La même symbolique se reproduit dans les fréquentes métamorphoses qui ont lieu au sabbat. Pour le sens intérieur, il n'y a de fixe en chaque chose que son élément le plus intime; ce qui est extérieur ou accidentel en elle est sujet à de fréquents changements. Jeanne de Belloc, âgée de vingt-quatre ans et qui fréquentait le sabbat depuis sa première jeunesse, raconte que le sabbat ressemblait à une foire; que les uns y allaient sous une forme humaine, les autres sous celle d'un chien ou d'un chat, ou d'un âne, ou d'un cheval, ou d'un porc. Elle ajoutait cependant qu'elle n'avait jamais pu s'assurer de la manière dont se faisait cette métamorphose, mais qu'elle avait vu seulement ces divers animaux courir çà et là; qu'ils pouvaient aussi se rapetisser à leur gré, ou se donner des proportions colossales. Jeanne d'Abadie déclara aussi qu'elle en avait vu plusieurs se changer en loups, en chiens, etc., en se lavant les mains avec une eau qu'ils avaient près d'eux dans un pot. Puis ils reprenaient, quand ils le voulaient, leur forme primitive. Et tout cela arrivait non-seulement dans l'assemblée du sabbat, mais encore pendant le chemin et partout ailleurs. Puis ils disparaissaient tout à coup, et l'on ne voyait plus d'eux qu'une simple lueur. Ces deux témoins s'accordaient à dire qu'au sabbat c'étaient des allées et des venues continuelles. Les uns volaient dans l'air, les autres dans des espaces bien plus élevés. Puis ils racontaient à leur retour comment, pendant les deux ou trois heures qui s'étaient écoulées, ils étaient allés à Terre-Neuve; comment ils s'étaient posés sur le mât de tel ou tel vaisseau sans pouvoir descendre sur le pont, parce qu'il avait été bénit; comment ils avaient excité une tempête; comment ils avaient vu leurs parents ou leurs amis de l'autre côté des mers, en Amérique. Nous retrouvons ici la mythologie avec ses fables et ses métamorphoses.

Les crapauds du sabbat.

Le sabbat avait aussi ses troupeaux et ses bergers : ses troupeaux de crapauds, gardés par de jeunes garçons et de jeunes filles. Dans la doctrine des Parses, Ahriman, le principe du mal, a créé les serpents, les scorpions, les crapauds. La forme et la nature de ces bêtes est telle que l'horreur qu'elles inspirent à l'homme semble avertir celui-ci qu'il y a en elles une certaine malice dont il doit se défier; et les deux premières ne justifient que trop ce soupçon par le venin qu'elles renferment. Le crapaud, de son côté, a toujours, par sa forme hideuse, inspiré aux hommes le dégoût et l'horreur. L'abbé Rousseau raconte, dans le dixième chapitre de ses *Remediorum secretorum*, qu'il renferma un jour un crapaud dans un verre pour l'y faire mourir. Comme il regardait les efforts que faisait cet animal pour sortir, celui-ci se tourna tout à coup contre lui; puis, s'enflant d'une manière extraordinaire, il se leva sur ses pattes, soufflant autour de lui sans bouger. Il le regardait avec des yeux qui semblaient devenir rouges et enflammés, si bien que l'abbé tomba en défaillance. Une sueur froide survint, ainsi que des selles et des urines abondantes; et son état était tel que les siens le crurent perdu. Ce fait est raconté par Saint-André, dans ses *Lettres sur la magie*, page 84. S'il ne prouve pas avec certitude que le crapaud est un animal nuisible et dangereux, il semble indiquer du moins que la croyance des peuples à la malignité de son venin peut produire quelquefois des résultats funestes. C'est animal est donc un symbole très-

12.

convenable pour désigner la malice du démon et des œuvres de la magie. Il est pour les sorciers ce que sont pour les saints la colombe, l'agneau, le cerf, etc. Il ne faut donc pas s'étonner qu'il ait toujours joué un si grand rôle dans la sorcellerie. Pierre Grey de Toulouse raconte qu'un malheureux prêtre du diocèse de Soissons ayant demandé à une sorcière comment il pourrait se venger de ses ennemis, elle lui conseilla de baptiser un crapaud sous le nom de Jean, et de lui donner ensuite à digérer une hostie consacrée; puis de broyer le crapaud, et d'en préparer un poison qui donnerait la mort à tous ses ennemis. Il fit ce qu'on lui dit; mais la chose ayant été découverte, la sorcière fut livrée au feu. Ceci arriva en 1460. Aussi ce sont des crapauds qui composent le troupeau du sabbat. Des enfants, portant une verge blanche, les mènent paître au bord des ruisseaux. Ces animaux sont habillés de velours rouge ou blanc; ils ont une petite sonnette au cou et quelquefois aux pieds; et plusieurs témoins déclarent avoir vu danser au sabbat la fille de la dame de Martibelsarena avec quatre crapauds, dont elle portait l'un sur l'épaule gauche, l'autre sur l'épaule droite et deux sur les poings, comme fait un chasseur pour les éperviers. Les crapauds dansent au sabbat devant leurs maîtres, et se plaignent quand ils ne sont pas bien entretenus. C'est là l'idylle du sabbat; ses initiés peuvent dire aussi qu'ils ont été en Arcadie. La naïveté des bergers semble encore réclamer ses droits jusqu'au sein de ces orgies infâmes, et prodigue ses caresses à la plus hideuse de toutes les bêtes.

Visions de Dominique.

Les adeptes du démon ne se reconnaissent pas seulement entre eux dans leurs visions infernales, mais leur regard pénètre encore dans le royaume des esprits de ténèbres. Les saints aussi, par une permission spéciale de Dieu, peuvent sonder quelquefois dans leurs visions les sombres abîmes de l'enfer, et c'est à eux que nous devons demander ce qu'ils y ont vu avant d'interroger sur ce sujet les hommes livrés à l'esprit de mensonge. Herbert, qui était contemporain de saint Bernard et autour duquel s'est groupé tout un monde de visions, nous raconte des choses merveilleuses en ce genre du solitaire Dominique, l'ami de sa jeunesse. Celui-ci avait vécu d'abord dans un couvent de Cisterciens, à Carrezeda, près de Léon; puis, après avoir reçu de son abbé la permission d'embrasser la vie solitaire, il s'était retiré dans une caverne près de la ville, se livrant aux exercices de la mortification et de la contemplation la plus sublime, séparé de tout commerce avec le monde, brûlant d'amour pour Dieu et passant ses journées dans les larmes. Or, étant un jour assis à l'entrée de sa grotte, les yeux levés vers le ciel et suivant un rayon de soleil jusqu'à son foyer, il aperçut tout à coup un dragon enflammé qui, descendant sur ce rayon, se précipita contre lui comme pour le dévorer. Effrayé à cette vue, il invoqua le Seigneur et fit le signe de la croix. Le dragon, chassé par ce signe et réduit à l'impuissance, se mit à voltiger autour de lui. Dominique ferma les yeux et se cacha le visage avec son vêtement; mais, quoiqu'il eût les yeux fermés, il n'en voyait pas moins cet horrible fantôme. Il ouvrit donc les yeux et se mit à le regarder. Mais voici que d'autres démons se présentèrent en grand nombre, sous la forme de serpents ou d'autres bêtes, et remplirent toute sa demeure, voltigeant autour de lui comme des abeilles, étincelant comme le feu dans les épines, se jetant sur lui d'un air furieux, et le frappant. Cependant, quoiqu'ils parussent de feu, ils ne pouvaient brûler. Il alla devant la porte de la grotte pour respirer un peu; mais là encore une multitude innombrable de démons lui apparut, et l'air en paraissait tout rempli. Ceux-ci étaient, comme les premiers, de formes très-diverses et d'une laideur tellement affreuse que, sans un secours particulier de Dieu, aucun homme n'en eût pu supporter la vue. Il me fit remarquer, ajoute Herbert, que ces esprits impurs, lorsqu'il faisait le signe de la croix, ne déposaient point les formes spirituelles sous lesquelles ils lui apparaissaient toujours dans l'air, mais seulement les formes fantastiques qu'ils prenaient selon leur caprice. A partir de ce moment jusqu'aujourd'hui, l'homme de Dieu a toujours eu ces visions, aussi bien le jour que la nuit, les yeux fermés comme les yeux ouverts. Mais peu à peu l'habitude diminua l'effroi qu'il avait ressenti au commencement ; de sorte qu'à la fin il n'en faisait pas plus de cas que si c'eût été des mouches ; car les esprits lumineux le visitaient aussi, et le remplissaient de consolation ; mais par discrétion il ne m'a jamais parlé des formes sous lesquelles il les voyait. (Herberti, *de Miraculis*, l. II, c. 1.)

Visions d'un moine de Clairvaux.

Ces visions furent confirmées par d'autres qu'eut un saint moine de Clairvaux qu'Herbert ne nomme pas, parce qu'il vivait encore. Entre autres dons, il avait le regard intérieur si pénétrant qu'il vit l'âme d'un de ses frères mourant s'échapper de son corps comme la fumée qui sort d'un encensoir, puis voltiger pendant quelque temps à cinq coudées environ au-dessus du cadavre, sous la forme d'un nuage rond et transparent, jusqu'à ce que les frères eussent terminé l'office. Toutes les fois qu'il regardait en haut avec un peu d'attention, il voyait en plein jour, avec ses yeux corporels, une multitude de démons qui volaient de toutes parts sous les formes les plus diverses. Parmi ces formes, il y en avait une néanmoins qui était dominante. Ils ressemblaient à des hommes d'une taille gigantesque, noirs comme des Maures, agiles comme des serpents, féroces comme des lions. Ils avaient de grosses têtes, un ventre difforme, un cou long et mince. Ils étaient avec cela bossus; leurs bras et leurs jambes étaient d'une longueur démesurée. Quand ils s'arrêtaient dans l'air, il pouvait distinguer leurs formes et chacun de leurs membres; mais lorsqu'ils voltigeaient il ne voyait plus que des ombres tourbillonner au-dessus de lui. C'est surtout en plein jour, à l'heure de midi, que ces visions lui apparaissaient d'une manière plus précise. Une nuit cependant qu'il était absorbé dans la prière, les poils de son corps se hérissèrent d'effroi, et il vit une masse de démons entrer par les portes et remplir toute la maison, de sorte qu'ils le frappaient en voltigeant autour de lui. Il chassa de son oratoire ces hôtes incommodes en faisant le signe de la croix et en récitant la Salutation angélique. (*Idem.*) Ces visions sont, comme il est facile de le voir, rendues ici avec cette fidélité, cette couleur de vérité qu'on remarque dans les rapports d'un naturaliste, dont l'œil aidé d'un microscope puissant a pu observer les insectes ailés qui volent dans l'air. Si nous ajoutons foi sans difficulté à ce que celui-ci nous raconte, pourquoi ne croirions-nous pas également ce que nous disent dans un autre ordre ces hommes admirables dont l'œil intérieur, rendu plus pénétrant et plus subtil par l'habitude de la contemplation, voit une multitude de choses qui échappent à nos regards appesantis par les convoitises et les soucis de cette vie ?

Ces apparitions, loin d'avoir été provoquées par ceux qui les voyaient, leur étaient au contraire désagréables et pénibles. Chez les démoniaques, au contraire, elles sont le résultat d'une intention positive de leur part. Loin de fuir devant eux, elles les entraînent au contraire avec elles dans ces régions situées pour ainsi dire sur les limites des deux mondes, où le domaine de la nature et celui du démon se touchent. Ce ravissement en esprit, c'est ce qu'on appelle l'excursion des sorcières ; et le lieu où il tend, c'est la place du sabbat, c'est-à-dire ces régions douteuses où le démon sait attirer les hommes afin de s'emparer d'eux. Là l'âme ravie dans une extase impure reconnait les esprits ténébreux dont elle est devenue en quelque sorte la sœur et la fiancée. Ils se présentent à elle sous ces types qui semblent empreints dans la nature humaine et dont les formes lui servent à saisir les idées qui se présentent à elle. Marie de Balde, qui, après avoir fréquenté le sabbat depuis sa dixième année, avait renoncé à ce commerce criminel, les voit sous la forme d'un arbre, d'un vieux cyprès ou d'un chêne frappé de la foudre et tout desséché ; les autres, sous la forme d'un bouc. Lorsque le démon parait avec la forme humaine,

Des formes sous lesquelles les démons apparaissent.

c'est sous la figure d'un homme long, noir, ou bien rouge comme le feu, avec une voix inarticulée, cassée, mais en même temps bruyante et terrible. Il est quelquefois difficile de distinguer si c'est un homme, un animal ou un arbre qu'on voit. Il est assis sur un siége doré en apparence, mais brûlant, ayant à côté de lui la reine du sabbat. Tout, autour de lui, hommes et choses, apparaît sous un faux jour, sous des formes monstrueuses et disproportionnées. Jeanne d'Abadie le voyait avec huit cornes, une longue queue et un double visage.

Quelquefois il y a deux maîtres, le grand maître Léonard, et un petit qui le remplace en son absence, et que les Basques nommaient Jean Mullin. Les prisonniers de Logrono le voyaient assis sur un siége noir, et d'un aspect effrayant, avec une couronne de cornes noires, dont trois étaient grandes comme celles d'un bouc et les autres plus petites. Il en avait deux au cou et une au front, qui éclairait toute l'assemblée d'une lueur plus faible que la lumière du soleil, mais plus forte que celle de la lune. Ses cheveux étaient hérissés, son visage blême et troublé; ses yeux étaient ronds, larges et étincelants. Il avait la barbe d'un bouc et tout le corps difforme, moitié homme, moitié bouc. Les doigts de ses mains étaient longs, pointus et terminés par des griffes. Il avait les pieds d'une oie et la queue d'un âne. Il était assis sous un dais d'une misérable étoffe, mais arrangée d'une manière singulière. Sa voix ressemblait au cri d'un mulet. Cependant il affectait beaucoup de gravité et de faste, et le maintien d'une personne mélancolique et ennuyée. Nos poëtes, on le voit, qui dans ces derniers temps se sont donné tant de peine pour nous dépeindre le diable, n'ont rien imaginé de mieux que les visions de ces femmes du peuple. A côté du maître sont beaucoup d'autres démons de tout ordre, et leur nombre paraît dépasser celui des hommes. Ils font toute sorte de besogne, couvrent la table, servent comme succubes ou incubes, se changent en bêtes, président aux concerts du sabbat et aident les femmes sous la forme de crapauds. Ces esprits parlent toujours dans la langue du pays, et c'est de celle-ci qu'ils tirent leurs noms. Ainsi en France ils s'appellent maître Persil, Verdelet, Sautebuisson, etc. Ils se montrent pieux et bons dans les commencements, et portent à la piété. L'esprit de Mallot lui conseillait de s'abstenir de l'impureté et de toute injustice, d'avoir toujours Dieu présent, de faire beaucoup d'aumônes, de jeûner deux fois la semaine, et de ne jamais oublier sa prière de chaque jour. Ces formes sont de vrais fantômes, fruits de l'union de ces femmes avec le démon. Celui-ci féconde leur sens intérieur, et la nature féminine, impressionnable comme elle est, développe ce germe impur. Or, comme le mal et le mensonge ne peuvent se manifester que dans un défaut d'harmonie et de proportion, il n'est pas étonnant qu'elles se le représentent dans leurs visions sous les formes les plus hideuses.

CHAPITRE XIX.

De l'hommage que les sorciers rendent au démon dans le sabbat. Despotisme du démon. Les danses du sabbat. Passion pour le sabbat.

Le roi de l'empire des ténèbres, ou son fondé de pouvoirs, est assis sur son trône, et les états du royaume viennent lui rendre hommage et recevoir de lui l'investiture. Nous retrouvons ici la même contradiction et la même ironie que nous avons remarquée dans tout le reste. Sur le trône est assis un bouc, ou du moins la forme d'un bouc, car le démon ne peut cacher ce qu'il est; sa nature se trahit toujours par quelque côté. Et là où il n'y a ni ordre ni mesure il ne peut y avoir ni beauté, ni dignité, ni majesté, mais il y a bien plutôt le contraire de toutes ces choses. L'hommage rendu à ce roi n'est aussi dans ses formes qu'une parodie dérisoire de la soumission que chacun doit à celui qui est au-dessus de lui, et il exprime en même temps la plus aveugle servitude ; car les sujets du démon lui rendent hommage en baisant les parties les plus sales du bouc dont il a pris la forme. C'est par cette cérémonie que sont initiés aux impurs mystères de l'enfer tous les nouveaux adeptes, aussi bien les enfants qu'amènent leurs parents que les adultes qui sont présentés pour la première fois par un plus ancien qu'eux. Elle se renouvelle à chaque grande fête, et les plus familiers seulement sont admis au baiser de la bouche. Chacun approche avec crainte et tremblement du trône, tombe aux pieds du maître et lui embrasse humblement les hanches ; ou bien tous s'agenouillent devant lui en lui tournant le dos et en joignant les mains par derrière, et restent dans cette position jusqu'à ce qu'il leur ordonne de se lever. Tous ceux qui ont prêté cet hommage avouent qu'une fois qu'ils se sont livrés au diable il n'y a plus moyen de se séparer de lui, et que s'ils le faisaient ils en seraient châtiés cruellement ; que c'est pour cela que personne n'ose se soustraire à sa tyrannie. Il promet, il est vrai, à ses disciples le contraire de ce que Jésus promet aux siens dans le sermon sur la montagne ; aux pauvres, il promet les richesses, la joie aux affligés, le pouvoir aux faibles, aux laids la beauté, aux ignorants la science. Mais l'expérience ne démontre que trop que toutes ces promesses ne sont que mensonge, et qu'il n'y a rien de plus pauvre, de plus triste, de plus faible ni de plus ignorant que ceux qui se font ainsi ses esclaves. Ce qu'il donne n'a aucune valeur ; mais il n'en est pas de même de ce qu'il exige, et ses disciples n'achètent bien souvent ses prétendues faveurs qu'au prix de ce qu'ils ont de plus cher. Ils lui offrent en sacrifice un bœuf ou un mouton, s'ils sont riches ; ou s'ils sont pauvres, des poulets, des petits oiseaux, ou même quelques-uns de leurs cheveux. S'ils n'ont rien du tout, le démon se contente d'un épi de blé ou de tout autre objet, car il lui suffit qu'ils se montrent disposés à se reconnaître pour ses vassaux. Tous, au reste, se plaignent qu'il ne cherche qu'un prétexte pour les châtier, de sorte qu'ils ne peuvent jamais trouver la paix à son service. L'un est battu jusqu'à la mort, parce qu'il est venu trop tard au sabbat; l'autre est tenu suspendu sur la Moselle et menacé d'être noyé jusqu'à ce qu'il promette d'ensorceler ou de faire mourir quelqu'un. D'autres sont châtiés sévèrement pour n'avoir pas fait de mal, et leur supplice est tel qu'ils en perdent quelquefois la respiration: car le bourreau a des mains de fer. Rose Gérardine, en 1586, montrait les traces de plaies qu'elle avait reçues. Les uns sont affligés de maladies ou doivent faire à leur propre bétail le mal qu'ils ont refusé de faire à celui des autres. Une femme citée par Remi dut même faire à sa propre fille, âgée de dix ans, le mal qu'on l'avait chargée de faire à son voisin; car telle est la loi et la coutume de ce royaume. Aussi une pauvre femme de Biaritz en Gascogne disait aux juges, en fondant en larmes, que ceux-là étaient bien heureux qui n'avaient jamais été ni désiré d'aller au sabbat, et qui n'avaient jamais vu le Lou-Pecat : c'est ainsi qu'on nomme Satan en Gascogne.

Despotisme du démon.

Le royaume du démon se distingue par le despotisme le plus absolu. Dans un État bien ordonné, le mal qui existe dans les méchants est comprimé et dominé par la puissance du bien qui est dans les bons. C'est le contraire dans le royaume de Lucifer : le mal s'unit pour opprimer le bien, et s'il le souffre quelquefois, c'est tout au plus comme moyen d'arriver à un but mauvais. De même que les corps célestes obéissent tous à la loi de la gravitation, de même que les esprits de ténèbres gardent les rangs qui leur sont assignés dans leur hiérarchie, ainsi leurs disciples ont leur rang et leur classe au sabbat, et le nombre 9 semble dominer aussi parmi eux. Jean de Vaulx de Stablo déclare qu'il y a neuf loges dans la contrée, et il nomme chacune d'elles par son nom. Toutes ces loges sont subordonnées les unes aux autres, et soumises à une loge suprême, où se tiennent les diètes composées des chefs de toutes les autres. Trois tables sont servies dans chaque assemblée. A la première sont assis les *braves hommes* avec leurs femmes, c'est-à-dire les magiciens et les magiciennes ; ils sont au nombre de douze, présidés par un démon et aidés de deux assesseurs. A la seconde table sont admis ceux du second ordre, qui s'occupent de maléfices, et à la troisième sont les novices, qui s'occupent du ménage. Ces derniers, ayant affaire avec les enfants et les profanes, sont masqués, afin de n'être pas trahis. Tous sont assis à table d'après l'ordre de leur admission ; les services seuls rendus à la société procurent de l'avancement. Là le temps est aussi réglé par une sorte de calendrier qui assigne à chaque jour le vice particulier auquel on doit se livrer de préférence. Le dimanche, le jeudi et le samedi sont réservés aux diverses espèces de libertinage ; le mercredi et le vendredi sont consacrés au blasphème et à la vengeance ; le lundi et le mardi, aux voluptés ordinaires.

Les danses du sabbat.

L'énergie de la nature se manifeste par les mouvements qu'elle opère dans les êtres qui lui sont soumis. Ainsi la puissance du soleil se fait reconnaître dans les mouvements circulaires par lesquels il meut autour de lui les planètes. Parmi les hommes on peut facilement reconnaître le commandement d'un général d'armée dans les évolutions de celle-ci ; et les anciennes danses guerrières, prenant l'élément esthétique de ces évolutions, en ont fait un jeu et un exercice militaire en même temps. Ainsi l'instinct naturel qui porte les sexes l'un vers l'autre a produit ces danses voluptueuses que l'on rencontre chez presque tous les peuples sous des noms divers, comme le fandango, les sarabandes et les autres danses de cette sorte. Lorsque les mauvais penchants qui gisent au fond du cœur humain ont trouvé leur maître et accepté son joug, il leur imprime certains mouvements déterminés qui, prenant la forme d'une danse, expriment d'une manière symbolique le rapport de servitude dans lequel ils sont à l'égard du démon. Mais comme il ne peut y avoir d'harmonie dans le mal, la musique qui dirige ces mouvements est dissonante, confuse et désagréable aux oreilles. Dans ces réunions impures du sabbat, l'un souffle sur un bâton au lieu d'une flûte, l'autre se sert d'un crâne de cheval en guise de guitare, un autre frappe avec une massue contre un chêne, qui lui sert de timbale ou de tambour. Un aveugle, assis sous un arbre à deux branches, bat du tambourin; d'autres jouent des castagnettes; et aux sons aigus des violons se joignent, en manière de trompettes, les voix creuses et rauques des démons. C'est un charivari capable d'étourdir les oreilles les moins difficiles, et cependant les plus mécontents doivent encore feindre d'être satisfaits, et remercier le diable de la belle musique qu'il leur a fait entendre; autrement ils seraient punis de leur impolitesse. La danse du sabbat est précisément le contre-pied du mouvement régulier des danses ordinaires; car elle doit exprimer un rapport faux et désordonné. Le maître est assis au milieu de la bande lorsqu'il ne se mêle pas à elle, et de son siége il contemple d'un air sérieux ses évolutions, murmurant de temps en temps des sons inarticulés; les initiés, nus ou en chemise, dansent en rond autour de lui en lui tournant le dos. Chaque sorcière a son démon à côté d'elle. Tous, les mains posées sur le dos, se tiennent, et tournent toujours du côté gauche avec les mouvements les plus obscènes. D'après les déclarations des initiés, il y a surtout trois sortes de danses : l'une semblable à celle des Bohémiens, et c'est celle que l'on retrouve dans la terre de Labourd. L'autre est une ronde composée de sauts, comme celle des paysans. Dans la troisième enfin les danseurs sont placés en ligne droite les uns après les autres; mais l'homme et la femme se tournent le dos, s'éloignent, se rapprochent par un mouvement cadencé, et se heurtent brutalement. Quelquefois cependant ils sont placés de telle sorte que chacun des deux partenaires à son tour tourne le visage par dehors, tandis que l'autre le tourne vers le milieu, et qu'ils dansent ainsi en rond tous ensemble. Cette manière de se tourner le dos l'un à l'autre exprime bien le desordre qui préside à ces danses. Les commissaires envoyés par l'inquisition dans le pays des Basques attribuaient à la fréquentation du sabbat la coutume qu'avaient les jeunes filles du pays de se tenir le corps renversé en arrière. Prieras, parlant des réunions diaboliques qui se tenaient dans le nord de l'Italie, dit que bien souvent des enfants de huit à douze ans, après leur conversion, exécutaient en présence des Inquisiteurs et sur leur invitation es danses en usage au sabbat, et qu'ils faisaient preuve dans leurs mouvements d'une adresse surhumaine, qu'il leur aurait été impossible d'acquérir en si peu de temps par leurs propres forces. Puis il ajoute : « Celui qui doute de ceci peut se convaincre de la vérité par ses propres yeux, a Côme et à Brescia, ou même à Rome, par le témoignage du frère de Viqueria, prieur de Bruxelles, et d'autres encore. Et il serait à désirer que quelque cardinal fit venir a Rome dix ou douze de ces enfants, pour donner à la ville le spectacle de ces danses, et convaincre ceux qui doutent. » (*De Strigimagia*, etc., liv. II, ch. 1.) En Belgique, cette danse infernale s'appelle Pauana, et le sol sur lequel on la danse est maudit, et devient stérile pour toujours. Elle est accompagnée de chants grossiers et obscènes, interrompus de temps en temps par des invocations, comme celles-ci : Diable ! diable ! Saute ici, saute là ! Joue ici, joue là ; pendant que d'autres crient en chœur : Sabbat, sabbat. Et pour que tout dans ces danses soit en opposition avec ce qui se passe ordinairement, ce sont des boiteux, des estropiés qui s'y montrent les plus habiles. (De Lancre, p. 211.) Après ces danses, la société s'amuse aux tournois. Marie de la Parque d'Handaye, âgée de dix-neuf à vingt ans, et plusieurs autres avec elle déclarèrent qu'une nuit où elles étaient au sabbat Domingina Maletena fit un pari avec une autre à qui sauterait le plus loin du haut du mont de la Rhune, et qu'elle sauta jusqu'à la plaine sablonneuse qui est entre *Handaye et Fontarabie*. Il y avait un espace d'à peu près deux lieues, et elle gagna son pari;

car l'autre ne put aller que jusqu'à la porte d'un habitant d'Handaye. Toutes assurèrent qu'elles avaient vu la chose de leurs yeux ; qu'après le sabbat elles étaient allées trouver Domingina et l'autre femme qui avait parié avec elle, et que la première les avait attendues pour recevoir le prix du pari. . . . .

Il semblerait, d'après le fait suivant, que ces danses peuvent être aperçues de ceux même qui n'y prennent aucune part, lorsqu'ils ont le don de seconde vue. Nicole Laghernhard, allant au mois d'août 1590 à Assencauria et étant arrivée vers midi sur la lisière d'une forêt, aperçut de côté dans un champ des hommes et des femmes qui dansaient une ronde en se tournant le dos. Les ayant regardés plus attentivement, elle en remarqua parmi eux dont les pieds ressemblaient a ceux d'une chèvre. Demi-morte d'effroi, elle invoqua le nom de Jésus, et à l'instant les danseurs disparurent, hormis un nommé Grospetter, qui s'éleva promptement dans l'air, mais qui dans son ascension laissa échapper la brosse avec laquelle les boulangers ont coutume de nettoyer le four avant d'y mettre le pain. Elle fut elle-même emportée par un coup de vent, et une fois arrivée à la maison elle fut obligée de garder trois jours le lit. Le bruit de cet événement ne tarda pas à se répandre, et Grospetter, craignant de paraître en confirmer par son silence la vérité, adressa sa plainte au juge ; mais ensuite il la laissa tomber, pour ne pas s'exposer à un plus grand danger. Ceci augmenta les soupçons contre lui, et le juge, après avoir épié sa conduite, le fit emprisonner, et lui fit avouer le fait dont on l'accusait et le nom de ses complices. Parmi ceux-ci, plusieurs confirmèrent ses déclarations relativement au sabbat et aux démons qui avaient pris part à la danse. Leur témoignage fut corroboré par celui d'un berger de Dusa, nommé Michel, qui déclara qu'il avait assisté à la danse comme musicien, et qu'au lieu de flûte il s'était mis sa houlette à la bouche et en avait tiré des sons ; mais qu'au moment où Nicole avait invoqué le nom de Jésus et avait fait le signe de la croix, il était tombé du chêne où il était assis, et avait été transporté par une trombe à la place même où il gardait auparavant ses troupeaux. On trouva en effet l'endroit où l'on avait dansé foulé à peu près comme un manége où l'on aurait exercé des chevaux, et l'on remarqua sur le sol des empreintes de pieds de chèvres et de veaux, qui restèrent visibles après même qu'on eut labouré le sol avec la charrue.

Passion pour le sabbat.

La fréquentation du sabbat devient chez ceux qui y ont pris goût une passion aussi terrible que celle des Orientaux pour l'opium. J. Dibasson, âgée de vingt-cinq ans, disait que le sabbat est un vrai paradis, et que l'on y goûte des joies inexprimables; que tous ceux qui y vont y trouvent le temps si court qu'ils ne le quittent qu'à regret, et sentent en eux-mêmes un désir incessant d'y retourner. Marie de la Ralde, qui déjà depuis cinq ans ne fréquentait plus le sabbat, parlait de la même manière, et disait que lorsqu'elle y était conviée c'était pour elle comme si on l'eût invitée à une noce; que cette joie ne venait point de la licence dont on y jouissait, car elle déclarait que pour son compte elle n'y avait jamais rien vu de mal en ce genre, mais que c'était parce que le démon tenait son cœur et sa volonté tellement liés qu'il n'y avait plus en elle de place pour d'autres désirs; que les initiés regardaient en général le sabbat comme un lieu où l'on voyait des choses merveilleuses et où l'on entendait des instruments si variés et si mélodieux que l'on se croyait dans le paradis terrestre. Les juges lui demandèrent plusieurs fois ce que le sabbat pouvait avoir d'attrayant pour elle, puisque le simple récit de ce qui s'y passait faisait frémir d'horreur. Elle répondit sans hésiter que les initiés voyaient et entendaient ces abominations avec un plaisir inexprimable, et qu'elles leur inspiraient un tel amour pour le sabbat que le jour qui le précédait leur paraissait d'une longueur interminable, tandis que les heures leur semblaient des minutes après qu'ils y étaient arrivés, et qu'il ne leur restait plus, après y avoir été, qu'un ravissement merveilleux, causé par les joies surhumaines de tout genre qu'ils y avaient goûtées.

CHAPITRE XX.

Effets de la magie dans l'intelligence. De quelle manière les initiés sont reçus dans la cité du diable. Présentation des enfants au sabbat. Serment prêté par les initiés au jour de leur réception. Parodies du baptême.

Nous avons considéré jusqu'ici Satan comme un hôte et comme un roi; nous allons le considérer ici comme un dieu, adoré par ceux qui se livrent à lui et recrutant parmi ceux-ci son église. Le doute d'abord, puis la sensualité lui ont conquis ses victimes; mais au doute a succédé une damnable assurance, une sorte de foi criminelle qui retient ses adeptes dans les liens qu'ils se sont forgés eux-mêmes. L'église du démon, une fois qu'elle s'est ainsi formée par le libre choix de ses membres, se maintient et s'accroît, comme l'Église de Dieu, par de nouvelles recrues; et celles-ci lui sont fournies d'abord par les enfants qui naissent dans cette société maudite, puis par ceux dont les initiés parviennent à s'emparer, et qu'ils amènent ainsi aux pieds de leur dieu pour y être consacrés par une sorte de baptême. Ce baptême consiste en certains rites et en certaines formules que les actes juridiques nous font connaître. Voici ce que ceux de Castille nous apprennent à ce sujet. Lorsque l'assemblée est réunie sur le Pré du Bouc, les femmes, se mettant à genoux, présentent au maître l'enfant en lui disant : « Maître tout-puissant que j'adore, je vous amène ce nouveau serviteur, qui veut être pour toujours votre esclave. » Le maître répond : « Approchez plus près de moi. » Les femmes se prosternent alors devant lui, et lui donnent l'enfant, qu'il prend dans ses bras et qu'il rend ensuite à celle qui le lui a présenté, en lui recommandant de prendre soin de sa

Parodie du baptême.

jeunesse, parce que c'est par là que son royaume doit se propager. Les mères se pressent plus d'apporter leurs enfants au sabbat qu'à l'église. Au reste, l'époque où elles doivent les amener n'est point fixée, et c'est ordinairement dans leur seconde ou troisième année qu'on les consacre ainsi au démon. Jusqu'à neuf ans, ils gardent les troupeaux du sabbat, et ne peuvent contempler que de loin ses merveilles. Les enfants qu'on enlève ne pouvant être reçus qu'avec leur libre consentement, il y a des instituts où on les prépare à le donner; mais ils sont soumis à des épreuves semblables à celles des francs-maçons. Ainsi on fait semblant de les jeter dans des abîmes profonds s'ils refusent de renoncer à Dieu. (De Lancre, p. 121.) Les femmes qui n'apportent aucun enfant au démon sont punies du fouet. Aussi, pour éviter ces châtiments, elles amènent des enfants d'autres villages; et à Mohra quelques-unes en amenaient chaque nuit quinze ou seize avec elles. Les enfants d'Ellfdal parlaient beaucoup d'un ange blanc qui leur défendait de faire ce que le démon leur avait commandé, et qui leur avait dit que ce désordre, toléré jusque-là à cause de la mauvaise vie des hommes, ne tarderait pas à être châtié, et que tout serait manifesté au grand jour. Ils disaient aussi que cet ange se plaçait quelquefois entre eux et les démons, au moment où ils arrivaient au sabbat, et qu'il les reprenait pour les empêcher d'entrer.

Serment des néophytes.

Lorsqu'un enfant, après avoir atteint sa neuvième année, se donne au diable sans y avoir été forcé, il se prosterne à ses pieds. Le diable, lançant du feu par les yeux, lui dit : « Que demandes-tu? Veux-tu être un des miens? » Il répond : « Oui. — Viens-tu de ton plein gré? — Oui. — Fais donc à l'avenir tout ce que je veux. » Puis la reine du sabbat, prenant le néophyte, lui dit : « Prononce à haute voix cette formule : Je renonce à Dieu, à Jésus-Christ, son fils, au Saint-Esprit, à la sainte Vierge, aux saints, à la croix, au saint chrême, au baptême et à la foi que j'ai tenue jusqu'ici, à ceux qui m'ont tenu sur les fonts, et je m'abandonne en tout à ton pouvoir, ne reconnaissant point d'autre Dieu que toi, et voulant être ton esclave. » On lui présente alors un crapaud, et le maître lui ordonne de l'adorer, ce que fait l'enfant en lui donnant le baiser d'usage. Puis le maître, avec les griffes de sa main gauche, lui efface au front le caractère du baptême; et avec une aiguille d'or faux il lui imprime la stigmatisation dans le blanc de l'œil gauche ou ailleurs. La douleur produite par l'opération est apaisée, principalement chez ceux que le diable favorise, par une herbe qu'il leur donne. La promesse qu'ils ont faite verbalement se répète plus tard par écrit. Le démon promit à Gaufredi, en retour de cet engagement, que désormais il enflammerait d'amour, par la vertu de son souffle, toutes les femmes qu'il voudrait posséder, pourvu que ce souffle pénétrât jusqu'à leur nez. Ce qu'il promet ordinairement, c'est un bonheur durable, des plaisirs sans fin, l'accomplissement de tous les désirs en ce monde et un bonheur encore plus grand dans l'autre. Mais ceci n'arrive que pour ceux qui ont renouvelé le serment de rester toujours fidèles à leur nouveau maître, de ne jamais retourner au christianisme, de se trouver régulièrement au sabbat et de propager le règne de Satan en lui procurant de nouveaux adeptes. On administre aussi au nouveau venu un second baptême, dans un bassin rempli d'ordures et avec des cérémonies dérisoires. On lui donne d'autres parrains, qui doivent garantir sa foi. On remplace son nom de baptême par un nouveau nom, pris du lieu où il est né ou de quelque circonstance accidentelle. L'initié promet de ne jamais se présenter à la sainte table, ou de ne le faire que pour abuser de la sainte hostie; d'outrager la sainte Vierge et les saints par paroles et par actions; de conspuer et de fouler aux pieds leurs reliques; de s'abstenir du signe de la croix, et de le détruire partout où il le trouvera; de ne se servir jamais ni d'eau bénite, ni de sel béni, ni de cierge; de ne jamais se confesser, de cacher toujours ses rapports avec le démon et les mystères du sabbat; de consacrer toutes ses facultés et toutes ses puissances à son nouveau maitre, afin qu'il lui soit toujours présent, qu'il accomplisse tous ses désirs et qu'il le rende heureux après la mort. Il reçoit plus tard la confirmation, et on lui donne encore de nouveaux parrains. Il promet des victimes au démon comme reconnaissance de sa divinité. Les uns s'engagent à ensorceler un enfant chaque mois; les autres à en amener un chaque année, et à payer une amende s'ils ne le font pas. Ils lui donnent comme arrhes un morceau de leur habit, car l'esprit de ténèbres cherche à se procurer une part de tout ce que l'homme possède. Il lui prend de ses biens spirituels la foi et le baptême, de ses biens corporels son sang, des dons qu'il a reçus de la nature ses enfants, et de ses biens extérieurs cette partie de son habit. Après tout cela les initiés prêtent un serment. On trace un cercle sur le sol : le maitre se place au milieu; celui qui doit prêter le serment se tient en dehors et lui promet d'exécuter fidèlement tout ce qu'il lui commandera. Puis on prie le démon d'effacer le suppliant du livre de vie, et de l'inscrire dans le livre de mort. Ceci fait, la nature de l'homme se trouve complétement changée, et, pour nous servir des expressions du *Compendium maleficarum*, les femmes deviennent trompeuses, traitresses, loquaces, tenaces, ardentes et luxurieuses, légères, querelleuses et rebelles, dangereuses et malfaisantes; elles ressemblent aux ours, au scorpion, au lion, au dragon, et sont un piége pour les autres.

CHAPITRE XXI.

Le sabbat considéré comme église des initiés. Les sacrifices. La messe. Le culte du sabbat.

Une fois que les derniers fils qui retenaient encore l'homme attaché à l'Église de la lumière sont brisés, il appartient à l'église des ténèbres. Après le baptême et la confirmation qui l'ont initié à cette société maudite, vient le sacrifice, contrefaçon de l'auguste sacrifice des autels, dans lequel Satan rompt à ses adeptes le pain, et leur présente le vin sur lequel il a prononcé des paroles de malédiction; afin que, nourris en quelque sorte de sa substance, ils soient transsubstantiés en elle et ne puissent plus se séparer de lui. C'est ce qu'on voit déjà par la forme extérieure des festins du sabbat. D'après del Vaulx, le repas s'ouvre chaque fois par cette formule : « Au nom de Belzébub, notre grand maître, souverain commandeur et seigneur, nos viandes, boire et manger soient garnis et munis pour nos réfections, plaisirs et voluptés; » sur quoi tous crient en chœur : « Ainsi soit-il. » Après le repas on dit : « De notre réfection salutaire prise et reçue, notre commandeur, seigneur et maître Belzébub, soit loué, gracié et remercié à son exaltation et commun bien. — Ainsi soit-il. » Dans le festin eucharistique, le vin, mûri par les doux rayons du soleil et devenu par là comme le sang de la terre, puis purifié de toutes ses souillures par la fermentation, et doué de la faculté de vivifier et d'inspirer ceux qui le boivent, le vin est le véhicule symbolique et le sacrement de ce sang précieux, principe d'une vie supérieure qui a saigné pour nous sur la croix. Mais dans cet horrible festin du démon le vin qu'il donne à ses adeptes est un vin enivrant, qui croît dans un sol volcanique et dans la cendre des volcans éteints. C'est là le breuvage que la femme de l'Apocalypse présente au peuple dans une coupe où boivent les princes, et qui enivre les peuples. Au lieu du miel et du lait dont se nourrissaient les premiers hommes, les enfants du démon se nourrissent du lait vénéneux que fournissent les euphorbes, et de ce miel que les Romains trouvèrent au Caucase et qui les rendait furieux. De même aussi leur pain n'est point fait avec un froment pur et sain, mais avec ces épis que la rouille a frappés et qui renferment un germe de mort. Ainsi le poison, la mort et la corruption sont les caractères des substances qui servent au sacrifice de Satan, et qui unissent à lui ceux qui les prennent. Mais ce n'est pas tout encore. La profanation du mystère adorable de l'Eucharistie complète ce sacrifice impur. Une femme, en 1457, confessa publiquement, au milieu des soupirs et des larmes, devant une grande multitude de peuple, que pendant trente ans elle avait ôté de sa bouche l'hostie qu'elle recevait à Pâques, et l'avait ensuite foulée aux pieds. Un malheureux prêtre en avait fait autant d'une hostie consacrée par lui; et pendant qu'on le conduisait au supplice il demanda qu'on érigeât une croix à l'endroit où il avait commis ce crime et près duquel il devait passer.

Ceux qui ont pris part au festin de Baal et qui ont uni leur vie à la sienne se sont par là livrés à ses caresses impures. L'antique Moloch demandait à ses adorateurs leur sang et leur semence, double symbole du culte sanglant et voluptueux de cette idole. Les enfants de la chair, partagés en des directions contraires par les esprits rebelles auxquels ils se sont livrés, sont agités par les passions et les sensations les plus opposées, passant du plaisir à la douleur, de la fureur à l'affaissement et de l'affaissement à la frénésie. Ce que l'imagination la plus déréglée peut imaginer en fait de voluptés, les choses même devant lesquelles la nature semble reculer d'horreur, tout cela fait partie du culte par lequel Satan est honoré des siens. Les danses les plus lascives sont pour eux des danses religieuses. Dans ces danses, la mort approche de la vie, comme pour la caresser; toutes deux se poursuivent dans un cercle toujours plus étroit, jusqu'à ce qu'enfin elles se touchent, et alors le plaisir se change en douleur. Leurs amours ressemblent à ceux du tigre et du léopard; il est mêlé de férocité, et c'est dans le sang seulement que peuvent s'éteindre ses flammes. Lors donc que les sorcières errent la nuit à la lueur sombre d'une torche de poix, évoquant le démon et se mêlant aux chœurs de leurs compagnes; lorsqu'elles se livrent à leurs danses désordonnées; lorsque, branlant la tête comme les Schamanes, elles se plongent par ce mouvement dans une folle ivresse, elles ressemblent à ces anciens Kybèbes qui, revêtus d'habits de femme, portant des flambeaux et branlant la tête, erraient à travers les montagnes, puis, appelés par le cri du cor, se réunissaient autour des autels de la déesse phrygienne, mère des dieux, et là, au son des flûtes, des timbales et des fifres, foulaient du pied la terre en cadence, s'armaient de leurs couteaux et de leurs épées, tournaient contre eux-mêmes leur fureur, et se réduisaient à l'état d'eunuques. Tel était la *Pavana* des sorcières, et peut-être cette danse avait-elle été apportée d'Orient par les Bohémiens du moyen âge.

Les sorcières de Mohra, en Suède, racontaient qu'il y avait à Blokula une église comparable à celle de leur village. D'autres déclaraient avoir vu au sabbat une église, et dans cette église un autel sur lequel était un démon de la taille d'un enfant de douze ans, qui pendant toute la cérémonie se tenait immobile, et disparaissait ensuite avec tout le reste. Pendant l'office, on entendait une musique d'instruments accompagnée du son des cloches, sans qu'on vît ni cloches ni instruments. Si des croix apparaissaient, on en brisait les bras ; si l'on faisait le signe de la croix, c'était d'une manière dérisoire et avec une formule ridicule empruntée à trois langues différentes. Au lieu d'eau bénite, il y avait dans un trou fait au mur, à l'entrée de l'église, de l'urine du maître, dont on aspergeait l'assemblée. Outre la reine du sabbat, il y a encore un évêque qui porte la tiare, et des diacres et des sous-diacres dans les messes solennelles. L'office commence ordinairement par une confession régulière ; mais au lieu de se confesser de leurs péchés, les initiés s'accusent de leurs bonnes œuvres, et en demandent au maître l'absolution. Celui-ci, levant le bras gauche, les absout, et leur donne pour pénitence de manger de la viande le vendredi et le samedi, ou quelque autre chose semblable. Après la confession, le démon se revêt des habits sacerdotaux, et dit la messe, en omettant le *Confiteor* et l'*Alleluia* ; il marmotte le reste dans un livre

La messe du sabbat.

qu'il tient de la main gauche. Il s'assied à l'offertoire, et les assistants viennent avec des cierges noirs pour l'adorer. Après lui avoir baisé en tremblant la main gauche, ils lui présentent comme offrande du pain, des œufs, etc., que la reine, qui se tient à ses côtés, reçoit dans un plat. On lui offre aussi de l'argent, et surtout des pièces de monnaie qui ne portent point la croix. Lorsqu'on lui en présente qui ont la croix, il se détourne. Après l'hommage vient le sermon, prêché par le diable lui-même sous la forme d'un bouc, ou par quelque magicien. Dans le premier cas, le démon expose ordinairement à l'assemblée comment il est leur vrai dieu, et comment ceux qui en cherchent un autre ne peuvent opérer leur salut. Il finit en leur recommandant de poursuivre les chrétiens. Dans le second cas, le sermon a pour but d'exciter les assistants à faire le mal, à calomnier les innocents et à aider les coupables, comme aussi à amener au démon un grand nombre d'enfants. Puis on continue la messe. Le démon élève sur ses cornes une hostie noire portant son image, en disant : « Bouc en haut, bouc en bas. » Il fait la même chose avec le calice, qu'il vide ensuite. Puis les assistants forment un demi-cercle autour de l'autel; et là, après avoir écouté un second sermon, ils communient avec une partie de l'hostie et une gorgée d'un vin dont l'odeur et le goût sont insupportables et qui mettent leur corps en sueur, pendant qu'un froid aigu pénètre jusqu'à la moelle de leurs os.

Ce n'est pas toujours le démon qui officie, mais il se fait remplacer quelquefois par des prêtres; car le caractère sacerdotal ne préserve pas l'homme des infamies du sabbat, comme le prouvent les enquêtes faites au pays de Labourd et ailleurs. Le premier qui fut accusé en Gascogne fut le curé d'Ascain. C'était un vieillard; et il avoua lui-même qu'il y avait vingt ans qu'il assistait au sabbat, qu'il avait renoncé à Dieu, et reçu le sacerdoce de Satan à la place du sacerdoce divin dont il avait été revêtu auparavant. Souvent il avait voulu quitter sa vie criminelle; mais le démon avait si bien fait par ses mauvais traitements qu'il l'avait empêché d'avouer ses crimes dans la confession, et d'en détourner les autres dans le tribunal de la pénitence. Il nomma les personnes qu'il avait vues au sabbat, et deux témoins déclarèrent aussi l'y avoir vu. Il répéta trois fois sa déclaration par écrit devant ses juges et son évêque, et y persista jusqu'à la mort. A partir de ce moment, il arriva de tout côté des plaintes contre les curés; et deux des plus compromis, P. Bocal, âgé de vingt-sept ans, et Migalena, âgé de soixante et un ans, furent traduits devant les tribunaux. Il se trouva que le premier appartenait à une famille qui passait pour être adonnée à la magie. Soixante-dix témoins déclarèrent l'avoir vu au sabbat, et l'accusèrent d'avoir, la nuit qui précédait sa première messe, célébré celle du démon avec une grande pompe au sabbat. Interrogé sur ce fait, il répondit qu'il avait voulu s'exercer à dire la messe. Tous les deux furent dégradés et exécutés. D'autres encore furent accusés. Une femme de Saint-Jean de Luz accusa le prêtre Souhardibel de s'être mis à l'élévation, pendant une messe qu'il disait au sabbat, la tête en bas et les pieds en haut, et d'avoir ainsi plané dans l'air pendant le temps que l'on aurait pu mettre à réciter le *Credo*. Selon d'autres, l'hostie dont on se servait en ces circonstances n'était pas ronde, mais triangulaire; et l'assemblée criait à l'élévation : « Corbeau noir! corbeau noir! » Selon d'autres encore, le prêtre avait le visage tourné non vers l'autel, mais vers l'assemblée; il jetait l'hostie par terre et la foulait aux pieds. Il est impossible de méconnaitre dans ces déclarations une conséquence et une logique profonde dans la perversité. Elles prouvent aussi que si dans l'Église les fidèles sont liés par un rapport intime, dont les saints dans l'extase ont quelquefois la conscience, il en est de même dans un sens opposé pour l'église du démon. Quant au degré de culpabilité des accusés dont il est ici question, nous ne pouvons en juger d'une manière sûre; car ces déclarations reposent toutes sur une vision, qui était déjà à elle seule un crime, je le sais, puisqu'elle était produite par un commerce criminel avec le diable, commerce qui était commun et aux témoins et aux accusés à la fois.

CHAPITRE XXII.

Le sabbat des clercs. Madeleine Bavent. Liturgie du sabbat.

Les déclarations dont nous avons parlé jusqu'ici ont été faites pour la plupart par des personnes d'une basse condition et sujettes, par conséquent, à des préjugés et à des illusions capables d'affaiblir la valeur de leur témoignage. Il serait donc à désirer que nous pussions citer des faits attestés par des personnes d'un esprit et d'un caractère plus
M. Bavent. sûrs. Or, c'est ce qui est arrivé pour Madeleine Bavent, qui joua le principal rôle dans l'histoire fameuse des possédées de Louviers. Elle avait été victime de son propre tempérament et des mauvais prêtres qui avaient été donnés pour confesseurs au couvent dont elle faisait partie. Elle avait participé à toutes les horreurs qui s'y commettaient. Dénoncée à l'évêque par les autres possédées comme la cause de tout le mal, elle avait été traduite devant le parlement de Rouen, qui avait attiré l'affaire à sa juridiction. Les religieuses furent condamnées à mort; mais Madeleine, à qui le même sort était réservé, fut retenue pendant quelque temps encore en prison. Là elle fut touchée de la grâce de Dieu, et son confesseur, l'abbé des Marets, prêtre de l'Oratoire, lui conseilla d'écrire par manière de confession et de testament un abrégé de toute sa vie. Elle prit pour base de ce travail la dernière confession qu'elle avait faite pour se préparer à la mort. Son confesseur l'aida et dirigea sa plume. Ses aveux portent tous les caractères de la sincérité, et offrent toutes les garanties que l'on peut désirer en pareille circonstance. Voici comment elle s'exprime sur le sabbat secret.

« Pendant ma captivité dans cette ville, plusieurs personnes m'ont demandé des détails sur le sabbat. Mais mon confesseur m'avait défendu de m'ouvrir à ce sujet avec qui que ce soit, hormis mes juges : c'est pour cela que j'ai gardé le silence, silence qui m'a attiré plus d'une humiliation de la part de ceux qui, piqués de ne pas voir leur curiosité satisfaite, ont refusé de croire à ma conversion. Maintenant que j'ai la permission de parler, je veux m'expliquer franchement sur ce point, afin que chacun connaisse la grandeur de mes crimes et ait en horreur le théâtre où je les ai commis. Je raconterai sincèrement ce que je crois avoir vu ; les lecteurs sauront discerner dans mon récit la réalité de ce qui leur paraitra une illusion. Toutes les fois que j'ai été enlevée au sabbat, c'était la nuit et après m'être endormie. Il me semblait ordinairement qu'avant Matines, c'est-à-dire vers minuit, une religieuse m'appelait une ou deux fois, à des intervalles plus ou moins longs. Je m'éveillais pour lui répondre, et pendant que j'allais à la porte de ma cellule je me sentais enlevée, sans pouvoir distinguer ni comment ni par qui ; car j'étais privée de tout sentiment, jusqu'à ce que je fusse arrivée au lieu maudit. Mon confesseur croit que c'est en me levant que je donnais au démon l'occasion de m'enlever ainsi ; mais je n'y pensais pas. Je ne me suis jamais servie d'onguent ni d'autre chose dans ce but ; tout cela se faisait par la puissance de Picard, et je n'aurais pu le faire de moi-même, quelque désir que j'en eusse. Après une absence d'une heure et demie à trois heures, je me retrouvais dans ma cellule, et me mettais au lit. Je ne sais si le lieu où se tenait le sabbat était au dedans ou au dehors du couvent : je n'en connais pas assez les détails pour en donner une description exacte. Autant que je puis me rappeler, ce lieu était plutôt étroit que spacieux ; il n'y avait point de siéges pour s'asseoir, mais il y faisait très-clair à cause des lumières qui étaient sur l'autel. La société n'était pas nombreuse ; je n'y ai vu que des prêtres et rarement des séculiers. Peut-être n'était-ce pas leur sabbat. Les mauvais esprits y assistaient souvent sous une forme moitié humaine et moitié animale, et quelquefois sous la première seulement. Picard, près duquel je me trouvais toujours, me les désignait chacun en particulier. Je ne les ai jamais vus sous la forme de bouc, comme les religieuses ont coutume de le raconter. Ils étaient toujours placés près de l'autel; cependant je n'ai jamais remarqué qu'on les ait adorés. Si je parle d'autel, c'est qu'il y en avait réellement où les prêtres disaient la messe; et les mauvais esprits s'en tenaient tout près, parce que la messe était célébrée en leur honneur. L'hostie ressemblait aux nôtres; cependant elle me paraissait toujours rougeâtre et sans image, ce dont je puis bien juger, car on communiait à cette messe. On y faisait aussi l'élévation, et j'entendais alors d'horribles blasphèmes. On lisait la messe dans le livre des blasphèmes, qui servait de canon et qu'on employait aussi dans les processions. Il renfermait les plus horribles malédictions contre la sainte Trinité, le saint sacrement de l'autel, les autres sacrements et les cérémonies de l'Église, et il était écrit dans une langue qui m'était inconnue.

Quand on faisait des festins au sabbat, ce qui n'est arrivé à ma connaissance qu'une ou deux fois, on y mangeait de la chair humaine. J'ai aussi vu là une espèce de registre, écrit dans un langage que je ne connais pas, et qui me paraissait ressembler à celui qui était renfermé dans le testament du prêtre David, que l'on m'a présenté au tribunal. Picard m'a bien parlé d'un catalogue des maléfices et des magiciens; mais il ne me l'a jamais communiqué. Les juges m'ont demandé plusieurs fois les noms de ceux qui assistaient au sabbat; mais, je le dis en toute vérité, on ne prononce point ces noms au sabbat, de sorte qu'on ne peut connaître ceux qui y vont, à moins qu'on ne les connaisse d'ailleurs. Or, la vie retirée que je menais ne me permettait pas d'avoir un grand nombre de relations. Là, d'ailleurs, chacun est tellement occupé de ce qu'il fait qu'il ne regarde guère les autres, s'il n'est lié avec eux de quelque autre manière, comme je l'étais avec Picard. Je ne puis guère parler non plus de ce qu'on nous disait ; car, hormis les actes publics, on parlait toujours bas à cause du secret. Je ne suis pas aussi instruite de ces mystères de ténèbres qu'on le suppose. Cet écrit est comme une confession publique que je fais en présence de la sainte Église, pour expier les scandales que j'ai donnés ; elle renfermera la pure vérité, et je veux qu'elle se rapproche autant que possible de celle que j'aurai à faire un jour au tribunal de Dieu. Avec Picard, que je voyais toujours auprès de moi et sans lequel je ne me suis jamais trouvée au sabbat, j'y ai encore reconnu Boullé, son vicaire ; j'ai vu avec eux, occupés aux cérémonies, plusieurs prêtres dont je ne connais pas les noms, puis quatre sœurs de mon couvent, Catherine de la Croix, Catherine de Sainte-Geneviève, Élisabeth de la Nativité et Anne Barré ; mais la dernière n'y venait que rarement. Parmi les autres que j'y ai vus, sans connaître leurs noms, deux surtout m'ont frappé : un homme âgé de cinquante à soixante ans, vêtu de violet, ayant les cheveux noirs mêlés de gris, d'une taille moyenne, et une femme sur laquelle on m'a beaucoup questionné, et que nos sœurs, pendant les exorcismes, ont dit être la mère Françoise ou Simonette de Paris, autrefois supérieure du couvent de Saint-Louis et qui s'est ensuite retirée dans la capitale. Mais je ne l'ai jamais entendu nommer au sabbat, et ne l'ai jamais connue non plus personnellement.

« Toutes les actions que j'y ai vu faire sont indignes, et je n'y puis penser sans effroi. Ceux qui me demandent là-dessus des détails ne savent pas quelle peine ils me font. Mon confesseur lui-même, à cause de la honte et de l'embarras où il me voyait toujours quand je parlais de ces choses, s'est borné à me demander ce qui était absolument nécessaire. Ce qui est certain, c'est que si les saints de Dieu font de grandes choses, les fils du diable ne leur cèdent en rien du côté opposé. Les prêtres qui fréquentent le sabbat vont quelquefois, dans leur scélératesse, jusqu'à célébrer la messe avec de grandes hosties qu'ils coupent ensuite au milieu, après quoi ils les collent sur un parchemin arrangé de la même manière, et ils s'en servent ensuite d'une manière abominable pour satisfaire leurs passions. Je n'ai participé, il est vrai, qu'une ou deux fois à ces monstruosités, qui devraient être ensevelies dans un éternel oubli; mais comme je fais ici une confession générale, je ne puis les passer sous silence. Un jour donc de jeudi saint, Picard et Boullé apportèrent quatre hosties : ils en mirent deux dans leur bouche, et donnèrent les deux autres à la mère Simonette et à moi; puis ils échangèrent celles qu'ils nous avaient données avec celles qu'ils avaient prises, afin de fortifier l'alliance qui devait nous unir. Une nuit, après qu'on eut porté en procession le livre des blasphèmes, on fit apporter une petite croix à laquelle on clona une grande hostie aux mains et aux pieds de la figure du Christ, et chacun de nous dut faire une blessure au côté. Il coula deux ou trois gouttes de sang, que l'on recueillit et dont on se servit avec l'hostie, comme d'un moyen magique. C'est là sans doute crucifier une seconde fois Notre-Seigneur, et j'ai vu bien souvent répéter cette action, même sur des hosties qui avaient été consacrées au sabbat, sans que toutefois il en coulât du sang. Un prêtre apporta une fois au sabbat une hostie afin de la brûler; mais le Seigneur lui-même apparut, et frappa de la foudre le prêtre, qui disparut aussitôt : pour l'hostie, elle s'envola dans l'air. Les démons s'enfuirent : c'était une agitation générale; mais cet exemple n'empêcha point les réunions de continuer. J'ai vu un autre prêtre porter au sabbat le calice avec le sang du Seigneur, et y enfoncer un couteau qui devint tout sanglant. Un second en fit autant, et le résultat fut le même; mais un troisième ayant voulu répéter l'épreuve, le précieux sang s'enfla dans le calice, et se répandit à terre. Le Seigneur apparut alors accompagné de la sainte Vierge et de plusieurs saints, et ordonna de rester aux démons qui fuyaient. Les prêtres furent changés en cendre et disparurent; mais le sang fut recueilli avec la terre, et emporté. *Si ces choses se sont passées réellement, ce que je ne me permets pas de juger moi-même, ce sont là de grandes abominations et de grands miracles en même temps;* et ma foi dans la présence réelle de Jésus-Christ au sacrement de l'autel a été grandement affermie par ces choses étranges, où la terre et l'enfer unissaient contre lui leur fureur. Un jour de samedi saint, une femme apporta son enfant nouveau-né : on résolut de le crucifier. On lui enfonça des clous aux pieds et aux mains à travers des hosties; on lui en enfonça d'autres dans la tête en guise de couronne, et on lui perça le côté; puis on se servit de lui pour des maléfices. Deux hommes qui, par curiosité peut-être, vinrent au sabbat, ayant refusé de prendre part à ces abominations, y furent crucifiés et mis à mort. J'ai vu faire une fois, le jeudi saint, la cène d'une manière épouvantable. On apporta un enfant tout rôti, et les assistants le mangèrent. Je ne sais pas d'une manière certaine si j'en ai mangé moi-même; j'ai dit à mon confesseur qu'il est bien possible que je l'aie fait; mais il me semble que j'ai cessé bientôt, parce que la chair me paraissait fade. Pendant le repas, un démon allait autour de la table et criait : « Aucun de vous ne me trahira. » C'est là tout ce que je me rappelle avec certitude du sabbat, après avoir sondé soigneusement ma conscience. On ne me fera dire rien de plus que ce que j'ai dit à mon confesseur lorsqu'il m'a préparée à la mort. Tant que Picard a vécu, j'ai toujours été au sabbat. » Ce qu'il y a de remarquable en ce récit, c'est que Madeleine répète trois fois qu'elle ne sait pas si tout qu'elle a vu est réel, ou si c'était seulement une vision.

La liturgie du sabbat.

Après ce que nous venons de dire sur les cérémonies du sabbat, ce que Marie de Sains rapporte sur le rituel qui y est observé n'est que la conséquence du principe une fois admis. Il importe peu de savoir si dans ces déclarations les spéculations raffinées de l'état de veille se sont empreintes dans les visions produites par la clairvoyance satanique, ou bien si au contraire celles-ci ne se sont pas reflétées dans les souvenirs de l'état de veille. Marie, après avoir parlé des idoles qui sont baptisées et adorées au sabbat sous la forme de bêtes ou sous une forme humaine, parle aussi des sacrements de la synagogue, et elle en nomme quatre : le baptême, la confirmation, l'eucharistie et le mariage. Tous les prêtres ne sont pas admis à l'honneur d'offrir le sacrifice ; on n'en choisit que douze pour cet office. Chaque dimanche, les assistants sont aspergés avec le sang du Seigneur, et tous crient pendant ce temps-là : « Que son sang soit sur nous et sur nos enfants. » La messe n'est qu'un tissu d'indignités : les uns tirent la langue, les autres blasphèment ; mais à l'élévation le vacarme devient plus grand encore ; à ce moment les démons et les notables de l'assemblée s'approchent de l'autel en tournant le dos à l'hostie. Il n'y a point de chant à la messe du sabbat ; les cierges ont une mauvaise odeur ; et au lieu de l'*ite, missa est* la synagogue dit : « Allez à tous les diables. On chante les psaumes de David comme à l'église, mais en les rapportant à Lucifer, Belzébub et Léviatan. Le *Pater* se rapporte aussi à Lucifer, et se récite de cette manière : *Je te prends pour père qui est aux cieux*, etc. La salutation angélique s'adresse à la mère de l'Antechrist. Le symbole est ainsi conçu : « Je crois en Lucifer, Dieu le père qui a créé le ciel et la terre, et dans son fils Belzébub, qui a été conçu du Saint-Esprit, etc. Je crois en Léviatan le Saint-Esprit et la sainte église catholique, la synagogue réformée. » Les dix commandements du sabbat sont conçus en ces termes : « Tu adoreras Lucifer comme le vrai Dieu, et tu n'en aimeras point d'autre que lui. Tu blasphèmeras assidûment le nom de Jésus. Tu hairas ton père et ta mère. Tu tueras les hommes, les femmes et les enfants. Tu commettras sans difficulté l'adultère, la fornication et tous les crimes les plus horribles en ce genre. Tu te livreras à l'usure, au vol et à la rapine. Tu porteras faux témoignage, et tu te parjureras. Tu convoiteras la femme et les biens de ton prochain. » Les œuvres de miséricorde consistent à refuser aux pauvres la nourriture, le breuvage et le vêtement; à ne point accueillir l'étranger; à délaisser les faibles et les prisonniers; à déterrer pour le sabbat les enfants morts; à semer les erreurs et les hérésies; à propager les doutes et les scrupules; à augmenter l'affliction de ceux qui sont affligés; à plonger davantage encore dans le péché ceux qui y sont tombés déjà; à ne point prier pour les morts; à s'impatienter dans les contradictions. Là le péché mortel consiste à être humble, chaste, patient, sobre, pieux et compatissant. Toutes les vertus sont considérées comme des vices. Le libertinage prend la place de la chasteté, l'envie de la charité, l'avarice de la générosité, l'orgueil de l'humilité, etc. Le sabbat a aussi ses litanies, où on lit entre autres choses: « Pour que vous daigniez troubler par les hérésies, et détruire l'Église catholique, apostolique et romaine, nous vous prions, écoutez-nous. Pour que vous daigniez extirper les ordres religieux et les ordres sacrés. — Pour que vous daigniez entretenir toujours notre fureur contre Dieu, contre les hommes et les saints qui sont et qui doivent être. — Pour que vous daigniez conserver toujours la dureté de notre cœur. — Pour que vous nous donniez votre secours, afin de résister toujours au Saint-Esprit, à ses divines inspirations, à ses avertissements et à tout ce qui peut servir à notre salut, nous vous prions, écoutez-nous. » Ce rituel pourrait servir, hélas! encore aujourd'hui à bien des hommes qui en lisant ces choses seraient tentés peut-être de les regarder comme les fruits d'une vaine imagination, et pour qui le sabbat n'est qu'une fable inventée à plaisir par la crédulité du moyen âge. Dans un sermon tenu par Belzébub, le dimanche de la Trinité, il dit à l'assemblée: « Mes petits enfants, c'est à vous de mépriser de tout votre pouvoir la sainte Trinité du ciel; c'est à vous de lui dire avec mépris: Cruel dragon, serpent venimeux, cerbère à trois têtes. Réjouissez-vous, mes enfants, d'avoir un Dieu triple quant aux personnes, mais un à cause de l'union parfaite qui les unit; un dieu tiré du milieu de vous, qui dans la première personne vous délivre de votre foi superstitieuse en l'existence d'un Dieu surnaturel et de sa cour céleste; qui dans la seconde personne vous comble de voluptés et affranchit la chair; qui dans la troisième personne enfin vous délivre de tout lien, et vous rappelle à votre véritable maitre, le destin.» Après quoi l'assemblée chante en chœur l'hymne: « Cerbère à trois têtes, dragon très-cruel, etc. »

CHAPITRE XXIII.

Rapports spirituels produits par la magie. Mystagogues de la magie. Les prêtres *David*, *Picard*, *Boullé*, *Louis Goffredy*.

Lorsque l'intelligence, la volonté et la vie se meuvent autour d'un nouveau centre, il doit résulter de là pour ces diverses facultés des modifications profondes; de nouveaux rapports doivent se former pour elles; et le but de la vie étant une fois changé, tout en elle doit se ressentir de ce changement. Nous avons jusqu'ici considéré les modifications que produit dans l'homme lui-même son commerce avec le démon; nous allons maintenant examiner quels effets il produit au dehors. Il y a sur la terre deux églises visibles, celle de Dieu ou de la lumière, et celle du démon et des ténèbres. Chacune d'elles renferme en soi comme une autre église secrète et invisible, où se concentrent pour ainsi dire leur puissance, leur action et leur vie. A la première appartiennent tous ceux en qui la grâce de Dieu habite dans un degré éminent, tous ceux dont la vie intérieure a acquis sous le souffle de l'Esprit Saint un développement plus parfait, tous ceux en un mot qui sont dans un rapport immédiat avec le principe et le centre invisible de la vie spirituelle. Les autres, c'est-à-dire ceux qui sont moins avancés et moins parfaits, tiennent, il est vrai, à cette portion choisie et privilégiée de l'Église que Dieu seul connait; mais ils n'y tiennent que par le lien de la foi et de l'espérance. Leur regard, obscurci encore et troublé par les vaines images de ce monde, ne saurait pénétrer dans l'intime des mystères, et n'en voit que le côté extérieur. Ceux-ci cependant, comme les premiers, appartiennent à la même Église extérieure et visible, qui les renferme tous, quoiqu'à des degrés différents, dans son sein maternel, et qui les conduit tous au même but. Il en est ainsi par analogie de l'église des ténèbres; il y a en elle aussi deux portions, l'une visible et extérieure, et l'autre invisible, qui est comme le centre et le foyer d'où la première tire toute sa puissance et son action. Car, il ne faut pas se le dissimuler, depuis le péché il y a dans la nature humaine des instincts secrets, dont la source gît au fond des abimes de l'enfer. L'Église visible de Jésus-Christ tient, il est vrai, ces abimes fermés et scellés. Sans cela l'homme, livré aux influences des esprits de ténèbres, serait exposé à être toute sa vie la victime de leurs artifices et de leur perfidie. Mais ce sceau qui ferme l'abime, l'homme peut le briser: il peut entrer dans un rapport intime avec les esprits qui l'habitent. Il devient dès lors membre de cette église invisible, qui est soumise d'une manière plus spéciale aux influences du démon. Le mal ne s'échappe plus comme par accident de sa volonté, mais il le cherche avec réflexion; il agit avec la puissance et la vertu de Satan lui-même.

Cette portion secrète et privilégiée de son royaume cherche cependant à se produire au dehors, ne fût-ce que pour se recruter et se reconnaître. C'est ce que nous avons pu voir déjà par l'exemple de ces prêtres abominables de Louviers, David, Picard et Boullé, qui se transmettent fidèlement au lit de mort l'exécrable mandat qu'ils ont reçu, et qui forment ainsi comme une triple génération de *mystagogues de l'enfer*. *Ces hommes* étaient au *fond* des

Ophites, qui continuaient l'œuvre des anciens Gnostiques. Abusant de l'inexpérience des jeunes religieuses confiées à leur direction, ils leur parlent de contemplation, de lumière intérieure, d'extases, de transformation, d'anéantissement de soi-même et de vie cachée en Dieu, exaltant leur orgueil, et les poussant à une spiritualité qui doit, selon eux, les introduire parmi les chœurs des anges et jusque dans le sein de Dieu lui-même. Puis ils leur persuadent qu'elles sont élevées au-dessus de la loi, et affranchies de son joug; qu'elles doivent vivre uniquement désormais dans la charité, et non dans la contrainte; qu'elles sont libres de cette liberté que leur donne le Seigneur, et qu'elles n'ont plus à s'occuper des passions qui s'agitent dans les régions inférieures de leur âme; qu'elles doivent mortifier en elles tout sentiment de honte et de pusillanimité, et laisser un libre cours à la sensualité, parce que toute âme unie intimement à Dieu ne peut plus jamais pécher. Ils acquirent bientôt par ces moyens une puissance incroyable sur l'esprit de ces pauvres religieuses, et cette puissance se produisit au dehors et d'une manière physique. Une des religieuses déclara que, Picard l'ayant touchée un jour au côté par mégarde avec le bout du doigt, elle ressentit aussitôt à cet endroit une douleur violente, qui persista toujours depuis ce moment, et qui augmentait quand on approchait quelques reliques. Madeleine Bavent déclara de son côté qu'elle avait vu dans les mains de ce même prêtre un registre composé de trois feuilles, d'une écriture très-serrée, où étaient inscrits les noms de ceux qu'il se vantait de dominer, ou qui l'avaient aidé dans ses forfaits. Tous ces gens avaient fixé sur lui leur intention; il formait comme le centre où ils se rencontraient tous; et c'est par lui que toutes ces âmes étaient en communication avec le principe du mal. Chacun, il est vrai, apporte dans cette œuvre maudite les dispositions et la forme de son caractère et de son individualité; et c'est là ce qui explique cette variété de direction qui fait que l'un se représente le sabbat comme une orgie, l'autre comme une chasse sauvage ou un camp infernal.

A Louviers, il apparait comme un monastère diabolique, où l'on se livre à toute sorte de blasphèmes et de profanations. C'était surtout avec Madeleine Bavent que Picard s'était lié plus intimement, et l'on voit qu'il y avait entre ces deux êtres comme un mariage diabolique. Aussi c'est lui qui l'emporte au sabbat toutes les fois qu'elle y va : elle y est toujours à côté de lui; tout ce qu'elle y voit, elle le voit en lui et par lui. Le verbe dans l'homme, lorsqu'il est uni intimement au Verbe de Dieu, fleurit pour ainsi dire par une sorte de végétation spirituelle, et se forme une langue mystique qui lui est propre. Il en est de même dans un sens opposé quand il s'unit au démon, et nous voyons ce rapport se produire ici dans l'histoire des religieuses de Louviers. Elles ont un langage mystique qui leur est particulier; elles disent par exemple que Madeleine Bavent a été quatre fois mère au sabbat. Il est vrai qu'elle contredit ce témoignage; mais probablement parce qu'elle ne comprenait pas qu'il s'agissait d'un enfantement spirituel. Au reste, ce mariage entre elle et Picard était une union qui devait durer jusqu'au delà de la mort; car la nuit où il mourut, elle fut, nous dit-elle, transportée près de son cadavre, à cinq quarts de lieue du couvent. Il était sur le bord d'une fosse, et Boullé le tirait par les épaules. Beaucoup de démons étaient autour du cadavre. Picard lui rappela qu'il était temps d'accomplir la promesse qu'elle lui avait faite de partager son sort. On lui fit descendre trois degrés dans la fosse; mais y ayant vu des flammes terribles, elle s'enfuit en déclarant qu'elle n'avait jamais promis de se damner avec lui, et qu'elle était décidée, au contraire, à songer à son salut. Deux fois encore elle fut conduite près de son cadavre, auprès duquel elle vit une bête horrible.

Louis Goffredy de Beauvezer en Provence avait reçu de son oncle, entre autres livres, un ouvrage sur la magie. Il

Louis Goffredy.

n'y fit d'abord aucune attention. Un jour cependant il voulut essayer l'efficacité des formules qu'il renfermait. Il évoqua donc un démon. Or celui-ci lui apparut aussitôt, lui proposa de se donner à lui par un pacte, et sut si bien surmonter tous ses scrupules qu'il le décida à lui abandonner son âme, son corps et toutes ses actions, à la triple condition que lui, de son côté, le rendrait le prêtre le plus estimé de toute la Provence, qu'il lui accorderait trente-quatre ans de vie, sans aucune maladie ni indisposition, et qu'enfin son souffle suffirait pour lui conquérir l'amour de toutes les femmes. Louis, après ce pacte, se rend à Marseille, où il obtient un bénéfice dans l'église des Acoules. Le bruit de sa sainteté remplit bientôt tout le pays : les femmes se pressent en foule à son confessionnal, et il y trouve l'occasion d'éprouver la puissance magique de son souffle. Toutes les femmes s'éprennent d'amour pour lui. La femme d'un aubergiste nommé Perrin était avertie chaque fois de son approche par un battement de cœur. Une autre nommée Bouchette et une troisième nommée Pintade furent également les victimes de son libertinage. Il convoitait particulièrement les trois filles d'un gentilhomme, Mandal de la Pallus, et surtout Madeleine, l'une d'entre elles, âgée de dix ans. Comme il était son confesseur, il s'était permis avec elle plusieurs libertés qui avaient développé en elle une mélancolie profonde. Elle habitait souvent une terre près de la ville, et il y allait de temps en temps. Il avait commencé par souiller de son souffle impur sa mère, qui, par suite de cette contagion, conduisit elle-même sa fille chez lui. Celle-ci, après avoir été préparée de longue main par ce séducteur, se livra enfin à lui, lorsqu'elle fut un peu plus avancée en âge.

L'ayant trouvée seule un jour, il la pria de l'accompagner dans une grotte qui était près de la terre où elle habitait, lui promettant de lui montrer de grandes merveilles. Ils y trouvèrent beaucoup d'hommes et de femmes dansant autour d'un bouc. Madeleine eut peur d'abord ; mais Louis la rassura en lui disant qu'il n'y avait là que des amis, à la société desquels elle devait appartenir désormais. Il lui avait dit d'abord qu'il avait appelé à cause d'elle à son secours toutes les puissances de l'enfer, et que maintenant qu'il avait obtenu d'elle tout ce qu'il désirait il voulait la marier au prince des démons, afin qu'ils fussent inséparablement unis en lui. Cette union fut donc conclue dans cette assemblée. On la baptisa avec du soufre, du sel et de l'urine. Elle renonça de tout son cœur à Dieu et à sa foi, et souscrivit son abjuration avec le sang du petit doigt de la main droite qu'il avait écorché. Six ou sept pactes faits par écrit suivirent ce premier engagement. Elle fut marquée à la tête, au cœur et dans plusieurs autres endroits ; puis les assistants se mirent à danser pleins de joie autour d'elle, et la proclamèrent reine du sabbat. A partir de ce moment, elle en fréquenta exactement les réunions. Goffredy lui-même avait été nommé prince des synagogues d'Europe et d'une partie de l'Asie ; et il avait en cette qualité présidé au sabbat de ces diverses contrées. Le diable donna à Madeleine le démon Asmodée, afin de maintenir en son cœur la passion qu'elle avait pour Goffredy. Les choses allèrent ce train pendant quelque temps, lorsque tout à coup Madeleine eut la singulière pensée d'entrer au couvent des Ursulines, qui était dirigé par les prêtres de la Doctrine chrétienne. Goffredy s'opposa d'abord à ce dessein ; mais voyant qu'il ne pouvait l'en détourner, il la menaça de déchaîner les puissances de l'enfer contre le couvent. Elle resta trois ans chez les Ursulines dans un état assez tranquille, hormis le mercredi et le vendredi, qui étaient les jours de sabbat et pendant lesquels elle était en proie à une mélancolie noire qui la rendait insupportable à elle-même et aux autres. Mais bientôt elle fut possédée par cinq démons. Après elle, Louise Cappel fut possédée de trois autres esprits impurs ; et le couvent, autrefois si tranquille, fut troublé par le bruit et les convulsions des possédés. (*Les Histoires tragiques de notre temps*, composées par T. de Rosset; Lyon, 1655.)

Il est clair qu'il y avait dans ces femmes séduites par Goffredi une prédisposition lunatique, qui par l'influence de ce mauvais prêtre devint démoniaque et finit par la possession. Le moyen dont il se servit pour cela fut le souffle, qui sert de lien à tant de rapports dans la nature. De même que dans l'Église il est souvent le conducteur de l'esprit d'en haut et de ses dons, ainsi dans la société des méchants il est le dépositaire de l'esprit d'en bas et de ses malédictions. La mélancolie dont Madeleine est attaquée est comme le premier degré du mal. Celui-ci se développe par la surexcitation continuelle de la sensibilité, et produit enfin la clairvoyance diabolique avec toutes les scènes du sabbat. C'est là la seconde période de la maladie. La troisième se déclare lorsque le démon Asmodée s'empare en elle de ces organes qui sont le siége principal de la volupté, et y produit une possession partielle. La quatrième enfin apparaît avec la possession pleine et entière. Il est remarquable que ce n'est point avec son séducteur, mais avec le démon lui-même que Madeleine se marie. L'Église est la fiancée de Jésus-Christ, qui est le lien de toutes les unions spirituelles. La cité du démon est unie à celui-ci par un lien semblable: tous ceux qui lui appartiennent s'attirent mutuellement, parce qu'ils sont attirés par lui; toutes leurs unions s'accomplissent donc en lui.

CHAPITRE XXIV.

L'abus des sacrements considéré comme moyen magique. Marguerite du Saint-Sacrement. Ce qui est arrivé au couvent de Louviers.

Pour maintenir et propager la cité du diable, il faut des moyens qui d'un côté lient avec le démon ceux qui se sont déjà livrés à lui, et qui de l'autre, agissant au dehors, attirent par la sensualité, par la peur, par le désespoir ceux qui lui sont encore étrangers. C'est ce que font les maléfices. Il y en a de deux sortes : les uns qui ont pour but de tenter l'homme ; et d'autres, plus énergiques, qui ont pour effet la possession. Ces moyens ont existé dès les temps les plus anciens parmi les sectes livrées au culte du démon, et la tradition nous apprend jusqu'à quel point leurs effets sont certains dès que la volonté y a donné son consentement. Ils sont arrivés jusqu'à nous, et les livres de magie vantent en mille endroits leur efficacité. Comme les sacrements de l'Église, ils sont composés de matière et de forme : la première est fournie ordinairement par quelque substance sale ou proche de la putréfaction. Quant à la forme, elle consiste dans l'union d'un élément sacré avec cette matière impure. Comme alkahest ou teinture de mort proprement dite, rien n'est supérieur en ce genre à cette ollapotrida composée par Goffredy d'après les déclarations de Marie de Sains. Elle consistait en un mélange d'hostie consacrées qui avaient été souillées auparavant, de sang consacré au sabbat, d'os de boucs, de crânes d'enfants tués réduits en poudre, de sang, de cheveux, d'ongles et de toutes sortes d'impuretés. Trois fois les démons avaient tenu conseil sur cette nouvelle invention. L'inventeur et ses intimes avaient prononcé sur ce mélange les paroles de la consécration, et l'avaient envoyé au prince des démons, qui lui avait communiqué la vertu de produire infailliblement la possession. L'assemblée du sabbat lui offrit un grand nombre d'enfants en action de grâces, et l'inventeur de cette recette infernale fut nommé prince et chef des royaumes de la magie. (*Vera ac memorabilis Historia de tribus energumenis in partibus Belgii* ; Lut. Paris., 1625, p. 149.) Sans prétendre garantir ici l'exactitude de ces détails, nous nous contenterons d'examiner ce qu'ils peuvent avoir de vrai.

Dans les sacrements et les sacramentaux, la substance corporelle qui en constitue la matière est arrachée pour ainsi dire à l'ordre naturel et transportée dans un ordre supérieur. Leur vertu est, dans le cours ordinaire des choses, bonne et salutaire, et ce n'est que par exception qu'ils peuvent servir de moyen aux esprits de ténèbres pour l'accomplissement de leurs criminels desseins. Mais comme il y a en eux un élément naturel, c'est par celui-ci que ces esprits peuvent se les approprier. Les deux éléments dont ils se composent répondent aux deux natures de l'homme, et leur vertu se fait sentir à chacune d'elles en même temps. Il est vrai que leur action nous est ordinairement cachée sous un voile plus ou moins épais; mais lorsque ce voile devient transparent, comme il arrive parfois pour les saints, cette double vertu devient aussi par là plus ou moins sensible.

Marguerite du Saint-Sacrement.

•La sœur Marguerite du Saint-Sacrement fut, à l'âge de douze ans, attaquée de convulsions violentes, auxquelles succéda pendant douze jours une sorte de demi-sommeil: puis elle tomba dans un état affreux, dont on ne put la tirer qu'en lui mettant un scapulaire. Bientôt elle sentit dans tous les membres une telle pesanteur qu'elle ne pouvait plus se tenir sur les pieds et que même au lit elle ne pouvait remuer ses membres. Tous les remèdes naturels s'étaient montrés impuissants, et elle était devenue sujette à de violentes convulsions. Pendant qu'elle était dans cet état, on l'entendit crier plusieurs fois avec l'accent d'une âme ravie : « Portez-moi devant le Saint Sacrement, c'est là que je recouvrerai mes forces. » Les sœurs se décidèrent donc à la porter au chœur, mais aucune ne put la prendre dans ses bras; il fallut avoir recours à la plus forte. Dès qu'elle fut arrivée à la porte du chœur, il sortit du tabernacle comme un nuage brillant, qui entoura Marguerite et chassa les esprits impurs. Ce nuage ne rétablit pas seulement les forces de son corps, mais il lui donna une telle agilité qu'elle fut plusieurs fois enlevée depuis la porte du chœur, ou même celle du cloître, jusqu'à la grille de l'autel. Une paix ineffable inonda son âme; et recouvrant la vue, que l'excès de ses douleurs lui avait ôtée, elle put contempler dans le sacrement de l'autel l'objet de son amour. Lorsqu'on eut ainsi éprouvé l'efficacité de ce moyen, on l'apporta de temps en temps au chœur, et on l'y laissait trois ou quatre heures de temps. Mais dès qu'elle était rentrée dans sa cellule, ses souffrances la reprenaient. Les médecins attribuèrent son mal à quelque amas de mauvaises humeurs dans le cerveau, et ils lui appliquèrent un fer chaud à la tête. Elle souffrit avec une admirable patience cette opération douloureuse, qui toutefois ne produisit aucun effet. Il en fut de même de celle du trépan, qu'on lui fit plus tard. La supérieure enfin, qui était une femme vertueuse et sage, voulut essayer si l'obéissance pourrait produire les résultats qu'on avait demandés vainement à la science. On conservait dans le couvent le manteau du pieux cardinal de Bérulle; elle le lui mit sur le corps en lui disant : « Ma sœur, soyez bien portante par obéissance pour notre vénérable père. » A l'instant même ses convulsions cessèrent, et cette expérience se renouvela plusieurs fois. Enfin la supérieure lui dit : « Je vous ordonne au nom de la sainte obéissance de vous bien porter, et de n'avoir plus désormais ni convulsions, ni délire, ni perte de la vue, et de manger comme les autres. » Elle fut aussitôt guérie de tous ses maux, et mangea désormais sans en éprouver aucune incommodité. Ces faits ont été attestés juridiquement par les médecins. (*Vie de la bienheureuse sœur Marguerite du Saint-Sacrement*, par le P. Amelotte.)

Si les sacrements produisent dans les organes bien disposés de tels changements physiques, ils en produisent d'autres qui ne sont pas moins remarquables, quoique dans un sens opposé, lorsque l'organisme a acquis par quelque opération diabolique une sensibilité excessive. Dans ce cas, bien souvent, le corps semble repousser instinctivement les sacrements, et est agité par des convulsions, ou roidi par des crampes à leur seule approche. Ceci est vrai surtout de la sainte Eucharistie. Mais le blasphème et le sacrilége font au contraire de ce sacrement adorable un moyen puissant de magie ; car la vertu infinie qu'il renferme pour le bien, étant détournée de son véritable but et appliquée à une fin criminelle, produit en mal des effets analogues à ceux qu'elle produit en bien dans les hommes privilégiés. Dans toutes les relations qui nous sont parvenues sur la magie ou la sorcellerie, il est très-souvent question de ces moyens, et la foi en leur puissance est aussi fortement enracinée que l'est dans un autre ordre de choses la croyance au pouvoir de la médecine. Toutes ces pratiques reposent sur ce principe des Manichéens, qu'au fond des enfers est la demeure du prince des ténèbres, qui, entouré de son peuple, est incessamment occupé à soustraire au monde les rayons de la lumière incréée. Il était naturel, en effet, que Satan et ses anges, étant considérés une fois comme des émanations de la Divinité, eussent aussi leur église, leurs sacrements et particulièrement leur eucharistie ; et les sacrements de l'Église leur offrent en ce genre des ressources précieuses, qu'ils ne trouveraient nulle part ailleurs au même degré.

Les possédées de Louviers.

L'histoire des possédées de Louviers est très-intéressante sous ce rapport. Il fut prouvé par leurs déclarations que Picard avait employé dans l'intérieur du couvent six charmes différents. L'un devait entretenir la division parmi les religieuses ; l'autre, exciter en elles une inclination déréglée pour lui et Madeleine Bavent ; le troisième, ébranler leur chasteté ; le quatrième, leur inspirer des sentiments contraires à la foi, à l'espérance et à la charité, et les porter au blasphème ; le cinquième, leur donner un désir incessant du sabbat et des opérations magiques ; le sixième enfin, produire en elles le mépris et l'horreur de tous les sacrements. On employa les exorcismes pour les forcer à indiquer les lieux où étaient cachés ces objets. Après beaucoup de résistance, elles furent obligées d'obéir ; en présence d'un grand nombre de témoins, on trouva chacun de ces objets dans le lieu qu'elles avaient désigné, et l'on dressa des procès-verbaux authentiques de tout ce qui s'était passé.

Plusieurs de ces charmes furent trouvés à sept ou huit pieds sous terre ; l'un sous le grand autel de l'église, l'autre dans la sacristie, un troisième sous un pilier, un quatrième dans le chœur, etc. Tous les assistants étaient plongés dans l'étonnement en entendant les possédées désigner exactement et le lieu où étaient enfouis ces objets et les substances dont ils se composaient, et les exécrations au milieu desquelles ils avaient été préparés au sabbat, et les ligatures, et les nœuds, et les lettres, en un mot tous les détails et tous les signes qui pouvaient les faire reconnaître. Ainsi, avant que l'on commençât à creuser la terre, elles indiquaient un endroit sur le sol, disant que là même, à une profondeur de six, ou sept, ou huit, ou neuf pieds, on trouverait le charme. On suivait leurs indications, et elles se trouvaient toujours exactes. Elles désignèrent plusieurs de ces objets comme portant les lettres initiales M. P. M. B. : c'étaient les premières lettres de Picard et de Madeleine Bavent. Elles dirent aussi qu'en un certain lieu était le testament de David et de Picard, écrit dans la langue arabesque du sabbat, et tout cela se trouva parfaitement juste. Personne ne pouvait lire ni comprendre cette écriture ; mais les deux religieuses qui avaient mis sur les traces de cette pièce la lurent l'une après l'autre, mot pour mot, et absolument de la même manière.

Si l'on n'avait employé tous les moyens pour déjouer la supercherie, ces faits prouveraient peu de chose. Or, voici comme l'on procéda. Il était naturel de soupçonner que les possédées, en descendant dans la fosse que l'on creusait d'après leur indication, y apporteraient elles-mêmes les objets qu'elles avaient désignés. Avant donc de les y faire descendre, on eut soin de les faire visiter scrupuleusement par d'autres religieuses prudentes et sur lesquelles le démon n'avait aucun empire. De plus, on fit descendre avec elles d'autres personnes d'un jugement sûr, des ecclésiastiques et des docteurs chargés de les observer attentivement, et de les empêcher d'approcher de l'endroit où était caché l'amulette. On leur mettait à la main un bâton au bout duquel était un croc avec quoi elles devaient tirer le charme, en se tenant éloignées du lieu où il était. De plus, le bord de la fosse était occupé par d'autres personnes qui observaient les mains et tous les mouvements des possédées et qui n'auraient pas manqué d'apercevoir la supercherie si elle avait eu lieu. C'était toujours pendant la nuit que se faisaient les fouilles, ce qui rendait l'imposture plus difficile encore ; car l'on était obligé d'allumer beaucoup de flambeaux, dont la lumière, partagée convenablement, éclairait les murs de la fosse et en dissipait toutes les ombres. Enfin l'évêque d'Évreux assista à toutes les recherches, et au moment décisif il faisait tenir le Saint Sacrement au-dessus de la tête des possédées, dans la fosse, afin de les détourner, par la crainte du sacrilége, de la pensée même d'employer la supercherie. Or, malgré toutes ces précautions, les indications des possédées se trouvèrent toujours exactes. Elles fouillaient avec leurs piques la terre à l'endroit désigné ; le papier qui enveloppait l'amulette brillait un instant par sa blancheur, puis, aussitôt après, il s'obscurcissait au contact de l'air et devenait sale, moisi et sans forme. Mais les possédées, au moment où elles trouvaient l'amulette, étaient comme frappées de la foudre et renversées en arrière ; elles poussaient un cri terrible, et les démons hurlaient par elles comme des loups et des tigres. On ne se contenta pas encore de ces précautions ; et lorsqu'on chercha les trois derniers talismans, on ne laissa point les religieuses descendre dans la fosse ; mais l'une d'elles, se tenant loin du bord, indiqua du dehors, avec une verge longue de quinze pieds, l'endroit où ils devaient se trouver. Et même pour le dernier elle le désigna le dos tourné, en frappant la terre avec sa baguette à l'endroit où il était, et en ordonnant de creuser plus avant. Elle criait de temps en temps : « Encore un moment. » Enfin elle frappa un grand coup, le dos toujours tourné, et le maléfice apparut aussitôt, large de deux doigts, au bout de sa baguette. Le doute n'était plus possible, et les commissaires qui avaient été envoyés et par la reine et par le conseil d'État, l'archevêque de Toulouse à leur tête, dressèrent sur tout ce qui s'était passé un procès-verbal authentique. Et cependant, malgré toutes ces précautions, il peut y avoir eu encore quelque supercherie inspirée par le démon aux religieuses qu'il possédait. Plusieurs fois, pendant les fouilles, des voix crièrent par leur bouche : « Je vais vous jouer un tour! Je vous assure que vous êtes trompés ! » L'une d'elles, en effet, ayant indiqué avec la baguette un certain endroit, on n'y put rien trouver. On jeta donc une partie de la terre aux pieds de l'évêque, afin de l'examiner attentivement. L'évêque tenait les mains de la possédée dans les siennes. Croyant que l'objet indiqué se trouvait dans cette terre, elle se jeta dessus ; et après qu'elle eut cherché quelque temps, plusieurs des assistants aperçurent le charme entre ses doigts, et crurent qu'elle l'avait mis elle-même dans le tas de terre. La vérité et le mensonge, on le voit, se touchent de si près dans ces sortes de choses qu'il est très-difficile de les distinguer. Cependant le résultat de tous ces essais ne doit pas nous étonner. Les excitants naturels ne produisent aucun effet sur un homme d'un tempérament calme et modéré, tandis qu'ils ébranlent fortement une constitution plus délicate. Or, il en est de même des excitants d'un ordre supérieur ; ils agissent avec plus ou moins d'énergie, selon les prédispositions de celui qui les éprouve. De même que le rhabdomante sent la présence des métaux et des sels dans le sein de la terre, ainsi les possédés sont doués d'une certaine sensibilité, laquelle les rend plus accessibles à l'impression des charmes magiques qui sont en rapport avec leur état.

CHAPITRE XXV.

De l'obsession spirituelle. La sœur Saint-Michel. La sœur Anne de la Nativité. Relation de la sœur Marie du Saint-Sacrement.

La malédiction qui repose sur la tête du prince des démons agit comme le regard fixe du serpent sur la nature mobile des oiseaux. Elle a je ne sais quoi qui lie et qui attire; et cet attrait devient bien plus fort encore quand il est aidé par des moyens magiques artificiels. Le résultat de cet attrait est ordinairement un état d'obsession, qui forme comme une société réelle de tous ceux qui sont soumis à la même influence et engagés dans les mêmes rapports. Cet état vient ordinairement après une suite de visions, d'apparitions ou de bruits plus ou moins extraordinaires qui, augmentant peu à peu, finissent par produire un ensorcellement complet. Ce progrès dans les phénomènes de cette sorte est surtout remarquable dans l'histoire des possédées de Louviers. D'abord la sœur Barbe de Saint-Michel vit plusieurs fois pendant la nuit dans sa cellule un grand nombre de flambeaux allumés, et bientôt elle ne put faire trois pas sans tomber par terre. Lorsqu'elle allait à la communion, elle voyait la grille du côté de l'église éclairée par des flambeaux, et elle se sentait poursuivie par des fantômes, qui, après lui avoir causé de grandes angoisses, s'échappaient par la cheminée. On vit en même temps dans la cuisine les plats et les pots tomber sans qu'on les touchât. Un fantôme apparut à la sœur Marie de Saint-Nicolas, vers le lever du soleil, sous la figure de Picard, s'assit sur son lit, et se mit à lui parler, tandis qu'une autre fois on jeta autour d'elle toute sorte d'objets avec un bruit effroyable.

La sœur Barbe.

La sœur Anne de la Nativité fut tourmentée bien plus encore. Elle voyait toutes les nuits dans sa cellule un fantôme qui se tenait immobile devant elle. Si elle sortait, il marchait devant elle; si elle était au chœur, il lui jouait toute

Anne de la Nativité.

sorte de tours pour la distraire, et il lui fit de grandes menaces lorsqu'elle découvrit la chose à la supérieure, qui lui conseilla de mépriser ces apparitions. Lorsqu'elle faisait un acte d'humilité ou d'abnégation, le fantôme disparaissait; mais bientôt il revenait et se moquait de ce qu'elle avait fait. Pendant la messe, lorsqu'elle était plongée dans un recueillement profond, il ouvrait contre elle une énorme gueule, comme pour la dévorer. Il lui représentait des hommes nus, et quelquefois même il la battait. Une fois, pendant la Préface, elle vit un crucifix qui lui dit qu'il était son époux, et qu'il lui promettait sa protection. Puis il détacha un de ses bras comme pour l'embrasser, en lui recommandant de tenir secret le rapport intime qui les unissait tous les deux. Comme elle ne répondait rien, le fantôme disparut avec un grand bruit. Elle fit une neuvaine à la sainte Vierge pour se délivrer de toutes ces tentations. Elle vit une autre fois un soleil éclatant, d'où sortait une voix qui lui adressait de tendres paroles, et l'excitait à s'unir avec la lumière éternelle. Mais comme elle n'y donna point son consentement, la voix se tut, et la lumière disparut aussitôt qu'elle eut fait le signe de la croix. Le fantôme revint bientôt sous la forme d'autres sœurs, et même de la supérieure. Pendant les jours de jeûne, elle voyait devant elle des aliments gras en abondance, sentait partout l'odeur de la chair, et voyait des hommes qui l'engageaient à en manger. Elle eut bientôt des convulsions et des spasmes violents; et la supérieure la trouva plus d'une fois étendue par terre, roide comme un morceau de bois. Un jour qu'elle était évanouie, ses sandales furent attachées sans qu'elle eût bougé, la règle de son ordre lui était tirée de sa manche et jetée au loin, quelquefois même jusque sur l'autel. Il en était de même de son rosaire. Une autre fois, en présence de la supérieure, sa règle lui fut jetée dans le feu; la supérieure l'en retira promptement et la trouva intacte, quoiqu'elle fût restée dans les flammes assez de temps pour y brûler. Une autre fois encore on lui arracha du cou les reliques qu'elle portait. La supérieure les attacha avec trois nœuds, au nom de la sainte Trinité; et le confesseur défendit au démon de les lui ôter. Cela n'arriva plus en effet; mais elle fut souvent menacée d'être étranglée par le cordon qui les tenait. Lorsqu'elle chantait au chœur avec les autres religieuses, elle était souvent enlevée à une palme au-dessus de terre. Il arrivait quelquefois alors que plusieurs sœurs lui mettaient leurs pieds sur les siens pour l'arrêter, mais elles se sentaient elles-mêmes enlevées avec elle. Le démon vint enfin sous la forme de la sainte Vierge, afin de confirmer toutes les apparitions précédentes, lui disant qu'elles étaient venues de la part de son Fils, et lui recommandant instamment le silence. Elle eut de la peine en effet à découvrir cette chose à ses supérieures. Comme elle avait peur de ces apparitions, on lui donna deux sœurs qui devaient dormir avec elle dans sa cellule avec une lampe allumée; mais plusieurs fois la lumière fut éteinte comme par un souffle; les objets qui étaient dans sa chambre furent jetés pêle-mêle, et les lits secoués jusqu'à ce qu'on eût rallumé la lampe. La sœur Marguerite du Saint-Esprit fut tourmentée de la même manière. Le jour de Noël, pendant qu'elle était à genoux devant le Saint Sacrement, repassant sa vie dans sa mémoire et s'immolant au Seigneur, elle sentit comme un frisson; des pensées de blasphème montèrent dans son esprit, et elle n'osait plus regarder le Saint Sacrement, car elle y voyait des choses que le cœur de l'homme ne saurait supporter. La nuit suivante, elle se sentit par trois fois la tête pesante, puis elle tomba sans mouvement ni parole. Deux fantômes lui apparurent alors, l'un très-grand, qui s'assit sur une chaise; l'autre petit comme un nain, qui se posa sur son estomac. Tous deux se mirent à causer ensemble et à se dire que la maison toute entière, et elle en particulier, leur appartenait.

Marie du Saint-Sacrement.

Mais la chose la plus remarquable fut ce qui se passa avec la sœur Marie du Saint-Sacrement. Ses tourments commencèrent le jour où Picard la toucha au côté. « Le soir, dit-elle, vers neuf heures, lorsque je me mettais au lit, je vis tomber par trois fois sur la couverture des étincelles de feu, ce dont je fus grandement effrayée. Un jour, comme je me donnais la discipline, celle-ci me fut arrachée des mains et jetée à la figure. On éteignit ma lumière, on me saisit par ma ceinture, et l'on me jeta en bas de l'escalier. Une autre fois on me mit sur les épaules un énorme fardeau; et comme je me traînais avec peine chez notre mère, je sentis ce fardeau tomber avec un grand bruit sur un des degrés de l'escalier; et je fus jetée en bas, de sorte que le sang me sortait du nez et de la bouche. On m'ordonna de demander au fantôme, s'il reparaissait : « Qui es-tu? que veux-tu, et pourquoi t'adresses-tu à moi? » Une nuit donc, vers onze heures, ayant entendu un bruit confus, je prononçai ces paroles. Une voix terrible me répondit : « Ma sœur, j'ai un secret à vous confier. » Je poussai un cri d'horreur; on accourut à moi, et l'on entendit le bruit d'un coup que je reçus. La nuit suivante l'esprit m'apparut sous la forme d'une religieuse défunte, demandant certaines prières pour son âme; mais mon confesseur me défendit de réciter celles qui m'avaient été imposées, et m'en permit quelques autres. Quelques jours après j'entendis comme une voix sortir d'un éclair, et me remercier de ce que j'avais fait. Je crus que c'était la voix de l'âme que j'avais délivrée, et je conçus de moi une bonne opinion. Beaucoup d'autres apparitions de toute sorte eurent lieu, la plupart très-effrayantes, et j'étais tourmentée en mille manières. On me fit une fois souscrire, par une ruse perfide, un papier qui était, me disait-on, une confession de foi, mais qui renfermait toute sorte de blasphèmes, comme je le vis lorsqu'on me le donna à lire.

« L'esprit m'apparut encore sous la forme d'une religieuse que j'aimais beaucoup; il m'apporta des roses et des œillets, puis il m'égratigna, me frappa et me mordit. Une nuit je vis devant moi un jeune homme nu; je fis le signe de la croix et jetai de l'eau bénite; mais l'apparition se moquait de moi. Croyant que c'était un fantôme, je m'avançai vers lui : voyant qu'il ne disparaissait pas, je criai de toutes mes forces. Notre mère accourut, et me demanda ce que j'avais. Mais je continuais à crier, tenant ferme le fantôme qui m'entraina jusqu'à la cheminée, et là m'enleva deux pieds au-dessus de terre. Craignant d'être entraînée hors du cloître, je le lâchai, et tombai par terre; c'est là qu'on me trouva les mains pleines d'un onguent noir et d'une odeur infecte. Mon confesseur ordonna que l'une des sœurs les plus anciennes vint me voir de temps en temps. Si elle tardait un peu, le démon m'apparaissait sous sa figure, cherchant à gagner ma confiance par ses flatteries. Peu à peu j'ajoutai foi à ses paroles, et me plaignis à lui de l'embarras où me jetaient toutes ces apparitions. Il me conseilla de ne plus me fier aux hommes, de ne plus écouter ni mes supérieurs ni mes directeurs, ajoutant que, Dieu voulant me conduire par des voies particulières, je devais n'avoir confiance qu'en lui. Dans les entrevues qui suivirent, l'esprit exposa devant moi des doctrines singulières, me disant que toute chair est comme de l'herbe; que le Seigneur a pris la nôtre, non pour l'honorer, mais pour la rendre plus méprisable encore par tous les mauvais traitements qu'il avait soufferts; qu'il avait à cause de cela reproché à ses apôtres de s'être rendus incapables de recevoir l'esprit par un attachement trop grand à son humanité; que ses vrais disciples adorent Dieu en esprit et en vérité; que ce sont les charnels qui ont fait de son corps un sacrement qu'ils adorent, quoique la majesté divine ait en horreur la chair et le sang; que l'enfer est une invention des hommes, afin d'entretenir l'ordre ici-bas; que l'enfer, de même que le paradis, est sur la terre, et que c'est une grande folie de sacrifier un bien présent à une espérance imaginaire; que l'âme doit mourir avec le corps, sans quoi Dieu aurait menti quand il a dit : « Tu mourras de mort. » Ces discours me troublèrent, et je finis par en parler à mon confesseur. Mais le démon chercha à le ruiner dans mon esprit; car il m'apparut un matin sous la figure de ce vénérable prêtre, et me fit une déclaration formelle d'amour. Je fus saisie d'horreur : je conçus cependant quelque doute, et je dissipai l'apparition par le signe de la croix. Elle revint une autre fois sous la même forme au parloir; mais elle disparut dès que mon véritable confesseur fut arrivé. Le démon me fit croire ensuite que toutes les fois que mon confesseur me donnait la communion, c'était un charme qu'il m'administrait; que pour preuve, en regardant l'hostie avec attention, je la trouverais rouge. Ceci arriva en effet. Une autre fois les hosties me parurent à demi noircies; et cette illusion ne put être dissipée que par ma confiance dans la vertu de mon directeur.

« La chose prit bientôt une autre tournure. Un matin, ma cellule fut éclairée par une lumière qui ressemblait à celle de l'aurore dans un jour d'été. Un beau jeune homme de quinze à seize ans m'apparut dans cette lumière, et me salua gracieusement, en me disant qu'il avait été envoyé pour me protéger, parce que j'avais trouvé grâce devant Dieu, qui avait pour agréable tout ce que j'avais fait jusque-là; qu'il voulait me mener plus loin dans ses voies, et que c'était pour cela qu'il l'avait envoyé vers moi; mais qu'il fallait avant tout que j'eusse confiance en lui; car depuis le péché les hommes, étant devenus ignorants et mortels, n'étaient plus, quand ils voulaient conduire les autres, que des aveugles menant d'autres aveugles. L'entretien dura trois heures. Après avoir bien considéré ces paroles je n'y trouvai rien de suspect : je le crus vraiment mon ange gardien, et je rendis grâces à Dieu de tout mon cœur. Le lendemain il me parla de la prédestination. Puis trois jours de suite il m'entretint de l'essence divine et de la nature de l'homme, créé à l'image de l'ange, qui lui-même est l'image de Dieu. Il me montra comment les hommes, après avoir profané cette image, se prétendent et se nomment injustement pères, maîtres, docteurs et vrais chrétiens; quoique d'après le Christ lui-même il n'y ait que Dieu qui puisse être appelé père. Dans la sixième conférence il m'exposa comment Dieu tira de sa propre essence les anges, qui sont de la même nature que lui et dans une union parfaite avec sa substance. Dans les deux suivantes, il me parla des différences d'opinions qui existent entre les hommes. Il me dit que Gabriel avait été le messager chargé d'annoncer aux hommes les commandements du Très-Haut, et que, les ayant trouvés de bonne volonté, il avait pris un corps et s'était incarné, et que c'était pour cela qu'on l'appelait le Sauveur du monde. Plus tard il me demanda si j'étais décidée à servir Dieu dans un renoncement parfait. Je lui répondis que c'était pour cela que j'avais quitté le monde, et que mon corps et mon âme étaient à lui sans réserve. Il me loua de mes dispositions; et je sentis un tel désir de plaire à Dieu que j'en pouvais à peine supporter l'ardeur. Il me dit alors : « Permets-moi de toucher ton cœur pour l'affermir dans la charité. » A ces paroles, je fus saisie de crainte, et mettant ma main sur mon cœur, je lui dis : « Sache que j'ai promis à mon confesseur de ne jamais me laisser toucher par qui que ce soit. » Il me dit qu'il avait voulu m'éprouver; mais je lui répondis : « Si c'est la volonté de Dieu, faites-le; sinon, je ne puis le permettre. » Je le vis changer d'air, il me parut être irrité, sans que toutefois son éclat diminuât. Il me toucha et me dit que j'avais tort de douter de lui. Il vint une dixième fois plus brillant que jamais, pour me purifier, disait-il, de mes imperfections. Il me toucha le cœur avec une grande modestie; toutefois, et loin d'avoir aucune mauvaise pensée, je ne sentis qu'un vif désir d'aimer Dieu, et je le pris réellement pour mon bon ange. Dans sa onzième visite, il me demanda ce que j'avais, car je paraissais inquiète; je finis par lui avouer que j'avais été tentée tout le jour de découvrir la chose à mon confesseur. Il m'en blâma, et me dit : « Donne-moi ta langue, pour que je la touche et la rende ferme. » Je ne pus m'empêcher de lui dire que tous ces attouchements me déplaisaient beaucoup, et qu'ils me paraissaient peu dignes d'un esprit. Il me répondit : « Tu dois mortifier encore davantage ton jugement propre, car c'est ta volonté et non celle du Seigneur que tu veux faire. » — « Faites-donc, lui dis-je, ce qui plait à Dieu. » Et alors il me toucha la langue, après m'avoir parlé longtemps de la soumission à la volonté divine. Le matin, il vint de meilleure heure qu'à l'ordinaire, dans tout l'éclat de sa beauté, et parla avec tant de charme sur la gloire des bienheureux que mon âme en fut ravie; et après qu'il m'eut touché les yeux et le cœur, il dut y laisser la main pour me donner des forces. On me trouva hors de moi ; je pus à peine me tenir pendant toute la journée. Et comme on m'en faisait des reproches, et que l'on m'accusait de chercher en tout mes aises, je me donnai la discipline. Le soir il approuva ce que j'avais fait.

« Il revint le lendemain matin et m'offrit une très-belle rose. Mais je me couvris le visage, le priant de tempérer l'éclat de sa lumière, parce que je ne le pouvais supporter. Il me toucha les yeux et le cœur : je pris la rose et la baisai. Je prenais plaisir à tous ses discours ; je me réjouissais d'en savoir plus que les autres, et j'attribuais ce privilége à mon zèle pour le service de Dieu. Le soir, étant rentrée dans ma cellule, je demandai à Dieu que, si cette apparition était vraiment mon bon ange, il permît qu'elle vint en ce moment pour me consoler, et qu'il ne me laissât pas victime de mes propres illusions. L'esprit m'apparut aussitôt. « O vous, lui dis-je, qui êtes si bon, et qui ne voulez que la paix des âmes, découvrez donc à mon confesseur ou à un autre de mes supérieurs les rapports qui existent entre nous, afin que je sois en repos. » Il me répondit que le plus beau don que Dieu pût me faire c'était de me tenir éloignée de toute société avec les hommes; en même temps il me toucha le cœur et me dit : « C'est ici le siége des passions. Or tu n'en sens aucune quand je te touche, parce que je purifie tout ce qui approche de moi avec simplicité. » Dans la quatorzième conférence il me parla de Dieu et de la chute des anges. J'avais toujours cependant quelques soupçons, et toutes les fois qu'il me demandait serment de fidélité, je lui répondais : « Si Dieu le veut, » ou bien : « J'ai donné à Dieu tout mon cœur. » Le lendemain, je me trouvai après la communion dans une grande sécheresse, et je m'en plaignis à lui. Il me dit qu'il l'avait permis pour m'éprouver; puis il me demanda trois fois d'une voix tendre : « Ma fille, ma bien-aimée fille, m'aimes-tu. » Je perdis aussitôt l'usage de mes sens, et ne les recouvrai qu'après qu'il m'eut touchée. Il disparut alors en me disant : « Encore trois jours, et tu seras affermie pour toujours dans ma grâce. » Dans la communion suivante, je me retrouvai triste et sans onction, et me retirai promptement dans ma cellule. Mon esprit me visita bientôt et me reprocha ma faiblesse. Enfin, à la dernière visite qu'il me fit il me questionna sur l'état de mon intérieur, et je lui dis que je n'avais plus aucune inquiétude, parce que j'étais entièrement résignée à la volonté de Dieu, quoique je ne pusse me défendre d'une certaine crainte de me tromper; mais que je lui promettais de me taire, à moins qu'il ne m'arrivât quelque chose qui déplût à Dieu. Il m'approuva et me parla d'une manière ravissante des joies qui m'étaient réservées.

« Le soir, mon confesseur m'ayant appelée au parloir, j'y allai avec une grande répugnance. Il me demanda comment je me trouvais, et ce qui se passait en moi. Je lui répondis qu'il ne s'y passait rien que de bon. « Il se passe donc quelque chose en vous? me dit-il; je veux savoir ce que c'est. — Mon père, lui dis-je, s'il se passait quelque chose entre Dieu et moi, serais-je tenue de le découvrir? Notre main gauche ne doit-elle pas ignorer le bien que fait notre main droite? » Il m'ordonna par la sainte obéissance de lui dire ce que je voulais lui cacher. Je lui répondis que je ne sentais rien, sinon une entière indifférence à l'égard de toute créature. Il approuva ces sentiments, en m'avertissant toutefois d'être sur mes gardes, afin de ne pas me laisser aller au mal sous l'apparence du bien. « Est-ce qu'il y a quelque chose en moi, lui dis-je, qui éveille vos soupçons? — Je ne soupçonne rien, mais je crains quelque illusion. Vos évanouissements après la sainte communion, la tristesse de votre visage, le silence sur l'état de votre âme depuis trois semaines m'inquiètent. — En effet, depuis quelque temps je me retire du commerce des hommes, parce qu'il n'y a de consolation qu'en Dieu, et que les hommes sont toujours un obstacle pour le bien. — Je vous crois, ma fille, et je prie Dieu qu'il vous fasse connaitre la vérité, afin que tout se termine à sa gloire. » Je le regardai sans rien dire, car je ne savais ce que je devais faire. Mais je me dis à moi-même que c'était sûrement une tentation, puisque j'avais promis le jour même de garder le silence. Mon confesseur, s'apercevant de mon hésitation, me dit : « Je vois bien que vous avez quelque chose à me communiquer. — Non, je pense seulement aux paroles que j'ai entendues; » et en disant ces mots je me levai pour sortir; mais je m'arrêtai au milieu du parloir, pour réfléchir sur ce que je devais faire. Il me rappela et me dit : « Je vous en prie, ma fille, dites-moi la vérité : que craignez-vous? — Je ne crains que Dieu. — Allez donc, car je crois à ce que vous me dites. » Comme j'étais près de la porte, je me retournai vers lui et lui dis : « Adieu, mon père. » Il me répondit : « Adieu, ma fille. » J'avais toujours les yeux sur lui, et je lui dis une seconde fois : « Adieu, mon père, je m'en vais. » Il me rappela une seconde fois, et me dit : « Ma fille, encore un petit mot; approchez, je veux vous parler bas. » Je m'approchai de la grille; et lui, prenant doucement la corde qui me servait de ceinture, me dit : « Je vois clairement que vous avez quelque chose à me communiquer, et je ne sors pas d'ici que vous ne me l'ayez dit, dussé-je y rester jusqu'à demain. — C'est vrai, mon père. Il se passe quelque chose d'extraordinaire entre moi et mon bon ange. Dieu m'accorde par lui beaucoup de grâces; mais je ne puis rien dire, car j'ai promis de me taire, et je perdrais en parlant la consolation de ses visites. — Croyez-moi, ma fille; cet ange, c'est le diable lui-même. » A ces paroles, je fus saisie d'un violent tremblement; mes dents claquaient et je ne pus parler. Mon confesseur récita sur moi les exorcismes, et dut enfin appeler la supérieure à mon secours. Ce tremblement dura bien une demi-heure; lorsqu'il fut passé, le père voulut me faire abjurer toutes les paroles de consentement que j'avais prononcées. Je lui répondis que je renonçais à tout ce que j'avais pu dire contre la volonté de Dieu. Il ne se contenta pas de cela, et voulut que je renonçasse à cet ange lui-même, et que je le regardasse comme un démon. Mais je refusai d'aller plus loin en ce jour, lui promettant d'examiner la chose, et de lui rendre compte ensuite de mes impressions. Il me confia à la supérieure, en lui recommandant de ne pas me quitter avant de m'avoir mise au lit.

« Lorsque je fus seule, je pris courage; et pendant que tout reposait dans le cloître, mon esprit revint avec sa clarté, mais en même temps avec une telle expression de colère qu'il semblait vouloir m'anéantir. Il me traita d'infidèle, de misérable et d'ingrate, me disant que je ne savais pas dans quel abîme je me précipitais, et que je ne pouvais être sauvée que par un repentir profond et la promesse sincère d'une plus grande fidélité à l'avenir. Il me regarda avec une tendresse inexprimable, et me dit : « Promets-moi d'être plus fidèle à l'avenir, et je te pardonnerai ta faiblesse. » Je ressentis une grande tendresse pour lui, mais en même temps une certaine crainte de lui donner mon consentement, et je me tournai de l'autre côté sans lui répondre. Mais il me retourna aussitôt et me dit : « Comment, ma fille! Comme tu es changée! Ne veux-tu pas que je prenne possession de ton cœur? — Ce cœur est à Dieu seul, lui dis-je, et je ne me repens pas de ce que j'ai fait au confessionnal. Si vous êtes de Dieu, ce que j'ai fait doit vous plaire aussi. Si vous voulez m'ôter tout soupçon, paraissez à la grille devant mon confesseur dans tout l'éclat de votre gloire, et découvrez-lui ce que vous avez fait à mon égard. S'il l'approuve, et s'il vous déclare un ange de Dieu, je vous promets une fidélité inviolable; sinon, laissez-moi dans mon indignité. » A mesure que je lui parlais, son visage changeait d'expression. A la fin, il devint furieux, et perdant contenance, il me dit : « Misérable! est-ce ainsi que tu accomplis ta promesse d'hier? Qu'as-tu depuis ce temps aperçu en moi qui déplaise à Dieu? Je t'ai fait trop de bien, je le vois; tu as changé le remède en poison. Encore une fois, ne me force pas à user de rigueur envers toi après l'avoir traitée si doucement. » J'étais si saisie que je fus sur le point de céder à ses instances. « Quand même je vous promettrais fidélité, lui dis-je, je ne pourrais tenir ma promesse; car mon confesseur me questionnera, et pour rien au monde je ne voudrais lui mentir. — Donne-moi seulement ton cœur, et le reste me regarde. — Mon cœur est à Dieu; je renonce à toi, misérable imposteur. Je vois maintenant que tu n'es pas de Dieu; je méprise tes flatteries et tes menaces. — Ah! malheureuse, pour châtiment je te livre à ton ennemi. » Il disparut en disant ces mots. C'était le 4 avril 1642. L'éclat sous lequel il se cachait cessa pour toujours; mais il revint à elle armé de toutes ses terreurs.

Dira-t-on que toutes ces choses ne sont que les rêves d'une imagination en délire, exaltée à la fois et par l'amour et par la solitude? Cette supposition pourrait peut-être expliquer d'une manière suffisante plusieurs des faits racontés dans cette histoire; mais il en est d'autres qui la repoussent entièrement. Ainsi, par exemple, lorsque les possessions éclatèrent dans le couvent, et que l'évêque d'Évreux, François Pericard, s'y transporta dans un carrosse à six chevaux, les possédées, qui pouvaient courir le long des murs et sur les toits et marcher sur l'eau sans y enfoncer, accoururent à sa rencontre, se jetèrent entre les chevaux, et réussirent plus d'une fois à arrêter la voiture. Était-ce là un rêve et une illusion? Lorsque les bréviaires et les règles de ces mêmes possédées voltigeaient dans le chœur de l'église; lorsqu'à leur approche les pupitres, les livres, etc., étaient jetés çà et là; lorsque leurs sandales s'attachaient à leur voile; lorsque pendant la nuit on entendait plusieurs voix parler ensemble; lorsque la sœur Marie était jetée du haut en bas de l'escalier; lorsqu'en présence de plusieurs témoins elle montait jusqu'à la pointe des branches d'un mûrier, et, semblable à un oiseau, sautait d'une branche à l'autre, tout cela n'était-il encore qu'un rêve? Ce n'était pas une religieuse seulement qui se trouvait en cet état, mais seize ou dix-huit. Elles étaient ébranlées par les convulsions les plus violentes, et cependant leur santé n'était en rien altérée; et après des accès de trois ou quatre heures leur pouls était parfaitement calme. Les médecins déclarèrent unanimement que ces phénomènes ne pouvaient s'expliquer d'une manière naturelle. Ces seize ou dix-huit religieuses furent tourmentées ainsi, et le jour et la nuit, pendant quatre ou cinq ans. Pendant deux ans, toutes les fois qu'on les exorcisait, elles tombaient dans des convulsions effroyables, qui duraient plusieurs heures; et à peine avait-on ôté l'étole qu'elles s'en allaient dansant et riant, sans donner le moindre signe de fatigue ou de douleur. (*Esprit de Bosroger*, p. 235.)

CHAPITRE XXVI.

Rapports psychiques dans l'obsession. Les religieuses d'Auxonne; celles du Saint-Esprit, à Louviers. Obsession épidémique en 1374.

Les rapports spirituels lient entre eux et avec le démon ceux qui, par l'effet d'une volonté pervertie, se sont donnés à lui. Mais le mal ne s'arrête pas là; de l'esprit ou de la partie supérieure de l'homme, il pénètre dans la partie moyenne, c'est-à-dire dans la psyché ou l'âme proprement dite. La psyché, dans les *natures intelligentes*, se confond avec l'intelligence elle-même, dont elle n'est qu'une faculté particulière. Dans les êtres doués de vie seulement elle se confond avec la vitalité ; mais chez l'homme c'est surtout dans les mouvements volontaires qu'elle se manifeste avec ses caractères distinctifs. C'est dans le mouvement que la volonté se produit ; la faiblesse de celle-ci se révèle en celui-là, comme le pouls sert à faire reconnaître les altérations de la vie physique. Or, la volonté est en rapport avec soi-même et avec la nature, et peut à cause de cela se diviser en volonté subjective et en volonté objective. Et comme le mouvement est l'expression de la volonté, il se divise aussi en mouvement volontaire et en mouvement involontaire ; et la puissance de la volonté en général dépend de l'harmonie des rapports qui existent entre ces deux sortes de mouvements. Or, ces rapports peuvent être altérés de deux manières : ou par la prédominance de l'élément subjectif, lorsque celui-ci cherche à s'émanciper de tout mouvement involontaire ; ou bien au contraire par la prédominance de l'élément objectif, lorsque la volonté ne peut plus par sa faute gouverner ni régler les mouvements qui sont de son ressort. Il y a dans ce cas une possession de la volonté, résultat d'une faute, ou, en d'autres termes, une véritable obsession. Ce rapport peut être troublé par la prédominance des mouvements involontaires lorsque les organes, dominés et vaincus pour ainsi dire par les puissances de la nature, empiètent sur le domaine des mouvements volontaires. Il y a alors comme une possession naturelle, qui n'est plus le résultat d'une faute, mais un accident, une maladie, effet d'une contagion quelconque ; on peut ranger dans cette classe la catalepsie, la danse de saint Gui et tous ces phénomènes qui apparaissent dans les diverses espèces de manies, et qui proviennent d'une exaltation excessive du système musculaire. Or très-souvent cet état coïncide avec une vue plus claire des mystères de la nature, et quelquefois même de ceux du monde des esprits. Dans ce cas, il se produit un second rapport entre les puissances psychiques de la volonté et les puissances de la nature ou du monde des esprits. Quelquefois ce rapport s'établit dans les organes sur lesquels la volonté n'a point ou presque point de pouvoir; et, de là s'étendant plus loin, il finit par affecter ceux même dont la volonté peut régler et diriger les mouvements. Dans ce cas, l'obsession démoniaque se produit comme une maladie, tandis qu'au contraire, lorsque l'obsession est l'effet d'un acte de la volonté, elle n'est plus seulement une maladie, mais un crime. Dans le premier cas, lorsqu'un grand nombre d'individus se trouvent dans les mêmes rapports entre eux et avec le démon, l'obsession prend un caractère épidémique contagieux. C'est cette épidémie de l'obsession dont nous allons étudier les symptômes psychiques.

Ces sortes de maux se manifestent plus particulièrement là où plusieurs personnes vivent ensemble dans un rapport intime et soumises aux mêmes influences, surtout lorsque ce sont des femmes; car on sait qu'elles sont plus susceptibles que les hommes de recevoir cette sorte de contagion. C'est donc dans les couvents de femmes que ces phénomènes doivent se montrer plus souvent. Un des cas les plus remarquables en ce genre est celui qui se passa à Auxonne, vers l'an 1662. Il a été étudié et observé par quatre évêques et quatre docteurs de Sorbonne, qui nous en ont laissé un récit parfaitement détaillé. « Nous soussignés, disent-ils, après avoir entendu le rapport de l'évêque de Châlon-sur-Saône sur les phénomènes qui se sont manifestés à Auxonne, dans plusieurs personnes ecclésiastiques ou laïques, lesquelles paraissaient possédées du malin esprit; lorsque ledit évêque, sur l'ordre du roi, et d'après la commission de l'archevêque de Besançon, a dirigé pendant quinze jours sur les lieux mêmes les exorcismes, après s'être adjoint plusieurs prêtres d'un grand mérite et d'une grande vertu, et M. Morel, autrefois médecin à Châlon, connu par sa science et son expérience, qui tous ont porté sur cette affaire le même jugement, nous regardons comme prouvés et incontestables les faits suivants : Premièrement,

Histoire des religieuses d'Auxonne.

que toutes ces filles, sans exception, au nombre de dix-huit, paraissent avoir eu le don des langues, répondant exactement aux exorcistes lorsque ceux-ci leur parlaient en latin, et parlant elles-mêmes en cette langue ; que l'une d'entre elles, Anne l'Écossaise, appelée sœur de la Purification, a compris ce que l'un des exorcistes lui disait en irlandais, et l'a traduit plusieurs fois en français. Secondement, que toutes, ou presque toutes, ont eu le don de connaître l'intérieur et les pensées des autres, lorsque ces pensées s'adressaient à elles. Ainsi, lorsque les exorcistes leur commandaient intérieurement quelque chose, elles le faisaient exactement. L'évêque de Châlon ayant ordonné dans sa pensée seulement au démon qui possédait Denise Parisot, servante du lieutenant général d'Auxonne, de venir à lui pour se faire exorciser, Denise vint aussitôt, quoiqu'elle demeurât dans un quartier éloigné de la ville, et elle lui dit qu'on lui avait ordonné de se présenter à lui. La même chose fut essayée avec la sœur M. Janini de l'enfant Jésus et avec Humberte de Saint-François, à qui l'évêque commanda, au moment même de son paroxysme, de se prosterner, les mains étendues en croix, devant le Saint Sacrement, ce qu'elle fit aussitôt. Les autres ecclésiastiques, voyant que la même chose se répétait tous les jours, avaient pris l'habitude de n'adresser jamais à ces religieuses les ordres qu'ils voulaient leur donner que par la pensée.

« Troisièmement, en diverses circonstances, elles ont prédit l'avenir, et particulièrement en ce qui concerne les maléfices que l'on voulait trouver non-seulement dans le cloître, mais aussi dans le corps des autres sœurs avec lesquelles elles n'avaient pu s'entendre auparavant et qui les rendaient ensuite au moment précis qui avait été déterminé par les premières. Plus d'une fois elles ont dit au seigneur évêque et à ses prêtres des particularités très-secrètes relativement à leur famille ou à leur maison. Une fois même on lui indiqua l'époque d'un voyage qu'il devait faire à Paris, époque qu'il ne connaissait pas lui-même.

Quatrièmement, presque toutes, surtout dans leurs paroxysmes, ont montré une grande horreur des choses saintes, et particulièrement de l'Eucharistie et de la Pénitence, de sorte que plus d'une fois il fallut employer plusieurs heures pour confesser l'une de ces religieuses à cause de l'opposition qu'elle y mettait et des cris qu'elle poussait. Avant la communion, elles étaient tourmentées par des convulsions où la volonté n'avait évidemment aucune part. Dès qu'elles avaient reçu la sainte hostie, elles poussaient des hurlements effroyables et se roulaient par terre; pendant ce temps l'hostie restait au bout de leur langue, qu'elles allongeaient ou retiraient sur l'ordre de l'exorciste, sans que toutefois elles se permissent rien d'injurieux contre le Saint Sacrement. Ceci durait quelquefois une demi-heure, plus ou moins, et dès qu'elles avaient avalé l'hostie elles recouvraient aussitôt le calme et ne se souvenaient plus de ce qui s'était passé. La seule approche des reliques d'un saint leur donnait de violents accès de fureur, et souvent elles disaient le nom du saint à qui appartenaient ces reliques avant de les avoir vues. Lorsque le seigneur évêque leur imposait les mains en secret et sans qu'elles pussent le savoir, elles témoignaient par des signes manifestes qu'elles en ressentaient l'effet, et s'écriaient que cette main leur était insupportable, et les brûlait. Enfin, pendant la sainte messe et au milieu des exorcismes, elles vomissaient d'effroyables blasphèmes contre Dieu et la sainte Vierge, blasphèmes qui ne pouvaient sortir que de la bouche du démon. Cinquièmement, toutes les fois qu'on les forçait de montrer par des signes surnaturels la présence du démon, elles ont obéi avec docilité. Le seigneur évêque ordonna entre autres choses à Denise d'arrêter le pouls du bras droit, puis celui du bras gauche, pendant que l'autre marchait régulièrement; et le médecin constata que l'ordre avait été parfaitement exécuté. La même chose arriva deux ou trois fois à la sœur de la Purification. Or, l'une et l'autre étaient également en parfaite santé, et ce phénomène ne pouvait par conséquent être attribué qu'à la volonté de l'exorciste. La poitrine de la sœur Marguerite de l'Enfant Jésus, sur l'ordre de son exorciste, s'enfla et s'éleva d'une manière prodigieuse, puis s'affaissa et reprit son volume ordinaire; et cela deux ou trois fois de suite. La sœur L. Arivey de la Résurrection, en présence de l'un des ecclésiastiques, garda pendant assez longtemps dans sa main un charbon embrasé sans qu'il en résultât aucune trace de brûlure.

« Sixièmement, sur le simple commandement des exorcistes, leur corps a acquis une merveilleuse insensibilité. Ainsi le seigneur évêque ayant ordonné au démon de Denise de fermer tous ses sens, le médecin lui enfonça une épingle sous l'ongle d'un doigt sans qu'elle ressentît aucune douleur. On lui ordonna ensuite d'arrêter le sang; et l'on retira l'épingle sans que le sang coulât. Puis, dès qu'on lui ordonna de couler, il coula en effet, pour s'arrêter de nouveau lorsqu'on lui commanda de s'arrêter. Ce phénomène se renouvela plus tard chez la sœur de la Purification, qui engageait les assistants à employer le fer et le feu parce qu'elle ne sentait rien de tout ce qu'on lui faisait. Plusieurs d'entre elles qui, d'après la déclaration de quelques autres, devaient aller le lendemain au sabbat, en ayant été empêchées, tombèrent dans une espèce de léthargie au moment même où le sabbat devait avoir lieu, et cet état dura plus de cinq quarts d'heure. Ceci arriva entre autres à la sœur de la Purification. Tous ses sens étaient fermés, elle était sans mouvement, sans parole, sans sentiment, les bras en croix sur la poitrine, et tellement roides qu'il était impossible de les séparer, les yeux fermés d'abord, puis ouverts, mais immobiles et privés de la faculté de voir. Lorsqu'elle revint de cette extase, elle raconta comment elle avait été en esprit au sabbat, et tout ce qu'elle y avait vu. Septièmement, après des exorcismes de plusieurs heures, il leur sortait souvent de l'estomac des corps étrangers qu'elles considéraient comme des maléfices et des charmes; elles vomissaient des morceaux de cire, des os, des cheveux, des cailloux plus larges et plus épais qu'un thaler, de sorte qu'il nous paraît difficile qu'elles eussent pu les rendre par la gorge dans l'état naturel. Bien plus, Denise, après un exorcisme de trois heures et des efforts extraordinaires, rendit un jour par la bouche une grenouille ou un crapaud vivant, gros comme le poing, et qu'on brûla aussitôt. Huitièmement, les démons dont ces pauvres filles se disaient possédées, forcés de sortir par les exorcismes, ont paru donner à l'approche du Saint Sacrement des signes surnaturels et convaincants de leur départ. L'évêque ayant ordonné à ceux qui possédaient Denise de partir, et de briser une vitre qu'il leur montra du doigt, la vitre fut aussitôt brisée. La sœur Humberte se trouva guérie entièrement le jour de la Présentation de la sainte Vierge, et comme signe de sa guérison elle rejeta par la bouche un morceau de taffetas roulé sur lequel étaient écrits en caractères rouges le nom de Marie, et quatre autres lettres initiales désignant saint Hubert et saint François de Sales. La sœur de la Purification ayant été délivrée de plusieurs démons, le jour de la fête de saint Grégoire le Thaumaturge, rendit aussi par la bouche, comme signe de sa guérison, un morceau de drap dans un cercle de cuir, sur lequel était écrit le nom de Grégoire. Et le même jour, comme signe qu'elle avait été délivrée de plusieurs autres démons, elle montra tout à coup écrit comme avec du sang, sur sa ceinture, en gros caractères, ces mots : Jésus, Marie, Joseph, et cependant les exorcistes, un moment auparavant, avaient vu cette ceinture toute blanche.

« Neuvièmement, parmi les mouvements et les poses de ces possédées pendant les exorcismes, quelques-unes étaient si extraordinaires qu'elles surpassaient évidemment leurs forces, même celles de la nature humaine. La sœur Humberte, ayant reçu l'ordre d'adorer le Saint Sacrement, se prosterna à terre, mais de telle sorte qu'elle ne touchait le sol qu'avec la pointe du ventre, tandis que la tête, les pieds et les mains, ainsi que tout le reste du corps, étaient levés en l'air. La sœur de la Résurrection fit la même chose et resta quelque temps dans cette position, le corps ployé en cercle, de sorte que la pointe des pieds touchait le front. Constance et Denise furent plusieurs fois jetées contre la terre en ne la touchant qu'avec le crâne et les pieds, tout le reste du corps étant en l'air, et elles marchèrent en cet état. Toutes ou presque toutes, lorsqu'elles étaient à genoux, les bras croisés sur la poitrine, se renversaient en arrière, de sorte que le haut de la tête touchait la plante des pieds, tandis que la bouche baisait la terre et y faisait avec la langue le signe de la croix. Denise, quoique jeune et de chétive apparence, enlevait avec deux doigts et retournait en sens contraire dans ses accès un vase de marbre rempli d'eau bénite, et si lourd que deux personnes très-fortes auraient eu de la peine à l'ôter de son piédestal. Plusieurs d'entre elles aussi se frappaient la tête contre le mur ou contre le sol avec une telle violence que dans l'ordre naturel des choses elles auraient dû se mettre en sang; et cependant il ne paraissait aucun signe de contusion ni de blessure. Dixièmement, toutes ces femmes étaient de différents états, séculières, protestantes, novices, professes, les unes jeunes, les autres âgées, celles-ci de la ville, celles-là d'ailleurs; les unes de bonne famille et les autres de basse extraction; les unes pauvres, les autres riches. Ces phénomènes ont commencé à se manifester dans le couvent depuis plus de dix ans, et l'on ne peut comprendre comment dans un si long espace de temps, parmi tant de femmes de dispositions et d'intérêts si opposés, l'imposture, si elle avait eu lieu, aurait pu rester cachée. Après un examen attentif, le seigneur évêque n'a trouvé personne, soit dans le cloître, soit dans la ville, qui ne lui ait rendu un témoignage favorable de l'innocence et de la vie irréprochable des sœurs ou des ecclésiastiques qui ont travaillé en sa présence dans les exorcismes; et lui, de son côté, les a toujours trouvés exemplaires. Considérant toutes ces choses, et de plus le témoignage du sieur Morel, médecin, qui a été présent à toute l'affaire, et qui assure que toutes ces choses surpassent les limites de la nature et ne peuvent venir que du démon; nous croyons que tous ces faits extraordinaires sont au-dessus des forces de la nature humaine et ne peuvent venir que de la possession du démon. Tel est notre avis. Donné à Paris, le 20 janvier 1652. » Ont signé : † Marc, archevêque de Toulouse; † Nicolas, évêque de Rennes; † Henri, évêque de Rodès; † Jean, évêque de Châlon-sur-Saône; F. Morel, Nicolas Cornet, N. Grandin, frère Philippe Le Roy, tous docteurs de Sorbonne (*Causes célèbres*, v. XI, p. 278).

On voit avec quelle circonspection ces hommes ont agi, et nous voudrions savoir si quelqu'un serait assez osé pour contredire leur témoignage, et pour les soupçonner d'avoir trompé, ou d'avoir été trompés pendant plus de dix ans par les artifices de religieuses dont la bonne renommée est confirmée par toute une ville. Or les faits une fois supposés vrais, comme personne en cette affaire n'est soupçonné de magie, le mal doit avoir pris sa source dans l'intérieur du couvent, ou dans toutes les religieuses à la fois, ou dans quelques-unes seulement d'abord, qui l'auront ensuite communiqué aux autres, par une sorte de contagion épidémique. Commes elles fréquentaient le sabbat, elles doivent avoir été victimes d'une véritable obsession; et comme, d'un autre côté, il n'en est aucune parmi elles que l'on puisse raisonnablement soupçonner de s'être attiré ce mal par sa faute, il doit être considéré comme le résultat d'une permission divine. Cette obsession s'est produite avec tous les caractères d'une possession épidémique. Les obsessions de cette sorte, en effet, ne se distinguent en rien de la possession, si ce n'est par le sabbat; et à part le but et l'intention, elles présentent tous les symptômes que l'on retrouve dans les extases des saints : le don des langues, la faculté de lire les pensées des autres, de percevoir à distance les commandements de l'exorciste, de discerner les choses saintes, les reliques, par exemple; d'être inaccessibles au feu, à la douleur, de tenir les sens fermés, d'arrêter le cours du sang ou de le faire couler à volonté, de se ployer le corps en cercle ou de lui donner successivement la forme de deux demi-cercles tournés dans un sens contraire; tous ces phénomènes nous les avons constatés déjà, *mutatis mutandis*, chez les saints. Ces deux ordres de faits, identiques en eux-mêmes, quoique si opposés par leur principe et leur but, se corroborent mutuellement; et ici comme toujours le diable rend témoignage contre son gré à la vérité. Tous ces phénomènes sont dans la nature, car c'est par le moyen des puissances naturelles qu'ils se manifestent au dehors; mais ils sont en même temps au-dessus de la nature, car le principe d'où ils proviennent est bien supérieur à elle. Parmi ceux que nous avons constatés chez les possédées d'Auxonne, il en est un qui pourrait bien avoir été l'effet de quelque supercherie. Nous avons vu que plusieurs d'entre elles rendaient par le corps des objets sur lesquels étaient écrits des noms. Il est certain que ces noms ne se sont pas écrits d'eux-mêmes, ce n'est pas le démon non plus qui les a écrits; ce sont donc les religieuses elles-mêmes. Mais elles ne l'ont pas fait lorsque leurs sens étaient éveillés et avec l'intention de tromper, mais bien lorsqu'elles étaient hors d'elles-mêmes et plongées dans l'extase diabolique. C'est alors aussi qu'elles auront avalé ces objets, ce qui d'ailleurs n'aurait pu se faire hors de cet état singulier. L'exorcisme ayant développé une autre sorte d'extase positive et antidiabolique, tous les mouvements de l'extase négative, et entre autres les mouvements péristaltiques, ont été bouleversés, et c'est ainsi qu'elles ont dû rendre ce qu'elles avaient avalé auparavant. Dans les choses de cette sorte, les saints sont à l'égard de celui à qui ils ont promis obéissance, et les possédés à l'égard de l'exorciste dans le même rapport où se trouve le magnétisé à l'égard de celui qui le magnétise; avec cette différence que, chez les saints, ce rapport transporte l'homme au-dessus de sa propre nature et dans une sphère supérieure, tandis que chez les possédés il est l'effet d'une dépression, et fait descendre l'homme dans les régions inférieures. Il est remarquable au reste que les témoins de cette singulière histoire d'Auxonne, croyant à la possibilité d'aller en corps au sabbat, surveillèrent attentivement les religieuses à l'heure où elles devaient y aller, et qu'ils les trouvèrent alors plongées dans une vision extatique. Que ces sortes de voyages soient possibles en des cas très-rares, on ne peut le nier; mais il est plus que probable que, dans le cas dont il s'agit, si l'épreuve avait été continuée plus longtemps, elle aurait donné absolument les mêmes résultats.

Les religieuses de Louviers.

Ce qui s'est passé à Auxonne avait eu lieu déjà précédemment à Louviers. Ici la sœur du Saint-Esprit était possédée d'un démon nommé Dagon. Celui-ci tordit un jour son corps en trois plis, de sorte qu'elle ressemblait à un serpent qui se met en peloton. Car pendant que la région de l'estomac s'étendait d'un côté, les pieds s'allongeaient du côté opposé, et la tête retombant le long des épaules formait un troisième pli. Un jour elle resta une demi-heure au réfectoire privée de sentiments; et l'évêque ayant ordonné à son démon de la quitter, elle tomba dans d'étranges convulsions. Tout à coup elle s'élança comme un éclair dans un grand feu qui était là tout près. On lui poussa la figure et l'une des mains au milieu des charbons embrasés. Et lorsque les assistants vinrent pour la retirer du feu, ils ne trouvèrent aucune trace de brûlure, mais seulement un peu de noir et de cendre sur la partie du visage que le feu avait touchée Dans la cour du couvent, elle fut jetée à la renverse et sur la tête, sans se faire de mal. Elle grimpa sur un vieux morceau de bois, jusqu'au haut d'un mur de dix pieds, et là elle courut à un endroit où il n'y avait pas moyen de mettre une échelle. Les religieuses la prièrent de revenir sur ses pas pour qu'on pût aller à son secours. Un des exorcistes conjura le démon qui la possédait, et se mit à genoux pour prier. Mais Dagon s'écria : « Si tu ne cesses, je vais jeter en bas cette charogne ; » et il la jeta, en effet, de dix pieds de haut sur des pierres et des tuiles sans qu'elle se fît le moindre mal. Une autre fois, comme elle devait aller à la sainte table, Dagon l'en empêcha pendant quatre heures de temps, la chassant à travers la foule dans tous les coins de l'église. Enfin il sauta avec elle sur le grand autel, et là il se mit à blasphémer Dieu et à exiger des assistants qu'ils l'adorassent. Les exorcistes lui crièrent en latin : « Que cet orgueil qui t'a précipité du ciel te renverse de cet autel. » Aussitôt, comme s'il eût été frappé de la foudre, il tomba par terre près de la balustrade, à quatre ou cinq pas de l'autel. Les exorcistes le bannirent dans le pied de la sœur Marie, afin qu'elle pût recevoir tranquillement la communion; et le pied devint raide aussitôt.

Toutes les obsédées, sans en excepter une seule, prenaient après leurs accès la forme d'un arc; c'est-à-dire que la tête, se renversant en arrière, allait toucher les talons. La sœur Marie de Saint-Nicolas, par exemple, voulant se confesser à la grille, le démon, pour l'en empêcher, lui renversa la tête en arrière jusqu'au sol, trois pieds plus bas que le banc, de sorte que, le P. Esprit du Bosroger, par modestie, l'ayant saisie seulement par le bord de sa robe, elle ne pouvait se tenir sur le banc qu'avec la moitié de ses pieds. Une des sœurs accourut pour la relever par la tête. Le confesseur ordonna au démon de la faire s'agenouiller devant lui. Le démon cria qu'on ne devait pas la punir; et d'un bond, sans s'aider de ses membres, elle se jeta aux pieds de son confesseur, et lui fit tranquillement sa confession. Souvent les démons, après l'exorcisme, cherchaient à noyer les pauvres religieuses dans le puits : elles descendaient alors tout le long du puits, s'appuyant à l'un des murs avec les épaules ou la tête, et à l'autre avec la pointe d'un pied. Ou bien, pendant que tout leur corps était suspendu dans l'air, elles se tenaient au mur avec les doigts de la main ou des pieds. Ou bien enfin, comme cela arriva à la sœur du Saint-Sacrement, elles descendaient dans une position horizontale, sans être soutenues par quoi que ce fût. Une autre fois, la sœur du Rédempteur se mit à genoux devant l'archevêque de Toulouse, et lui raconta tout ce qui se passait dans son intérieur. Son démon Asmodée entra tout à coup en fureur, et la ploya en arrière, de sorte que la tête était à deux doigts du sol sans le toucher. Elle ne s'appuyait que sur le talon du pied droit, le pied gauche étant levé en l'air et les mains étendues et roides. Le corps resta ainsi quelque temps sans équilibre, pendant que la bouche vomissait d'horribles blasphèmes.

La mobilité des démons dans l'obsession, ou si on l'aime mieux l'influence réciproque des possédés se reconnait facilement dans les faits suivants, qui prouvent que ce genre de mal peut passer d'une personne à l'autre. Putiphar, qui possédait la sœur du Saint-Sacrement, dit un jour à Encitif, qui possédait la sœur Saint-Michel : « Faut-il que j'aille à toi, et que je passe dans le corps de celle que tu possèdes ? — Je le veux bien, dit celui-ci. » Au même instant Putiphar passa dans le corps de la sœur Saint-Michel, et la sœur du Saint-Sacrement, se trouvant délivrée, se jeta devant l'autel, et récita tranquillement son bréviaire. La sœur Saint-Michel, qui avait deux démons, était près de la porte comme clouée à la terre. Ses bras étendus ressemblaient à deux barres de fer. Il en était de même du pied droit, où l'on n'apercevait plus le talon. La tête était d'une pesanteur incroyable, de sorte que, malgré tous les efforts, on ne put la soulever de terre. Et elle resta ainsi couchée une demi-heure. Pendant ce temps, l'autre s'était confessée à l'évêque; mais lorsqu'elle voulut aller à la communion, et comme on lui mettait la sainte hostie, Putiphar accourut criant : « Pour cela, je ne le souffrirai pas : on profite de mon absence pour me tromper, et pour donner la communion à cette chienne. » Au même instant, l'autre entra en convulsion, et se mit à hurler comme son démon avait contume de faire. Comme le médecin qu'on avait envoyé chercher tardait à venir, l'évêque employa les exorcismes contre Putiphar. Celui-ci résista, mais après qu'on lui eut dit quatre fois : « Si c'est la volonté de Dieu, qu'elle se fasse, » il obéit ; et l'une des deux religieuses fut délivrée de nouveau, tandis que l'autre était doublement obsédée. Ceci dura un quart d'heure, jusqu'à ce qu'on eût posé le Saint Sacrement sur l'estomac de la religieuse qui était étendue par terre. On récita l'hymne *O salutaris* ; et lorsqu'on fut arrivé à ces paroles : *Da robur*, elle commença à se remuer. Au même instant, la sœur du Saint-Sacrement fut prise de convulsions à l'autre bout du chœur. Cette transition réciproque se répéta plusieurs fois en présence de beaucoup de personnes, parmi lesquelles étaient plusieurs médecins. Souvent le démon faisait succéder à la roideur et à la pesanteur des membres une légèreté et une agilité incroyables. (*Esprit du Bosroger*, p. 222.)

Obsession épidémique en 1374.

Si tout cela a pu se passer dans un cloître, parmi des religieuses d'une vie exemplaire, nous ne devons pas nous étonner de voir des symptômes semblables se produire dans une population tout entière. L'an 1374, lorsque l'on consacra l'église des Saints-Apôtres à Liége, il vint de l'Allemagne supérieure, des bords du Rhin et de la Meuse des troupes de gens appartenant à une secte singulière. Après avoir passé par Aix et par Utrecht, ils arrivèrent à Liége dans l'ordre suivant. Des hommes et des femmes possédés du démon, moitié nus, des couronnes sur la tête, ouvraient la marche, et, se tenant par la main, dansaient effrontément devant tout le monde dans les rues, dans les maisons, dans les églises. Ils sautaient très-haut dans leurs danses ; et dans leur chant ils nommaient des démons dont on n'avait jamais entendu parler auparavant. Quand ils avaient fini de danser, ils avaient des crampes de poitrine très-violentes, de sorte que si leurs amis ne leur avaient ceint les reins avec des serviettes de lin, et fortement attachés, ils seraient devenus furieux jusqu'à en mourir. Ces masses augmentèrent tellement du mois de septembre au mois d'octobre qu'on en comptait plusieurs milliers; car il venait toujours d'Allemagne de nouveaux danseurs; et à Liége, ainsi que dans les provinces environnantes, beaucoup de personnes, saines auparavant, étaient tout à coup possédées du démon, et se mêlaient à la foule des sauteurs. Plusieurs attribuaient ces phénomènes à l'ignorance qui régnait alors à l'égard de la foi et des commandements de Dieu. Le peuple en cherchait la cause dans les prêtres concubinaires, qu'il accusait de n'avoir pas bien administré le baptême, et il se préparait, surtout à Liége, à se révolter contre le clergé pour se défaire des coupables et piller leurs biens. Mais Dieu voulut montrer aux hommes que le baptême est valide lors même qu'il est administré par des mains impures; car il donna aux prêtres séculiers de Liége le don de guérir ces possédés par l'imposition des mains et les exorcismes, tandis qu'il le refusait aux autres prêtres. Il y avait dans l'église de Sainte-Croix un homme chargé de porter l'encensoir dans le chœur pendant l'office divin. Cet homme se mit un jour à balancer l'encensoir d'une manière dérisoire, puis à danser et à chanter dans une langue inconnue. Et comme il continuait malgré tous les avertissements, on crut qu'il appartenait à la secte des sauteurs. Un prêtre le somma de réciter le *Pater* et le *Credo*. Il s'y refusa, disant qu'il ne croyait qu'au diable. Le prêtre lui mit l'étole au cou, prononça sur lui les exorcismes et le guérit aussitôt; de sorte qu'il récita avec beaucoup de dévotion le *Credo* et le *Pater*. Vers la Toussaint, à Héristall, à un demi-mille environ de Liége, les sauteurs s'étaient réunis en masse, décidés à marcher vers Liége pour y égorger tout le clergé. Mais à peine furent-ils entrés en ville que des hommes pieux les conduisirent chez des prêtres qui les guérirent. Le bruit s'en répandit bientôt, et les sauteurs arrivèrent en masse, et furent délivrés de la même manière par les mauvais prêtres aussi bien que par les bons. On récitait sur eux le commencement de l'évangile selon saint Jean ou d'autres évangiles, particulièrement ceux où il est parlé de la guérison de quelque démoniaque.

Lorsque la guérison se montrait plus difficile, les prêtres leur posaient sur la tête le Saint Sacrement, ou leur donnaient avec lui la bénédiction. Quelquefois aussi ils leur donnaient à boire de l'eau bénite ou exorcisée, ou la leur ingéraient malgré eux quand ils se montraient rebelles. D'autres fois ils leur mettaient dans la bouche les doigts consacrés par l'onction sacerdotale, en disant : « Sors, esprit immonde. » Ou bien encore ils leur parlaient bas à l'oreille, et leur soufflaient sur le visage pour briser la puissance de l'ennemi. Dans l'église de Saint-Barthélemy un démon dit au prêtre qu'il n'avait pas besoin de continuer parce qu'il sortirait de lui-même ; puis il ajouta : « Sans les exorcismes, nous aurions soulevé contre le clergé les pauvres, les puissants et les riches. » Une jeune fille, que plusieurs prêtres avaient traitée en vain, alla à Aix. Là un ecclésiastique nommé Simon la revêtit de l'aube et de l'étole, et la plongea jusqu'au cou dans un vaisseau plein d'eau exorcisée. On demanda au démon depuis combien de temps il la possédait. « Depuis deux ans, » répondit-il. Le concours fut immense à Liége pendant une année. Puis il diminua peu à peu. On en guérit environ trois mille. Ils dirent que pendant tout le temps qu'avait duré leur mal il leur avait semblé qu'ils étaient abîmés dans un fleuve de sang, et que c'est pour cela qu'ils sautaient si haut. Il y eut bien encore quelques malades çà et là pendant trois ou quatre ans ; mais les prêtres les guérirent sans difficulté. (*Gesta pontificum Leodiensium*, t. III, ch. 9.) Ce mal avait probablement été occasioné par une espèce de danse de Saint-Gui, dont le siége était dans les ganglions abdominaux, et qui s'étendait aux ganglions pulmonaires. Puis il produisait comme réaction ces crampes du diaphragme, qui ne pouvaient être apaisées que par la constriction de la région épigastrique. Mais ce qui n'avait été d'abord qu'une maladie naturelle était devenu par une sorte de perversité épidémique de la volonté, au moins dans plusieurs, une véritable obsession, qui était par conséquent du ressort de l'Église. Si la chose était arrivée de nos jours, la police aurait dissipé les danseurs comme des fous, et taillé en pièces les rebelles. Quant à ceux qui se seraient montrés plus dociles, on les aurait reconduits chez eux, et là ils se seraient tirés d'affaire comme ils auraient pu. La civilisation aurait triomphé des ténèbres, aux grands applaudissements des amis des lumières.

CHAPITRE XXVII.

De la contagion psychique dans la possession. Elle attaque surtout les jeunes gens. Les enfants d'Elfdale. Le mal appelé layra. Histoire de Renée Sanger.

La facilité avec laquelle l'obsession se communique démontre qu'il doit y avoir là une sorte de miasme à l'aide duquel elle se propage. Quiconque a mis le pied dans les régions soumises à l'empire du démon y subit une transformation de tout son être, et qui en modifie d'une manière profonde toutes les parties. Les fluides, de même que les solides, les nerfs, de même que les parties qui les environnent, tout ressent les effets de ce changement, tout jusqu'à cette *aura* qui entoure chaque homme en particulier, et dans l'homme chacun de ses organes. L'obsession se communique de la même manière que le calorique et les fluides électriques ou magnétiques dans les corps. Ceux-ci, une fois qu'ils sont au pouvoir du démon, deviennent comme un ferment, d'où se développent dans les autres les mêmes phénomènes qui sont chez eux; et cela bien plus facilement encore lorsque l'organisme est déjà disposé d'avance à recevoir ces miasmes délétères. Or, le moyen par lequel ceux-ci se communiquent à distance est précisément cette *aura*, ou cette atmosphère qui enveloppe le corps. De même que celle qui entoure le soleil et met en rapport avec lui les autres corps célestes, elle a comme diverses régions par le moyen desquelles les influences bonnes ou mauvaises, célestes ou infernales, se communiquent à des distances plus ou moins éloignées. Si donc, au milieu d'une société quelconque, il se trouve quelqu'un chez qui le mal ait acquis un certain degré, et se soit concentré de manière à y former comme un foyer spécial d'infection, cet homme devient par là même un suppôt du démon, capable de produire dans les autres ce qu'il éprouve en soi-même, et de communiquer sa contagion à tous ceux qui, quoique séparés de lui par des distances plus ou moins grandes, tiennent cependant à lui par les liens d'une sympathie intime. Cette contagion est tantôt volontaire et tantôt involontaire; et ses effets sont plus ou moins pernicieux selon les dispositions physiques et morales de ceux qu'elle atteint. Si ce sont des natures saines, au moral comme au physique, n'ayant rien perdu par l'habitude du péché de la plénitude de leur liberté, cette contagion aura peu de prise sur eux. Mais si elle s'adresse à des jeunes femmes, par exemple, déjà désarmées pour ainsi dire par un tempérament faible et maladif, ou prédisposées par certaines habitudes morales à recevoir ses influences, elle pénètre facilement en elles, et en fait de nouveaux foyers d'infection. Quant aux enfants, on en avait trouvé près de deux mille en Gascogne, qui disaient avoir été au sabbat. D'après leurs déclarations, lorsqu'une sorcière voulait les y conduire, elle leur mettait seulement la main sur le visage ou sur la tête, et à l'instant ils se trouvaient comme transportés hors d'eux-mêmes. Ils ne savaient pas cependant si les mains des sorcières étaient ointes de quelque onguent. Quelquefois aussi, disaient-ils, elles leur donnaient une pomme à manger, ou un morceau de pain noir; et après en avoir mangé ils se trouvaient sans défense, et les sorcières ne manquaient jamais de venir les prendre la nuit suivante. C'est là ce qui résulte des déclarations unanimes de deux ou trois cents enfants.

Jeanne du Hard, âgée de cinquante-six ans, assure qu'étant un jour sortie de l'église avec une femme nommée Chorrozique, et celle-ci lui ayant touché le bras, il devint aussitôt comme mort. Brolu, âgé de douze ans, déclare qu'étant venu une fois en 1608, pendant le carême, à Saint-Jean-de-Luz, une sorcière, nommée Marie Martin, vint à lui, et lui mit la main sur la tête. Puis, la nuit suivante, elle lui apparut sous la forme d'un chat, le prit dans son lit pendant qu'il dormait entre deux autres enfants, et l'emmena à Lecohanda, le grand lac, où se tenait le sabbat.

Les enfants à Elfdale.

Dans le district d'Elfdale, en Suède, les enfants étaient aussi réveillés et emportés avec ou contre leur gré. S'il leur arrivait de trahir quelqu'un, ils étaient battus au sabbat suivant. On ne put cependant découvrir que très-rarement les traces des coups. Lorsqu'ils étaient de retour du sabbat, ils paraissaient ordinairement faibles, pâles et abattus, et pouvaient à peine se rétablir le jour suivant. Aussi cherchaient-ils à échapper à ces sortes de voyages; et quand ils croyaient voir approcher les sorcières, ils se jetaient dans les bras de leurs parents; ceux-ci, de leur côté, passaient les nuits entières assis à veiller leurs enfants. Dès qu'ils apercevaient en eux une pâleur inaccoutumée, ils les secouaient avec force, mais tout cela ne servait de rien. Ils trouvaient alors que leur poitrine était froide. Souvent ils leur mettaient une lumière dans les cheveux sans que ceux-ci en fussent brûlés. L'extase de ces pauvres enfants durait quelquefois une heure ou même deux; et lorsqu'ils revenaient à eux ils pleuraient et se plaignaient amèrement. C'est là ce qu'ont déclaré juridiquement deux vieillards, qui appelaient en témoignage de ces faits tous les habitants du village; car presque tous leurs enfants avaient éprouvé les mêmes phénomènes. Il y avait là, on ne peut en disconvenir, un état magnétique et naturel, produit par l'éveil des ganglions abdominaux et par la fermeture de tous les sens. La vie se trouvait ainsi concentrée dans la région abdominale, d'où il résultait un refroidissement du système pulmonaire. Mais, comme le magnétisme était l'effet d'une influence démoniaque, les visions qu'il produisait devaient avoir pour objet le sabbat.

La maladie appelée *Layra.*

Le mal se communique de bien d'autres manières encore. En 1605, le père d'une Suissesse achète à Bayonne des pommes à deux femmes qui passaient pour sorcières. Sa fille mord dans une de ces pommes, et elle est aussitôt prise d'un mal nerveux, qui reparait toutes les fois qu'elle regarde ces deux femmes. Ce mal consistait dans un mouvement violent du bras, qui ébranlait tout le corps, et la jetait par terre. Les doigts se remuaient avec une agilité qu'aucun virtuose n'aurait pu imiter sur un instrument quelconque. De Lancre, qui d'abord crut que c'était une supercherie, essaya avec deux autres de lui tenir le bras pour l'empêcher de remuer. Mais ils n'en purent venir à bout, et se trouvèrent, au contraire, fortement ébranlés par ses mouvements. On ne put calmer la pauvre jeune fille, qui était à demi morte, qu'en éloignant les femmes dont la vue l'avait mise en cet état. Cette épreuve fut renouvelée par trois fois, et aux trois fois elle eut les mêmes résultats. Le même de Lancre, instruisant en 1613, au parlement de Bordeaux, le procès d'un sorcier et de quatre sorcières, celles-ci avouèrent qu'elles avaient la faculté de communiquer deux sortes de maladies; à savoir l'épilepsie plus violente encore que l'épilepsie naturelle, et un autre mal nommé *layra*. Ce dernier se produisait de temps en temps dans l'église d'Amou, près d'Acqs. Dès qu'il y venait une sorcière qui avait donné cette maladie à quelqu'un de l'assemblée, celui-ci se mettait à hurler comme un chien, et il était souvent imité par trente ou quarante personnes. Quelquefois aussi ce phénomène se manifestait en l'absence des sorcières, qui avaient le pouvoir de le produire même à distance, et les malades appelaient continuellement alors ces femmes par leur nom. Dès que quelqu'un sentait dans sa maison les premières atteintes du mal, les siens couraient aussitôt dans la rue; et s'ils y rencontraient celle sur qui planaient les soupçons, c'était déjà contre elle un témoignage que confirmaient souvent ses propres aveux. Le parlement de Bordeaux, qui avait trouvé tous ces détails consignés dans l'instruction du juge d'Amou, voulant s'assurer de la chose, y envoya deux commissaires, Moncins et de Lancre, pour examiner ceux qui avaient été ainsi ensorcelés. La femme d'un capitaine, qui souffrait déjà depuis deux ans de la layra, fut amenée devant la commission dans la salle de la Tournelle. Elle y marchait tranquillement, regardant quelques images qui étaient suspendues au mur. On fit venir alors, sans qu'elle pût s'en apercevoir, les sorcières contre lesquelles elle avait porté témoignage; et au moment où elles montaient les premiers degrés de l'escalier elle se mit à aboyer si fort que toute la maison en retentit. On les fit redescendre, et l'on tacha de calmer la malade. A tout ce qu'on lui disait elle répondit qu'elle n'avait pas peur, mais qu'elle ne pouvait dompter l'horreur qu'elle éprouvait à la seule approche de ces femmes. La commission renouvela deux fois l'épreuve avec le même succès. Dès que les femmes Flour et Fezendiu approchèrent, le mal éclata d'une manière si violente qu'on accourut de toutes les salles du parlement pour voir ce qui se passait. Les cris qu'elle poussait étaient si perçants qu'on dût l'éloigner du palais. Il se trouva que plusieurs sorcières elles-mêmes s'étaient communiqué cette maladie pour écarter tout soupçon. C'est ainsi que la femme Violone fut accusée par Francine Broqueiron d'avoir été dans le complot lorsqu'on lui avait envoyé cette maladie. Elle répondit qu'elle était innocente, puisqu'elle souffrait du même mal. Elle eut, en effet, un accès si violent sur le banc des accusés qu'on dût la faire emporter. Francine avoua aussi qu'elle avait, à l'aide d'une poudre, donné la layra à une femme qui s'était arrêtée chez elle, et que cette maladie pouvait se communiquer aux animaux, et même aux plantes. Elle prétendit avoir fait tomber ainsi plusieurs fois des oiseaux, et raconta que toutes les sorcières du diocèse d'Amou devaient chaque année, au même jour, à la même heure, faire sécher un aune, en en faisant trois fois le tour et en mettant un peu de sel sur la branche qui avait le plus de séve. Quant à ce dernier fait, nous n'avons point à nous en occuper maintenant. Mais, à part cela, la déclaration de cette femme est remarquable; car elle prouve l'existence d'une certaine atmosphère qui peut, dans un organisme déjà disposé à ces sortes d'influences, produire le mal dont elle est la manifestation et l'effet.

Renée Sanger.

Nous citerons ici, comme preuve de ce fait, l'histoire remarquable de Renée Sanger, qui fut brûlée au milieu du siècle précédent. Elle a été écrite avec intelligence par un Prémontré, Oswald Loschert, abbé du couvent d'Oberzell, qui en avait été témoin oculaire et qui l'envoya à l'impératrice Marie-Thérèse. Renée naquit à Munich vers 1680. Dès sa première jeunesse, elle entra déjà à l'insu de ses parents en rapport avec des personnes suspectes, et fut ainsi initiée par elles aux mystères de la magie. Une vieille femme avait commencé à les lui apprendre lorsqu'elle n'avait encore que sept ans. A neuf ans elle reçut les leçons d'un cavalier, puis à onze et à treize celles de deux officiers, d'une servante et d'une dame de haut parage. Elle avait obtenu d'eux plusieurs herbes magiques et surtout une racine d'une grande vertu, des talismans avec des chiffres, des lettres de toute sorte et l'art de rendre à volonté les autres malades, ou de les mettre en rapport avec le démon à l'aide de certaines formules, ou en enfonçant une aiguille dans certaines figures déterminées, en mettant des herbes sous le seuil d'une porte, ou même rien que par son souffle ou son regard. On voit ici les effets de la guerre de trente ans, de cette guerre sauvage et désespérée qui avait remis en vogue toutes ces traditions de la perversité des siècles passés, et les avait répandues parmi les hommes de tous les états et surtout dans l'armée. Renée devint bientôt visionnaire : elle entendait à distance ce que l'on disait d'elle en secret, elle se vit au sabbat inscrite dans le livre noir sous le nom d'Emma Renée, et obtint, comme récompense de son abjuration, soixante-dix ans de vie. C'était un triste noviciat pour la vie du cloître, qu'elle embrassa néanmoins vers 1699, forcée par ses parents, qui n'avaient pas de fortune.

Elle fit profession dans le couvent d'Unterzell, qui était renommé pour sa discipline sévère. Si elle avait eu moins de caractère et moins de pouvoir sur elle-même, les dispositions intérieures de son âme se seraient bientôt manifestées; mais ferme et décidée comme elle était, une fois qu'elle eut pris son parti, elle alla tranquillement son chemin, sans rien laisser percer au dehors. Elle était exemplaire dans sa vie, accomplissant exactement tous les devoirs de sa profession, et sut se faire passer au loin pour une sainte. Elle fut élue sous-prieure, et aurait même été nommée prieure si elle n'avait laissé percer un certain mécontentement et une certaine opposition contre ses supérieures. Ceci, joint à l'isolement où elle vivait et au silence obstiné où elle se renfermait à l'égard des autres sœurs, fit que pendant longtemps elle n'eut aucune intimité avec elles. Elle s'occupait toujours à part soi de magie, cultivant dans le jardin du couvent les herbes dont elle avait besoin, et se procurant du dehors celles qui lui manquaient. Son cœur s'aigrit à la longue dans cet isolement et dans cette vie d'hypocrisie et de contrainte. Des circonstances particulières vinrent encore augmenter ces dispositions. En effet, l'an 1738, le prévôt du couvent voulut éloigner de la maison, à cause du bruit qu'ils faisaient et de la peine qu'ils donnaient, les chats qu'elle aimait à avoir en grand nombre autour d'elle. Cette mesure la blessa profondément, et elle commença dès lors à diriger ses artifices contre ceux qui s'étaient attiré sa haine. A partir de ce moment la paix fut bannie de la maison, qui devint le théâtre des événements les plus singuliers. Toutes les nuits les sœurs croyaient entendre des voitures et des charrettes traverser le dortoir, ou bien elles étaient effrayées par des cris extraordinaires qui venaient du jardin sous leurs fenêtres. Si elles étaient au lit, elles se sentaient pressées, battues, pincées et étouffées, de sorte que le matin elles pouvaient à peine se lever, et que plus d'une fois elles portèrent les marques des coups qu'elles avaient reçus. On ferma les cellules, on y répandit de l'eau bénite : ces précautions produisirent d'abord quelque effet, mais bientôt les choses reprirent leur train accoutumé.

Un jour qu'une des religieuses, agitant sa discipline autour d'elle, était parvenue à chasser l'esprit qui la tourmentait, on aperçut le matin une trace de sang à l'œil de la sœur Renée, ce qui éveilla contre elle les soupçons, sans toutefois donner aucune certitude. Mais bientôt d'autres religieuses tombèrent malades, et l'on remarqua que c'était toujours les meilleures et les plus utiles au couvent qui étaient ainsi atteintes subitement de maladies douloureuses, que l'on attribuait à la magie. Quatre éprouvèrent successivement le même sort, et l'on s'aperçut que le mal, s'étendant au delà des limites du couvent, attaquait la famille du prévôt. Bientôt des symptômes d'un autre genre se manifestèrent chez d'autres sœurs. Celles-ci, lorsqu'elles se mettaient au lit, étaient ravies hors d'elles-mêmes, sans dormir réellement, et, devenues clairvoyantes en cet état, elles voyaient devant elles toutes sortes de personnes, et entre autres la sœur Renée, qui les tourmentaient de toutes les manières, sans qu'elles pussent se remuer, ni se défendre, ni même crier. Le lendemain elles souffraient des angoisses intérieures qui augmentaient dans l'église, d'où elles étaient chassées contre leur gré comme par une puissance irrésistible. Si elles allaient au chœur, elles perdaient et recouvraient la voix successivement, ou bien leur chant ressemblait à un hurlement sauvage. Pendant ce temps leur cou enflait quelquefois et désenflait tour à tour. Ces symptômes étaient accompagnés de tremblements de tête et de tout le corps, de coups aux mains et à la poitrine, de mouvements convulsifs, d'une grande pusillanimité et de pensées de désespoir.

Toutes les religieuses qui se trouvaient en cet état étaient, au témoignage des médecins, d'une bonne constitution physique et morale et d'une vie irréprochable. On ne pouvait attribuer les symptômes du mal à aucune cause naturelle ni à une coupable imposture; et cependant personne ne pensait à un ensorcellement ou à la possession. Parmi les malades se trouvait Cécile Pistorini d'Amberg. Le démon avait commencé à parler par sa bouche en 1745, il avait dit son nom et prédit en plusieurs points l'avenir; mais comme elle ne parlait aucune langue étrangère, et que ce qu'elle disait n'avait rien de très-remarquable, on ne vit point là les caractères de la possession. Cependant, comme il n'y avait pas longtemps qu'elle était dans la maison, on n'était pas sûr d'elle, et la supérieure l'avait plusieurs fois, à cause de cela, humiliée et éprouvée. Renée se distinguait parmi toutes les autres par la haine qu'elle lui portait; et comme celle-ci jouissait de quelque considération à cause de son âge et des qualités de son esprit, elle s'efforça de faire croire aux autres religieuses qu'il n'y avait ni sorcières ni possédées, et que ce qui se passait chez Cécile n'était qu'une imposture, fruit de plusieurs désordres dignes de châtiment. Personne cependant ne pouvait concevoir dans quel but cette malheureuse se serait permis un tel jeu. On l'avait dès le commencement laissée libre de quitter la maison; et loin d'en profiter elle avait demandé avec larmes qu'on voulût bien la recevoir, et avait accepté avec humilité toutes les épreuves auxquelles on l'avait soumise. Elle-même, pendant que sa bouche proférait d'horribles blasphèmes, ou qu'elle dévoilait les secrets les plus humiliants de sa conscience, et qu'elle était agitée par les plus violentes convulsions, elle ne pouvait malgré tout cela se persuader qu'elle fût réellement possédée; mais elle se regardait comme une pauvre pécheresse abandonnée de Dieu. Cependant on se décida à la fin à employer les exorcismes, et ceux-ci produisirent leur effet. Mais le mal revenait toujours, et l'on remarqua qu'à chaque fois qu'il reparaissait Renée s'était approchée d'elle quelque temps auparavant, avait soufflé sur elle et lui avait murmuré quelques paroles à l'oreille; à chaque fois il lui avait semblé qu'une boule de feu lui traversait le corps, après quoi les convulsions s'étaient aussitôt produites. Tout cela devait éveiller des soupçons, d'autant plus qu'une des sœurs malades, qui était en grande vénération dans le couvent à cause de son esprit et de sa piété, se trouvant à l'article de la mort, accusa plusieurs fois la sœur Renée. Mais on différait toujours d'employer contre elle quelque mesure énergique, et l'on ordonna dans le couvent des prières générales pour implorer le secours d'en haut.

Le troisième jour après qu'on les eut commencées, deux des cinq religieuses possédées, dont les démons avaient été muets jusque-là, se mirent à parler et à dire au milieu des plus violentes convulsions : « Hélas ! notre temps est fini; nous ne pouvons nous cacher plus longtemps. » Puis ils crièrent, comme forcés par une puissance supérieure, que c'était Renée qui était l'auteur de tout le mal. On employa contre elles les exorcismes, pendant lesquels elles confirmèrent tout ce qu'elles avaient dit. Quinze jours après environ, les trois autres se mirent à parler, et toutes affirmèrent unanimement la même chose. Il n'y avait donc plus moyen de douter qu'il y eût là une véritable possession. Toute la maison tomba dans une désolation profonde, et Renée se montra affectée comme les autres. Les démons continuèrent à l'accuser, indiquant de la manière la plus exacte l'année, le jour et l'heure, le lieu et l'occasion où elle avait exercé ses criminels artifices, ici quatre ou six ans, là dix ou douze ans auparavant. Cependant les supérieurs n'osaient encore agir contre la sœur Renée. Le prévôt pria l'abbé d'Oberzell de faire une enquête. Celui-ci, étant venu, entendit toutes les religieuses après leur avoir fait prêter serment, et trouva la sœur Renée si gravement inculpée par leurs déclarations qu'il crut devoir l'éloigner pour quelque temps du reste de la communauté. Pour elle, elle se défendit avec opiniâtreté; et lorsque l'abbé l'eut condamnée à être séparée des autres sœurs, elle le pria de lui permettre d'aller une fois encore dans sa cellule pour prendre quelques papiers relatifs aux affaires de sa conscience. Mais on ne le lui permit pas, et l'on trouva dans sa chambre des boites à onguent, plusieurs herbes magiques, un vêtement jaune et d'autres choses semblables. Puis on fit venir les possédées, qui se mirent aussitôt à hurler d'une manière lamentable et à se plaindre. Quelques-unes criaient : « Chiens maudits, pourquoi voulez-vous détruire ce qui reste de nous ? » Puis s'adressant à Renée : « Très-chère, lui disaient-elles, ne nous abandonne pas. » Le confesseur de la maison s'efforça d'obtenir de Renée un aveu et un repentir sincère. Il crut y avoir réussi; car elle confessa volontairement aux supérieurs du couvent qu'elle était sorcière, qu'elle avait appris la sorcellerie hors du cloître, et que c'était elle qui avait mis les six possédées dans l'état où elles étaient. En un mot, elle confirma toutes les accusations dont elle avait été l'objet. Elle donna en même temps tous les signes extérieurs d'une profonde douleur. Lorsqu'elle était seule, on la voyait souvent à genoux devant son crucifix ou récitant le rosaire, de sorte qu'on aurait pu croire à un changement complet dans sa vie.

Cependant les possédées ne cessaient pas d'être tourmentées la nuit comme auparavant. Renée était visiblement pour quelque chose dans cette affaire, quoiqu'une sœur converse ne la perdît jamais de vue dans sa chambre. Les démons se moquaient par la bouche des possédées de sa prétendue conversion, et révélèrent plusieurs crimes qu'elle avait commis pendant sa réclusion et sans le secours d'aucun homme, de sorte que l'on se mit à douter bientôt de sa sincérité. Ses propres aveux vinrent bientôt justifier ces doutes. Jusque-là on avait tenu la chose secrète et renfermée dans l'intérieur du couvent, dans l'espoir que l'on parviendrait à trouver un moyen de se tirer d'affaire sans éclat. Mais les cris et les hurlements des démons devinrent tels qu'on les entendit non-seulement dans l'intérieur du cloître, mais encore dans les maisons environnantes. Une des possédées ayant reçu la visite de ses parents, les démons découvrirent à ceux-ci l'état de leur fille et l'attribuèrent à Renée, de sorte que le bruit de ce qui se passait se répandit bientôt dans tout le pays. On donna à Renée pour confesseur le P. Maure, du couvent des Écossais à Wurzbourg, dans l'espoir qu'il serait peut-être plus heureux que le premier. Les aveux, les larmes et les témoignages de repentir de Renée lui firent d'abord illusion; mais les nouveaux événements qui se passèrent dans la maison et les accusations des possédées contre elle le ramenèrent bientôt à d'autres sentiments. Confrontée de nouveau avec ses accusatrices, elle recommença la comédie qu'elle avait jouée déjà, fit des aveux, versa des larmes, promit de s'amender, et déclara entre autres choses que, si on l'envoyait dans un autre couvent, elle ne pourrait plus faire de mal désormais. On douta d'abord de la vérité de ses paroles; mais comme les bruits continuaient chaque nuit, qu'on entendait quelquefois plusieurs voix parler avec elle; et comme d'un autre côté les voix des possédées la menaçaient de mort, et qu'une fois même la porte extérieure de sa prison fut tout à coup enfoncée à coups de hache, on crut devoir l'éloigner du couvent. On s'adressa donc au prince évêque et on le pria d'envoyer une commission pour entendre Renée, et la faire renfermer au château de Marienberg, dans le cas où on la trouverait coupable.

L'évêque envoya son suffragant avec quelques assesseurs laïques et ecclésiastiques, parmi lesquels étaient quelques médecins, afin de dresser une enquête. L'évêque suffragant fit comparaître avant tout devant lui les religieuses qui étaient possédées. L'une d'elles lui dit en latin : « Pourquoi venez-vous en habit court, et non en habit long. » Une autre sauta devant l'assemblée à la fenêtre, par dehors, riant et faisant du bruit ; puis après s'être tenue quelque temps au chambranle, elle sauta de nouveau dans la chambre avec la même agilité. Une autre prit le suffragant par le bras, le tira hors de la chambre jusqu'à la cellule où Renée était renfermée, se déchaussa, et, prenant sa pantoufle, elle frappa sur la serrure, qui s'ouvrit aussitôt. La commission se retira et les scènes continuèrent au couvent. Toutes les sœurs prièrent pour Renée ; les possédées offrirent à Dieu leurs tourments pour elle ; et chacune, poussée par son démon, lui fit une allocution, où elle louait la longanimité de Dieu, mais menaçait en même temps Renée de sa colère, de sorte que tous les assistants fondaient en larmes ; Renée seule était insensible. Elle confessa bien, il est vrai. les crimes que les démons lui reprochaient ; mais elle prétendit que son temps n'était pas encore fini. Et comme une fois les possédées la pressaient unanimement de rompre le pacte qu'elle avait fait, et de rendre les racines magiques qu'elle possédait, elle livra bien quelques herbes et des cheveux qu'elle avait gardés dans sa prison ; mais bientôt d'autres accidents singuliers éveillèrent de nouveau les soupçons à son égard. Les démons lui avaient donné trois jours, comme dernier temps de répit. Ces trois jours étant passés, elle vint tout à coup, comme frappée de la foudre, tomber aux pieds du confesseur, en présence des possédées, de sorte qu'on la crut morte ; les démons poussaient des hurlements de joie. Elle revint cependant à elle, et fut transportée en habits laïques au château de Marienberg, pendant que l'on remit les possédées entre les mains des médecins de Wurzbourg. On instruisit son procès. Elle donna encore tous les signes d'un vrai repentir, mais le couvent ne cessait point d'être inquiété. On la voyait chaque nuit exercer avec d'autres ses maléfices et maltraiter les religieuses, qui portaient le lendemain matin sur les mains et le visage les marques des coups qu'elles avaient reçus. On trouvait même souvent dans les cellules où dormaient les religieuses les objets dont on s'était servi pour les frapper, et qu'on avait apportés dans ce but des autres lieux du couvent; les possédées, après avoir été délivrées toutes l'une après l'autre par les exorcismes, furent tourmentées de nouveau par les démons, et ceux-ci accusaient toujours Renée. Celle-ci fut donc entendue plusieurs fois; et comme elle continua de s'avouer coupable de magie, elle fut dégradée et livrée aux juges séculiers, qui, après une nouvelle enquête, la condamnèrent au feu, d'après la législation en vigueur à cette époque. Cependant, par une décision de l'autorité souveraine en sa faveur, on lui coupa la tête avant de la livrer au feu. Le jugement fut exécuté le 21 janvier 1749. Renée resta calme en entendant et en subissant sa sentence, et continua de donner à l'extérieur des signes de repentir. Mais les esprits des possédées interprétèrent ce calme autrement, et prédirent plusieurs circonstances qui devaient s'accomplir pendant l'exécution.

Telle est cette merveilleuse histoire, que nous ont transmise des témoins dignes de foi. On a dans plusieurs écrits du temps blâmé la rigueur de la sentence; mais on ne put s'empêcher de louer l'impartialité et l'humanité avec lesquelles les juges avaient procédé à l'enquête. Il est très-difficile d'expliquer les faits sans une intervention du démon. Il faudrait pour cela supposer que toutes les personnes intéressées dans cette affaire se sont trompées involontairement. Or, s'il en était ainsi; si les possédées et Renée elle-même n'étaient que des maniaques, si les supérieurs et les juges n'étaient que des fous, il n'y a plus de signes certains pour distinguer la folie de l'état lucide. Les difficultés sont bien plus grandes encore si l'on admet la supercherie et l'imposture. Et d'abord, les supérieurs et les juges sont au-dessus de ce soupçon ; et quant aux autres intéressés, on ne sait sur qui il tomberait. Cécile est la seule peut-être qui pourrait jusqu'à un certain point justifier cette supposition, parce qu'elle était, comme on le sait, haïe particulièrement de Renée. Or, il se trouve précisément que l'esprit qui la possédait n'accusait point Renée d'être l'auteur immédiat du mal dont elle avait à souffrir; et d'ailleurs le témoignage que ses supérieurs donnent de ses sentiments et de sa conduite rend cette hypothèse inadmissible. Mais en supposant même qu'elle eût voulu tromper, il faudrait encore admettre que pendant un grand nombre d'années elle s'est entendue avec les autres possédées et même avec les autres religieuses. Si toutes ces fureurs et ces convulsions étaient feintes, les médecins et les autres témoins étaient des aveugles. Tout au plus pourrait-on dire qu'il y avait là un rapport inconscient entre celui d'où part la contagion et celui qui la reçoit; et dans ce cas Cécile aurait été à son insu l'intermédiaire dont Renée se serait servie pour répandre autour d'elle la contagion dont elle avait été infectée. On voit par là combien le cas dont il s'agit ici était compliqué, et que les juges auraient agi plus prudemment si, au lieu d'infliger à Renée la peine de mort, ils se fussent contentés de la mettre en prison, jusqu'à ce que le mal eût disparu. Parce qu'il continua après sa captivité à Marienberg, ce n'était pas une raison pour la condamner, car il dura quelque temps encore après son supplice, et ne cessa tout à fait qu'après qu'on eut employé longtemps les exorcismes.

CHAPITRE XXVIII.

Passage de l'obsession à la possession par l'épidémie démoniaque. Les religieuses de Quercy: celles de Kentorp; celles de Werte. Les orphelins d'Amsterdam et de Hoorn.

L'obsession a besoin d'un intermédiaire qui établisse un rapport entre le démon et les autres hommes. Dans la possession, cet intermédiaire n'est pas nécessaire. Le démon s'empare immédiatement de l'homme, et ordinairement celui dont il s'est ainsi emparé ne communique point à d'autres le mal dont il souffre lui-même. Mais il arrive quelquefois aussi que le mal frappe un grand nombre d'individus à la fois, et que ceux-ci, rapprochés par leur position ou par des relations quelconques, contractent ainsi, et entre eux et avec le démon, un rapport qui a un caractère contagieux. Cet état a une grande affinité, comme on le voit, avec l'obsession épidémique dont nous avons parlé dans le chapitre précédent. Parmi les cas que l'on peut ranger dans cette catégorie, se présentent d'abord ceux où l'on soupçonne quelques personnes d'avoir servi d'intermédiaires entre d'autres et le démon. Ainsi Massée, dans sa Chronique, livre xx, raconte qu'en 1491, vers la fête de la Chaire de saint Pierre, les démons commencèrent à inquiéter le couvent des dames de Quercy, et continuèrent à tourmenter les religieuses pendant quatre ans et quatre mois. On voyait celles-ci courir à travers les champs comme des chiens, voler dans l'air comme des oiseaux, grimper sur les arbres et se suspendre à leurs branches comme des chats, imiter les voix de différents animaux, pénétrer les secrets les plus cachés et prédire l'avenir. Toutes les fois que Henri, évêque de Cambrai, ou Gilles Nettelet, doyen de son église, se préparait à les exorciser, elles le savaient d'avance et criaient : « Voyez-vous l'homme aux cornes qui vient pour nous menacer? » Après avoir employé toutes sortes de moyens, on envoya à Rome leurs noms, qui furent lus par le pape Alexandre VI le jeudi saint pendant la messe, mais sans aucun résultat. Jeanne Potière, que l'on regardait comme l'auteur du mal, était depuis sa neuvième année dans un rapport intime avec le démon, et celui-ci l'accusa dans le couvent d'avoir communié quatre cent trente-quatre fois indignement. Elle fut conduite à Cambrai, où elle mourut en prison. Les autres furent délivrées au mois de juin, après une possession de quatre ans. J. Molinet, dans sa Chronique de Belgique, à l'an 1490, confirme

Les religieuses de Quercy.

ces détails, ajoutant que le mal était passé de l'une de ces femmes aux autres sans la faute de celles-ci.

Les religieuses de Kentorp.

Wier, qui, quoique médecin et protestant, croyait au diable, nous a conservé plusieurs autres cas de ce genre. Dans le couvent de Kentorp, non loin de Hamm, les religieuses furent possédées du démon, les unes plus, les autres moins. Mais elles avaient cela de commun que, dès que l'une avait un accès, toutes les autres, quoiqu'elles se trouvassent dans des chambres séparées, étaient horriblement tourmentées. Anne Lemgou, l'une des plus âgées et des plus intelligentes, raconta elle-même au médecin Wier toutes les circonstances du mal dont elle souffrait. Il commença chez elle par des douleurs dans l'hypocondre gauche. On la crut d'abord épileptique, et on l'envoya dans le couvent de Nonhertic, pour qu'elle pût boire dans le crâne de saint Corneille ; elle le fit, et les religieuses prétendirent qu'elle se trouva mieux. Mais comme bientôt elle se trouva plus mal qu'auparavant, et que d'autres religieuses furent affectées de la même maladie, on eut recours à un devin, qui accusa la cuisinière du couvent d'être l'auteur du mal. Celui-ci s'aggrava; les convulsions devinrent plus violentes, et celles qui en étaient atteintes se sentaient poussées à se battre entre elles, à se jeter par terre et à mordre les étrangers, sans aller plus loin toutefois. Si on voulait les retenir, elles sentaient une grande oppression de cœur ; lorsqu'on les laissait libres au contraire, elles se blessaient et se mordaient sans se faire aucun mal, et il semblait que ce fût un besoin pour elles de se maltraiter ainsi. Lorsque la sœur Anne voulait prier, elle ne pouvait le faire avec attention ni remuer la langue; mais si elle se contentait de marmotter ses heures sans aucune attention, elle n'y trouvait aucun obstacle. Elle ne pouvait penser sérieusement à aucune chose bonne ou mauvaise; elle semblait alors avoir perdu le sens et le jugement. Si un homme pieux s'entretenait avec elle, il semblait que le démon lui en fît des reproches. Mais si elle parlait avec quelques femmes de choses vaines et inutiles, elle en recevait une grande consolation. Quoique toutes fussent tourmentées de diverses manières, elles avaient cependant conservé leur appétit. Du couvent, le mal se répandit bientôt dans la ville de Hamm, et attaqua plusieurs citoyens de cette ville. Comme le curé du lieu les instruisait dans sa chambre, et leur faisait réciter les dix commandements, le symbole et l'oraison dominicale, ils commencèrent à se questionner mutuellement, et les démons se donnaient les noms les plus plaisants. L'épidémie s'étendit plus loin encore, et porta ses ravages jusqu'en un lieu nommé Houel et dans une autre ville voisine, d'où il résulta plusieurs enquêtes dirigées contre quelques particuliers. La cuisinière du couvent, Elsa, que le devin avait désignée comme l'auteur du mal, ou sa mère ou son frère, ou bien encore l'image d'un chat noir apparaissait bien souvent aux religieuses dans leurs accès. Elle était elle-même épileptique comme les autres. Mais on disait qu'elle s'était donné ce mal pour éloigner d'elle tout soupçon. Lorsqu'elle fut en prison, elle confessa d'abord qu'elle avait eu recours au poison; mais en mourant elle rétracta sa déposition, et déclara n'avoir employé pour nuire aux religieuses que des maléfices.

Les religieuses de Werte.

Quelques religieuses du couvent de Werte, dans le comté de Horn, furent tourmentées d'une manière non moins merveilleuse. Une pauvre femme, ayant emprunté du couvent pendant le carême environ trois livres de sel, en avait rendu à Pâques à peu près le double. Or, on trouva dans le dortoir de petites boules blanches, semblables à des graines recouvertes de sucre, mais ayant un goût de sel, et l'on ne savait qui les avait apportées. Puis on entendit comme un homme malade qui marchait en soupirant. D'autres fois, c'était une voix qui invitait les religieuses à se lever pour venir la soulager; et lorsqu'elles se levaient, elles ne trouvaient personne. Quelquefois on les tirait du lit, et on les chatouillait tellement sous la plante des pieds qu'elles étaient sur le point de mourir à force de rire. Quelques-unes, quoiqu'elles n'eussent mangé pendant cinquante-deux jours que du bouillon de betteraves avec du pain, vomirent une grande quantité de matières noires comme de l'encre, et si amères qu'elles leur brûlaient la peau de la bouche. D'autres étaient enlevées à une grande hauteur, puis jetées par terre. Un jour que les malades se trouvaient mieux, on laissa entrer treize personnes amies du couvent qui désiraient le visiter. Or, les religieuses furent renversées de table en leur présence, et privées de l'usage de la voix et de leurs sens. L'une d'elles fut enlevée en l'air malgré les efforts des assistants pour la retenir, puis rejetée à terre avec violence; après quoi, elle revint comme d'un profond sommeil, sans s'être fait aucun mal. Quelques-unes montaient et descendaient le long des arbres comme des chats. Pendant que la supérieure causait avec la pieuse comtesse de Bur, on lui arracha du flanc un morceau de chair. La douleur lui fit pousser un cri, et on la mit au lit. La plaie suppura en partie, et une autre partie devint noire; elle guérit pourtant à la fin. Un jour, deux des religieuses parlaient entre elles en riant d'un chat noir qu'une dame de la ville avait fait mettre dans le dortoir renfermé dans un panier. Une troisième religieuse, ayant entendu leur conversation, en rendit compte à la supérieure, qui chercha avec elles et deux ou trois autres le panier; mais le chat avait pris la fuite. La femme qui l'avait fait apporter fut accusée de maléfice, et jetée en prison avec sept autres. Quoique les voisins et les pauvres rendissent témoignage de sa charité, qui était admirable, elle fut mise à la question, mais la torture ne lui fit rien avouer. Le Burgrave lui présenta à manger selon la coutume; mais elle déclara qu'elle était trop faible pour manger, et qu'elle demandait seulement à boire. Le Burgrave lui ayant donné à boire, elle prit ses habits et mourut à l'instant. Après sa mort, le mal dont on se plaignait au couvent ne fit qu'empirer, et dura pendant trois ans. (Vierus, *de Præstigiis dæmonum.*) Il est probable que cette pauvre femme était innocente, et qu'il y avait là en jeu quelques-uns de ces esprits lutins et farfadets dont nous avons parlé plus haut.

Les orphelins d'Amsterdam.

Hoofft, dans ses Histoires des Pays-Bas, rapporte sous l'année 1566 le fait suivant, qui arriva dans la maison des orphelins d'Amsterdam. Le démon tourmentait ces pauvres enfants par des tentations de toute sorte, et dont ils ne pouvaient se débarrasser. Ils étaient à peu près au nombre de soixante-dix, et la plupart d'entre eux étaient possédés par les mauvais esprits. Ils grimpaient le long des murs et des toits comme des chats. Quand ils entraient en colère, leur visage grimaçait si horriblement que les plus hardis ne pouvaient les regarder. Souvent ils couraient vers une pièce d'eau qui était près, comme s'ils eussent voulu se noyer; puis arrivés au bord, ils s'arrêtaient tout à coup en disant : « Le grand homme (c'est ainsi qu'ils nommaient Dieu) ne le permet pas. » Ils parlaient avec la plus grande facilité les langues étrangères sans les avoir jamais apprises, et voyaient du lieu où ils étaient ce qui se passait au même moment à l'hôtel de ville. Ils accusaient une femme nommée Bamétie de les avoir ensorcelés, et c'est contre elle qu'ils dirigeaient toutes leurs malices. Elle passa bientôt pour une sorcière. On l'accusait de sortir souvent pendant la nuit pour exercer ses enchantements. Plusieurs fois on la vit dans la chapelle du Saint-Esprit, à Amsterdam, étendue comme morte sur le pavé, dans une sorte de ravissement, puis revenir à elle au bout de quelques heures en poussant de profonds soupirs. Lorsque les orphelins possédés, grimpant comme des chats le long de la tour de la vieille église, jouaient avec leurs doigts sur les cloches; ils chantaient d'une voix aigre : « Nous ne sortirons pas d'ici jusqu'à ce que nous voyions Bamétie sur le bûcher. »

Les orphelins de Hoorn.

Un siècle plus tard à peu près, il se passa quelque chose de semblable dans la maison des orphelins de Hoorn. Un grand nombre d'enfants des deux sexes, la plupart très-mal élevés, furent tourmentés d'une singulière manière. Ils tombaient par terre et étaient tirés dans tous les sens d'une manière affreuse. C'était compassion de les voir frapper le sol avec leurs jambes ou leurs têtes, jeter çà et là leurs bras, grincer des dents et hurler comme des chiens. Chez plusieurs, le ventre se soulevait et s'abaissait comme si une créature vivante se fût remuée dedans. Il fallait alors jusqu'à cinq ou six hommes pour les tenir. L'un prenait la tête, deux autres les mains; l'un s'asseyait sur les jambes, et l'autre pesait sur le ventre. Lorsqu'ils étaient tranquilles, ils étaient roides comme du bois. Ceci durait quelquefois plusieurs heures. Une des orphelines les plus anciennes dans la maison ressentit les premières atteintes du mal, un matin vers huit heures, pendant que la cloche sonnait le déjeuner, et l'accès dura sans interruption jusqu'à quatre heures après midi. Le plus souvent les enfants étaient atteints de ce mal lorsqu'ils en voyaient souffrir les autres. Quelques-uns, pour échapper à la contagion, prenaient la fuite; mais le plus souvent cette précaution était inutile. Et bientôt l'épidémie devint tellement générale qu'il n'y en avait que très-peu qui en fussent exempts. Souvent aussi l'accès se déclarait pendant qu'ils étaient occupés à quelques exercices spirituels, et surtout lorsqu'ils faisaient en commun la prière, et il était d'autant plus violent qu'ils priaient Dieu avec plus de ferveur de les préserver de la puissance du démon. C'était surtout dans les Vigiles qu'ils devenaient plus furieux et plus difficiles à tenir. Tous les moyens se montrèrent inutiles, excepté la prière. On fit donc prier dans toutes les églises, excepté dans les églises catholiques. De plus, on fit sortir les malades de la maison, et on les plaça en ville, dans des maisons particulières. Dès qu'ils furent hors de l'hospice, le mieux se déclara aussitôt; et tous, les uns plus tôt, les autres plus tard, furent guéris, à l'exception de deux jeunes filles, qui eurent encore de temps en temps des accès. Nous citerons encore ici le fait qui arriva dans une institution qu'avait fondée, à Ryssel, une femme nommée Bourignon. Il y avait dans la maison une cinquantaine d'enfants. La directrice crut apercevoir en quelques-uns les traces d'une influence démoniaque ; et bientôt le mal se propagea parmi tous les élèves. On fit venir le curé de Saint-Sauveur. Dans les aveux que lui firent ces enfants, on voit reparaître le sabbat avec ses festins, ses danses et ses voluptés. L'une de ces jeunes filles déclara qu'elle avait depuis son enfance un esprit qui ne l'avait jamais quittée ni le jour ni la nuit. C'était surtout à leur maîtresse qu'elles en voulaient. Il est impossible de ne pas reconnaître dans tous ces faits une sorte d'épidémie démoniaque, ayant ses racines dans des dispositions morales et physiques préexistantes.

—

CHAPITRE XXIX.

Rapports vitaux de l'homme avec le démon. Possession de l'instinct de la nutrition. Histoire racontée par Bekker. Autre fait raconté par Gaufried. Marie de Mœrl.

La possession volontaire ou involontaire se partage en diverses branches, selon la diversité des formes sous lesquelles elle se produit. Nous avons déjà parlé plusieurs fois de cette diversité ; mais pour la mieux faire comprendre, nous rapporterons ce que le P. Surin nous en dit lui-même, d'après sa propre expérience. C'était un Jésuite d'une haute spiritualité, que son provincial avait envoyé à Loudun pour y confesser les religieuses qui étaient possédées, à une époque où les principales scènes de ce drame singulier étaient déjà passées. On lit dans sa Vie, écrite par M. Boudon, à propos de la mère Jeanne, qu'elle était possédée de quatre démons. Balaam s'était emparé de son humeur et de son naturel ; et, comme elle était très-gaie, il faisait continuellement des farces, ne parlait que de boire, de manger, etc., ce qui rendait chez elle tout recueillement impossible. Un second démon, Isacaron, ne parlait que des plaisirs grossiers de la chair. Béhémoth s'était établi dans la partie irascible de son âme; il blasphémait Dieu, et ne parlait que de forfaits à commettre, de meurtres, d'assassinats. Léviathan, le quatrième, n'était occupé que de pensées d'orgueil et d'ambition; il donnait quelquefois à Jeanne des airs d'abbesse : elle parlait alors la tête relevée avec fierté, faisait parade de sa science, citait les Pères avec éloquence, soignait l'arrangement de sa toilette, et prenait un port majestueux, pendant que mille pensées de vanité lui passaient par la tête. Ses démons lui donnaient quelquefois une beauté supérieure à celle qu'elle tenait de la nature; ses gestes, son maintien et ses paroles étaient alors empreints d'une grâce particulière, et ses yeux répandaient un éclat inaccoutumé. Les noms dont il est ici question sont, de même que dans tous les autres cas de ce genre, des noms de convention désignant des vices particuliers. Trois de ces démons sont les trois puissances infernales qui font le plus de victimes parmi les hommes : Balaam, esprit léger, plaisant et moqueur; Isacaron, le démon de la volupté; et Béhémoth, celui de la colère.

Le siége de cette vie dont le démon s'empare dans la possession est le système ganglionnaire, formant dans ses ramifications certains points centraux, et particulièrement le centre inférieur placé dans l'abdomen. Ce centre nerveux est composé de douze ganglions, divisés en six paires, qui servent ainsi à toutes les fonctions de la vie. Celle qui est située le plus haut passe dans les ganglions pulmonaires et sert aux fonctions des poumons. La partie moyenne s'étend dans le foie et la rate, et la paire inférieure dans les organes sexuels. Les trois autres paires semblent destinées à aider dans leurs fonctions l'estomac, le canal intestinal et les reins. Or, le démon peut établir son siége, pour parler le langage des exorcistes, dans chacun de ces organes, et mettre dans un état de clairvoyance les systèmes qui en dépendent. Nous considérerons donc la possession dans chacun de ces divers domaines, en commençant par l'instinct de la nutrition, qui met la vie organique de l'homme en rapport avec les natures vivantes inférieures. Cet instinct a en quelque sorte ses amours et ses haines : ses amours, dans l'appétit qu'il ressent ; ses haines, dans les dégoûts qu'il éprouve. Il affecte aussi la faculté irascible de l'âme ; il a ses colères, pour ainsi dire, qui le portent à ôter la vie aux êtres qui doivent servir à le contenter. Il a ses sympathies pour certaines substances qu'il s'assimile sans effort, et ses antipathies pour d'autres qu'il rejette, ne pouvant se les approprier. Tous ces éléments peuvent être poussés à l'extrême, et produire l'obsession ou la possession. Un exemple servira pour rendre sensible la manière dont ce procédé s'accomplit. Le fait est raconté par Bekker, dans son *Monde enchanté;* Amsterdam, 1696.

Un jeune homme de seize ans avait frappé l'attention de ses condisciples par la manière singulière dont il tournait ses yeux et courbait son corps. Il leur montra un jour des cerises mûres au milieu de l'hiver ; et, après les leur avoir offertes, il les mangea. Une autre fois, il leur montra dans l'église ses mains vides ; puis il ramassa de l'argent sur les bancs, quoiqu'il ne parût point y en avoir, prétendant qu'il faisait tout cela par le secours d'un mauvais esprit, qu'il nommait Serug. Ils le surprirent un jour faisant dans l'école un cercle avec de la craie, et traçant au milieu des figures et des chiffres que Bekker vit de ses propres yeux. On lui demanda ce que cela voulait dire. Après avoir gardé longtemps le silence, il répondit : « J'ai tracé ce cercle pour parler avec *lui*. » On lui demanda de qui il voulait parler ; il répondit que c'était de Béelzébub. Questionné de plus près, il déclara que l'esprit lui apparaissait souvent, tantôt comme une jeune fille charmante, tantôt comme un bouc repoussant ; qu'il lui avait apparu pour la première fois à Leewarden, un jour qu'il manquait d'argent pour jouer, et qu'il lui avait donné un papier écrit. Les directeurs de l'école le renvoyèrent, après avoir averti les parents, qui se décidèrent à le garder chez eux. Une servante surveillait toutes ses démarches pendant le jour, et la nuit il dormait avec son frère, qui était un homme prudent et très-capable de le garder. On fit prier pour lui dans l'église. La servante le plaçait ordinairement devant la chaire, dans un endroit où le prédicateur et les assistants pouvaient le voir. Il restait là assis, le regard fixe, clignant des yeux, remuant les pieds comme un homme qui a froid, et les tendons contractés comme un épileptique. Il fit semblant devant Bekker de se repentir de ce qu'il avait fait, sans prendre à cœur toutefois ses reproches fréquents. Celui-ci résolut de le traiter désormais plus amicalement. Un jour il le prit avec lui à la promenade, après lui avoir acheté quelques friandises dans l'espoir de gagner sa confiance. Le jeune homme lui raconta que Serug lui tenait toujours encore compagnie, et parlait avec lui sous diverses formes, et que, pour ne pas être tourmenté par lui, il faisait souvent le mal qu'il lui persuadait de faire; que ce démon cherchait sans cesse à l'attirer, et que, quoiqu'il y trouvât peu de plaisir, il avait été très-bien traité par lui deux fois, la première à Leewarden, et la seconde en Franconie. Il y avait trouvé un fossé qui, hormis les jours les plus chauds de l'été, était toujours plein d'eau. Le fossé s'était desséché tout à coup et rempli de flammes, où voltigeaient un grand nombre de démons, qui disaient que l'enfer a bien des feux de cette sorte, mais qu'ils savaient les empêcher de nuire. Une société d'hommes et de femmes, qu'il avait vus dans ce lieu, y avait été magnifiquement traitée: la musique, la danse, etc., rien n'avait manqué. Il avait entendu parler hébreu, et il avait compris cette langue comme si c'eût été sa langue maternelle, quoiqu'une fois sorti il n'en comprit plus un seul mot. Il nomma les personnes présentes, entre autres une femme de Leewarden, qui passait déjà pour aller au sabbat. Il disait aussi que la nuit, quand il avait dormi un peu, son démon le faisait lever, et l'emportait dans des lieux qu'il n'avait jamais vus.

Une fois il l'avait porté près de Harlingen, et lui avait fait percer deux hommes avec une épée qu'il lui avait mise à la main. Bekker demanda s'il ne se rappelait aucun mot hébreu. — « Je me rappelle, dit-il, le mot *alley*, dont je me sers quand je veux l'appeler. » Bekker lui répondit que ce mot n'était pas hébreu, et lui écrivit sur une petite monnaie, en hébreu, ces mots : Retire-toi de moi, Satan, en lui recommandant de demander au diable ce que signifiaient ces mots. Il rapporta plus tard qu'il les avait montrés au diable, et que celui-ci lui avait dit qu'ils signifiaient : Satan, retire-toi de moi.

Les parents dirent à Bekker qu'il s'évanouissait quelquefois, et qu'il racontait ensuite beaucoup de choses des lieux où il avait été. Bekker les pria de l'appeler la première fois que la chose arriverait. Il le trouva, en effet, renversé par terre, se roulant sur le sol, tantôt fermant les yeux, tantôt le regard fixe, le corps en peloton et agité par des convulsions violentes. Revenu à lui, il ne dit pas grand'chose pour cette fois; mais plus tard il raconta beaucoup de choses de ce qu'il avait vu. Une fois son frère, s'étant éveillé de bonne heure, le vit près de lui dans son lit, faisant avec la bouche, les mains et le corps tous les mouvements que fait un homme qui boit et mange avec avidité. Il nommait tantôt Serug, tantôt un autre démon, demandant ceci et cela, et faisant comme quelqu'un qui reçoit quelque chose et mord dedans; puis il faisait l'éloge de ce qu'il avait goûté, ou, s'il ne le trouvait pas bon, il grondait son démon, en lui disant : « Tu me trompes et me donnes ce que je n'aime pas. » Puis il allait lui-même chercher quelque chose, et frappait avec la main sur le mur un coup si fort qu'on en voyait les traces, et qu'il en était réveillé. Ce n'était qu'après avoir terminé ce repas imaginaire qu'il faisait les gestes d'un homme qui quitte des vêtements d'emprunt, pour s'en retourner chez lui avec ses propres habits. Il se levait alors, s'habillait en effet et faisait sa prière. Lorsque son frère lui disait : « Tu as été absent cette nuit; où étais-tu donc? » Il niait d'abord, puis racontait sous le sceau du plus grand secret qu'il avait été dans un jardin magnifique, plein des fruits les plus savoureux, dans une société délicieuse, etc. Son frère cherchait à lui persuader que tout cela n'était que des imaginations; mais il n'y pouvait réussir, et l'autre lui disait que c'était lui, au contraire, qui avait cru le voir au lit à côté de lui, tandis qu'il n'avait vu que son image. Il était d'une agilité remarquable. Un jour Bekker trouva toute la maison dans la stupéfaction. En effet, la servante l'avait rencontré dans la rue, revenant de chez le pâtissier, où il avait acheté des gâteaux, sans qu'on pût comprendre comment il était sorti; car toutes les portes étaient fermées en dedans. Il ne voulut rien dire; mais il montra à la fin deux tuiles qui manquaient au toit, en disant que c'était par là que l'esprit l'avait conduit. Il y avait dans la maison une ouverture pour aller dans la cave sous un lit qui n'avait que le bois et les planches, il est vrai, mais sur lequel étaient deux ou trois coffres pleins de linge. Sa mère le trouva dans le cellier, quoique les portes fussent fermées au verrou, et que les coffres de linge fussent à leur place.

Quelquefois l'altération démoniaque de l'instinct de la nutrition se manifeste d'une autre manière. Les malades ingèrent dans l'estomac des choses qui ne peuvent être digérées, comme des cheveux, des pierres, etc. L'imposture joue quelquefois un grand rôle, je le sais, dans les phénomènes de ce genre; il est néanmoins des faits qu'il est impossible d'expliquer par la supercherie. Un des plus anciens sous ce rapport est celui qui se passa à Lyon et qui est raconté par Gaufried, abbé d'Altatuba, dans la Vie de saint Pierre Tarantaise, qu'il écrivit par l'ordre des abbés de Cîteaux et de Clairvaux, à la demande du pape Lucius. Un homme pieux avait une fille qui souffrait d'une maladie désespérée, après avoir été ensorcelée par une femme, et qui ne pouvait supporter ni la présence ni même les regards de son mari. Sa mère eut recours à un magi-

Histoire racontée par Gaufried.

cien : celui-ci déclara qu'elle était ensorcelée, et lui donna des écorces d'arbre, des herbes sur lesquelles il avait prononcé quelques paroles, et il lui mordit ensuite le bras. Elle guérit de son mal, il est vrai; mais à partir de ce moment il sembla que de temps en temps des aiguilles lui sortaient du cœur. Elle souffrit cruellement jusqu'à ce qu'enfin des aiguilles lui sortirent réellement du corps par la plaie qu'avait laissée sur son bras la morsure du magicien. Elle avait rendu ainsi successivement plus de trente aiguilles, lorsqu'un célèbre abbé que Gaufried ne veut pas nommer, parce qu'il vivait encore, passant par là, reçut l'hospitalité chez le père de la malade. Il se fit raconter par lui toute l'histoire de la maladie; et le récit du père fut confirmé à l'heure même; car sa fille sentit la présence d'une aiguille. Bientôt on vit apparaître du sang, et l'aiguille se montra ensuite elle-même. Un frère lai, qui suivait l'abbé, la saisit, et la tira toute sanglante, afin de la garder, comme témoignage de ce qui était arrivé. L'abbé se mit en prières, et, touchant la blessure, dit : « Que désormais ni fer ni acier ne sorte d'ici. » Sa parole ne fut pas sans effet; mais comme le pouvoir du charme dont cette pauvre femme était victime n'était pas encore brisé, au lieu de fer et d'acier, il sortit de son corps de petits éclats de bois, plus gros et un peu plus longs que des épines. Il en était sorti ainsi seize dans le cours d'une année environ, lorsque saint Pierre Tarantaise arriva sur les lieux. C'était à lui qu'était réservée la guérison de cette femme. On la lui amena pendant qu'il disait la messe, et il sortit à l'instant même de son corps un éclat de bois, que le sacristain tira en présence de tous les assistants. La malade se confessa au saint; et lorsqu'il lui eut donné la communion, il lui ordonna d'être tranquille, lui disant que désormais il ne lui arriverait plus rien de pareil. A partir de ce moment elle se trouva parfaitement guérie, vécut avec son mari, et en eut des enfants. « Et aujourd'hui encore, ajoute l'auteur de la Vie du saint, elle loue la puissance merveilleuse dont elle a éprouvé les salutaires effets. Son père s'appelle Pierre de Frarineto ; il est connu et aimé de tous les habitants de son endroit. Que cela soit dit ici, afin que, si quelqu'un doute de la vérité du fait, il puisse s'en convaincre. » C'est ainsi que Gaufried termine son récit. (Surius, mai, 18.)

Marie de Mœrl. Il s'est passé de nos jours quelque chose de semblable à Caldern avec Marie de Mœrl, à l'époque où la lutte dont elle est sortie triomphante n'était pas encore terminée. Cette lutte commença le 25 juillet 1832 par une gaieté qui n'était pas naturelle, et qui, les jours de communion exceptés, dura sans interruption jusqu'au milieu de septembre. Dans cet état elle faisait mille folies, donnait à ceux même qui lui étaient le mieux connus d'autres noms que ceux qu'ils avaient, rongeait avec avidité ses mains et celles des autres, et pleurait quand on voulait l'en empêcher. De temps en temps on l'entendait s'écrier pendant qu'elle faisait ces choses : « O mon Dieu, quelle misère ! » Lorsqu'elle revenait à elle, elle ne se rappelait plus rien de ce qu'elle avait dit ou fait ; et lorsque ses frères ou sœurs le lui rapportaient, il lui en venait tout au plus comme un souvenir obscur, et elle en était profondément affligée. Cette surexcitation, dont le foyer était probablement dans les tissus de la région épigastrique, comme semble l'indiquer cette manie qui la portait à ronger et à mordre, était accompagnée d'une nouvelle plaie qui s'était manifestée le même jour. En effet, on aperçut dans sa bouche des épingles et d'autres objets semblables qu'elle mordait, et qu'elle ne rendait qu'après de longs efforts. Ce phénomène se répéta deux ou trois fois par jour pendant huit semaines. Il sortait de son corps non-seulement des épingles et des aiguilles, mais encore des fils de fer tordus en spirale, des morceaux de verre, des crins de cheval et des clous de toute sorte. C'était surtout par la bouche qu'elle rendait ces objets, après des douleurs poignantes qu'elle ressentait dans les intestins. Son confesseur pouvait à peine en croire ses yeux. Il instruisit donc de ce qui se passait M. Eberl, ancien curé du lieu, qui avait visité souvent autrefois Marie de Mœrl. Celui-ci douta d'abord de la vérité des faits qu'on lui racontait, et soupçonna quelque illusion. On lui répondit que le confesseur avait eu les mêmes doutes que lui, mais qu'il avait dû céder à l'évidence. Il se décida donc à aller à Caldern, pour s'assurer lui-même de la vérité des faits. Il trouva la malade agitée par des crampes violentes. Lorsque la crise approchait, elle se renversait la tête en arrière sur ses oreillers ; et comme la bouche était ouverte, on pouvait voir jusqu'au gosier. Le curé eut donc plus d'une fois l'occasion de constater comment les objets qu'elle rendait arrivaient dans le gosier; comment ils se plaçaient souvent de travers, empêchant par là l'éjection ; comment ils montaient peu à peu jusque dans la bouche, d'où ils étaient chassés comme par un coup de vent. Il ne put d'abord se défendre d'une certaine frayeur ; mais bientôt, rassuré par le confesseur, il prit courage; et lorsqu'il apercevait dans le gosier des aiguilles, des clous ou des éclats de bois, il enfonçait ses doigts, et retirait ces objets lui-même. Il vit ainsi que l'illusion était impossible ; et il conserve encore aujourd'hui un grand nombre de ces objets. Ce n'est pas seulement par la bouche, mais encore par les voies inférieures ou par d'autres parties du corps qu'elle les rendait. Au mois de mai elle sentit au pied gauche une douleur qui l'empêchait de se remuer, et au mois de septembre suivant elle rejeta, après de grands efforts, par la peau de la jambe, un clou qui avait plus de trois pouces de long, et la jambe recouvra aussitôt sa première agilité. D'autres fois ces objets sortaient par le dos, près des omoplates, et même une fois par la tête. Ce qu'il y avait de remarquable en cela, c'est que les épingles se présentaient la tête en dedans, tandis que, si elles avaient été introduites dans l'intérieur du corps par supercherie, elles auraient dû se présenter dans un sens contraire. Et bien souvent, lorsqu'elles tenaient plus que de coutume et qu'il fallait faire quelque effort pour les tirer, le confesseur ou les autres se blessaient les doigts.

Quant à elle, ces objets ne lui faisaient aucun mal et ne lui causaient aucune plaie, excepté lorsqu'on la blessait par défaut de précaution. Lorsqu'elle était débarrassée de ces objets, elle revenait à elle et se sentait soulagée.

Outre ce phénomène il s'en était manifesté un autre qui n'était pas moins singulier. En effet, on trouvait souvent sur le drap de son lit, ou dessous, des aiguilles, des tuyaux de paille, des clous, des cheveux, des morceaux de verre, etc.; et à peine avait-on nettoyé le lit que des objets semblables reparaissaient, en présence même des personnes qui avaient jeté les premiers, et il fallait nettoyer le lit de nouveau. Aussi longtemps que ces divers objets étaient autour d'elle, la malade était dans une telle surexcitation et dans un tel trouble d'esprit que souvent elle s'écriait, les yeux enflammés, la langue allongée et le visage horriblement contourné : « Je veux me tuer ; je sais d'ailleurs que je suis damnée, et je veux m'en aller avec les hommes qui entourent mon lit. » Puis elle se plaignait de douleurs poignantes dans les yeux, au ventre, à la poitrine ; elle poussait des cris lamentables, s'arrachait les cheveux et voulait se jeter par la fenêtre. Il est remarquable que les servantes qui faisaient le lit ne trouvaient jamais les objets dont il vient d'être question, excepté lorsque le confesseur était dans la chambre. Celui-ci avait soin d'éloigner d'elle autant qu'il était possible tous les objets de cette sorte. Les femmes qui l'approchaient étaient averties de faire attention aux aiguilles ou aux autres choses de ce genre qu'elles portaient. Mais toutes les précautions étaient inutiles, et ces objets s'amassaient autour d'elle comme si elle les eût attirés. Un jour, comme on faisait le lit, Marie trembla tout à coup et cria : « Oh ! oh ! » Le confesseur lui demanda ce qu'elle avait. « Oh ! répondit-elle, je vois quelque chose de gros et de hideux qui veut venir dans mon lit. » En effet, on entendit quelque chose sortir de la chambre voisine en frappant la terre, et approcher du lit. « Au nom de Jésus, lui dit son confesseur, prenez-le. — Oh ! cria-t-elle, le voilà qui s'en va, il entre déjà dans la chambre à côté. » Une des servantes eut le courage d'y entrer et de mettre la main sur cet objet. Or, il se trouva que c'était une bûche très-dure, enveloppée de cheveux d'hommes, et qui frappait la terre alternativement par les deux bouts. Son confesseur, troublé de tout ce qui se passait, lui demanda plusieurs fois comment tous ces objets étrangers s'introduisaient ainsi dans son corps. Mais elle ne put donner aucun éclaircissement à cet égard. Il lui semblait, disait-elle, qu'ils lui entraient tantôt par les yeux, tantôt par la bouche, ou que c'était un tout petit homme qui les lui jetait contre le cou et la poitrine ; mais elle assura à bien des reprises que chaque fois il lui apparaissait des hommes hideux qui lui présentaient des friandises, comme des pâtisseries, des confitures ; que l'envie d'en manger s'emparait d'elle, et qu'aussitôt ces hommes la forçaient à en prendre ; après quoi, elle éprouvait toujours de grandes douleurs, jusqu'à ce qu'elle eût rendu tout ce qu'elle avait pris. On chercha à tenir la chose secrète. Mais, malgré toutes les précautions, elle fut bientôt divulguée, et éveilla les soupçons de ses voisins, qui attribuèrent ces phénomènes à la magie ; de sorte que plusieurs de ceux qui étaient le plus liés avec la malade s'éloignèrent d'elle. C'est pourquoi son confesseur lui dit un jour : « Vous voyez, Marie, comment tous ces gens se trompent sur votre compte, à cause des choses extraordinaires qui se passent en vous. Demandez donc à Dieu qu'il vous délivre de cette calamité. » Elle promit de le faire, et quelque temps après, vers le milieu de septembre, revenant de la communion, elle dit : « Le Seigneur m'a ordonné de faire prier publiquement pour moi dans une église, en me promettant qu'après cela je serai délivrée de cette affliction, à la condition toutefois que je vous promettrai, mon père, une obéissance entière. Vous pouvez donc me défendre de rien recevoir à l'avenir de ces hommes abominables, et je serai délivrée pour toujours. » C'est ce qui arriva en effet. Cette plaie cependant ne cessa pas tout d'un coup. Longtemps encore Marie se plaignit de la présence de ces hommes noirs, qui lui présentaient des choses affreuses afin de la faire mourir. Une fois même, pendant que les convulsions tenaient sa bouche ouverte, on y jeta en présence du confesseur trois aiguilles. Celui-ci entendit parfaitement le bruit qu'elles firent en se touchant, et sur son ordre Marie les cracha aussitôt.

L'auteur tient ces faits de la bouche même de ceux qui en ont été les témoins oculaires.

CHAPITRE XXX.

L'avarice considérée comme établissant des rapports intimes entre l'homme et les métaux. Gertrude Fischer.

Gertrude Fischer.

Si l'appétit des aliments dispose quelquefois l'homme à recevoir les influences du démon, l'amour de l'argent produit le même effet sous une autre forme. Nous citerons à ce propos un fait très-remarquable qui s'est passé à Francfort-sur-l'Oder, au temps de la réforme. Gertrude était fille d'un bourgeois de Lubus nommé Fischer. Comme elle avait la tête faible, G. de Kulisch la prit chez lui à Francfort-sur-l'Oder, et lui fit donner les soins nécessaires. Elle recouvra en partie la santé; mais bientôt après son infirmité reparut et s'aggrava chaque jour davantage; si bien qu'à la fin elle fut possédée du démon et se mit à faire des choses fort singulières. « Entre autres, » dit le prédicateur André Ébert de Francfort, qui le premier fit connaître ce fait dans une lettre publique; « entre autres, lorsqu'elle prenait quelqu'un par son habit, ou par sa manche, ou par sa barbe, elle attrapait toujours de l'argent; puis elle le mettait aussitôt dans sa bouche, le mâchait et l'avalait, si on ne l'en empêchait; et beaucoup de bourgeois conservent encore des pièces de monnaie qui leur sont venues d'elle. Il y aurait vraiment un livre curieux à écrire sur toutes les choses merveilleuses qu'elle faisait. Elle attrapait aussi des aiguilles qu'elle mâchait et avalait. Elle parlait très-bien le haut allemand, quoiqu'elle ne l'eût jamais appris, et qu'elle ne parle encore aujourd'hui que sa langue maternelle. Me trouvant dans cette ville, à la même époque, en qualité de prédicateur, j'écrivis au vénérable et savant docteur Martin Luther pour lui raconter tous les faits et le prier de me donner son avis en cette affaire. Il me répondit que, si le fait était vrai, c'était une chose singulière et inouïe, et qu'il me priait à cause de cela de lui écrire la vérité, et de lui dire si l'argent de cette femme était de la vraie monnaie. Je lui écrivis qu'il en était ainsi. Là-dessus il nous conseilla de conduire Gertrude au sermon et de prier Dieu pour elle, assurant qu'avec le temps son état s'améliorerait. Cependant un prêtre papiste se mit à l'exorciser pour chasser le diable de son corps ; mais elle se moqua de lui et de ses exorcismes. On la mena au sermon ; et souvent, pendant qu'elle y assistait, le diable m'a accusé de mensonge par sa bouche. Je lui ordonnais de se taire, et elle fut ainsi soulagée par la prière publique. Je ne sais plus maintenant ce qu'elle est devenue ni ce qu'elle a fait ; mais elle sert aujourd'hui comme domestique et jouit d'une santé parfaite. Tout cela est connu et public non-seulement à Francfort, mais encore dans tout le pays et en beaucoup d'autres lieux. » Th. Durrekragen, juge au conseil de la ville de Francfort, fit plus tard un rapport juridique sur cette affaire, et le publia avec l'assentiment des échevins et sous le sceau du tribunal, l'an 1538.

Il s'en faut bien que nous connaissions tous les détails de cette remarquable histoire. Une seule chose paraît certaine et parfaitement établie ; car on ne peut supposer que ces gens aient été assez stupides pour s'en laisser imposer par des tours de passe-passe : c'est que cette femme attrapait de l'argent et l'avalait. George Sabinus, qui dans le quatrième livre de ses élégies latines lui en a consacré une, ajoute quelques détails décisifs pour le point qui nous occupe. Il raconte qu'une voix dit à Gertrude pendant son sommeil : « Lève-toi ; de grandes richesses te seront données. » S'étant éveillée, elle vit près de son lit un homme qui lui dit : » Si tu veux être ma bien-aimée, tu posséderas tous mes trésors, qui sont cachés dans la terre. » Elle lui répondit : « Qui que tu sois, tu seras à moi. » L'apparition prit tout à coup une forme terrible. La jeune fille, épouvantée du feu de ses regards, devint folle. Dans sa folie, elle disait qu'elle tirait du sein de la terre les trésors qui y étaient cachés, et elle présentait à ses gardiens de l'or et de l'argent qu'elle avalait lorsque ceux-ci ne le lui arrachaient pas. Cette apparition donna un caractère satanique à l'état magnétique, par suite duquel l'organisme chez cette jeune fille exerçait sur les métaux une véritable attraction. Le consentement qu'elle donna aux suggestions du démon fit de cet état une véritable obsession. On conçoit, en effet, que l'avarice, arrivée à un certain degré et corroborée par des influences démoniaques, puisse produire entre l'homme et les métaux une sorte d'attraction mutuelle, d'où résultent, en certaines circonstances, des faits du genre de celui que nous venons de raconter.

CHAPITRE XXXI.

Des rapports de l'instinct dans l'homme avec le règne animal. Histoire d'un enfant.

Jusqu'ici nous avons considéré les instincts de l'homme dans leur rapport avec la nature inanimée. Nous avons vu comment les objets matériels, suivant pour ainsi dire l'attrait établi par ces rapports, pénètrent jusque dans l'organe qui leur correspond et qui en est comme le foyer. Mais nos instincts ont des rapports non moins nombreux avec le monde organique, et lorsqu'ils sont surexcités outre mesure, ils peuvent établir entre lui et nous un commerce réciproque qui, parvenu à un certain degré, prend un caractère démoniaque. On arrive ordinairement à cet état par des visions où le mal se présente sous la forme d'une bête, et se pose vis-à-vis de nous dans un rapport déterminé. C'est surtout chez les Anglais que la sorcellerie offre ce caractère. En effet, dans les interrogatoires qui nous ont été conservés par eux il est souvent fait mention de monstres qui suivent les sorcières sous la forme d'oiseaux, de taupes, etc., et qui, comme les crapauds des contrées méridionales, leur étaient venus du sabbat. Or il est remarquable que presque toutes les personnes entendues dans ces interrogatoires ont affirmé qu'elles étaient obligées de se laisser sucer par ces monstres. Élisabeth Style de Stockertrister, dans le comté de Sommerset, confessa, sans avoir été soumise à la torture, l'an 1664, devant le juge Hunt, que l'esprit auquel elle s'était donnée lui apparaissait très-souvent sous la forme d'une mouche, et qu'en vertu du pacte qu'elle avait fait avec lui elle venait tous les matins vers quatre heures lui sucer le sommet de la tête, et qu'elle en éprouvait une légère douleur. (*Glanvils Sadducismus triumphatus*, I, p. 291.) Alice Dicke de Wincauton confessa aussi qu'elle avait un esprit familier qui lui suçait le sang presque tous les soirs. Christine Green de Brewhain consentait à se laisser sucer toutes les vingt-quatre heures par un hérisson dont le corps n'avait point de piquants. Cette opération la faisait beaucoup souffrir; et pendant tout le temps qu'elle durait elle était dans une sorte d'extase. (*Idem*, p. 302-307.) Le rapport de ces phénomènes avec les précédents est facile à reconnaître. De même qu'un être faible ou épuisé répare ses forces en s'attachant au sein d'un être plus fort, ainsi en est-il jusqu'à un certain point des esprits infernaux. Quoiqu'immortels, ils sont appauvris dans leur être, et cherchent ailleurs ce qui leur manque. Ils le trouvent en partie dans l'homme; mais celui-ci ne peut perdre malgré lui ce qu'il a reçu comme une portion de son être. Si cependant les démons parviennent à obtenir son consentement, ils exercent un empire absolu sur le domaine qu'il leur a cédé. Le froid de la mort se réchauffe à la chaleur de la vie. Or la vie est dans le sang. C'est donc en suçant le sang de l'homme que les démons se nourrissent de sa vie. Ils apparaissent comme des vampires, venant sous des formes diverses et à certaines époques critiques pour sucer son sang, mais sans lui rendre ce qu'ils lui prennent. C'est dans une extase satanique que cet acte s'accomplit : ce n'est donc point un phénomène extérieur, mais un acte interne dirigé contre le principe même de la vie, et non contre le corps qui lui sert de voile ; celui-ci ne ressent alors que par sympathie les impressions produites en ce cas.

Les phénomènes qui résultent de cette extase démoniaque deviennent cependant réels et extérieurs quelquefois ; et alors le rapport qui existe dans le cours ordinaire de la vie entre le corps et les vers intestinaux s'étend d'une manière magique à d'autres espèces d'animaux.

Histoire d'un enfant.

Un fait très-instructif en ce genre s'est passé vers la fin du dix-septième siècle dans le haut Palatinat. Le 30 novembre 1694, le fils d'un pasteur nommé Doderlin, à Berolzheim, près de Weissenburg, âgé de douze ans, se plaignit de maux de tête et d'estomac accompagnés d'une perte complète de l'appétit. Sa mère, croyant qu'il avait mangé quelque chose d'indigeste en jouant dans le jardin, lui administra un remède qui provoqua des selles et des vomissements où il rendit quelques vers. On employa pendant six jours encore toutes sortes de remèdes pour arrêter les vomissements. Mais comme il survint des défaillances, des battements de cœur et des convulsions épileptiques, on consulta le docteur Wider, médecin à Weissenburg, qui prescrivit des remèdes stomachiques, antiépileptiques et vermifuges. Après un mois de traitement, les symptômes du mal n'avaient fait que s'aggraver. On laissa là les médecines, et l'on employa la saignée, après laquelle les forces revinrent au malade, mais sans faire cesser les vomissements. Le 5 janvier 1695, le médecin ordonna des pilules contre les vers, et pour la première fois l'enfant sentit dans les intestins un ver qui lui semblait très-long. Le 7 janvier il eut un évanouissement où l'on crut qu'il allait mourir. Mais lorsqu'il fut revenu à lui il remplit la maison de ses pleurs et de ses cris, sauta de son lit et se roula sur un banc en criant toujours que le ver allait le tuer par ses morsures. On lui administra toutes sortes de remèdes, et particulièrement du suc d'ail, après quoi le ver cessa de mordre et l'enfant de se plaindre. Mais malgré les remèdes prescrits, le ver continuait de mordre tantôt à droite, tantôt à gauche; et l'enfant souffrait de si atroces douleurs que l'on craignait qu'il n'en devînt fou. Quelqu'un ayant conseillé d'employer le lait, le ver cessa de mordre, mais resta dans le corps. Ce ne fut qu'après l'emploi du marrubium album que l'enfant rendit par les selles un mille-pieds. Comme le tartre stibié l'affaiblissait beaucoup, on le conduisit à Wiessenburg, où l'emploi du mercure lui procura quelque repos pendant trois jours, après lesquels le ver montant jusqu'au creux de l'estomac s'agita de nouveau. Les amers ne faisaient qu'augmenter sa fureur, le lait seul pouvait l'adoucir. Si l'enfant se privait de nourriture et de boisson, sa respiration devenait difficile, son visage enflé, et il avait des accès d'étouffement. On lui donna des évacuants tellement violents qu'il semblait que lui ou le ver devait succomber; mais tout fut inutile, et l'on fut obligé de rendre le malade à ses parents.

Quelqu'un cependant conseilla à ceux-ci d'employer des draps bien chauds. On le fit, et l'on pouvait ainsi pousser le ver tantôt en avant, tantôt en arrière. Il vint même une fois jusqu'à la gorge, et il fallut le chasser avec du vinaigre. A partir de ce moment, le malade put garder les aliments qu'il prenait, pourvu toutefois qu'ils fussent au goût du ver qu'il avait dans le corps; car les autres remontaient au gosier. On consulta la faculté d'Altorf, qui, voyant que tous les remèdes étaient inutiles, conseilla une opération. Mais celle-ci paraissant trop difficile, on consulta de nouveau les plus célèbres médecins de Nurenburg, de Francfort, etc.; tout fut inutile. Plus de trois cents fois par jour le ver montait au gosier de l'enfant. Son ventre enflait et paraissait rempli par des bêtes de toutes sortes, que l'on pouvait sentir de temps en temps de dehors, mais qui restaient toujours en bas, au lieu que le ver seul montait. On plaça le malade la tête en bas, et on lui fit respirer de la vapeur de lait. Le ver s'avança tellement que les assistants le virent; mais ils ne purent le faire sortir, et l'enfant ne rejeta de nouveau qu'un mille-pieds. Le ver n'avait d'horreur que pour le marrubium album, qui, pris en décoction, le chassait de l'estomac dans les intestins; mais l'enfant souffrait de grandes douleurs, qui duraient jusqu'à ce que le ver fût rendu dans le dernier intestin. Une fois rendu là, il remontait aussitôt à l'estomac, où il s'agitait avec des mouvements très-violents. Il était très-sensible à la chaleur : la flamme d'une bougie ou d'un four, des frictions avec un drap chaud le mettaient en fuite; il se ramassait alors comme en un peloton, et l'on remarquait en lui des mouvements semblables à ceux d'une vipère. Si l'on employait un drap plus chaud encore, il fuyait dans un autre coin. Lorsque le ventre était enflé, ce qui arrivait plusieurs fois par jour, l'homme le plus fort ne pouvait l'abaisser en pesant dessus; mais dès que l'on pressait avec le doigt la tête du ver, tous les autres vers plus petits fuyaient ailleurs. La rue leur était si odieuse que, lorsque le malade en mangeait, en fumait ou s'en mettait au bas-ventre, ils devenaient furieux et s'agitaient en tous sens. Ils avaient la même horreur pour le raifort, le vinaigre et tous les amers; mais ils aimaient les choses douces, et l'odeur de musc faisait sauter le grand ver au moins cent fois en un quart d'heure. A partir de ce moment, il devint moins incommode. Il montait bien encore plus de cent fois par jour jusqu'au gosier, et il fallait à chaque fois que l'enfant le ravalât; et l'on entendait à cent pas de distance le bruit qu'il faisait en descendant : mais du moins il ne faisait plus que des morsures légères, et seulement lorsqu'il était irrité.

Un de ces médecins populaires qu'on appelle charlatans conseilla de laisser là les amers et d'employer les substances grasses et douces. On le fit, et, soit par l'effet du remède, soit par hasard, l'enfant rendit par la bouche et par les voies basses, du 4 au 26 mars, cent soixante-deux mille-pieds grands et petits, dix ou vingt à la fois, deux teignes, un ver blanc avec une tête noire, tandis qu'un autre perça le nombril; quatre vers très-agiles, dont chacun avait vingt pieds garnis de petits aiguillons; quatre papillons, quatre vers rouges semblables à de grosses fourmis, un mille-pieds blanc, quarante-deux chenilles de couleur sombre et de différentes grandeurs, enfin un gros scarabée. Tous ne sortirent pas par la bouche, mais plusieurs, se glissant le long du palais, sortirent par le nez à l'aide d'un linge chaud. Ils étaient tellement vifs et agiles que, si l'on ne se hâtait de les prendre, ils échappaient aussitôt. Les vers d'une même espèce sortaient ensemble. Les plus petits étaient entourés de quatre plus grands, qui formaient autour d'eux comme une digue, et plusieurs vécurent trois, huit ou même douze jours, après lesquels ils périrent de faim. Les parents crurent leur fils guéri; mais le 26 mars il arriva un événement qui leur fit croire qu'il y avait là un charme. Pendant que leurs autres enfants jouaient dans le jardin, ils trouvèrent dans un nid un œuf sur lequel étaient peintes des figures rouges; mais l'ayant ouvert pour le manger, ils trouvèrent le jaune noir et saupoudré de poudre à canon. Ils le jetèrent et se lavèrent les mains; mais les parents et les voisins étant accourus pour voir une chose si nouvelle, un coq tomba mort à l'instant, deux poules furent prises de crampes, et le lendemain on trouva une des allées du jardin semée d'une poudre noire. Le charlatan qu'on avait consulté fit couvrir d'emplâtres le ventre de l'enfant, lui fit prendre toutes sortes de remèdes, et ordonna qu'on lui liât le ventre et qu'on le pressât par en haut. Or, à partir de ce jour jusqu'à la fin de mai, l'enfant rendit par la bouche quatre grenouilles d'une grosseur moyenne, dont l'une avait dans l'estomac un scarabée, un hanneton et une autre grenouille. Lorsque la première fut sortie, quelques amis conseillèrent de conduire l'enfant vers le soir à un étang où il y avait beaucoup de grenouilles, pensant que, s'il en avait encore d'autres dans le corps, elles iraient, par sympathie, se réunir à celles de l'étang; mais à peine fut-il arrivé que le ventre lui enfla extraordinairement. Le ver, qui ne l'avait pas mordu pendant plusieurs semaines, se remit à le mordre et monta plus de mille fois les jours suivants. Les grenouilles qu'il avait dans le ventre se mirent à coasser et à se remuer comme celles qui étaient dehors; de sorte qu'il n'osait plus sortir le soir au moment où les grenouilles coassent. Bientôt il rendit quelques crapauds, puis vingt et un écureuils de différentes grandeurs. Les crapauds et les grenouilles avaient des couleurs très-vives. Le plus grand, qui avait la longueur d'un empan, tua aussitôt de son souffle le plus petit, et remplit un verre d'une matière visqueuse qu'il avala de nouveau. Avant de rejeter tous ces animaux, l'enfant éprouvait un frisson de fièvre et un chatouillement dans la gorge, puis il les rendait sans douleur. Le dernier écureuil avait sur le corps un morceau d'un autre écureuil mort.

On crut que le gros ver était aussi sorti; mais un soir l'enfant, s'étant mis au lit après la prière et s'étant endormi, se leva tout à coup en criant qu'il sentait quelque chose d'amer dans la gorge et que le ventre lui enflait, et le ver devint aussitôt furieux. Comme le nid de tous ces insectes dans le corps de l'enfant était détruit et qu'il avait plus d'espace, il s'agitait librement, et au moindre mouvement de l'enfant il le mordait très-fort. On ne savait s'il était toujours resté dans son corps ou s'il y était rentré après en être sorti. Le 6 juin, quelques amis qui étaient venus visiter le malade lui ayant donné des confitures, le ver lui monta plusieurs fois à la gorge en lui causant de grandes douleurs ; de sorte que, pour chercher quelque soulagement, il se coucha sur un banc à la fenêtre, au soleil, et s'y endormit en tenant à la main un morceau de bonbon. Le ver, attiré par là, sauta dehors. Il parut aux assistants avoir la forme et la grandeur d'une vipère. On chercha la bête dans tous les coins de la maison pendant plus d'une heure sans pouvoir la trouver. Pour l'empêcher de rentrer dans le corps du malade, on le conduisit chez un voisin, ami de la maison, où il resta huit jours sain et joyeux. Une personne considérable lui fit prendre encore quelques remèdes contre les enchantements : c'étaient une certaine eau, une poudre à fumer et une autre mêlée avec de l'huile pour se nettoyer la bouche, puis enfin un amulette. On continua en même temps les moyens prescrits par le charlatan, et du 17 au 24 juin l'enfant rendit encore quelques clous de souliers, la moitié d'un anneau de chaine, sept morceaux de plats, des pierres, dont deux étaient assez grosses, un peloton de cheveux, des morceaux d'écailles d'œufs blanches et rouges, un morceau de verre, deux fourchettes entourées de cheveux et deux gros clous. Tous ces faits se passèrent en présence du receveur Knebel, du pasteur de Trommetsheim et de beaucoup d'autres personnes dignes de foi. Tous ces objets sortirent à part, et quelquefois après des efforts de plusieurs heures. Ceux que le malade fit en rendant les deux fourchettes furent si violents qu'il en contracta un enrouement considérable. L'enfant ne sentant plus rien, les parents le reprirent chez eux. Ils le mirent à coucher dans une autre chambre, près d'une de ses parentes, qui le veilla la nuit jusqu'à six heures du matin; mais à peine s'était-elle endormie que la vipère revint. Elle ressortit du corps de l'enfant après une triple dose du remède qu'on avait déjà employé et beaucoup de prières; mais elle mordit en s'en allant le pied du malade, qui s'évanouit de douleur, puis courut dans le cabinet de son père lui montrer son pied, qui était enflé. On guérit la blessure avec de la thériaque et de l'huile de scorpion, et les parents menèrent le dimanche suivant leur fils à l'église. Mais comme il était sur l'escalier qui conduisait du rez-de-chaussée au premier étage, la vipère le poursuivit de nouveau, de telle sorte qu'il ferma vitement la porte après lui et cria au secours. On ne le perdit pas de vue pendant tout le jour, et le soir il rendit encore une fourchette. Il passa la nuit dans la maison d'un voisin nommé Bambrucker. Sa grand'mère le veilla, et l'on ne cessa de prier pendant toute la nuit, qu'il passa assez tranquillement. Le matin, vers six heures, il ressentit la vipère dans son corps, et on l'entendit siffler très-distinctement. On le ramena à la maison, et sa grand'mère, qui restait toujours près de son lit, tenait sans cesse les yeux sur lui pour voir si la bête ne sortirait point. Dès qu'il se fut endormi dans une sorte de sommeil extatique, elle sortit en effet pour la quatrième fois, et le mordit si fort à la main qu'il en saigna. Ses parents l'envoyèrent, sous la garde de sa grand'mère, à Weissenburg, où il continua son traitement. Il vomit encore quelques petites grenouilles et trois morceaux de petite vipère; mais il guérit complétement à Rotenburg dans le mois de juillet 1695, après avoir rendu quelques paquets de cheveux; et il faisait ses études au gymnase d'Heilbronn lorsque l'on a écrit le récit de tous ces faits.

Dans cette histoire, la réalité et la superstition se touchent de si près qu'il n'est pas étonnant qu'on ait cherché à la mettre de côté. Cependant, comme il nous est impossible d'admettre qu'un nombre considérable de personnes intelligentes et dignes de foi, qui ont été témoins de ces faits, aient pu se laisser tromper à ce point par un imposteur de cet âge, nous devons chercher ailleurs l'explication de ces faits. Ce qui nous frappe d'abord, c'est que c'est toujours dans une sorte de sommeil extatique que la vipère paraissait entrer ou sortir, ce qui suppose qu'il y avait déjà dans l'enfant une certaine disposition maladive, et que toutes les bêtes qui s'étaient logées dans son corps y étaient entrées pendant une de ces extases. Il y avait dans le jardin un réservoir, dans lequel ou près duquel se trouvaient toutes ces bêtes. L'enfant avait joué près de cette pièce d'eau la veille du jour où le mal s'était annoncé, et il s'était probablement endormi sur le bord. Tous ces rapports mystérieux, qui dans l'état de veille restent assoupis, s'étaient alors éveillés en lui, et avaient commencé leur jeu. De même qu'un attrait inexplicable met en rapport les métaux que renferme la terre avec le rhabdomante, les mouvements des astres avec le lunatique et les morts avec celui qui est sous l'influence d'un vampire, ainsi une sympathie secrète avait attiré les animaux dans le corps de cet enfant. Cette sympathie se manifestait encore au moment même où il les rejetait. En effet, dès qu'il les avait vomis, ils couraient autour de lui avec une grande agilité; et, au lieu qu'ils fuyaient tous les autres, lui pouvait les prendre, les enfermer dans un vase, et les nourrir avec du lait pendant quelque temps, après quoi il les faisait mourir en jetant sur eux de l'urine de cheval. Pour les forcer à sortir, il fallait, par le moyen de quelques remèdes, détruire cette sympathie qui les avait attirés, et l'ordre dans lequel ils sortaient indique celui d'après lequel ils s'étaient établis dans son corps. Les écureuils sortaient les premiers, parce qu'ils s'étaient emparés des derniers intestins où ils s'étaient multipliés. Puis venaient les crapauds et les grenouilles, qui avaient pris la partie supérieure des intestins. Après eux venaient des vers, un scarabée et des chenilles, dont deux avaient déjà subi leur métamorphose. Les mille-pieds s'étaient établis près de l'œsophage, et c'est pour cela qu'ils avaient été vomis dès le commencement. A mesure que ces hôtes singuliers se multipliaient, le ventre du malade enflait. Ces bêtes elles-mêmes, renfermées dans leur obscure prison, étaient comme des plantes qui croissent par hasard dans l'obscurité des mines. Elles étaient toutes d'une grandeur inaccoutumée, et avaient un ventre très-gros; mais dès qu'elles étaient mortes elles s'aplatissaient, et se réduisaient presque à rien. Leur sympathie et leur antipathie pour certaines substances sont en tout cas très-remarquables. Le chef de toute cette bande et de cette sorte de sabbat animal était la vipère. Sa domination sur toutes les autres bêtes se montrait en ce que, dès qu'on lui touchait la tête un peu durement, toutes les autres fuyaient devant sa fureur et les mouvements convulsifs de son corps. On pourrait peut-être douter de la réalité de son existence, et croire qu'elle n'était que l'effet de la vision extatique du malade si on ne s'était assuré qu'elle n'était pas l'effet d'une illusion, et si l'enfant n'avait rejeté réellement des parties de son corps. Il y avait toutefois entre elle et l'état extatique du malade un rapport qui ne permet pas de distinguer toujours le réel de l'imaginaire, ni de décider si elle est réellement sortie du corps de cet enfant pour y rentrer ensuite. Car personne ne put ni la voir avec certitude ni la trouver, quoiqu'on la cherchât partout avec une attention extrême; si bien que l'on conçut des doutes sur son existence, parce qu'elle ne se manifestait jamais qu'après une légère extase de l'enfant, qui ne pouvait plus se rappeler ensuite ce qui lui était arrivé. Une fois seulement on crut la voir, lorsque la moitié de son corps parut sortir de la bouche du malade, et qu'elle rentra dans son corps, effrayée par les cris des assistants. Il est probable qu'elle mourut quelque temps avant la fin de la maladie, et que les fragments vomis par l'enfant lui appartenaient.

CHAPITRE XXXII.

L'appétit sexuel et la cruauté dans leurs rapports avec la possession. Des incubes et des succubes. Le démon prend la forme d'un objet aimé. Histoire d'un Anglais; d'un jeune homme de Bergame; de Maberthn; des religieuses de Neumagen.

La vie organique de l'homme ici-bas est une génération continuelle, par laquelle il introduit dans son être et s'assimile de nouveaux éléments, que lui fournit le monde extérieur. Lorsque cette assimilation est complète, et que l'homme, par une sage dispensation de la Providence, a plus de vie qu'il ne lui en faut, il éprouve le besoin de la communiquer, et de se verser pour ainsi dire dans un autre être, où il puisse contempler sa propre image. Mais cette génération extérieure se distingue de la première en ce qu'elle ne peut s'accomplir que par le moyen de deux individus, ayant la même nature, mais un sexe différent. Le germe produit par l'union des deux sexes s'assimile dans le sein de la mère les éléments qui correspondent à sa nature et à ses besoins; et lorsqu'il a acquis un certain degré de développement il paraît à la lumière du jour, comme un organisme vivant de sa propre vie, et il continue à l'égard de la nature extérieure le procédé d'assimilation qu'il avait commencé dans le sein maternel. C'est ainsi que le germe vital de l'espèce entière, créé de Dieu au commencement des choses, se propage en puisant chaque jour dans la nature de nouveaux éléments, et lui rendant à son tour ce qu'elle lui a prêté. C'est ainsi que cette goutte précieuse, tombée du ciel à l'origine, est devenue peu à peu un fleuve large et profond. Ce qui s'est accompli de cette sorte dans le domaine de la nature se reproduit dans l'ordre de la grâce. Le verbe de Dieu, en s'incarnant, a déposé dans l'humanité déchue par le péché un nouveau germe de vie; et à partir de ce moment si précieux pour le monde a commencé la vie surnaturelle, qui embrasse dans son extension tous les temps et tous les lieux. Mais cette génération divine ne peut s'accomplir, de même que la première, que par l'union de deux forces, dont l'une est active et l'autre passive, et qui sont représentées, la première par le verbe de Dieu fait chair, source de toute vie surnaturelle, et la seconde par l'Église, son épouse. C'est par cette union mystérieuse du Christ et de l'Église que se propage le troupeau sacré des élus, et que s'augmente et se continue, selon la belle parole de l'apôtre, le corps mystique du Christ.

A côté de cette Église sainte et sans tache et de son divin chef s'élève une opposition formidable, l'*anti-église*, si l'on peut parler ainsi, ayant pour chef le prince des anges rebelles. De même que tout le bien dans la nature humaine est dans un rapport de consonance, de sympathie et d'amour avec le Verbe incarné, comme avec son principe et sa source, ainsi le mal et le péché est dans une affinité intime avec le démon, son premier auteur. Satan est donc, relativement au côté obscur et ténébreux de la nature humaine, ce que le Rédempteur est à l'égard du côté bon et lumineux. Et de même que le principe de vie contenu en Jésus-Christ se propage dans le monde en s'assimilant tous les éléments sains et purs de l'homme, ainsi le principe de mort dont Satan est le dépositaire et le véhicule se propage dans l'humanité en s'en appropriant les éléments mauvais et impurs. Dans toute génération, le principe générateur ne peut communiquer que ce qu'il a lui-même. Or, tout dans le démon est dissonance et contradiction, de même que tout en Jésus-Christ est unité et harmonie. Lors donc que le démon s'unit à la nature humaine par une sorte d'union monstreuse, il ne peut produire en elle et avec elle que dissonance et contradiction. Privé de toute vie réelle, il ne saurait engendrer la vie. Posé tout entier dans la mort et dénué de toute consistance extérieure, il cherche à suppléer son indigence en s'attachant au bien qu'il trouve dans l'Église, pour le dénaturer et le corrompre. Il a besoin d'elle pour propager le germe monstrueux qu'il recèle en son sein, comme le mal a besoin du bien pour se produire au dehors, comme la maladie ne peut se manifester qu'à l'aide de la santé, qu'elle attaque et détruit. Dans cette génération satanique nous retrouvons en un certain sens les rapports sexuels de la génération matérielle; et le démon, faisant les fonctions tantôt de l'élément actif, tantôt de l'élément passif, propage ainsi l'empire du mal et du péché, dont il est le roi.

Cette union de l'âme avec lui est un infâme adultère, et jamais elle ne saurait être féconde. L'âme dominée par ce tyran ne peut enfanter que la destruction et la mort; car la négation ne fait que prendre sans pouvoir jamais rien donner. Ce qui s'accomplit ainsi intérieurement dans les deux églises se reproduit dans la double mystique de Dieu et du démon. L'appétit sexuel, de même que tous les autres, se concentrant à l'intérieur, acquiert une nouvelle intensité; mais les effets de cette concentration sont bien différents dans ces deux mystiques. Dans la première elle arrache l'âme à tout ce qui est animal, et la purifie intérieurement. L'âme, ainsi exaltée et purifiée, enfante à son divin époux comme une famille spirituelle, qui augmente et réjouit l'Église par l'influence de ses vertus et la communication du principe de vie qui l'anime. Dans la mystique démoniaque, au contraire, l'âme, inclinée vers l'abîme, descend au lieu de monter, et produit des monstres ou des prodiges de péché. La vie déposée dans les organes sexuels est dégagée de ceux-ci et concentrée en elle-même; elle devient accessible à des rapports spirituels, brutaux et monstrueux, qui sont privés de réalité extérieure, il est vrai, mais qui ont une réalité intime bien plus énergique. Nous avons déjà parlé de ces rapports en général à l'occasion du sabbat; il ne nous reste plus qu'à en étudier les phénomènes particuliers.

Des incubes et des succubes.

Le phénomène naturel qui sert de base aux opérations du démon en ce genre est de deux sortes. Tantôt l'homme sent comme une force qui l'étreint, le lie et paralyse l'activité du système nerveux ; tantôt, au contraire, il se sent emporté par une puissance expansive, élastique, qui surexcite le système nerveux tout entier, et qui a son foyer dans les organes sexuels, tandis que la première gît surtout dans les plexus pulmonaires. Le mal, parvenu à un certain degré, peut produire une sorte de clairvoyance et de somnambulisme hystérique dont les organes sexuels forment le centre et qui trahit l'approche des puissances infernales. Ces phénomènes ne sont pas toujours cependant de nature démoniaque ; mais ils peuvent devenir tels facilement soit par le consentement de la volonté, soit par une certaine disposition maladive dont les effets ne peuvent plus dans ce cas être imputés à l'homme.

Parmi les faits nombreux que l'histoire nous a conservés en ce genre, nous choisirons seulement ceux qui ont évidemment un caractère diabolique, ou qui du moins sont comme sur la limite qui sépare le monde naturel des régions infernales. Brognoli parle d'une veuve demeurant à Bergame, et qui, lorsqu'elle était seule dans sa chambre à coucher, entendait toujours plusieurs voix parler autour d'elle. Les unes disaient : « Dormons avec elle. » Les autres répondaient : « Elle n'y consentira pas, car elle craint Dieu. » D'autres, enfin, criaient : « Elle consentira ; sinon, nous emploierons la violence. » Il lui semblait alors que quelqu'un montait sur son lit, et la terreur dont elle était saisie l'empêchait de dormir. (*Alexicacon*, disp. 2, p. 230.) Nous voyons ici un état indécis, une lutte, l'approche du démon que la volonté force à s'éloigner. Si elle reste ferme dans sa résolution, le démon ne peut rien contre elle. Il en fut ainsi de plusieurs femmes dont nous parle Coleti. (*Energumenos dignoscendi et liberandi ratio*, p. 117.) Une femme vint le trouver avec son mari. Quoique pieuse et d'une conduite exemplaire, elle était depuis dix ans tourmentée par un esprit qui l'obsédait nuit et jour par les suggestions les plus abominables, et qui, lors même qu'elle était éveillée, remplissait à son égard les fonctions d'incube. Il n'avait cependant jamais pu obtenir son consentement. L'exorciste se contenta d'employer contre le démon le *præceptum leniticum*, et la femme fut ainsi délivrée. Une autre femme de sa connaissance était tourmentée de la même manière depuis huit ans sans s'être jamais laissé ébranler dans sa résolution : aussi suffit-il d'un simple commandement pour la délivrer.

Mais lorsque la volonté prend plaisir à ces actes honteux, le mal devient bien plus profond et plus difficile à guérir. « En 1643, » raconte Brognoli, « je fus chargé par mes supérieurs d'aller exorciser une jeune fille de vingt ans qui était poursuivie par un incube. Je me rendis chez elle avec son confesseur. A peine étions-nous entrés que le démon, qui était précisément alors occupé avec elle, se retira. Elle m'avoua sans détour tout ce que l'esprit impur faisait avec elle. Je jugeai, d'après ce qu'elle me dit, que, malgré ses dénégations, elle prêtait au démon un consentement indirect. En effet, elle était toujours avertie de ses approches par une surexcitation violente des organes sexuels; et alors, au lieu d'avoir recours à la prière, elle courait à sa chambre et se mettait sur son lit. J'essayai d'éveiller en elle des sentiments de confiance envers Dieu; mais je n'y pus réussir, et elle semblait plutôt craindre d'être délivrée. Je la quittai donc après avoir laissé à son confesseur et à ses parents quelques prescriptions touchant le jeûne et la mortification. »

Lorsque la volonté prête son consentement au démon en ce genre, il prend assez souvent la forme d'un objet aimé. A Bergame, en 1650, un jeune homme âgé de vingt-deux ans et tourmenté par un succube raconta à ce même Brognoli que plusieurs mois auparavant, comme il se mettait au lit, le démon lui avait apparu sous la forme d'une jeune fille qu'il aimait beaucoup. A cette vue, il poussa un cri; mais le fantôme lui ordonna de se taire, en l'assurant qu'il

Le démon prend la forme d'un objet aimé.

était sa bien-aimée, qu'elle avait fui de la maison parce que sa mère l'avait maltraitée, et qu'elle venait le voir. Il savait très bien que ce n'était point là celle qu'il aimait, mais un démon; malgré cela, après quelques paroles et quelques caresses, il consentit à ses désirs. Le fantôme lui dit alors qu'il n'était pas sa Thérèse, mais un démon; qu'il l'aimait, et que c'était pour cela qu'il le poursuivait jour et nuit. « Ce commerce monstrueux, dit Brognoli, dura plusieurs mois; mais Dieu le délivra enfin par mon entremise, et il fit pénitence de ses péchés. » (*Alex.*, disp. 2, p. 145.) Souvent le consentement de la volonté produit entre l'homme et le démon une certaine intimité. Une femme raconta à Brognoli, en 1694, que chaque nuit un incube se livrait avec elle aux actes les plus abominables, la portant même à maudire Dieu. De plus, il l'avait emmenée plusieurs fois hors de chez elle pour la livrer à d'autres magiciens. On voit apparaître ici la vision du sabbat, et le mal ne se borne plus aux sens; mais il monte plus haut et pousse au blasphème. « En 1649, raconte Brognoli, je fus chargé par le nonce apostolique d'exorciser une femme possédée qui vint me trouver à la porte du couvent de Saint-Bonaventure. Elle portait l'habit du tiers-ordre de Saint-François: mais malgré cela on sentait dans sa mise quelque chose de recherché; elle était assez bien de figure et âgée de trente-cinq ans environ. Elle me raconta que depuis dix-huit ans le démon abusait de son corps sous la forme d'un beau jeune homme. Il avait commencé déjà du vivant de son mari, et pour pouvoir se satisfaire sans contrainte il plongeait celui-ci dans un sommeil profond. « Dans les entretiens que j'ai avec lui, me dit-elle, il m'engage toujours à blasphémer Dieu. Il m'emmène souvent la nuit hors de chez moi, pour me livrer à d'autres enchanteurs. » Je l'exorcisai chez elle; mais je m'aperçus bientôt qu'elle était de connivence avec le démon. Je lui prescrivis quelques moyens que je crus salutaires pour son état; mais elle me dit plus tard que le démon ne lui avait pas permis d'en faire usage. Je vis qu'elle voulait non être délivrée du démon, mais m'entraîner dans sa perte, et je la laissai. »

Dans les degrés inférieurs de cette horrible maladie, aucune vision ne se produit, et le mal apparait alors comme une monomanie des organes sexuels. Sprenger parle d'un homme de Coblentz attaqué de ce mal et qui, en présence de sa femme, se livrait plusieurs fois de suite sans honte à cette pratique horrible, sans que les cris et les gémissements de sa femme pussent l'arrêter. Mais il répondait toujours : « Recommençons, » jusqu'à ce qu'il tombât d'épuisement. On ne voyait personne avec lui, et il convenait lui-même qu'il ne voyait personne non plus, mais qu'il était poussé par une puissance irrésistible. On soupçonna une femme d'avoir jeté sur lui un sort, parce qu'elle l'avait menacé de le perdre dans un accès de colère. (*Malleus malefic.*, t. I, p. 271.) Lorsque la maladie se complique de vision, celle-ci devient tellement vive et claire quelquefois qu'une lutte s'engage entre le démon et l'homme qui lui refuse son consentement. Un auteur anglais, Barnelt, raconte à ce propos le fait suivant : Dans un bourg du comté de Sommerset vivait il y a cinquante ans une vieille femme qui passait généralement pour sorcière. Elle était maigre et sèche, courbée par l'âge, et ne marchait qu'à l'aide de béquilles. Sa voix était creuse, solennelle, mystérieuse, mais hypocrite en même temps. Ses yeux lançaient une lumière pénétrante et qui inspirait l'effroi. Un jeune homme de vingt-deux ans, sain et robuste, qui habitait le même village, se trouva tout à coup tourmenté par un esprit impur, de telle sorte que sa santé en fut attaquée et qu'au bout de trois ou quatre mois il était pâle, maigre, épuisé, et présentait tous les signes d'une mort prochaine. Il savait très-bien, ainsi que ses parents, quelle était la cause de ce mal; et comme il était d'un caractère très-décidé, il résolut d'attendre la sorcière en veillant. Elle fut longtemps à venir; mais enfin, vers minuit, il entendit le bruit de pas légers sur l'escalier. C'était elle en effet. Elle vint au pied

Histoire d'un Anglais.

de son lit, monta dessus et glissa lentement sur ses pieds. Il la laissa faire jusqu'à ce qu'étant arrivée à ses genoux elle se préparait à tomber sur lui de tout son poids. Il la prit avec les deux mains par les cheveux, et la tint avec un effort convulsif, en criant à sa mère, qui dormait dans une chambre voisine, d'apporter une lumière. Pendant qu'elle courait la chercher, le jeune homme et la sorcière luttèrent avec fureur sur le plancher. Mais dès la première lueur qui vint de l'escalier la femme s'arracha avec une force surnaturelle des mains du jeune homme, et disparut comme un éclair. Sa mère le trouva debout, tout essoufflé, et les deux mains pleines de cheveux. « Je lui demandai, dit Barnelt, où il avait mis ces cheveux. J'ai eu la maladresse, me répondit-il, de ne pas les garder; ils auraient servi à prouver l'identité de la personne. Mais, dans le trouble où j'étais, je les ai laissé tomber par terre, et celle à qui ils appartenaient a bien eu soin de les enlever; mais je l'ai si bien traitée qu'elle n'est plus revenue depuis me tourmenter. Il est singulier, ajouta-t-il, que pendant que je la tenais et luttais avec elle, quoique je fusse certain que c'était elle, son souffle et tout son être annonçait une jeune fille. » Celui à qui ce fait est arrivé vit encore. Il m'a raconté plusieurs fois cette histoire, et je puis en garantir la vérité sans pouvoir en assigner la cause. » Cette cause, on peut l'attribuer, sans crainte de se tromper, à une vision de ce jeune homme; mais il est difficile de décider si la femme qu'il soupçonnait y avait pris part.

Lorsque la volonté prête son consentement au démon, le mal devient très-difficile à guérir. Thomas de Brabant confessait une religieuse tourmentée de cette sorte; elle lui dit qu'elle n'avait jamais prêté son consentement. Son confesseur étonné la pressa de questions, et finit par lui faire avouer la vérité. Elle conçut un repentir sincère de ses fautes, et continua de se confesser assidûment avec larmes. Mais aucun moyen ne pouvait la guérir, pas même la sainte eucharistie. Ce mal était sans doute un châtiment pour elle, et il ne la quitta qu'après de longues années et beaucoup de prières. Avant d'en être guérie, elle le confia la veille de la Pentecôte à une sœur nommée Christine, en lui disant qu'elle n'avait pas le courage d'aller communier. Christine lui dit : « Mettez-vous tranquillement au lit, et allez communier demain ; je prends sur moi votre mal. » Elle s'endormit en paix en effet, et se leva le matin pour aller à la communion. Christine n'avait pas attaché une grande importance à ce qu'elle lui avait dit ; mais lorsqu'elle fut au lit près de s'endormir elle sentit remuer quelque chose dans la paillasse de son lit. Elle se leva, chercha à chasser la bête, et se recoucha. Mais elle entendit le même bruit à plusieurs reprises, et finit par reconnaître la malice du démon. Elle passa la nuit à prier hors de son lit ; mais elle fut extrêmement tourmentée par le malin esprit, et le matin elle dit à l'autre : « Je ne veux plus de votre mal, car j'ai failli périr par la violence du tentateur. »

Le mal apparaît cependant quelquefois comme une possession et une maladie d'un caractère si malin qu'il occasionne la mort lors même que le malade n'a point donné son consentement. En 1645, un jeune homme des environs de Bergame, âgé de vingt-cinq ans, fut réduit par suite d'un maléfice à un état vraiment déplorable. Il ne pouvait ni boire ni manger ; à peine pouvait-il respirer et parler. Il vint trouver Brognoli, qui, s'étant convaincu que le démon était la cause de son mal, lui conseilla d'aller se confesser et communier, puis de s'adresser à un célèbre exorciste de Brescia ; car, pour lui, il ne s'occupait pas encore d'exorciser. Le jeune homme, se reconnaissant possédé, soupçonna une vieille femme dont il connaissait les mauvaises dispositions à son égard de l'avoir ensorcelé. De retour chez lui, il communiqua ses soupçons à ses amis, ajoutant qu'il savait que cette femme en avait traité d'autres comme lui, et qu'il voulait la dénoncer à l'inquisition. Il pria cependant le supérieur du couvent du lieu où il

Un jeune homme de Bergame.

demeurait de le recevoir pendant la nuit, avec un de ses amis. On lui accorda ce qu'il demandait. Mais après la quatrième heure de la nuit, lorsqu'il était encore parfaitement éveillé, la porte et la fenêtre de sa chambre ouvertes, il vit cette femme entrer, monter sur son lit et le saisir à la gorge, de sorte qu'il était près d'étouffer. Il fit tant d'efforts pour se débarrasser d'elle qu'il brisa son lit. Son compagnon entendit bien le bruit, mais ne put rien voir. Le jeune homme ayant quitté son lit et s'étant couché près de son ami, l'apparition vint l'y trouver, et chercha à l'en arracher. Son compagnon, qui le tenait embrassé, sentit une grande force et une grande résistance; mais il ne vit rien. Le résultat de cette lutte fut que la tête et le cou du malheureux enflèrent tellement qu'il en était tout défiguré, et qu'il s'agitait comme un fou, écumant de la bouche et grinçant des dents. Le lendemain, il raconta à Brognoli, devant plusieurs témoins, ce qui lui était arrivé, accusant cette vieille femme d'une voix rauque et brisée, et disant : « Elle m'en veut, et ne cessera pas de me tourmenter jusqu'à ce que je sois mort. » Il mourut, en effet, vers la neuvième heure de ce même jour. On crut avoir remarqué que ce jour, au matin, la vieille n'était point allée à l'église, comme elle le faisait ordinairement, et elle ne se montra que le soir, après la mort du jeune homme. Les soupçons qu'on avait conçus furent confirmés encore par la mort de sa nièce, qui, moins d'un mois après, mourut d'une maladie extraordinaire, que l'on attribua à un maléfice, parce qu'elle aimait beaucoup ce jeune homme, et qu'en pleurant sa mort elle racontait qu'elle avait été causée par une bouchée que lui avait donnée la vieille. Celle-ci se trahit en menaçant du même sort, s'il ne se taisait, le compagnon du jeune homme, qui avait été témoin oculaire de toute l'histoire. (*Alexicacon*, disp. 2, p. 163.) On voit en tout cas par ce fait que le mal, parvenu à un certain degré, peut être très-dangereux.

Relativement à la guérison, Brognoli a employé, à notre

avis, le moyen le plus sûr. « En 1650, nous dit-il, étant revenu à Bergame, je fus appelé auprès d'une jeune fille par son confesseur. Elle me raconta que depuis quelque temps elle était visitée tous les jours par un incube, sous la forme d'un homme qu'elle aimait, et qu'elle ne pouvait se délivrer de lui, quoiqu'elle lui résistât et qu'elle fît de grandes pénitences pour obtenir de Dieu sa guérison. Je lui appris à faire des actes de foi et de confiance, et lui conseillai de repousser l'incube en employant contre lui toutes sortes de malédictions, d'injures et de mépris; puis je bénis sa chambre et son lit. Je prescrivis aussi de faire coucher près d'elle dans un autre lit, avec une lampe allumée, deux religieuses âgées et courageuses, dont l'une devait, pendant que l'autre dormait, veiller à genoux près du lit de la malade, sans jamais la perdre de vue, afin de bien observer les moindres mouvements de son visage et de son corps. Elle devait alors, si le démon venait, réveiller l'autre, et commander au diable, au nom du Seigneur, de se retirer, puis ôter la patiente de son lit. Toutes les trois devaient alors se mettre à genoux et se donner la discipline en récitant le *Miserere* et les litanies de la sainte Vierge. L'incube vint avant minuit dès la première nuit, et commença à presser la malade, qui était endormie, sans être vu de celle qui veillait. Celle-là ayant fait un léger mouvement avec la bouche et ayant poussé une petite plainte sourde, la seconde éveilla sa compagne, et toutes deux prirent courageusement la pauvre malheureuse pour la tirer de son lit. Mais le démon la retenant, elles redoublèrent d'efforts, sans pouvoir cependant vaincre la force du démon. L'une d'elles, se rappelant la prescription que je lui avais laissée, ordonna au diable de se retirer. Il s'enfuit, en effet, et elles firent aussitôt ce que je leur avais dit. Le lendemain, j'allai au couvent, pour apprendre ce qui s'était passé. Je les encourageai à lutter courageusement contre le démon, et je bénis encore une fois la chambre, en défendant au diable d'en approcher de nouveau. La nuit suivante, il entra bien dans la chambre; mais il n'alla pas jusqu'au lit. La malade le vit sous la forme accoutumée; mais elle le mit en fuite rien qu'en invoquant le nom de Jésus. Je répétai le lendemain les conseils que j'avais déjà donnés. Le diable revint encore la troisième nuit, mais d'une manière invisible, et il ne trahit sa présence que par un léger bruit dans la chambre; il ne revint plus depuis. » (Idem., dis. 2, p. 152.)

De tous les faits que nous avons cités jusqu'ici il résulte que cette affection vient souvent d'une maladie qui a son siége dans les organes correspondants, et qu'elle peut, avec ou sans le consentement de la volonté, devenir en se développant une véritable possession locale. Lorsqu'elle est arrivée à ce point, elle n'est pas toujours stationnaire, et peut s'étendre au delà des limites du système où elle avait primitivement son siége. Dans ce cas, la chose peut avoir lieu de deux manières : ou au dedans ou au dehors. Près du système où l'instinct sexuel a son siége principal sont situées d'autres régions qui s'y rattachent, et qui sont soumises à son influence ; puis, au delà de ces régions, d'autres encore auxquelles le mal peut se communiquer par une sorte de sympathie, jusqu'à ce qu'il atteigne enfin la partie spirituelle de l'homme. Il peut donc, pénétrant toujours plus profondément dans l'organisme, en infecter tous les systèmes les uns après les autres, et attaquer enfin les facultés spirituelles. Une fois qu'il s'est emparé de l'homme tout entier, il lui donne son empreinte et sa couleur; il lui communique un caractère hystérique, et l'on voit alors se produire comme une sorte de philosophie et de mystique sexuelles. Si le mal tend au contraire à se répandre au dehors, il se communique par une sorte de lien magnétique à ceux qu'il trouve déjà dans un rapport sexuel réciproque. On voit alors se produire comme une maladie sexuelle, qui aux degrés inférieurs porte encore le caractère d'un mal purement naturel, mais qui dans son développement prend quelquefois les proportions d'une possessiqu géné rale de l'instinct sexuel. Examinons maintenant ces deux formes du mal.

Histoire de Mabertha.

Nous trouvons un exemple de la première dans une femme nommée Mabertha, qui, dans l'année 1618, fut accueillie par un brave homme nommé Suerz, sur la recommandation de sa femme, pieuse comme lui. Elle prétendait recevoir de Dieu des faveurs particulières dans ses confessions et ses communions fréquentes. Suerz commença à soupçonner qu'elle était peut-être victime d'une illusion du démon, et il lui recommanda de consulter un homme pieux et éclairé. Elle répondit qu'elle l'avait fait déjà plusieurs fois, et qu'elle avait reçu différentes réponses. Mais enfin, cédant à ses instances, elle consulta un évêque qui passait par le lieu où elle demeurait; et celui-ci la remit entre les mains d'un Dominicain très-expérimenté dans le discernement des esprits. Mais elle ne voulut point suivre les avis du prélat, prétendant que le Père exigerait d'elle une confession générale et lui refuserait peut-être pendant longtemps la communion, afin de l'éprouver; que d'ailleurs une voix intérieure lui défendait de s'adresser à lui. Sur les entrefaites, elle tint plusieurs discours suspects, disant, par exemple, qu'elle ne commettait aucun péché, même véniel; que Dieu lui accordait tout ce qu'elle lui demandait; qu'elle pouvait lire dans le cœur humain; que Dieu s'unissait corporellement à elle, et qu'elle avait de fréquents ravissements. Elle dit à ses hôtes qu'ils pouvaient obtenir les mêmes faveurs en renonçant à l'orgueil, à la vanité et à toute discorde. « Nous faisons tout cela, » lui répondirent-ils. « Vous avez encore un voile sur les yeux, » leur dit-elle; « je prierai Dieu qu'il vous l'ôte. » Suerz insista davantage encore pour qu'elle allât trouver le père Dominicain, et elle y consentit enfin. Il l'accueillit avec bonté; mais elle fut tout d'abord interdite et n'osait parler. Le Père lui dit alors : « J'ai beaucoup entendu parler de vos rares vertus, et j'espère en apprendre de vous davantage sur ce point pour mon propre bien.—Je ne suis qu'une pécheresse. — C'est votre humilité qui vous fait parler ainsi ; mais j'espère que vous ne me cacherez pas les grâces dont Dieu vous a comblée. — Elles sont bien rares à cause de mes péchés. — Je connais vos extases, vos lumières, le don que vous avez de prévoir l'avenir et de discerner les esprits. Ce sont là des faveurs que Dieu n'accorde point aux méchants. » Elle eut alors deux ou trois ravissements coup sur coup. Le Père se mit à genoux pour demander le secours de Dieu, puis il dit à cette femme : « Que vous êtes heureuse d'être unie si intimement à Dieu et de jouir de ses divines caresses ! » Elle lui répondit : « Vous avez raison. » Il lui dit encore plusieurs autres choses, et reconnut évidemment qu'elle était remplie de vanité, qu'elle avait une haute opinion d'elle-même, et qu'elle désirait beaucoup les louanges des hommes. « Il me semble, lui dit-il, d'après tout cela, que votre humilité mériterait une récompense plus haute encore, et que votre corps devrait prendre part aux jouissances dont Dieu inonde votre âme. » Ces paroles la ravirent encore hors d'elle-même, et elle dit : « Vous avez raison, mon Père, et je n'ai rencontré personne encore qui m'ait si bien jugée. » Le Père lui demanda alors si son Dieu se montrait visiblement à elle, combien de fois et sous quelle forme il s'unissait à elle. Elle prenait plaisir à cet entretien, et dit qu'elle ne voyait pas son Dieu, mais qu'elle le sentait bien, et qu'elle jouissait pendant deux ou trois heures de ses embrassements. Elle se retira enchantée du Père et promit de revenir bientôt. De retour à la maison, elle dit à ses hôtes qu'elle n'avait encore jamais trouvé d'homme comme le Dominicain, qu'elle ne voulait plus d'autre confesseur, et qu'il avait approuvé tout en elle. « Croyez-moi, ajoutait-elle, il apprendra de moi bien d'autres choses qui ne sont point dans ses livres ; car c'est un homme simple et facile à tromper. » Elle alla le voir souvent, et bientôt elle lui découvrit qu'elle croyait à un autre dieu que celui des chrétiens. Elle avait déjà dit à son hôte qu'elle vivait avec lui comme une femme avec son mari, et qu'elle jouissait depuis dix ans déjà de cette faveur. Suerz ayant exprimé le désir de participer à ce don si précieux, elle lui fit des ouvertures qui le décidèrent à la chasser de chez lui. Mais le Père le pria de la garder quelque temps encore. Elle alla plus loin, et dit à Suerz, qui se plaignait des troubles et des incertitudes de sa conscience dans les nouvelles voies où elle l'avait engagé, que, puisqu'il avait si bien commencé, elle lui avouerait qu'il devait avant tout renoncer au baptême et à la Trinité chrétienne, à l'orgueil, à la vanité et à la discorde ; qu'ils avaient une autre Trinité, que le Père ne connaissait point ; qu'elle était prédestinée, et qu'elle passait les nuits sans dormir, inondée qu'elle était des caresses de son Dieu ; que les autres joies, en comparaison de celle-ci, n'étaient rien, parce que la puissance de Dieu est inépuisable. Elle parlait souvent des réunions joyeuses où elle assistait, disant qu'on y distinguait trois classes, dont la première, composée de trente-six femmes, presque toutes pauvres, ne demandait qu'à jouir et à s'unir à Dieu, tandis que la seconde désirait la science et l'intelligence, et la troisième les dignités, les richesses, les biens et les honneurs ; et cette classe était composée de personnages considérables, qui ne rêvaient que projets ambitieux. Tous ceux qui l'entendaient furent remplis d'horreur. Le Père, qui avait obtenu ce qu'il voulait, lui découvrit l'abîme de perdition où elle était tombée dans son aveuglement. Elle fut effrayée d'abord, se mit à pleurer et s'accusa de magie. Mais son émotion dura peu ; elle revint à son ancien endurcissement, et quitta le Père en lui disant : « L'heure de ma conversion n'est pas encore arrivée ; mais vous n'aurez pas à vous plaindre de moi. » Elle dit à ses hôtes qu'il lui fallait deux ou trois jours de réflexion. Comme on ne voulait pas la garder plus longtemps dans la maison, elle partit en faisant espérer toutefois qu'elle se convertirait. Cependant, comme elle craignait une enquête, elle résolut de la prévenir, d'après le conseil de ses amis, et accusa le Père d'avoir voulu l'engager dans la magie, d'avoir essayé de lui faire renier Jésus-Christ et de la faire pécher avec lui, de lui avoir donné des hosties consacrées pour en faire un abus sacrilége. Confrontée avec lui en présence des autres religieux, elle répéta d'abord ses accusations; puis tout à à coup elle tomba à ses pieds, confessant son imposture et s'avouant la plus misérable de toutes les créatures. (*De Tribus energumenis*, p. 500.)

Nous trouvons ici un exemple de nymphomanie démoniaque dans une femme qui évidemment se trompe elle-même de propos délibéré, et qui finit par arriver au plus haut degré d'union avec le démon. Mais le mal bien souvent vient, au contraire, de haut en bas, et a pour principe une influence diabolique. Brognoli raconte qu'en 1664 il donna ses soins à une religieuse adonnée au jeûne et à l'abstinence, mais très-attachée à sa propre volonté et qui prenait beaucoup de plaisir à la lecture des livres profanes, où étaient racontés les enchantements de Circé et des autres magiciennes, et les métamorphoses opérées par les dieux du paganisme. Or, une nuit elle vit apparaître un jeune homme qui lui dit : « Ne craignez point, ma sœur, je suis l'ange du jeûne; je viens vous remercier de votre ferveur à jeûner, et vous rendre amour pour amour. » Après d'autres propos encore, il essaya de l'attaquer du côté de la chasteté, et il y réussit. Une fois qu'il eut obtenu ce qu'il désirait, il ne la quitta plus ni jour ni nuit, et lui défendit de jamais parler à personne, pas même à son confesseur, de ses assiduités. Il la servait avec zèle comme un compagnon fidèle, la suivant partout, et dans le cloître et dans les jardins. Enfin en 1664, à l'époque du jubilé, la religieuse fut touchée de repentir, et découvrit tout à son confesseur, qui lui conseilla de s'en ouvrir au vicaire général de l'évêque; afin que celui-ci employât les moyens nécessaires pour la délivrer de son mal. Ce dernier consulta Brognoli sur ce qu'il devait faire. Dans ce cas physiologique si remarquable, un penchant excessif pour le jeûne, joint à l'amour déréglé des fables de l'antiquité, concoururent également à produire dans cette religieuse une surexcitation qui finit par cette apparition, laquelle la livra enfin à la puissance du démon.

Quelquefois le mal s'étend et se communique à une association tout entière. C'est surtout dans les couvents, où la communauté de vie rend plus facile la communication des influences réciproques, que se produit se genre de phénomènes. Alvaro Pelagio nous raconte dans son livre : *de Planeta Ecclesiæ*, l. II, c. 45, qu'il eut beaucoup de peine à déraciner ce mal dans un couvent par ses prédications et ses conseils. Une partie des religieuses étaient devenues tellement familières avec les démons qu'elles s'entretenaient avec eux sans crainte. Beaucoup d'autres théologiens parlent ainsi d'après leur propre expérience. Quelquefois le mal prend le caractère d'une possession, et se produit alors sous la forme de revenants et de lutins. Un médecin de Clèves, Wyer, rapporte que les religieuses d'un couvent à Hessimont, près de Neumagen, furent tourmentées pendant plusieurs années par un esprit qui descendait chaque nuit dans le dortoir, comme s'il eût été porté sur un tourbillon : puis il jouait de la guitare avec tant de charme que les religieuses se trouvaient tentées de danser. Il sautait ensuite sous la forme d'un chien sur le lit de l'une d'entre elles, qui devint ainsi l'objet de graves soupçons de la part des autres sœurs. Dans un autre couvent du diocèse de Cologne, le démon, pendant huit ans, entrait sous la forme d'un chien, parcourait le monastère, et se glissait sous les robes des religieuses, afin de trahir par les mouvements qu'il produisait les signes d'une passion impure. Dans le couvent de Nazareth, à Cologne, les religieuses furent tourmentées pendant très-longtemps par les démons en diverses manières, lorsque enfin, en 1564, elles furent tout à coup renversées par terre dans la posture la plus inconvenante. Pendant le temps qu'elles restèrent dans cette position, elles tinrent les yeux fermés,

Les religieuses de Neumagen.

et furent couvertes de confusion lorsqu'elles les rouvrirent. Le mal était venu d'une jeune fille de quatorze ans, qui était renfermée dans le cloître. Elle avait été visitée souvent la nuit par un incube, et quoiqu'elle s'efforçât de le chasser avec une étole bénite, il revenait cependant toujours. On avait mis une religieuse à coucher avec elle, pour l'aider à se défendre contre le diable; mais la pauvre sœur tremblait de tous ses membres lorsqu'elle entendait le bruit de la lutte entre le démon et cette jeune fille. Elle finit par devenir tout à fait possédée. Elle avait des crampes qui la faisaient horriblement souffrir. Quand son accès la prenait, elle ne pouvait plus voir; et lors même qu'elle paraissait être dans son bon sens elle prononçait des paroles étranges qui approchaient du désespoir. Bientôt le mal s'étendit à d'autres, fit de rapides progrès, surtout depuis que, dans leur détresse, elles eurent recours à des moyens illicites. « Je fus chargé, dit Wyer, de faire une enquête dans le couvent, comme médecin, le 25 mai 1565, en présence des sieurs C. de Lyskerken, conseiller, J. Alteman, autrefois doyen de Clèves, J. Echst, docteur en médecine, et de mon fils Henri, docteur en médecine et en philosophie. Je lus alors des lettres épouvantables que la jeune fille avait écrites au démon qui la courtisait, et nous ne doutâmes pas un seul instant que la possédée ne les eût écrites dans ses accès. Nous découvrîmes que le mal était venu de quelques jeunes libertins qui étaient parvenus à s'introduire dans le couvent et avaient entretenu pendant quelque temps avec plusieurs religieuses des relations criminelles. La chose ayant été découverte, on avait pris les précautions nécessaires pour empêcher que ce scandale ne continuât. Le démon, profitant des dispositions qui existaient déjà chez les religieuses qui avaient oublié ainsi leur devoir, s'était emparé de leur imagination, et leur présentait dans des visions impures l'image de leur séducteur. J'écrivis plusieurs lettres aux religieuses du couvent, en leur prescrivant les moyens qu'elles devaient employer; et leur usage eut bientôt mis fin au mal. » (Vierus, *de Præstig. dæmon.*, l. III, ch. 11.) Ce fait offre tous les éléments nécessaires pour se faire une idée juste de la manière dont ce mal naît et se propage ordinairement.

. . . .

CHAPITRE XXXIII.

Des philtres naturels et diaboliques. Histoire d'un jeune homme de Gênes ; de Marie Ranfain.

L'appétit sexuel peut être ou déprimé ou surexcité par des moyens artificiels, et parmi ces moyens il en est plusieurs qui sont fournis par la magie. Il existe bien dans la nature certaines substances qui ont la même propriété, mais l'effet qu'elles produisent est général, en ce sens que l'homme, par exemple, soumis à leur action se trouve dans le même rapport à l'égard de toutes les femmes, comme aussi l'emploi de ces moyens a toujours pour résultats un épuisement qui finit quelquefois par la mort. Il n'est pas de médecin qui n'ait rencontré dans sa pratique plusieurs cas de ce genre. Heer nous raconte qu'une jeune fille donna dans un verre de bière un philtre de ce genre à un jeune homme de quatorze ans, déjà épuisé par une marche prolongée. Il but avec avidité le breuvage qui lui était présenté, et dormit profondément toute la nuit. Mais il se trouva si fatigué le matin qu'il put à peine regagner sa maison. Une hémorrhagie violente par les voies hautes et basses se déclara, et rien ne pouvait l'arrêter. Il fallut employer les moyens sympathiques; mais dès qu'on les interrompait le mal recommençait ; de sorte que le malade pleurait du sang par les yeux, et qu'il en rendait par les oreilles. On le crut mort, et on l'avait déjà enveloppé dans un suaire. Étant revenu à lui, il fut pris d'une sueur abondante, et il se forma enfin sur tout son corps une croûte de l'épaisseur d'un pouce. Le P. Kircher raconte dans son *Ars magna*, p. II, l. II, qu'un jeune homme, toutes les fois que dans son jardin il se dirigeait d'un certain côté, éprouvait comme une sorte de satyriasis. Il découvrit le fait à un pharmacien, H. Corvin. Celui-ci se fit conduire au lieu indiqué, et le trouva planté de satyrium d'une espèce particulière. Après cette découverte, il lui fut facile d'expliquer les phénomènes extraordinaires qu'éprouvait ce jeune homme, puisque cette plante surexcite déjà ceux qui ne font que la porter à la main.

Mais souvent le démon n'est pas étranger dans les phénomènes de ce genre, et les philtres alors ne sont que des symboles, de sorte que la nature fournit l'enveloppe extérieure, tandis que le fond est l'œuvre du diable. Les jouissances qui sont le résultat de ces philtres diaboliques sont donc symboliques aussi comme ces derniers; elles sont l'effet d'une vision produite par l'esprit du mal. Ce que la légende poétique nous raconte du cierge vert qui, une fois allumé, conduit la femme vers celui qu'elle aime ne peut jamais arriver réellement, mais seulement par l'effet d'une fantasmagorie diabolique. Saint Jérôme nous raconte, dans la Vie de saint Hilarion, qu'un jeune homme employa, d'après le conseil des prêtres d'Esculape, un philtre de ce genre pour gagner l'amour d'une jeune fille dont il était épris; et il y réussit. Brognoli nous raconte, d'un autre côté, qu'une jeune fille de Venise, âgée de dix-sept ans, reçut un philtre du domestique de son père, qui s'était épris d'elle. On l'entendit tout à coup s'écrier la nuit : « Je vais mourir si l'on ne me conduit vers lui. » Ses parents accoururent, ne pouvant rien comprendre aux paroles de leur fille, qui s'était distinguée jusque-là par sa modestie. Mais le démon, qui possédait leur servante, trahit le coupable, qui prit aussitôt la fuite. « Je fus appelé le lendemain, ajoute Broguoli, et je demandai à la jeune fille si *c'était bien de propos délibéré qu'elle* avait prononcé ces paroles. Elle me répondit qu'elle s'était sentie tout à coup éprise d'amour pour ce domestique; que son esprit et son imagination avaient été troublés comme par un nuage, et qu'une force invincible lui avait mis ces paroles sur les lèvres. Elle fut guérie par l'emploi des moyens spirituels. »

Quelquefois le mal dans ses progrès trahit des symptômes d'une véritable possession, comme par exemple un sentiment profond d'horreur à la vue d'un ecclésiastique. C'est ce qui arriva à un certain Jean Hilpat, qui servait dans une famille noble. La cuisinière de son maître lui avait donné un philtre dans un gâteau. Il ne sentit rien pendant quatre jours; mais le cinquième il entra en délire, devint furieux, disant des choses qui n'avaient aucun sens. Il ne pouvait dormir, s'imaginait qu'il était au pouvoir du diable, et ne pouvait supporter la présence du curé. (Grælingius, *Curat. medicinal. Dogmat. hermet.*, centur. 2.) Quelquefois aussi les malades rendent des objets extraordinaires qui annoncent un état et une influence magiques. En 1589, vivait à Gênes un jeune homme, bien élevé d'ailleurs, qui fut pris tout à coup d'un violent amour pour une femme, et se livra tout entier à sa passion. Pendant trois mois ils s'écrivirent en cachette, jusqu'à ce qu'enfin le jeune homme tomba dangereusement malade. On ne saurait s'imaginer tout ce qu'il rejeta par la bouche en présence de plusieurs témoins : des cheveux de femme, des coquilles d'œufs, du coton, des épingles, des morceaux d'aiguille, d'os et de fer, le tout mêlé de sang. Un père Jésuite qui était présent l'engagea à rompre un commerce aussi pernicieux pour lui, et lui demanda s'il avait en sa possession quelque lettre ou quelque objet d'elle. Il lui répondit qu'elle lui avait écrit, il est vrai, mais qu'il avait déchiré ses lettres. Le Père n'ajouta point foi à ses paroles, et conseilla à ses parents de chercher dans toutes ses armoires, et d'en ôter tous les objets qui pouvaient avoir quelque rapport avec sa passion criminelle. Le malade, ayant été averti de la chose par une voix secrète, demanda avec

Un jeune homme de Gênes.

des cris terribles la clef de son armoire ; et lorsqu'il l'eut il la porta à sa bouche pour l'avaler, mais on l'en empêcha. Il la mit sous son oreiller, et à l'instant même il perdit la vue. Sa mère le supplia de la rendre. Il la chercha ; et, ne la trouvant point, il crut qu'on la lui avait prise, et se mit à crier bien plus fort encore après avoir cherché si elle n'était pas dans son lit. Pendant ce temps-là on avait forcé la serrure de l'armoire, et l'on y avait trouvé deux lettres d'amour, que l'on jeta au feu. A peine furent-elles brûlées qu'il recouvra la vue et retrouva sa clef. A partir de ce moment commença sa guérison corporelle et spirituelle, et il fut bientôt parfaitement rétabli. (Delrio, *Disq.*, l. V, ch. 2.)

Marie de Ranfain.

M. E. de Ranfain nous offre un exemple frappant des effets singuliers produits par les philtres. Elle appartenait à une famille considérable ; elle était distinguée par sa beauté et plus encore par sa vertu. Ses parents l'avaient forcée à se marier, et elle était devenue veuve au bout de quelques années de mariage. Un médecin nommé Poiret, ayant conçu pour elle une violente passion, lui donna un philtre. Elle en ressentit bien les effets ; mais elle sut, à force de prières et de larmes, le rendre impuissant. Poiret lui en administra un second, à la suite duquel elle fut attaquée de maux de toute sorte, si bien que ses parents la forcèrent d'envoyer chercher Poiret. Mais comme elle se défiait de lui, elle le congédia. Poiret devint furieux, et Marie tomba bientôt dans des états extraordinaires. La moitié de son corps était comme roidie par le froid et sans aucune sensation, tandis que l'autre moitié était agitée par des mouvements si violents que, malgré la faiblesse de sa constitution, quatre hommes très-forts pouvaient à peine la tenir. Tantôt son crâne s'ouvrait et se fermait ensuite, tantôt il s'enflait d'une manière monstrueuse. La chose fit du bruit. Le médecin et ses partisans attribuèrent ces phénomènes à l'imagination de la malade. Son évêque la fit venir à Nancy ; six des médecins les plus distingués de la ville furent chargés de l'examiner, et déclarèrent unanimement que, parmi les symptômes de cette maladie, il y en avait quelques-uns qui ne pouvaient s'expliquer d'une manière naturelle. L'évêque chargea les ecclésiastiques les plus savants et les plus habiles d'examiner l'état de la malade, et plusieurs évêques s'adjoignirent à eux. On employa les exorcismes, et tous furent d'avis que Marie était possédée du démon. En effet, elle était enlevée en l'air avec une telle force que six personnes pouvaient à peine la retenir. Elle grimpait sur les arbres de branche en branche avec l'agilité d'un chat. Elle faisait tout ce qu'on lui commandait en italien, en allemand, en latin, en grec, en hébreu; elle lut une lettre latine fermée, et indiqua une lettre qu'on avait omise. Un grand nombre de témoins assistèrent à toutes ces expériences. Les esprits qui possédaient la malade désignaient toujours Poiret comme l'auteur du mal, de sorte qu'il résolut de prendre la fuite.

Henri II de Lorraine, prince doux et indulgent d'ailleurs, le fit mettre en prison et ordonna d'instruire son procès. On procéda avec une prudence vraiment remarquable. On fit venir de France des magistrats qui, réunis à ceux du pays, formèrent un tribunal de vingt-quatre juges. L'accusé trouva des défenseurs. Un docteur en théologie écrivit un livre en sa faveur. Une princesse dépensa de grandes sommes pour sa délivrance. L'infante des Pays-Bas plaida sa cause auprès du duc. Marie Ranfin ne fut pas épargnée. On l'accusa d'hypocrisie; on mit en prison ses deux filles; tous ceux qui prenaient son parti étaient calomniés. On interprétait en mal tout ce qu'elle faisait et disait; on ouvrait ses lettres, et on y écrivait des choses capables de la compromettre. Des inconnus la poursuivirent avec des pistolets chargés; mais au moment de tirer ils furent arrêtés par un sentiment d'effroi dont ils ne pouvaient se rendre compte. Le matin, on trouvait des échelles de cordes suspendues à sa fenêtre, et des empreintes de pieds sur le sable. Plusieurs fois on lui donna du poison, et l'on promit mille pistoles à celui qui la tuerait ; de sorte qu'il fallut lui donner des gardes. Mais Dieu veillait sur elle. Les lettres infâmes qu'on avait répandues contre elle furent réfutées par la recherche minutieuse de chaque action de sa vie. Le procès suivit son cours, et les vingt-quatre juges condamnèrent unanimement à mort Poiret. Ses amis furent assez puissants pour empêcher l'exécution de la sentence. Le duc ordonna une seconde enquête, qui eut le même résultat, et Poiret mourut le 7 avril 1622 sans donner aucun signe de repentir. Dieu permit qu'après sa mort Anne Boulei, compagne de ses forfaits, fût arrêtée à Paris et amenée à Nancy. Touchée de repentir, elle confessa tous ses crimes. Les juges, de leur côté, sans s'appuyer sur ses déclarations, firent toutes les enquêtes nécessaires. Elle fut condamnée à mort, et mourut de la manière la plus édifiante. Plusieurs personnes qui s'occupaient aussi de magie furent effrayées par cet événement. Quelques apostats revinrent au sein de l'Église, et l'on remarqua une amélioration sensible dans les mœurs de la noblesse et de la cour. (*Le Triomphe de la Croix*, par M. Boudon, grand archidiacre d'Évreux.)

Quant aux moyens magiques qui ont pour but de déprimer et d'affaiblir l'appétit sexuel, voici ce que Bodin raconte. En 1567, pendant qu'il était substitut du procureur du roi à Poitiers, on lui dénonça plusieurs sorcières. Étant rentré chez lui, il raconta toute leur histoire à son hôtesse, qui était une femme très-estimée ; et comme elle avait beaucoup d'expérience dans les choses de ce genre, elle lui raconta à son tour, en présence du secrétaire Jacques de Beauvais, qu'il y avait cinquante manières d'empêcher tout rapport entre un homme et une femme ; que l'appétit sexuel pouvait être lié ou dans l'homme ou dans la femme seulement ; que d'autres fois l'un des deux était épris d'amour pour l'autre, tandis que celui-ci ne pouvait le supporter, ou bien qu'ils s'aimaient ardemment l'un l'autre, mais que dès qu'ils voulaient remplir les devoirs du mariage ils se frappaient et se déchiraient d'une manière horrible; qu'il était beaucoup plus facile de jeter un sort de ce genre sur l'homme que sur la femme; que l'on pouvait jeter le sort sur lui pour un jour, pour un an ou pour toute la vie; qu'il y en avait qui étaient inaccessibles aux influences de cette sorte, et que quelques-uns l'étaient seulement avant le mariage. Elle lui communiqua en même temps toutes les légendes et toutes les formules qui se rapportaient à ce genre d'opérations magiques, et ces formules n'appartenaient à aucune langue. Virgile, dans sa huitième églogue, veut que l'on fasse neuf nœuds; elle n'en demandait qu'un, et indiquait de quelle espèce de cuir et de quelle couleur il devait être. Comme cette espèce de sort était très-commune dans le Poitou, le juge criminel de *Tours*, en 1560, sur la simple indication d'une jeune femme nouvellement mariée, qui accusait sa voisine d'avoir noué son mari, fit jeter celle-ci dans une tour obscure, et la menaça de l'y laisser toute sa vie si elle ne dénouait l'homme qu'elle avait ensorcelé. Deux jours après, la prisonnière fit savoir au jeune marié que le charme était rompu. Aussitôt que le juge l'eut appris, il la fit sortir de prison. (Bodinus, *Dæmonoman.*, l. I, ch. 6.) Il est certain, d'un côté, que toutes les formules et toutes les opérations de ce genre sont impuissantes sur une nature saine et intacte. D'un autre côté, on ne peut accuser une époque tout entière d'être assez crédule et superstitieuse pour employer tout son esprit à inventer et à perfectionner tant de méthodes différentes si elles n'avaient jamais produit aucun résultat; ou d'être assez méticuleuse et craintive pour remplir les tribunaux de ses plaintes si celles-ci n'avaient eu aucun fondement. Il faut donc supposer que le mal avait pris à cette époque un caractère épidémique; et cette hypothèse est d'autant plus probable qu'on voit par le récit de Bodin que beaucoup n'étaient pas accessibles aux opérations magiques de ce genre, ou qu'ils ne l'étaient qu'en des circonstances déterminées. Lorsque le mal est nerveux dans son principe, il établit des rapports avec d'autres natures, et peut ainsi se communiquer par une sorte de contagion, fréquente dans les maux de ce genre.

CHAPITRE XXXIV.

La soif diabolique du sang. La comtesse de Brinvilliers. Le maréchal de Retz. Marie de Sains.

La cruauté se rattache à la volupté par des liens secrets, mais très-réels, et elle en forme en même temps le contraste le plus frappant. L'une et l'autre produisent comme un certain enivrement du sang, dont le résultat est dans l'une la vie et dans l'autre la mort. Elles peuvent toutes les deux s'emparer de l'homme de la même manière, et, poussées à l'extrême, prendre sur sa volonté un empire presque irrésistible, qui conduit à l'obsession. Après avoir considéré dans les chapitres précédents les désordres que produit dans l'homme le démon Asmodée, nous allons étudier maintenant les ravages que cause celui qui dans les exorcismes s'appelle Béhémoth. Les annales judiciaires des divers peuples nous offrent des faits nombreux et remarquables en ce genre. C'est ainsi que l'on vit en 1676, en France, une jeune femme, noble et belle, la comtesse de Brinvilliers, prise de cette manie du meurtre, empoisonner sans aucun motif de haine ni de vengeance ses domestiques, ses parents, ses amis, visiter les hôpitaux pour donner du poison aux malades. Cette manie vient en partie d'une cause physique; car, lorsqu'elle se produit dans un individu avec des caractères très-énergiques, elle devient facilement contagieuse et s'empare quelquefois de masses considérables. Ainsi nous savons par l'histoire romaine que cette épidémie se répandit à une certaine époque parmi les femmes de Rome. C'est la coutume aujourd'hui de classer tous les faits de ce genre dans la catégorie de la folie maniaque ; et il est incontestable en effet que, toutes les fois que les rapports naturels sont troublés dans l'homme, ce trouble annonce un certain dérangement qui ressemble à la folie. Cependant les actes qui proviennent de ce défaut d'équilibre ne sont pas uniquement les délires d'un fou. Tous les peuples les ont considérés jusqu'ici comme des actes faits avec délibération, et par conséquent dignes de châtiment. Il est impossible cependant de ne pas reconnaître dans les dispositions qui les produisent les traces d'une influence satanique, à laquelle il était facile au commencement de résister, mais qui, fortifiée à la longue par le consentement de la volonté et l'habitude, dégénère en une véritable obsession. Il a suffi plus d'une fois d'un attentat commis sur la vie d'un saint pour amener ce genre d'obsession. L'an 1024, Léopard tue un pieux solitaire de Bretagne, saint Thoar, et il est aussitôt saisi par le démon. Pendant vingt ans il erre dans le pays, nu l'hiver comme l'été. Si on lui donne un vêtement pour se couvrir, il le déchire en mille pièces. (*A. S.*, 11 febr.) La punition divine ne se manifeste pas toujours d'une manière aussi prompte ; mais souvent le mal se développe peu à peu, et l'obsession en est le dernier terme.

Le maréchal de Retz.

Nous trouvons un exemple frappant en ce genre dans Gilles de Laval, maréchal de France et connu sous le nom de de Retz. Issu d'une famille illustre, puisqu'il descendait des maisons de Laval, de Montmorency, de Roucy et de Craon, il jouissait d'une fortune considérable, qu'il avait encore augmentée par son mariage avec Catherine de Thouers, et il était devenu ainsi un des plus riches propriétaires du pays. Il s'était distingué dans les guerres contre les Anglais. Il avait hérité de son père à l'âge de vingt ans, et il avait commencé dès lors cette vie dissipée qui l'entraîna si loin dans la suite. Il entretenait une garde de deux cents cavaliers et une chapelle de vingt-cinq à trente personnes. Dans ses voyages, il se faisait suivre à cheval par les chapelains, les chantres et les musiciens de sa chapelle, outre un nombre considérable de serviteurs. Il tenait toujours pour eux et pour les autres table ouverte. Il avait pour le service de sa chapelle des vases d'argent du plus grand prix, des ornements précieux en drap d'or, et un orgue qui l'accompagnait toujours. Il avait parmi ses chapelains, comme dans les cathédrales, des doyens, des chantres, des archidiacres, et l'un d'eux portait même le titre d'évêque. Ils étaient vêtus de pourpre, avaient de riches appointements, et il avait demandé plusieurs fois au pape la mitre pour eux. Il faisait aussi représenter chez lui à grands frais des pièces de théâtre ou des mystères, comme on les appelait alors. Il trouva bientôt des complices pour ses passions, entre autres Gilles de Silley et Roger de Brigueville. Pour couvrir ses folles dépenses, il fut obligé de vendre ses biens à vil prix, et il ne lui serait rien resté si sa famille n'avait obtenu du roi un ordre qui lui défendait de rien vendre désormais, et un édit du parlement qui défendait à tous de rien acheter de lui. Pour se tirer d'embarras, il eut recours à la chimie, et se mit à chercher la pierre philosophale. Il trouva bientôt des adeptes. Il était déjà parvenu à rendre le mercure solide, mais il ne put découvrir ce qu'il cherchait. Il eut donc recours à celui qui passait pour avoir en sa possession d'immenses trésors cachés, c'est-à-dire au démon. Il avait près de lui des hommes initiés aux mystères de l'enfer. Un médecin du Poitou traça des cercles magiques dans une forêt, et évoqua le diable. Il lui apparut, dit-il, sous la forme d'un léopard, mais sans lui parler, parce qu'il n'avait pas pris toutes les précautions nécessaires. Il promit au maréchal de retourner et d'essayer de nouveau; mais, richement récompensé de sa peine, il partit et ne revint plus. Il fut remplacé par un Florentin nommé Prelati, célèbre alchimiste et magicien, qui se servit d'un livre de la bibliothèque du maréchal. Il avoua plus tard dans sa prison qu'il avait vu plusieurs fois le diable sous la forme d'un jeune homme de vingt ans; qu'il lui avait donné une poudre noire avec ordre de la porter au maréchal. Une autre fois, il lui avait montré une grande quantité de lingots d'or, mais qui au fond n'étaient qu'un amas de sable et de terre jaune.

Le maréchal, de son côté, avait signé de son sang un pacte dans lequel il promettait au démon de lui donner tout ce qu'il lui demanderait, excepté son âme et sa vie; puis il l'avait adoré, lui avait offert des sacrifices, de l'encens, etc., et avait établi une fête en son honneur. Pour sceller ce pacte affreux, il lui avait offert en sacrifice le cœur, la main, les yeux et le sang d'un enfant. On remarqua bientôt une vieille femme qui parcourait le pays, s'approchant des enfants qui gardaient leurs troupeaux ou qui allaient mendier, et les caressant; mais elle avait toujours le visage couvert d'un drap noir. Elle attirait ces enfants au château du maréchal de Retz, et on n'entendait plus jamais parler d'eux. Ce ne furent d'abord que des orphelins ou des enfants de paysans; mais bientôt ce monstre, encouragé par l'impunité, chercha ses victimes dans les villes de la Bretagne et jusqu'à Nantes. Bodin raconte, p. 249, probablement d'après les actes du procès, qu'après avoir ainsi immolé huit enfants au démon, il lui promit de lui sacrifier son propre enfant, qui n'était pas encore né, et d'ouvrir pour cela le ventre de la mère. Cependant il ne put arriver à voir le diable face à face; et il avait coutume de dire que le diable devait être un pauvre hère, puisqu'il avait honte de se trouver avec des personnes considérables. Mais ceux qui l'entouraient lui disaient que la faute en était à lui-même, et que cela venait des propos qu'il tenait sur le démon, de son amour pour sa chapelle, de la coutume qu'il avait de prier; et particulièrement de réciter l'*Alma redemptoris mater*, et enfin de la pensée secrète qu'il avait d'expier à la fin ses crimes par une croisade. Le maréchal cependant se livra aux voluptés les plus abominables que l'imagination puisse se représenter; et il en était venu à ce point que les malheureuses victimes de sa brutalité n'avaient plus de charmes pour lui qu'au moment de leur mort. Il les tuait de sa propre main; il jouissait de leurs cris, de leurs râlements, de leurs convulsions, et pour savourer de plus près le plaisir dont il s'enivrait ainsi il se couchait sur ses victimes pendant qu'elles mouraient. On trouva dans la tour de Chamtocé une tonne pleine d'os d'enfants calcinés, et l'on estima à quarante le nombre de ceux qu'il avait ainsi immolés. Il avoua lui-même en avoir sacrifié cent de cette manière. On trouva d'autres ossements à Suze dans les lieux d'aisance, à Nantes et à Vannes; de sorte que l'on portait à cent cinquante le nombre de ses victimes. Il les avait immolées aux démons Barron, Orient, Béelzébub, Satan et Bélial; et pendant qu'on les tuait on leur chantait l'office du jour de Pâques. Il fut pris enfin par ordre du duc avec Prelati et quelques autres, peu de temps après qu'il eut fait de nouveau à Dieu le vœu d'aller en terre sainte. L'accusation fut soutenue par le procureur du duc et le promoteur de l'évêque de Nantes, et l'affaire jugée devant le chancelier de Bretagne, l'évêque du lieu, l'inquisiteur du royaume, Jean Merri, quant aux crimes d'hérésie, de magie, de sodomie, etc., et devant le président Pierre de l'Hôpital pour tous les autres crimes qui étaient de sa compétence. Le maréchal affecta d'abord une grande audace, disant qu'il aimait mieux être pendu que de répondre à des prêtres livrés à la simonie et à toutes les abominations; qu'il connaissait aussi bien qu'eux la foi de l'Église, et tenant d'autres propos semblables. Il devint bientôt plus souple cependant, et finit par avouer une partie de ses crimes : la crainte de la torture fit le reste. Il fut confronté avec Prelati, et leurs aveux se trouvèrent d'accord. Lorsqu'on emmena celui-ci, le maréchal lui dit en sanglotant : « Adieu, François, mon ami; nous ne nous reverrons plus en ce monde. Je prie Dieu qu'il te donne la patience et la grâce de te reconnaître. Si tu souffres avec patience, et si tu espères en Dieu, sois sûr que nous nous reverrons au ciel. Prie pour moi, je prierai pour toi. » Le lendemain il confessa publiquement ses crimes, ajoutant qu'il en avait commis une multitude innombrable d'autres ; et il les attribua tous à la mauvaise éducation qu'il avait reçue dans sa jeunesse. Le 24 octobre 1440, il entendit sa sentence, et fut remis au prêtre qui devait le confesser. On fit une procession pour prier Dieu de lui accorder la patience, après quoi il fut brûlé vif. Cependant à cause de son repentir il fut enterré en terre sainte. Les actes de ce procès existent à Nantes, et la bibliothèque royale de Paris en possède un extrait sous le numéro 493. On peut aussi consulter l'histoire de Bretagne de Dom Lobineau, t. I ; Paris, 1707, p. 614.

Des atrocités semblables se sont passées ailleurs encore, et le plus souvent ce sont des enfants qui ont servi de victimes. Du temps de Nider, le bruit se répandit dans le canton de Berne que treize enfants avaient disparu. La justice informa, et fit arrêter une femme sur laquelle on avait conçu des soupçons. Elle avoua qu'elle volait des enfants non baptisés, et les faisait bouillir, jusqu'à ce que leur chair devînt comme une gélatine, dont la partie la plus ferme servait à composer ses onguents, tandis que l'autre, plus fluide, était employée pour les initiations, et rendait aussitôt clairvoyants les adeptes. Un homme nommé Stadelein, du canton de Lausanne, avoua qu'il avait tué dans le sein de leur mère sept enfants d'une même famille. (Nider, *Formicarium*, lib. V, cap. 3.) Une sage-femme de Thann en Alsace avoua à Sprenger qu'elle avait offert au démon un grand nombre d'enfants en les élevant en l'air ; puis les avait fait mourir en leur enfonçant dans la tête une grande aiguille sans que la place saignât. Lorsqu'ils étaient mis en terre, elle allait les déterrer la nuit, les faisait rôtir dans un four, en mangeait la chair, et employait la graisse à d'autres usages. Elle avait fait ainsi mourir quarante enfants. Une autre femme, ayant perdu le bras d'un enfant pendant qu'elle sortait de la porte de la ville, fut arrêtée, et confessa qu'elle avait tué ainsi des enfants sans nombre. (*Malleus Malef.*, t. I, p. 11, quest. I, ch. 13.) Jean Müller de Wellferdingen avait, au rapport de Remi, un enfant d'un an, l'unique joie de sa vie. Trois femmes le lui volèrent dans son berceau, l'emportèrent sur une montagne voisine, y allumèrent un grand feu, et réduisirent ainsi son corps en cendres, qu'elles recueillirent avec soin; après quoi elles les mêlèrent avec de la rosée et des épis, et en firent une pâte, qu'elles répandirent sur les arbres et les ceps de vigne pour les détruire. La femme de Bernhardi tua et fit rôtir son propre enfant. Elle fit brûler encore d'autres cadavres, et avec leur cendre elle préparait un breuvage qu'elle mêlait à d'autres plantes pour en diminuer l'amertume. Quiconque en buvait mourait. (Remigius, p. 212.) On voit que les substances animales réduites en cendres développaient de l'acide prussique combiné avec l'alcali des cendres, et qui, dégagé par les autres substances que l'on mêlait au breuvage, produisait instantanément la mort. A Cazal en Piémont, on avait remarqué que dès qu'une certaine Androgine entrait dans une maison tous ceux qui l'habitaient mouraient aussitôt. Elle fut prise, et avoua qu'elles étaient quarante liées par un pacte, et qu'elles oignaient le loquet des portes avec un certain onguent pour faire mourir tous les habitants de la maison. Ceci se passa en 1536. La même chose arriva à Gènes en 1563.

Marie de Sains.

Le couvent d'Yssel, dans les Pays-Bas, où vivait Marie de Sains, était plein d'obsessions et de maléfices; mais on n'avait aucun soupçon sur elle, car on la regardait comme une sainte, jusqu'à ce que, poussée par une puissance secrète, elle se donna elle-même comme sorcière, et fut mise en prison par l'official de Tournai. Mais ce ne fut que dix-huit mois après qu'elle fit un aveu détaillé de ses crimes. Elle confessa donc qu'elle avait éventré vivants ou fait mourir d'une autre manière un grand nombre d'enfants, afin de les immoler au démon. Souvent, après les avoir étranglés, elle leur broyait le cœur avec ses dents, pendant qu'il palpitait encore, surtout lorsqu'ils étaient nés de parents chrétiens. « J'ai égorgé, disait-elle, un grand nombre de ces enfants dans cette ville et dans les environs ; et lorsqu'ils étaient mis en terre, je les déterrais et les portais dans nos assemblées nocturnes. J'en ai tué ainsi un grand nombre, ou bien je les empoisonnais avec du poison que les démons m'avaient donné. Quelquefois je leur arrachais les cheveux, ou je leur perçais le cœur ou les tempes avec une aiguille. J'en ai jeté plusieurs dans des fours embrasés; j'en ai noyé d'autres; j'en ai fait rôtir plusieurs à la broche; j'en ai fait bouillir d'autres dans des pots, ou bien je les jetais dans les lieux d'aisance, ou je les faisais brûler vifs, ou je les donnais à manger à des lions, à des serpents ou à d'autres animaux ; j'en ai pendu plusieurs par les jambes, ou par les bras, ou par le cou. A d'autres, j'ai brisé le crâne contre le mur, puis je les ai écorchés et coupés par petits morceaux comme pour les saler. J'en ai jeté d'autres aux chiens. Il en est que j'ai crucifiés, afin d'insulter le Sauveur; et pour tout cela je me servais de ces paroles : « Par mépris pour le Créateur, je vous offre, Lucifer et Béelzébub, ainsi qu'à tous les démons ensemble, le corps et l'âme et tous les membres de cet enfant. » L'archevêque de Malines, qui était présent à ces aveux, déclara que, quoiqu'il eût vu et entendu beaucoup de choses pendant les soixante-dix ans qu'il avait vécu, il n'avait jamais rien entendu qui approchât des crimes et des abominations de cette fille.

Avant de partager cet étonnement, nous devons bien préciser le point de vue sous lequel il convient de saisir ces faits, dont l'exagération visible exige un examen plus attentif. Nous devons supposer d'abord que les juges ont eu assez de sens pour se faire nommer une partie de ces victimes, et qu'ils se sont assurés ensuite qu'elles étaient réellement mortes à l'époque indiquée. Ces enfants étaient donc vraiment morts, et Marie de Sains se reconnaissait coupable de leur mort. Toute la question est donc de savoir quelle part elle y avait prise. Elle était cloîtrée; elle ne pouvait donc approcher du lit de mort et du tombeau de ces enfants que, par une action à distance, résultat d'une extase. Elle prétend avoir donné à manger à des lions et à d'autres bêtes une partie de ces enfants. Or, il n'y avait aucune bête de cette sorte dans le couvent qu'elle habitait : ces animaux appartenaient donc à la ménagerie du sabbat. C'est aussi dans les assemblées du sabbat qu'étaient dressés les bûchers, les fours et les croix qui formaient l'appareil extérieur de ses forfaits. C'est là qu'elle blasphémait contre Dieu, la Vierge et les saints, qui lui apparaissaient pour la convertir; qu'elle leur jetait des ordures, qu'elle les frappait et les blessait même quelquefois. Toutes ces choses étaient des visions de son esprit. L'ordre logique des idées étant bouleversé chez elle, la volonté devait être également pervertie, et les influences sataniques, venant développer encore ce dérangement dans les idées et dans la volonté, produisirent en elle ces visions abominables. Sa volonté s'était abrutie, et couvait des fantômes semblables à ceux qui apparaissent dans ses songes au tigre enfermé dans une cage. Elle était coupable aux yeux de Dieu, parce que sa volonté consentait à ces imaginations monstrueuses, et que d'ailleurs tous ces effets avaient été volontaires dans leur cause. Il en est autrement des faits extérieurs dont elle était accusée devant la justice humaine. L'action et la vision à distance se correspondent. Elle connaissait donc la mort prochaine de ceux qu'elle avait désignés comme ses victimes; elle dirigeait contre eux l'intention de sa volonté, et se rendait ainsi coupable de leur mort. Ces intentions et ces influences ne sont pas tout à fait indifférentes, surtout au moment de la mort, où chacun devient en quelque sorte clairvoyant, et bien plus accessible aux impressions de ce genre. Il est cependant impossible de croire qu'elle ait pu exécuter ces criminels desseins; car, sans parler des secours de l'Église, la nature seule suffit à se préserver de tels attentats. Marie était donc criminelle dans le domaine de l'esprit et de la conscience, quoique le fait extérieur ne répondît point aux intentions de sa volonté. Ce qui doit exciter ici l'étonnement et l'horreur, c'est moins la grandeur des crimes dont elle se reconnaît coupable que la frénésie produite en elle par l'extase diabolique.

CHAPITRE XXXV.

Métamorphoses diaboliques. Les loups-garous. P. Bourget et M. Verdung. Jean Grenier. Appréciation de ces faits. Autres métamorphoses. Elles ne sont pas réelles, mais l'effet d'une vision. Formations plastiques sur le corps des possédés.

La vie, une fois entraînée dans ces tourbillons de l'enfer, éprouve des modifications qui se manifestent quelquefois à l'extérieur. Elle entre dans de nouveaux rapports avec les êtres animés qui l'entourent, et agit sur eux par des influences pernicieuses, ou salutaires en apparence. Entre elle et certaines puissances de la nature se forment de nouvelles relations que nous allons étudier maintenant.

Lorsque la vie est troublée dans un homme par des influences diaboliques, le sentiment général de la vie doit subir également une altération profonde ; car l'homme, se trouvant dégradé par la tyrannie que le diable exerce sur lui, le sentiment de cette dégradation doit lui être intimement présent. Maître et roi des animaux à l'origine, il s'est approché d'eux par le péché, et plus il pèche, plus il leur devient semblable. Cet abaissement est bien plus prompt encore et bien plus profond lorsqu'il est le résultat d'une influence satanique ; et il n'est pas étonnant que l'homme en cet état finisse par avoir le sentiment et la vue des diverses formes d'animaux qu'il trouve empreintes, pour ainsi dire, au fond de son être. C'est là ce qui nous explique ces métamorphoses bestiales qui sont quelquefois l'effet de l'obsession. Pour bien connaître le caractère de ce mal, considérons d'abord les faits qui nous le représentent. Nous laisserons de côté tous les contes, les récits fabuleux qui courent parmi la multitude, et nous nous contenterons de rapporter ici deux faits qui suffisent parfaitement pour notre but. Le premier nous est fourni par les déclarations de Pierre Bourget, appelé le grand Pierre, et Michel Verdung devant le juge de l'Inquisition et le prieur Bom, et devant un grand nombre de témoins, à Poligny, au diocèse de Besançon, lorsqu'ils furent accusés de maléfices en 1521.

Bourget et Verdung.

Pierre déclara donc que dix-neuf ans auparavant, à l'époque de la foire de Poligny, pendant qu'il gardait son troupeau, une pluie violente avait dispersé celui-ci, de sorte qu'il ne savait plus comment le retrouver. Pendant qu'il cherchait, il rencontra trois cavaliers tout noirs. Le dernier, ayant appris de lui son embarras, lui dit de prendre courage, et lui promit, s'il voulait se donner à lui, de le placer chez un maître qui le rendrait très-heureux, ajoutant qu'il n'aurait plus désormais à craindre pour son troupeau ni les loups ni quelque autre dommage. Et pour garantir sa parole, il lui promit de lui faire retrouver le bétail qu'il avait perdu, et de lui donner outre cela de l'argent. Pierre accepta la proposition, et promit de revenir au même lieu dans trois ou quatre jours. Il retrouva son troupeau en effet, et le troisième jour il revint trouver le cavalier, qui lui demanda s'il voulait réellement se donner à lui. Pierre lui demanda qui il était : il lui répondit : « Je suis le serviteur du roi puissant de l'enfer ; mais n'aie pas peur. » Pierre consentit à abjurer la foi chrétienne, après quoi le cavalier lui donna à baiser sa main gauche, noire et froide. Pierre s'agenouilla devant lui, et le reconnut pour son maître. Moiset, c'était le nom que se donnait le personnage inconnu, lui défendit de mettre le pied à l'église. Les choses allèrent ainsi pendant deux ans, après quoi Pierre se remit à aller pendant huit ou neuf ans à l'église, jusqu'à ce que Verdung l'engagea à renouveler le pacte qu'il avait fait, sous la condition qu'on lui procurerait l'argent qui lui avait été promis. L'entrevue eut lieu le soir dans une forêt, en présence de beaucoup d'autres, qui portaient à la main des cierges verts, d'où s'échappait une flamme bleue.

Un jour Verdung, qui avait aussi un esprit nommé Guillemin, lui dit qu'il pouvait lui donner le don de courir aussi vite qu'il voudrait. Pierre, à qui il promit de nouvelles sommes d'argent, se soumit à ce que l'autre demandait. Verdung lui frotta le corps avec un onguent qu'il avait sur lui, et il lui sembla à l'instant qu'il était changé en loup. Il se voyait avec les quatre pieds et le poil d'un loup. Puis il courut avec la rapidité du vent, par le secours de son maître, qu'il n'aperçut cependant qu'après avoir repris la forme humaine. Verdung, s'étant frotté du même onguent, acquit la même agilité. Ceci dura une ou deux heures; après quoi, Verdung s'étant oint et l'ayant oint lui-même de nouveau, ils reprirent tous les deux dans un instant la forme humaine. Cet onguent leur avait été fourni par leurs maîtres. Après avoir ainsi couru, Pierre, n'en pouvant plus de fatigue, se plaignit à Verdung, qui lui répondit que ce n'était rien. Mais un jour, s'étant frotté du même onguent, il prit avec ses dents un enfant de six à sept ans et le tua. La même chose arriva à Verdung. Une autre fois ils tuèrent une petite fille de quatre ans, et la mangèrent, à l'exception des bras. Verdung trouva la chair excellente, quoiqu'il en eût peu mangé; mais il eut peine à la digérer. Ils sucèrent le sang et mangèrent le cou d'une autre jeune fille. Pierre égorgea un enfant de neuf ans qui lui avait refusé l'aumône. Verdung pouvait se changer en loup, même lorsqu'il était habillé, tandis que Pierre ne pouvait le faire que lorsqu'il était nu. Il ne savait, au reste, ce que devenaient ses poils de loup quand il reprenait la forme humaine. Il s'accoupla aussi avec des louves. Ils ajoutèrent qu'on leur avait donné une poudre grise, avec laquelle ils se frottaient le bras gauche et la main, et faisaient mourir tous les animaux qu'ils touchaient.

Jean Grenier.

Le second fait est encore plus clair que le premier. L'an 1603, un homme fut traduit devant le parlement de Bordeaux ayant à sa tête le premier président Daffis, célèbre alors dans toute la France comme jurisconsulte. Cet homme était de la Roche-Châlais en Guienne; il était accusé d'avoir couru le loup-garou, et les actes de ce procès ont été extraits par de Lancre et insérés dans son *Tableau de l'inconstance des démons*, p. 252. Le juge ordinaire avait d'abord instruit le procès dans le village de Paulot, où demeurait l'accusé, sur le bruit qui s'était répandu qu'un loup avait attaqué en plein jour une jeune fille, Marguerite Poirier, et qu'un jeune homme de treize à quatorze ans, Jean Grenier, domestique chez Pierre Combaut, s'était vanté d'être l'auteur du fait. La jeune fille avait coutume de garder les troupeaux avec Grenier. Il lui avait raconté plus d'une fois qu'il pouvait se changer en loup à volonté, et que déjà il avait dévoré plusieurs chiens et deux enfants, mais que la chair du chien n'était pas si bonne que celle des enfants. Un jour, pendant qu'elle gardait son troupeau, une bête fauve se jeta sur elle, saisit sa robe et la déchira; sur quoi elle prit son bâton et en frappa la bête, qui, s'étant éloignée d'elle de dix à douze pas, se plaça comme un chien sur ses pieds de derrière et la regarda d'un œil furieux, de sorte qu'elle s'enfuit tout épouvantée. Cette bête était moins haute, mais plus grosse qu'un loup; elle avait aussi la tête plus petite, le poil brun et une petite queue. Jeanne Gaboriant, âgée de dix-huit ans, rapporta plusieurs propos que Grenier avait tenus. Elle lui avait demandé un jour pourquoi il était si noir, et il lui avait répondu que cela venait d'une peau de loup que lui avait donnée Pierre Labourant, en lui disant que lorsqu'il la prendrait sur lui il pourrait se changer en loup ou en toute autre bête. Il ajouta qu'il l'avait essayé plusieurs fois, et qu'à chaque fois, au déclin de la lune, le lundi, le vendredi et le samedi, il avait couru le loup-garou, mais seulement pendant une heure, le soir ou le matin. Ils étaient neuf qui couraient ensemble, et il en nomma plusieurs.

On mit Jean en prison, et ses aveux allèrent plus loin encore que les déclarations des témoins. Il était fils d'un ouvrier, et il avait quitté son père trois mois auparavant, parce qu'il le maltraitait. Il avait ensuite parcouru le pays de Courtras en mendiant, et avait servi successivement plusieurs maîtres. Il rencontra un jour sur la route un jeune homme nommé Pierre de Tilhaire, qui lui dit qu'il y avait dans la forêt de Saint-Antoine un monsieur qui voulait lui parler. Ils y allèrent ensemble, et trouvèrent en effet un homme tout noir monté sur un cheval noir. Il descendit de cheval après qu'ils l'eurent salué, et leur ordonna de venir toutes les fois qu'il le désirerait, puis il partit. Ceci était arrivé trois ans auparavant, lorsque Jean n'avait encore que dix ou onze ans, et ils avaient vu ce personnage mystérieux trois fois. Il leur avait fait nettoyer son cheval, leur avait promis de l'argent et donné un verre de vin. Il les avait marqués sous le menton avec une espèce de lance qu'il portait. Jean confirma les déclarations de Marguerite Poirier, et avoua qu'il était un jour entré dans une maison, et qu'ayant trouvé un enfant au berceau il l'avait emporté dans un jardin derrière une palissade, en avait mangé, et avait donné le reste à un loup qui s'était trouvé là tout près. Il nomma encore plusieurs autres victimes, ajoutant toutefois qu'il n'avait pas déchiré leurs vêtements, comme font les loups, mais qu'il les leur avait ôtés. Il courait le loup-garou à chaque déclin de la lune, une ou deux heures par jour, et quelquefois la nuit, et aussi aux fêtes de l'Église, la veille de la Pentecôte, et surtout dans la semaine sainte. Le monsieur de la forêt, quand il voulait le laisser courir, lui donnait une peau de loup et un onguent. Pierre de Tilhaire avait aussi une peau pareille, et ils avaient couru plusieurs fois ensemble. Son père, qui courait comme lui, l'avait pris plusieurs fois avec lui, et ils avaient tué et mangé ensemble une jeune fille près de Grillaut. Il se trouvait très-fatigué après chaque course; ses mains et ses pieds étaient ensanglantés par les épines; l'ongle de son pouce gauche était gros, long et semblable à une griffe : il l'avait laissé croître par ordre du monsieur de la forêt. Celui-ci ne le perdait pas de vue tant qu'il avait la forme d'un loup, et lui, de son côté, reprenait la forme humaine dès qu'il ne le voyait plus. On le fit examiner par deux médecins : il leur parut borné et ignorant, d'un tempérament mélancolique; ils déclarèrent néanmoins que, dans leur opinion, il n'était pas attaqué de la maladie qui fait courir le loup-garou.

On fit venir les parents des enfants qu'il disait avoir mangés, pour les confronter avec lui. Or leurs dépositions se trouvèrent d'accord avec les siennes jusque dans les moindres circonstances, relativement au temps et aux lieux, à la forme du loup-garou, aux blessures qu'il avait faites, au secours que les parents avaient porté, aux armes et aux bâtons dont ils s'étaient servis, aux paroles qu'ils avaient adressées au loup-garou. Un jour qu'il avait rencontré trois enfants, il avait choisi le plus gras; et en faisant cet aveu il ajouta que l'oncle de ces enfants l'avait empêché d'exécuter son dessein, et avait crié après lui pendant qu'il fuyait : « Je t'arrêterai bien. » Les enfants furent amenés devant le juge. Celui des trois qui était blessé était bien réellement le plus gras; et Jean Roullier, leur père, déclara que son frère avait en effet dit ces paroles. On fit plus encore; on conduisit Jean Grenier dans tous les villages et dans toutes les maisons où il disait avoir été en courant le loup-garou. Or, lorsqu'il rencontra l'homme qui avait prononcé ces paroles, il le reconnut aussitôt parmi beaucoup d'autres et lui prit le bras. On amena Marguerite Poirier : il la reconnut aussitôt entre quatre ou cinq jeunes filles; elle le reconnut de son côté, et montra aux juges les blessures qu'elle avait à la bouche et au menton, et qui n'étaient pas encore tout à fait guéries. Son père fut aussi entendu et confronté avec lui. Quand il le vit, il hésita un peu dans ses déclarations, et l'on s'aperçut que la misère et la prison l'avaient hébété; mais, après s'être remis, il persista dans sa première déclaration, et dit que sa mère s'était séparée de lui parce qu'elle l'avait vu un jour vomir des pieds de chien et des mains d'enfant. La décision du parlement fut aussi sage que la conduite du procès avait été intelligente. La cour jugea qu'on ne devait point condamner à mort un enfant que le démon avait armé contre d'autres enfants; d'autant plus que, d'après le rapport des ecclésiastiques qui s'étaient chargés de lui, il commençait à détester ses crimes. Considérant néanmoins qu'on devait le soustraire aux regards des habitants du village où il les avait commis, et le placer dans une position où il fût d'un côté incapable de nuire, et pût de l'autre corriger les mauvais instincts de sa nature, la cour condamna Jean Grenier à rester toute sa vie enfermé dans un couvent de la ville, pour y servir, avec défense, sous peine de mort, d'en jamais sortir. Son père et Pierre Tilhaire furent relâchés quelque temps après.

De Lancre le visita en 1610 dans son couvent, et reçut de lui des déclarations importantes. Il avait alors de vingt à vingt et un ans. Il était petit pour son âge. Ses yeux étaient petits, enfoncés, noirs, sauvages et hagards. Il paraissait avoir honte et quelque souvenir de son ancien état, et n'osait regarder personne en face. Ses dents étaient longues et plus larges que de coutume, un peu noircies, et comme usées par l'habitude qu'il avait eue de mordre des animaux. Ses ongles étaient longs, et quelques-uns noirs depuis la racine jusqu'au bout, et particulièrement celui du pouce, que l'homme de la forêt lui avait défendu de couper. Ceux qui étaient noirs étaient en même temps à moitié usés, parce qu'il se servait de ses mains comme de ses pieds. Quoique d'un esprit obtus, il s'acquittait cependant assez bien des choses qu'on lui commandait. Il avoua qu'il avait couru autrefois le loup-garou d'après l'ordre de l'homme de la forêt, et qu'il avait toujours le même goût pour la chair d'enfant. On lui demanda si, dans le cas où il le pourrait, il en mangerait encore; il répondit que oui. Les ecclésiastiques déclarèrent aussi qu'au commencement de son séjour dans la maison ils l'avaient vu plusieurs fois dévorer des entrailles de poisson qu'on avait jetées. Il allait à quatre pattes avec une agilité merveilleuse, et sautait ainsi les fossés comme les bêtes.

De Lancre fait à cette occasion mention d'un autre enfant de Saint-Pa, qui courait aussi à quatre pieds avec autant d'agilité qu'un chien, et sautait les fossés sans difficulté. Grenier lui raconta qu'il avait une peau de loup que lui avait donnée le monsieur de la forêt, et son père s'en servait aussi quelquefois. Il témoignait à l'égard de son père une profonde aversion, et ne voulut jamais le voir, quoiqu'il vînt de temps en temps au couvent. Il avait au contraire beaucoup de plaisir à voir des loups, et ce plaisir était, à ce qu'il paraît, réciproque; car dans ses interrogatoires il avait répété souvent qu'il laissait la plus grande partie de son butin aux loups qui couraient avec lui. Il avait une horreur profonde du monsieur de la forêt, et il raconta qu'il était venu le voir deux fois dans son couvent, et qu'il lui avait promis beaucoup d'argent s'il voulait se remettre à son service; mais qu'il s'était retiré parce qu'il avait fait contre lui plusieurs signes de croix, ce qu'il faisait encore souvent pour l'empêcher de revenir. Il mourut dans cette même année 1610, d'une manière très-chrétienne, entre les mains des prêtres du couvent.

Appréciation de ces faits.

Nous avons ici deux natures sauvages ayant une certaine affinité avec celle du loup, comme l'indique leur disposition à la cruauté, leur esprit obtus, leur regard sauvage, le plaisir qu'ils trouvent à manger de la chair humaine et leur agilité à marcher à quatre pieds. Toutes ces choses sont autant de signes de leur nature animale et féroce, qui n'avait plus besoin que d'une légère impulsion pour dégénérer en celle du loup. Or, cette impulsion fut donnée non par la nature, mais par la volonté; car c'est l'homme de la forêt qui les mit d'abord dans cet état extraordinaire. Ils firent dans sa personne hommage au démon, qui, s'emparant de leurs sens, devint un objet toujours présent à leurs yeux. Il y a donc là un commerce volontaire avec le démon, qui n'exclut pas toutefois une disposition physique et maladive comme base naturelle de cet état. Ce double caractère se montre surtout en ce que le mal se produit particulièrement, d'un côté, lorsque la lune décroît, ce qui indique un état lunatique, et de l'autre la veille des fêtes, ce qui annonce un état démoniaque. Ces loups-garous se jettent sur les hommes pour les dévorer. Or, ici se présente cette question : Ont-ils véritablement attaqué et mordu des enfants? ou n'était-ce qu'une vision de leur part? Dans le second fait, toutes les précautions ont été prises pour s'assurer de la réalité des blessures; et la coïncidence entre les faits et les déclarations de Jean Grenier est trop frappante et trop fréquente en même temps pour qu'on puisse l'attribuer au hasard. Grenier courait réellement : ce point est incontestable. Il a véritablement attaqué, sous la forme d'un loup, les enfants qu'il avait désignés, comme le prouvent les déclarations de ces enfants eux-mêmes, et plus encore celles de leurs parents accourus à leur secours. Il s'agit donc d'expliquer ce fait incontestable en soi. Peut-être la meilleure manière serait d'attribuer ces effets extraordinaires à deux causes réunies et agissant de concert, à savoir la vue et l'action à distance. Cependant les actes du procès ne nous offrent aucun éclaircissement sur ce point. Il est donc plus sûr de les attribuer à la peau de loup dont Grenier a parlé jusqu'à la fin, et à laquelle il semblait attacher une grande importance. Il était petit de taille, et très-adroit à marcher à quatre pieds; il pouvait donc facilement, en prenant une peau de loup, se donner l'apparence de cette bête; et l'effroi bien naturel des enfants ou des autres sur lesquels il se jetait ne leur permettait pas d'observer bien exactement si c'était vraiment un loup qui les attaquait. La manière dont cette attaque avait lieu trahit plutôt un homme qu'un loup; car c'était moins avec les pattes qu'avec les dents qu'il saisissait ses victimes, et il semblait s'attacher surtout à leur ôter leurs vêtements, de sorte qu'elles se trouvaient dépouillées sans savoir comment cela leur était arrivé. Il résulte d'ailleurs des déclarations reçues dans un autre procès de ce genre qu'on avait cru apercevoir dans un loup-garou des mains et des pieds d'homme. La nature féroce de Grenier répondait à la forme extérieure qu'il prenait, et cette disposition naturelle était élevée à une plus haute puissance par le démon, qui se servait de lui comme d'un instrument pour ses horribles desseins.

Il y a cependant des exemples où l'habitude de courir le loup-garou coïncide avec la vision du sabbat. Une femme accusée de courir le loup-garou se frotte le corps avec un onguent en présence du magistrat, qui lui promet la vie si elle lui donne un échantillon de son art. Aussitôt après cette onction, elle tombe et s'endort profondément. Elle se réveille trois heures après : on lui demande où elle a été, et elle répond que, changée en loup, elle a déchiré une brebis et une vache près d'une petite ville qu'elle nomme et qui était située à quelques milles de là. On se rend à cette ville; on y fait une enquête, et l'on trouve que le dommage qu'elle prétendait avoir causé était réel. (Sennertus, *de morbis occultis*, p. 9, ch. 5.) — Lerchheimer raconte de son côté le fait suivant. « J'allais un jour avec un de mes amis voir un magistrat qui tenait en prison un loup-garou. Il le fit venir devant nous, afin que nous pussions lui faire des questions. Cet homme s'agitait comme un fou; il riait; il sautait et semblait très-heureux. Il nous avoua que la nuit de Pâques il était allé chez lui sous la forme d'un loup. Comme le lieu où il demeurait était à vingt milles de là, et qu'il fallait, pour y aller, passer un ruisseau deux fois aussi large que le Rhin à Cologne, nous lui demandâmes comment il avait fait. « J'ai volé par-dessus, nous dit-il. — Comment as-tu pu sortir de ta prison? — J'ai ôté les chaînes de mes pieds, et j'ai volé à la fenêtre. — Qu'as-tu fait chez toi? — Je me suis promené, et j'ai vu dormir les miens. — Pourquoi es-tu revenu dans ta prison? — Parce que mon maître l'a voulu. » Il vanta beaucoup son maître. Nous lui dîmes que c'était un mauvais maître. Il nous répondit : « Si vous pouvez m'en donner un meilleur, je l'accepterai volontiers. » Il ne savait rien. C'était compassion de le voir et de l'entendre. Nous obtînmes sa délivrance. Il aurait été brûlé sans cela. (*Souvenirs de magie de Lerchheimer;* Strasbourg, 1586, p. 120.) Mais aucun exemple en ce genre n'est plus frappant ni plus horrible à la fois que celui de Pierre Stumf, qui fut exécuté à Bibburg, dans le diocèse de Cologne, vers la fin du seizième siècle. Il avait, d'après les actes, vécu plus de seize ans avec une succube, et en avait obtenu une large ceinture qui, quand il la mettait, avait la facilité de le faire passer pour un loup non-seulement à ses propres yeux, mais à ceux des autres. Il avait sous cette forme égorgé successivement quinze enfants et mangé leur cervelle. Il avait aussi voulu manger deux de ses belles-filles, et avait vécu avec sa fille et sa propre belle-mère. (Delrio, l. II, q. 18, p. 182.)

Autres métamorphoses.

Nous avons vu que des femmes même ont couru quelquefois le loup-garou. Cependant la nature de la femme affecte de préférence d'autres formes dans ce genre de possession, et particulièrement celle du chat. Nous ne devons donc pas nous étonner de rencontrer souvent cette forme dans la sorcellerie. Beaucoup de femmes détenues pour magie confessèrent, au rapport de Remi, qu'après avoir servi fidèlement pendant longtemps le démon elles obtenaient de lui le privilége d'entrer dans les maisons par des chatières, sous la forme de chats, ou de souris, ou de sauterelles, etc.; qu'une fois entrées elles reprenaient leur forme accoutumée, et faisaient ce qu'elles voulaient. C'était ordinairement quelque meurtre, causé soit par le poison lorsqu'il s'agissait de grandes personnes, soit d'une manière violente quand c'étaient des enfants. En supposant que ces faits soient vrais, il est impossible d'admettre une transformation réelle. Il faut donc supposer que ces femmes, ayant déjà en elles une nature analogue à celle du chat, avaient fini, sous l'influence du démon, par se considérer comme des chats, et qu'elles avaient commis ainsi, en voyant et en agissant à distance, les crimes dont elles s'avouaient coupables; ou bien ces crimes n'avaient de réalité que dans leur intention. L'homme, déprimé dans sa nature par l'action du démon, affecte encore d'autres formes d'animaux; et il s'accomplit dans ce domaine comme une sorte de métempsycose, où la conscience humaine dégradée parcourt dans ses abaissements tous les degrés du règne animal, que l'homme, en sa qualité de maître de ce royaume, renferme cachés et liés dans son être, et qui, dès qu'il se laisse dominer par les instincts de sa nature animale, s'éveillent en lui, le gouvernent et le modifient d'après leur être propre. L'homme peut donc, lorsqu'il se laisse dégrader ainsi, parcourir toutes ces formes, je dirais presque toutes ces *larves* d'animaux. Le corps, à la vérité, garde sa forme; mais il est toutefois dominé et poussé par l'instinct animal de la larve qui lui est propre, et la physionomie particulière à l'animal dont il a pris en quelque sorte le type s'empreint en lui.

Cette métamorphose est tout entière dans l'esprit ou l'imagination : elle est l'effet d'une vision. Quelquefois cependant la face reproductrice de l'animal dont l'homme a reçu le type se manifeste extérieurement par des formations plastiques inaccoutumées. Nous avons constaté plus haut dans plusieurs saints des formations de ce genre; elles se produisent aussi quelquefois sous l'influence du démon, comme nous en trouvons un exemple dans les possédées de Loudun. L'un des quatre démons qui possédaient la prieure du couvent de Sainte-Ursule avait été contraint, le 5 no-

Formations plastiques.

vembre 1635, par le P. Surin, de se prosterner devant le Saint Sacrement et de l'adorer. Il la jeta donc aux pieds de l'exorciste. Là elle se tordait d'une manière terrible, embrassant ses genoux pendant qu'on chantait le *Magnificat* dans l'église. Tout à coup elle étendit ses bras, qui devinrent roides ainsi que les mains; jetée sur les degrés de l'autel, la tête appuyée sur les pieds de l'exorciste, elle se tourna de profil du côté de la fenêtre, et tous les assistants aperçurent alors sur son front une croix empreinte dans la première et la seconde peau, et d'où sortait un sang rouge et frais. Les protestants qui étaient présents prétendirent qu'elle avait pu graver elle-même sur son front ce signe pendant ses convulsions, avec un fer en forme de croix qu'elle tenait caché, ce qui toutefois paraissait impossible, à cause de la roideur de ses bras; mais ce phénomène se reproduisit plus tard d'une manière lente en présence de tous les spectateurs. Voici en effet ce que nous lisons dans le procès-verbal : « Le 29 novembre 1635, moi Deniau, conseiller du roi au présidial de la Flèche et procureur de la commission chargée d'assister M. le conseiller d'État Laubardemont dans l'affaire des exorcismes de Loudun, avec Jean Nozai, greffier de cette commission, certifie ce qui suit. Le P. Surin ayant reçu l'ordre de l'archevêque de Tours de conduire l'exorcisme de manière qu'il pût édifier et convertir M. de Montagu, seigneur anglais, a exorcisé la prieure de ce couvent en présence dudit sieur de Montagu et des sieurs Killegren et Scandrel, Anglais tous les deux, ainsi que de plusieurs autres personnes considérables. Pendant qu'il récitait la formule de l'exorcisme sur la prieure, qui était à genoux, elle se pencha en arrière et s'assit sur ses talons; et pendant qu'elle tenait en l'air le bras gauche, en présence de tous les assistants, nous avons vu, ainsi que tous les autres, sur la partie supérieure de la main de ladite prieure se former des lettres sanglantes qui formaient le nom de Joseph. En foi de quoi nous avons dressé et souscrit ce procès-verbal, et l'avons fait signer par les assistants. » Suivent les signatures. Le sieur de Montagu a ajouté en anglais sous son sceau : « J'ai vu la main blanche comme mon col de chemise; puis j'ai vu le long de la veine la couleur changer et devenir rouge; j'ai vu alors paraître en caractères très-lisibles le nom de Joseph. » (*Histoire des diables de Loudun*; Amsterdam, 1716.) Montagu se rendit à Rome bientôt après, raconta au pape tout ce qu'il avait vu ou entendu dire à Loudun; puis il se fit catholique, devint prêtre, et fixa son séjour en France, où il acquit la réputation d'un homme très-intelligent.

Le côté naturel de ce genre de phénomènes semble ressortir d'une manière spéciale du fait qui nous est raconté par Haan, dans ses lettres 1 et 2. Une femme âgée de vingt-deux ans, d'une conduite exemplaire, d'un tempérament mélancolique, fut, le 8 novembre 1634, attaquée d'une oppression de poitrine. Après avoir dormi profondément toute la nuit, elle aperçut, le matin en se levant, deux taches bleues sur ses deux mains, et sur son bras une multitude de déchirures, depuis l'articulation de la main jusqu'au coude; puis au-dessus du coude étaient écrites plusieurs lettres, entre autres un N et un B, au milieu desquels était une croix. Le lendemain matin, elle trouva de nouvelles croix sur son cou et sur sa poitrine, les unes plus longues ou plus profondes, les autres plus courtes. Dans l'espace d'une semaine, toute la peau du corps se couvrit de croix, depuis la tête jusqu'aux pieds, et elle était rude au toucher. Le visage, qui était resté intact d'abord, finit par être marqué comme le reste du corps, mais légèrement toutefois. Le 11 novembre, elle se plaignit pendant son sommeil, et se tordit les mains. On la réveilla, et l'on trouva une aiguille enfoncée dans les deux mains. On lui tira plus tard encore d'autres aiguilles de la plante des pieds. Le 16 novembre, on la trouva hors de son lit, sous un banc. Cependant d'autres croix furent encore tracées sur son corps, puis les signes des planètes et de quelques préparations chimiques qu'elle connaissait, et dont elle s'occupait pour son instruction. Le mal alla en diminuant jusqu'au 27 janvier 1635. Mais pendant qu'elle causait chez sa voisine, ce jour-là, on vit tout à coup apparaître sur sa main droite une rose, et sur sa main gauche une feuille de trèfle avec la date de l'année 1635. Près de ce chiffre était un cœur percé de flèches, et l'image d'une porte avec cette inscription : Fou. Le 27 février, elle eut encore une crise violente, mais courte, et guérit complétement. On attribua ces effets singuliers à une vieille sorcière à qui elle avait donné un vêtement, sans que rien toutefois justifiât ces soupçons. Mais si la nature peut produire de tels effets, nous ne devons pas nous étonner d'en voir apparaître de semblables dans la plus haute crise de l'obsession, lorsque les démons, par exemple, sortent des corps qu'ils possédaient.

CHAPITRE XXXVI.

Comment la vie possédée par le démon devient un principe de contagion ou un antidote. Le fameux guérisseur Greatrak. Des images de cire employées dans la magie.

Dans les premiers temps du paganisme, la foi avait pour objet la nature ; il en était de même de la mystique et de la magie. Les hommes ne savaient point alors distinguer Dieu de la créature ; ils ne savaient point non plus distinguer le mal naturel du mal moral, et ils regardaient l'un et l'autre comme un produit de la nature. Par suite de cette confusion, ils ne saisissaient point l'opposition profonde qui existe entre le bien et le mal, et au lieu d'attribuer le premier à Dieu, et le second au libre choix de la créature, ils les partageaient pour ainsi dire en deux domaines, dont l'un appartenait à celui-là et l'autre à celle-ci. Aussi considéraient-ils le bien et le mal comme les états successifs d'un même être : et les dieux de l'antiquité nous apparaissent tantôt bons et tantôt mauvais, tantôt bienfaisants et tantôt cruels, tantôt donnant la vie et tantôt donnant la mort. Ceux qui se trouvaient d'une manière mystique rapprochés de ces dieux manifestaient les mêmes dispositions, et semblaient formés à la même image. Telle est la suite d'*Odin* et de *Hulda*. Ces armées mystérieuses traversent les airs, tantôt troublant la sérénité du ciel, tantôt apaisant les tempêtes qu'elles ont excitées; tantôt frappant la terre de stérilité, tantôt la couvrant de moissons abondantes; tantôt promenant la peste dans le monde, et tantôt la guérissant, au contraire. Cette manière d'envisager les choses se prolongea jusque dans les temps du christianisme, et celui-ci ne parvint que peu à peu à rectifier les idées de la multitude sur ce point. On remarqua pendant longtemps encore, dans ces natures qui, par une cause quelconque, étaient sorties des voies ordinaires, ce caractère intermittent de bien et de mal; et les sorcières, qui avaient remplacé les Fées, les Allrunes et les Druttes, s'appellent, comme les premières, tantôt les bonnes fées, tantôt les fées mauvaises, selon que le bien ou le mal domine en elles. Ce ne fut que plus tard, et lorsque le christianisme eut appris au genre humain à distinguer le bien du mal, que l'on attribua à chacun le domaine qui lui était propre; que l'on rattacha le premier à Dieu et le second au démon, et que l'on rapporta à l'influence de celui-ci toutes les branches et toutes les formes de la magie et de la sorcellerie.

Tous ces états cependant ont une base naturelle, et sont soumis par conséquent aux conditions de la nature. Or, ce qui caractérise le mouvement et la marche de la nature, c'est l'oscillation. Si elle avance, c'est pour reculer; et elle ne se jette dans un extrême que pour se rejeter plus tard dans l'extrême opposé. Ceux donc qui, soit par un acte libre de leur volonté, soit par une autre cause, sont devenus les instruments des puissances infernales, quoique l'ensemble de leurs actes et de leurs dispositions tende à nuire aux hommes, manifestent cependant parfois une certaine bienveillance à leur égard, et font usage pour leur bien des moyens extraordinaires que leur état met à leur disposition. Remi, dans sa *Démonolâtrie*, l. III, ch. 3, nous raconte à sujet un fait remarquable. L'enfant d'un de ses amis ayant échappé à sa mère à l'église, pour aller jouer avec ses camarades, une vieille femme qui passait lui caressa la tête de la main, en lui souhaitant toute sorte de bonheur, et continua son chemin. L'enfant baissa aussitôt la tête et se mit à pleurer. On le rapporta chez son père; et comme on remarquait en lui une grande faiblesse, on crut qu'il avait été ensorcelé par cette vieille, qui depuis longtemps était en mauvais renom. Les voisins de celle-ci lui recommandèrent instamment d'aller le trouver, et de lui rendre la santé. Elle y alla; et dès qu'elle approcha de lui elle commença à souffrir du même mal dont il souffrait lui-même. Sa bouche devint bleue et se mit à écumer; de sorte que les assistants remplis d'horreur crurent qu'elle allait devenir folle. La nuit étant survenue, elle voulut absolument coucher avec l'enfant, dans le même lit. Elle étendit les bras sur lui, tint sa bouche sur la sienne, comme si elle eût voulu activer le souffle qui s'arrêtait. Les femmes qui veillaient près du lit rapportèrent qu'on avait entendu autour de l'enfant malade comme le bourdonnement d'un frelon. L'enfant qu'on avait cru perdu se trouva parfaitement guéri; mais presque tout le bétail qu'on avait dans la maison tomba malade. Que la maladie ait commencé avec l'attouchement de cette vieille femme; qu'elle ait passé de l'enfant à celle-ci, et que le premier ait été guéri après quelques passes magnétiques, ce sont là des faits qui ne peuvent guère être attribués au hasard. Cette femme était donc une fée bonne et mauvaise à la fois, comme cette autre de Blois, dont parle Bodin, p. 85, qui, pour guérir une femme sur laquelle elle avait jeté un sort, fit dire après minuit une messe du Saint-Esprit dans l'église de Notre-Dame des Aides; après quoi elle s'étendit tout du long sur la malade, murmura quelques paroles, et la laissa guérie.

Toutes les guérisons de ce genre supposent une certaine vertu naturelle que l'état mystique ne fait que développer et rendre plus efficace. Cependant cette vertu est quelquefois si puissante qu'elle suffit à elle seule pour produire et pour expliquer des effets vraiment extraordinaires. C'est ainsi qu'apparaissent de temps en temps dans l'histoire ces hommes qui, sans aucun pacte avec le démon et sans l'emploi d'aucun remède, guérissent certaines maladies par quelques formules, ou même par le simple attouchement. Un des hommes les plus extraordinaires en ce genre est certainement ce Valentin Greatrak, né en 1628 d'une famille respectable d'Irlande. Après avoir servi quelque temps dans l'armée, il entendit, vers l'an 1662, une voix secrète qui lui dit qu'il pouvait par le simple attouchement guérir les scrofules, comme les rois d'Angleterre. Ceux à qui il communiqua le fait rirent de lui. Cependant il essaya de faire usage du don qu'il croyait avoir reçu, et il réussit. Il se borna pendant quelque temps aux scrofules; mais bientôt la voix l'avertit qu'il pouvait guérir aussi les fièvres intermittentes qui régnaient alors. Il imposa donc les mains à une femme qui souffrait de cette maladie en prononçant quelques paroles, et la fièvre disparut aussitôt. Le cercle de sa pratique ne tarda pas à s'étendre, et d'innombrables témoins de sa puissance merveilleuse répandirent au loin sa réputation. On l'appelait l'Antechrist des médecins. Les malades accouraient à lui en foule des contrées les plus lointaines. Pour lui, il ne voulait rien recevoir des malades qu'il guérissait. Non-seulement il guérissait les scrofuleux, les lépreux et les fiévreux, mais encore les aveugles, les sourds et les estropiés. Il n'avait qu'à mettre la main sur un épileptique, et les convulsions s'arrêtaient aussitôt. Un jour il guérit en même temps soixante personnes en leur imposant les mains. Parmi elles, au rapport d'un témoin oculaire, étaient plusieurs épileptiques qui eurent un accès pendant qu'ils étaient réunis ainsi dans la même chambre. On l'appela à leur secours, et lui, lais-

Le fameux guérisseur Greatrak.

sant les autres malades, accourut à eux : il les trouva écumant et se roulant à terre ; mais à peine leur eut-il touché la poitrine avec la main que l'accès cessa, et ils se relevèrent, disant qu'ils se trouvaient bien. Quoique vivant dans une époque superstitieuse, il ne se servait d'aucune formule magique ni de mots particuliers ; mais il prononçait seulement une courte oraison jaculatoire, et lorsque le malade était guéri il lui recommandait d'en rendre gloire à Dieu. Ses plus chauds partisans attribuaient sa puissance à une disposition naturelle et à certaines émanations bienfaisantes qui s'échappaient de lui. Il l'attribuait lui-même à une vertu secrète qui résidait en ses mains. Il avait remarqué qu'avant de l'avoir reçue, lorsque, dans un violent mal de tête, il mettait les mains sur la partie malade, il n'obtenait aucun résultat, et que, depuis qu'il avait reçu ce don, il lui suffisait de porter la main à la tête pour être guéri. Il disait aussi que lorsqu'il imposait les mains à un malade le mal suivait leurs mouvements, changeant de place selon qu'il les posait ici ou là, jusqu'à ce qu'il disparût entièrement. Ses gants produisaient souvent aussi le même effet. Le pouvoir merveilleux de cet homme est attesté par un nombre considérable de malades qu'il avait guéris, par des médecins et des personnages du plus haut rang. Mais il n'échappa point au sort qui attend tous les hommes de cette trempe. L'envie et la haine s'acharnèrent contre lui ; on nia ses guérisons ; il eut des ennemis et des partisans nombreux ; on écrivit pour et contre lui, jusqu'à ce qu'enfin sa mort vint mettre fin à toutes les disputes. (Stubbe, *Miraculous conformist*, p. 6.)

Lorsque ces dispositions naturelles se trouvent chez des hommes vicieux, ou lorsqu'elles sont développées par la magie, elles produisent des effets tout contraires, et tout leur effort tend à faire du mal et à nuire aux hommes. Si parfois elles opèrent quelques effets salutaires, ce n'est que d'une manière accidentelle ; car il est contre la nature du démon de faire du bien par un sentiment de bienveillance.

Aussi il résulte des actes judiciaires que nous possédons sur cette matière que presque toujours, lorsqu'un homme est guéri par quelque opération diabolique, un autre est attaqué d'une maladie plus grave encore. Et presque toujours le mal passe à quelqu'un de plus digne ou de plus considérable, de la femme au mari, par exemple, d'un homme âgé à un autre plus jeune, ou même du corps à l'âme. Et si le magicien veut agir autrement, il court lui-même danger d'être victime de son art. Tout cela, du reste, n'est que la conséquence bien simple de ce principe, qu'au lieu que Dieu ne souffre un mal que pour en tirer un plus grand bien, le démon, au contraire, n'ôte un mal que pour en produire un plus grand. Aussi c'est une loi dans cette sphère, qu'une maladie communiquée par un charme ne peut être enlevée que par un autre charme, et encore par celui-là même qui l'a donnée. Vers l'an 1708, c'était la coutume en Écosse que ceux qui étaient tombés malades par suite d'un sort envoyassent chercher une sorcière nommée Elspeth Rule pour obtenir la guérison. Un jour qu'elle refusa de venir, le malade envoya les siens pour l'amener de force. Elle vint donc, et pria le Seigneur de rendre la santé au malade; mais il mourut le même jour. Un autre avait envoyé plusieurs fois inutilement sa belle-sœur la chercher. Il alla enfin la trouver lui-même, et lui déclara que, si elle ne le guérissait pas, il la brûlerait vive. A partir de ce moment il devint mieux, et finit par recouvrer la santé. Telle était la confiance qu'on avait alors dans ces vertus merveilleuses qui agissaient, comme chez Greatrak, par le regard, par le toucher, l'imposition des mains, la salive, l'eau et le sel. Quelquefois la maladie n'était que suspendue et comme assoupie pour reparaître plus tard. Lorsqu'elle passait d'un malade à un autre, elle parcourait souvent une longue suite d'hommes ou d'animaux. C'est ainsi que dans l'opinion populaire les poisons formés par l'enfer pouvaient devenir des remèdes héroïques. Mais leur nature et leur but étaient de nuire et de donner la mort, et non de guérir. Les sorciers étaient comme cet arbre nommé Bohon-Upas, lequel donnait la mort à quiconque en approchait ou s'endormait sous son ombre; c'était autrefois la croyance générale en Europe. Beigis Tod, racontent les histoires écossaises, jeta par un sort une maladie grave et inconnue sur Al. Fairlie. Celui-ci fut bientôt épuisé par des sueurs violentes, et sentait autour du cœur des ardeurs qui le dévoraient. La maladie dura bien deux mois, et l'on désespérait de le sauver. Chaque nuit il voyait cette sorcière lui apparaître sous sa propre forme, tandis que le jour elle venait sous la forme d'un chien, et à chaque fois il perdait connaissance. — Pendant que Mar. Craisie était en voie de guérison, Chr. Marwik lui mit la main sur la poitrine, et elle mourut dans la même nuit. La folie surtout se communiquait de cette manière. J. Craig donne ce mal par un sort à B. Sandilands, qui perd aussitôt le sommeil et la raison, et bientôt la vie. Chr. Wilson dit à un charretier qu'il ne charriera plus jamais de pierres. Celui-ci devient aussitôt fou et furieux, et meurt au bout de quelques jours. Pendant sa maladie il disait qu'il voyait Wilson devant lui sous la forme d'un chat gris.

Les faits de ce genre sont innombrables dans les procès de sorciers chez tous les peuples. Ils prouvent que de temps en temps et dans certains pays il se produit une sorte de surexcitation mystérieuse, laquelle rend chaque individu plus accessible à des impressions qui en d'autres circonstances n'auraient produit aucun effet sur lui, et que la foi générale à la puissance des enchantements est le moyen auquel bien souvent ceux-ci doivent une grande partie de leur efficacité. La perversité des individus doués de la triste faculté de communiquer aux autres certaines maladies, s'aidant des moyens que la nature mettait à leur disposition, savait mêler les poisons aux influences pernicieuses dont ils étaient dépositaires. Ces poisons étaient fournis quelquefois par les crapauds du sabbat. Après les avoir battus, on les prenait entre les dents, ou les écorchait et on les brûlait avec des araignées et des serpents, avec la semence, la moelle et l'écorce d'un arbuste nommé en Gascogne arbre des sorcières. De ce mélange on composait deux sortes de poison, l'un épais comme un onguent, et l'autre fluide au contraire. On se servait du premier contre les personnes auxquelles on voulait nuire, et du second contre les plantes. On préparait aussi une eau verte, dont le seul contact donnait la mort. (De Lancre, p. 90, 127, 156.)

La magie connaissait encore d'autres moyens de nuire aux hommes. On faisait une image de cire ou d'une autre matière ; on la baptisait du nom de Béelzébub; puis on la perçait avec des aiguilles ou on la faisait rôtir dans le feu, et tout ce que l'on faisait à cette image était ressenti par celui qu'elle représentait. Cette pratique était connue des anciens. La fable de la mort de Méléagre repose sur elle, et Ovide en fait mention à propos de Médée.

Des images de cire.

Devovet absentes, simulacraque cerea fingit,
Et miserum tenues in jecur urget acus.

On sait ce que Boethe raconte du roi Duffo et de ses sorcières, au onzième livre de son *Histoire d'Écosse*. Mais c'est surtout du temps des papes d'Avignon que cette pratique se répandit en Europe, et le pape Jean XXII, persuadé qu'on l'avait employée contre sa personne, la condamna par une bulle. Nous trouvons à cette époque un acte de l'Inquisition de Carcassonne, portant la date de 1328. C'est le jugement prononcé contre le Carme Recordi. On y lit : « Parce que tu as, à différentes époques, conjuré et invoqué plusieurs fois le démon, fait des images auxquelles tu mêlais des poisons, tiré le sang d'un crapaud, que tu versais ensuite dans ces images ; parce que tu t'es prosterné devant une table couverte d'un tapis, arrosant le ventre du crapaud avec ta salive et du sang de ton nez, dans l'intention d'offrir par là un sacrifice au démon ; parce que tu as placé en secret sous le seuil de la porte de plusieurs femmes que tu voulais séduire les images que tu avais fabriquées; parce que, après avoir réussi dans tes criminels desseins, tu as ôté et jeté dans le fleuve ces images, croyant qu'elles avaient la puissance d'attirer à toi les femmes que tu voulais gagner, ou de leur nuire par le moyen des démons, lorsqu'elles ne voulaient pas céder à tes désirs; parce qu'un jour tu as percé le ventre de l'une de ces images, et qu'il en est sorti du sang, etc. » On voit qu'il s'agit ici d'un philtre qui devait se rattacher à ces images, et procurer la mort de ceux sur lesquels il ne pouvait produire l'effet qu'on voulait obtenir. L'histoire byzantine nous fournit un grand nombre de faits de ce genre, de même que l'histoire de France, particulièrement à l'époque des guerres de religion. Les exorcistes nous en rapportent un grand nombre. Mais la plupart de ces faits sont tels qu'il est difficile d'asseoir sur eux un jugement parfaitement sûr. Les images employées dans ces circonstances font l'office d'un miroir, qui concentre comme en un foyer l'intention criminelle des magiciens et des sorcières, et la dirigent vers ceux qu'ils veulent atteindre. Elles sont comme un appareil où s'amassent les influences démoniaques, à peu près comme le baquet magnétique concentre et propage les influences magnétiques. Mais dans ces deux ordres de faits on ne peut nier qu'il y ait eu beaucoup d'illusions et de charlatanisme.

CHAPITRE XXXVII.

Du pouvoir que les magiciens exercent sur les puissances de la nature. *Procès singulier sous le roi Jacques d'Écosse. Du pouvoir magique de changer le temps.*

La magie s'est de tout temps attribué un certain pouvoir sur les puissances de la nature. L'atmosphère qui nous entoure a paru surtout accessible à ses influences. Cette croyance ressort d'un procès fameux qui eut lieu en Écosse vers la fin du seizième siècle, et que le roi Jacques voulut diriger lui-même. Il était allé avec une flotte en Norwége, l'an 1590, afin d'amener en Angleterre la femme qu'il devait épouser. Comme il revenait, son vaisseau ne marchait qu'avec peine, ayant le vent contre lui, tandis que tout le reste de la flotte avait des vents favorables. Un navire qui portait les joyaux de la reine s'abîma dans une tempête entre Leith et Kinghorn. On découvrit après le retour du roi que tout cela était dû à l'influence de quelques sorcières. Une femme nommée Geillis Duncane, qui servait chez le bailli Seaton, avait depuis quelque temps fait des cures merveilleuses qui donnèrent des soupçons au roi. On la mit à la question, et elle avoua que les cures qu'elle avait faites étaient l'œuvre du démon. Elle déclara en même temps comme ses complices un grand nombre de femmes et plusieurs hommes, parmi lesquels était le docteur Fian, qui passait pour le secrétaire du diable. Tous furent mis en prison, à l'exception d'Agnès Sampson, qui fut amenée devant le roi. D'abord elle nia tout; mais ayant été mise à la question, elle confessa des choses si extraordinaires que le roi l'accusa d'imposture. Elle lui répondit qu'il lui arriverait malheur s'il ne croyait pas à ses paroles, et qu'elle se faisait fort de lui communiquer des choses qui dissiperaient tous ses doutes. Elle prit donc à part le roi, et lui rapporta tout ce que lui et la reine s'étaient dit la première nuit de leurs noces. Le roi étonné jura par le Dieu vivant que tous les diables de l'enfer n'auraient pu rien inventer de pareil, et il crut désormais aux déclarations d'Agnès. Elle raconta comment toute l'association des sorcières avait résolu d'exciter une tempête sur la mer pendant la traversée du roi. Satan voulait d'abord obscurcir le ciel, afin que le vaisseau royal échouât contre la côte d'Angleterre; mais ce moyen n'ayant pas paru assez sûr, Fian écrivit à Marion Linkop, célèbre sorcière, et à d'autres de la société, en les invitant à se trouver dans cinq jours sur la mer avec leur maître, afin de perdre le roi. La veille de la Toussaint, deux cents sorcières environ se trouvèrent au lieu désigné, et s'embarquèrent joyeusement chacune dans un tamis. Satan parut, donna un chat à R. Grierson, et lui recommanda de le jeter dans la mer en criant holà, après quoi la tempête éclaterait aussitôt. Lorsque les sorcières eurent fait leur affaire, elles débarquèrent à Lowthian, et s'en allèrent au nombre de cent à une église située tout près, afin d'y tenir le sabbat. Geillis dansa et chanta en s'accompagnant de la harpe. Fian faisait le maître des cérémonies, et Grey Meill faisait le portier. Le démon parut comme prédicateur. Son corps était dur comme le fer; son visage était terrible; il avait des griffes aux mains et aux pieds; ses yeux étaient gris et enflammés, et sa voix creuse; il les exhorta à persévérer dans leur vie criminelle, après quoi eut lieu la prestation d'hommage selon les formes ordinaires. Le roi se fit amener Geillis, et ses déclarations se trouvèrent parfaitement conformes à celles de la Sampson. Le roi, qui assistait à tous les interrogatoires, fut étonné de cet accord dans les aveux des sorcières, et aujourd'hui encore les annalistes anglais regardent ce fait comme un des problèmes les plus difficiles dans la philosophie de l'histoire d'Écosse. Une conjuration, on le voit, s'était formée contre le roi; et, selon toute apparence, Bothwell, qui fut plus tard accusé de magie, n'y était pas étranger. Mais cette conjuration prit le caractère mystique de cette époque, et le démon devait y jouer le principal rôle. Le drame s'accomplit donc dans l'imagination des conjurés par une sorte de vision magique, et le lien qui les unissait donna à leurs déclarations cet accord qui nous frappe. C'est aussi dans un accès de clairvoyance qu'ils avaient pu connaître ce que le roi et la reine s'étaient dit la première nuit de leurs noces. Cependant leurs projets criminels avaient trouvé les éléments indociles, et tout s'était borné à des visions magiques, qui eurent pour eux de terribles conséquences; car plusieurs d'entre eux furent condamnés à mort.

Remi raconte aussi plusieurs faits de ce genre qui se

sont passés en Lorraine. Il rapporte, entre autres choses, que plus de deux cents personnes, accusées de sorcellerie, confessèrent qu'à certaines époques elles se rassemblaient près d'un lac situé dans un lieu désert et sauvage et dont elles frappaient l'eau avec des verges que leur donnait le démon, jusqu'à ce qu'il en sortît une vapeur épaisse. Elles s'élevaient alors dans les airs, et aussitôt le nuage qui les enveloppait s'obscurcissait et retombait sur la terre, accompagné de grêle et de tonnerre. Dans les montagnes de formation primitive existent souvent des lacs peu larges, mais extrêmement profonds, et dont l'eau, à cause de cela, est d'une couleur obscure. Ces lacs deviennent naturellement le point de départ d'une multitude de changements atmosphériques. Le peuple, témoin de ces changements, s'est plu à rattacher à ces lieux ses traditions et ses légendes. On sait ce que raconte Pausanias de ce lac situé sur le mont Lycée et qui était pour l'Arcadie comme le régulateur de toutes les modifications atmosphériques. « Dans l'évêché de Giron, raconte Gervais de Tilesbury en 902, s'élève la montagne connue aujourd'hui sous le nom de Canigou. Sur cette montagne, taillée à pic et presque inaccessible, est un lac d'une eau noirâtre et dont on ne connaît pas le fond. Là, d'après la tradition, les démons ont un palais invisible comme ses habitants. Si l'on jette une pierre dans le lac, les démons en colère élèvent aussitôt une tempête. Ce qu'il y a de certain, c'est que sur ces montagnes les vents luttent perpétuellement les uns contre les autres, et que le calme n'y apparaît que rarement. » La même légende se rattache au lac de Mummel, dans la Forêt Noire, et à plusieurs autres encore. On comprend l'importance de ces lacs dans la magie, où les puissances de la nature jouent un rôle considérable. Les sorcières, de même que tous les malades, particulièrement ceux qui souffrent dans le système nerveux, ont pour ainsi dire en leurs membres comme un calendrier qui les rend impressionnables aux moindres changements atmosphériques, à ceux surtout qui sont produits par l'électricité. Leur intention est d'ailleurs fixée sur ces montagnes. Si donc il s'élève un orage au-dessus de l'un de ces lacs, il s'y forme en même temps comme un point central électrique d'où rayonnent tous les courants électriques de la contrée. L'intention de ces femmes, surexcitées déjà, trouve en ces courants comme une voix qui les attire vers un centre commun, et c'est là au fond le voyage du sabbat. A mesure que le mouvement électrique se développe, le système nerveux chez elles est surexcité davantage; leur imagination s'exaltant dans la même proportion, il résulte de tout cela un état extraordinaire et de l'âme et du corps, et des visions si vives qu'elles paraissent des réalités à ceux qui les éprouvent.

CHAPITRE XXXVIII.

Des procès de sorcellerie. De leur base historique.

La puissance du démon sur l'homme et sur la nature est de tous les temps et de tous les lieux. Cependant elle se produit d'une manière spéciale à certaines époques de l'histoire. Dans les temps modernes, c'est surtout à la suite des croisades, qui mirent en rapport l'Orient et l'Occident, que ce pouvoir du diable se produisit en Europe. Et presque toujours son développement a été accompagné de l'apparition de quelque grande hérésie ou de quelque épidémie, dans laquelle Dieu appesantissait sa main sur la terre. Le manichéisme fut à cette époque le moyen par lequel cette influence mystérieuse du démon se communiqua aux masses. Sa hiérarchie offrait aux puissances infernales comme une corporation toute disposée d'avance à se laisser initier aux mystères de la magie. Grâce au zèle du pape Innocent III et des deux ordres religieux fondés par saint François et saint Dominique, le manichéisme fut vaincu dans les guerres des Albigeois. Le droit qu'a le prêtre dans les choses de la foi, droit que l'Église a exercé de tout temps, soit dans les conciles, soit d'une autre manière, passa par délégation aux tribunaux de l'Inquisition, composés en grande partie de Franciscains et de Dominicains, et surtout de ces derniers. De même que la théocratie, lors des guerres contre les Mahométans, avait trouvé dans les Templiers une chevalerie dévouée, ainsi trouva-t-elle, à l'époque de ces luttes contre l'hérésie, des troupes fidèles dans la Milice du Christ, dont les soldats, marqués du signe de la croix, jouissaient des mêmes indulgences que les croisés qui allaient se battre en terre sainte. Liés par le triple vœu d'obéissance, de pauvreté et de chasteté conjugale, toujours prêts à lutter, soit avec les armes spirituelles, soit avec les armes matérielles, ils étaient comme les familiers et les ministres de l'Inquisition, dont ils suivaient en toutes choses les ordres et la direction; et plus tard, lorsqu'ils furent désarmés, ils passèrent dans le tiers-ordre de Saint-Dominique. Cette institution se propagea de la France en Espagne et en Italie, de là dans les Indes orientales et occidentales, et jusque dans le nord de l'Allemagne. C'est par cette institution que fut vaincue et anéantie l'hérésie terrible des Manichéens, lesquels, si, comme ils l'essayèrent, dit-on, ils avaient réussi à s'allier aux Juifs d'Espagne et aux Musulmans d'Afrique, auraient fini par s'emparer du monde entier. L'hérésie une fois vaincue, les Juifs et les Maures furent chassés d'Espagne. L'Inquisition ne s'endormit point après le triomphe, mais elle continua de veiller sur la pureté de la doctrine. Le jugement des procès de magie lui fut remis; et en France un acte du parlement, de l'an 1282, décida, sur la requête de l'évêque de Paris, que la connaissance des crimes de magie serait réservée exclusivement au clergé.

A la fin du treizième siècle, la théocratie chrétienne, qui, sous le patronage des empereurs d'Allemagne, avait gouverné pendant cinq cents ans l'Europe, fut renversée par suite des querelles qui s'élevèrent entre les papes et les empereurs; le royaume fondé à Jérusalem, et qui servait de boulevard à l'Église du côté de l'Orient, fut anéanti vers le milieu de ce siècle, dans cette grande bataille où périt la fleur des deux ordres militaires chargés de défendre à cette époque le christianisme contre les infidèles. Ce coup terrible porté à l'Église fut profondément senti par la chrétienté tout entière : la considération des papes fut affaiblie, l'attentat contre Boniface VIII devint possible, et les souverains pontifes, en transportant le saint-siége à Avignon, se mirent sous la protection humiliante et désastreuse de la France. Le malheur des papes fut partagé par les Templiers, qui avaient été jusque-là leurs chevaliers les plus dévoués. Cet ordre, en contact avec tous les vices de l'Orient, était lui-même gangrené jusqu'à la moelle. Les Templiers servaient de banquiers et de changeurs entre l'Orient et l'Occident; ils étaient engagés dans l'administration de toutes les terres; toujours en contact avec l'or, ils étaient devenus puissamment riches, il est vrai; mais ils avaient subi les conséquences ordinaires de la richesse. Comme religieux, ils avaient excité la jalousie des grands, qui commençaient à s'émanciper, et leurs désordres les avaient rendus odieux à tous les bons chrétiens; comme noblesse militaire, ils étaient devenus un objet d'inquiétude pour les princes, dont le pouvoir commençait à s'affermir; et comme banquiers enfin, un objet de jalousie et de cupidité pour les financiers de cette époque. On leur imputa donc la perte de Jérusalem, et le mécontement général produit par cet événement malheureux se déchargea sur leurs têtes. Nogaret, le principal auteur de l'attentat d'Anagni, et Marigny, le ministre des finances de Philippe le Bel, se chargèrent de l'accusation. La cause fut portée devant le tribunal de l'Inquisition, composé de Dominicains et d'autres moines, car il s'agissait d'apostasie et de magie; et le monde vit pour la première fois le tragique spectacle d'un procès de ce genre, intenté contre une masse d'hommes considérables. On accusait les Templiers d'abjurer le christianisme le jour de leur profession, en crachant trois fois sur le crucifix ; d'adorer une idole nommée Baphometh, de lui prêter hommage selon les formes usitées au sabbat; de s'engager par un vœu à commettre les crimes les plus horribles contre la nature. Les aveux qui leur furent arrachés par la torture confirmèrent ces accusations. Plusieurs, dans leurs déclarations, parlèrent de démons qui s'introduisaient dans les maisons de l'ordre sous la forme de femmes; d'enfants mangés; d'un chat parlant que l'on adorait, etc. Comme ces aveux leur étaient arrachés par les tourments, ils ne sauraient prouver à eux seuls les crimes que l'on reprochait aux Templiers. Les cérémonies qu'ils pratiquaient lors de leur réception reposaient peut-être sur d'anciens symboles dont l'ordre n'avait plus la clef. D'un autre côté, la qualité des juges, la sentence portée par le pape et par le concile général nous garantissent que l'accusation n'était pas tout à fait sans fondement, et que les crimes dont on chargeait l'ordre tout entier avaient été commis par quelques membres, ou même par quelques loges. Le grand maitre et ceux qui périrent dans les flammes rétractèrent leurs aveux au moment où ils allaient paraître devant Dieu, et il n'est pas impossible d'ajouter foi à leur témoignage. Ils étaient donc innocents ; mais ils subissaient les conséquences de cette solidarité qui lie tous les membres d'une corporation. Ce qu'il y eut de violent ou d'injuste dans la poursuite de cette affaire fut vengé aux yeux du peuple par la mort du pape et du roi, que le grand maître en mourant avait cités devant le tribunal de Dieu, l'un dans quarante jours, et l'autre dans un an. Quant à Marigny et aux autres financiers qui avaient été les instruments de ces violences, accusés du même crime, ils furent pendus à Montfaucon. Mais le procès tout entier, avec ses formes et ses interrogatoires, servit de modèle aux procès de sorcellerie qui suivirent.

Le pouvoir de la théocratie était brisé ; le lien qui unissait tous les peuples de l'Europe était rompu. Ceux qui jusque-là avaient consenti à n'être que les membres d'un ensemble organique se déclarèrent indépendants, et les princes cherchèrent à s'affranchir des liens qui restreignaient leur puissance. Ce passage des anciennes formes, dont on ne voulait plus, aux formes nouvelles qu'on essayait d'introduire produisit ces luttes terribles qui marquent en France le règne des Valois. Les grands, non contents des moyens naturels, appelèrent la magie à leur secours, et Robert d'Artois essaya de faire mourir par des opérations magiques Philippe IV et sa femme. Les princes se trouvèrent donc impliqués dans ces affaires mystérieuses; aussi cherchèrent-ils à en soustraire la connaissance et le jugement aux tribunaux ecclésiastiques; et l'arrêt du parlement qui avait attribué exclusivement à ceux-ci l'instruction de ces sortes de procès fut révoqué par un autre de l'an 1390, qui les soumit à la juridiction des tribunaux laïques, et chargea le procureur du roi de faire les enquêtes. Les juges néanmoins devaient être assistés par des ecclésiastiques. La chose alla ainsi son train. Charles VI se crut ensorcelé. C'était la coutume dans les cours d'entretenir des nécromanciens, auxquels on faisait ordinairement le procès plus tard, lorsque leurs maitres n'étaient plus assez puissants pour les protéger. Les Anglais firent mourir sur un bûcher la pucelle d'Orléans, qui avait sauvé miraculeusement sa patrie : parce que dans leur orgueil national ils ne pouvaient se persuader qu'elle eût été assistée de Dieu, ils attribuaient à la magie les grandes choses qu'elle avait opérées. Lorsque le duc de Guyenne, frère de Louis XI, fut empoisonné, le duc de Bourgogne accusa le roi dans un manifeste public d'avoir fait mourir son frère par le poison, les maléfices et l'invocation du démon. Une ordonnance de 1490 recommande à tous les magistrats de rechercher avec soin les crimes de magie : elle ordonne que les ecclésiastiques impliqués dans ces procès soient remis au jugement de l'évêque. En Angleterre, c'est la même chose. En 1417, la reine Jeanne est emprisonnée comme coupable de magie; la duchesse de Gloecester, accusée d'avoir employé la magie contre Henri VI, est obligée de faire pénitence, et ses agents sont pendus. Richard III se plaint à son conseil que la reine ait paralysé son bras par des opérations magiques. Dans la guerre des maisons d'York et de Lancastre, les deux partis s'accusent mutuellement de magie. Bientôt, en 1484, Innocent VIII publie sa bulle, où il charge les inquisiteurs Sprenger et Institor de s'emparer des magiciens et des sorcières dans tout le pays du Rhin, et de les punir. De cette manière le jugement des causes de magie passa pour quelque temps dans ces pays entre les mains du clergé; mais le protestantisme, qui éclata bientôt, les remit aux juges laïques; et la procédure ne tarda pas à se fixer d'une manière définitive.

CHAPITRE XXXIX.

Triple problème pour le médecin, le légiste et le théologien.

C'est une chose bien délicate de se mettre en quelque sorte à la place de Dieu, et d'avoir à juger des crimes qui échappent en partie aux regards de l'homme, et se cachent *dans un monde invisible; car l'œil du juge ne voit pas* dans le secret comme l'œil de Dieu, et ces crimes appartiennent à deux mondes bien différents; l'enquête à laquelle ils sont soumis doit donc aussi prendre deux directions, afin d'être complète. Le mal, comme nous l'avons dit déjà, est d'abord une épidémie extranaturelle dans sa racine la plus profonde; mais dans sa propagation matérielle c'est une affection pathologique, qui a ses périodes et ses crises comme toutes les maladies. C'est donc à ce point de vue qu'il faut l'étudier d'abord, et c'est l'affaire du médecin. Chaque maladie a ses symptômes particuliers:

Problème du médecin.

et ceux-ci ont toujours quelque chose de merveilleux en soi, dans ce sens que tout ce qui s'écarte du cours ordinaire de la nature semble merveilleux. Or, ce caractère se reproduit d'une manière bien plus frappante encore dans le genre d'affection dont nous avons à parler, puisqu'elles sont sur la limite des deux mondes. La première question qui se présente est donc celle-ci : comment ces symptômes transcendants peuvent-ils prouver l'intervention des puissances supérieures? Pour résoudre ce problème il faudrait connaître exactement les limites de la nature. Or, la vie organique et bien plus encore la vie de l'esprit sont comme situées sur les confins de ce monde et du monde invisible; elle est en tout cas comme le moyen qui conduit à la région des merveilles; et malheureusement les enquêtes nombreuses faites en ce genre, pendant les six siècles où la magie a été le plus en vogue, ont peu avancé la question; et les médecins de cette époque étaient d'ailleurs peu en état de résoudre le problème d'une manière satisfaisante.

Une seconde question se présente encore à l'esprit : quelle est la maladie organique qui sert de base à ces états singuliers? On savait bien que dans la possession une puissance supérieure à l'homme s'empare de lui, le tient dans ses filets, le dirige et le gouverne. Il fallait donc examiner avant tout si la sorcellerie n'a pas aussi pour base un mal naturel, qui, parvenu à un certain degré, passe dans un ordre supérieur. Ce mal naturel, qui sert de base à la possession, ne fait-il simplement que de changer de place dans la sorcellerie, et de se choisir un autre foyer dans quelque organe particulier du corps humain? La possession est une maladie qui ne craint pas de se montrer au grand jour, qui semble même fuir la nuit; car presque toujours elle est accompagnée d'insomnie. La sorcellerie ne serait-elle pas au contraire une sorte de maladie nocturne, liée au sommeil comme la possession semble l'être à l'état de veille? L'homme ne peut-il pas, en certaines circonstances, se soustraire à l'obscurité du sommeil ordinaire, et en éclairer pour ainsi dire les ténèbres de sa propre lumière, comme ces animaux dont l'œil perce et dissipe l'obscurité de la nuit? Les médecins connaissaient bien l'état où se trouvaient les femmes qui allaient au sabbat; ils savaient qu'elles étaient plongées dans un sommeil profond, et comme sous le poids d'un cauchemar prolongé. Les événements du sabbat n'étaient-ils pas peut-être les délires de ce sommeil extatique? Et les dommages que causaient les sorcières n'étaient-ils point dus à l'action contagieuse de l'atmosphère qui les entourait? Ces considérations auraient sans doute conduit les médecins d'alors à la connaissance du magnétisme animal; et ils auraient sans doute attribué à la nature une grande partie des phénomènes que l'on regardait comme les effets d'une puissance supérieure, parce qu'on ne les avait pas encore assez étudiés. Mais les grandes découvertes, dans le cours ordinaire des choses, ne sont point le résultat de l'étude ni de recherches scientifiques, mais des faveurs que Dieu accorde de temps en temps à certaines époques privilégiées. Dieu ne donna point alors aux médecins ce qui aurait pu les mettre sur la voie de la vérité complète en ce genre; et c'est pour cela qu'il y eut tant de confusion dans les esprits.

La fantasmagorie merveilleuse que trahissaient tous les phénomènes magiques annonçait une imagination surexcitée, et devait porter les médecins d'alors à regarder cette faculté comme l'un des principaux foyers du mal. Ils devaient chercher à étudier le rôle que joue l'imagination dans les choses humaines. L'imagination est la faculté mythique de l'homme, en prenant le mot de mythe dans le sens ordinaire, comme plastique vivante de l'esprit. Déjà, bien avant le christianisme, cette faculté avait manifesté en diverses manières sa puissance, et ses créations existaient encore partout dans les croyances populaires, mêlées, il est vrai, à la foi aux sorciers et aux éléments fournis par la théologie chrétienne. Il fallait donc avant tout séparer ces éléments, afin de pouvoir distinguer dans l'homme la légende de l'histoire, et de ne pas punir comme l'effet de la perversité ce qui n'était au fond que l'expansion de cette poésie dont l'imagination est la source. Mais cette distinction, personne n'y pensait alors, parce que tous ces divers domaines n'avaient point encore été suffisamment explorés, et que l'on s'était trop accoutumé à confondre sans examen avec le démon cet espiègle que chaque homme porte en soi, et à attribuer au premier sans distinction tout ce que l'on trouvait de singulier, d'original et de baroque. Les premiers inquisiteurs d'Allemagne, Sprenger et Institor, sont donc bien excusables d'avoir pris au sérieux la légende populaire et ironique touchant le Phallus, et de nous l'avoir racontée très-sérieusement dans leurs ouvrages.

Problème du légiste.

Un des traits caractéristiques du mal, c'est le consentement de la volonté, qui engage, en ce cas, la responsabilité de l'homme. C'est là l'affaire des légistes et de ceux qui s'occupent de la nature morale de l'homme. C'est à eux qu'il appartient de chercher la mesure de la faute, afin d'y proportionner le châtiment. La faute est d'autant plus légère que la maladie a une plus grande part au mal. Quoique l'on convînt que souvent la possession était l'effet d'une faute antérieure, on ne la regardait pas moins pour cela comme un malheur qui ne mérite aucun châtiment. Or, au lieu que dans la possession la maladie était souvent l'effet d'une faute, ne pouvait-on pas penser, au contraire, que la sorcellerie était souvent le résultat d'une maladie? Tous les crimes que l'on commettait au sabbat supposaient d'abord un état analogue au sommeil, et dans lequel se produisait la vision du sabbat. Or, la première de ces visions ne pouvait-elle pas être aussi l'effet d'un sommeil extatique de ce genre? Et la nuit avec ses ombres n'avait-elle pas précédé la fausse et trompeuse lumière du sabbat? C'était ce que devaient se demander les légistes chargés d'instruire ces sortes de procès. Dans l'état de veille, notre moi plane sur la volonté, et la dirige à son gré, de sorte que nous sommes parfaitement responsables de tout ce que nous faisons alors. Dans le sommeil, la volonté se repose comme un arc détendu, et le moi qui pourrait le bander de nouveau a à peine la conscience de soi-même. Or, ne serait-ce pas un des caractères de la sorcellerie, considérée comme maladie, d'éveiller en nous, et de surexciter les puissances organiques et inférieures, ou les puissances naturelles, ou même celles de l'esprit, et de leur ouvrir en quelque sorte la place qu'occupe le moi dans l'état ordinaire? Ces puissances ne pourraient-elles pas en ce cas faire ce que fait le moi, et bander l'arc détendu de la volonté? L'homme pourrait-il alors être responsable de ce qu'il fait? La volonté a bien dans la vie ordinaire la conscience de sa liberté; mais l'esprit le plus juste ne peut-il pas être altéré par la folie? Le somnambule ne peut-il pas, dans son sommeil, commettre un meurtre, et est-il alors responsable de son action?

Ce qui constitue le crime de la magie, c'est que les magiciens se donnent au démon, comme des instruments par le moyen desquels il peut pénétrer dans un domaine qui sans cela lui serait fermé. Le plus coupable et le plus digne de châtiment, ce serait donc le démon lui-même; mais la justice humaine ne peut le saisir, et elle n'a sous la main que des coupables de second ordre, qui ont consenti à devenir ses organes. Ces rapports entre l'homme et le démon peuvent s'établir de plus d'une manière. L'homme peut se donner au démon avec une pleine et entière délibération. Ce cas est le plus rare; mais ceux qui s'y trouvent méritent incontestablement de subir toute la rigueur de la loi. Le diable peut tromper l'homme par la ruse, le persécuter, s'emparer de lui, l'acheter comme esclave, ou le recevoir comme héritage de parents sans conscience et sans honneur. Toutes ces différences donnent lieu à autant de degrés dans la faute, et un juge impartial doit en tenir compte. Mais comment les connaître et les distinguer? Il n'y a pas moins de variété dans les actes qui sont la conséquence et le produit de ces états. Ils sont en partie d'une nature idéale et mystique : ils ressortent donc sous ce rapport du tribunal de Dieu. D'autres fois ils essayent de dépasser ce cercle et d'entrer dans la réalité: dans ce cas, s'ils ont été pleinement délibérés, si leur exécution n'a été empêchée que par le manque de pouvoir, c'est à l'Église qu'il appartient de les juger ; car ceux qui les ont imaginés et voulus, sans avoir pu réussir à les exécuter, ne sont pas proprement des malfaiteurs. Ou bien le mal conçu dans la volonté a été accompli au dehors, et il ressort alors au pouvoir de l'État. Lorsque le mal a été commis à l'aide de quelques moyens naturels et nuisibles, comme les poisons, par exemple, l'affaire ne souffre aucune difficulté ; mais il en est autrement lorsque les moyens d'exécution portent un caractère métaphysique et moral. Si dans ce cas l'accusé avoue librement son crime, la décision est facile; mais s'il le nie, le magistrat séculier se trouve alors transporté dans un domaine qui lui est complétement étranger. Chaque fait est comme une créature vivante; il se compose, pour ainsi dire, d'une âme et d'un corps. Or l'âme en ce cas ne dit rien au juge: elle ne fait que lui indiquer un monde inconnu pour lui. De même que ces sortes de crimes ont leurs racines dans une région obscure et mystérieuse, ainsi les témoins, les preuves juridiques, tout, en un mot, se perd dans un domaine transcendant, où l'esprit humain tout seul ne peut s'élever. La procédure manque de base, pour ainsi dire, et le magistrat ne trouve rien à quoi il puisse se rattacher. Les légistes avaient donc à décider d'abord devant quel tribunal devaient être portés ces méfaits, puis ils devaient chercher à connaître leurs statistiques et leur histoire en grand. Pendant des siècles entiers, l'humanité a été tourmentée par la peur de voir s'étendre partout ce crime, le plus grand de tous les crimes; et si par intervalles ce sentiment de frayeur diminuait dans une contrée, c'était pour se produire sur un autre point, ou pour reparaître plus tard avec plus d'intensité encore. Or tout crime, quoiqu'il consiste au fond à ne reconnaître aucune loi, est soumis cependant à la loi de la nécessité, et ne peut s'y soustraire. Les crimes de magie, considérés sous le rapport contagieux, se rattachent à certains points qui leur servent de centre et de véhicule. Le nombre de ces points est déterminé pour chaque crime par l'état de la société dans laquelle il se produit. Il en est de même de l'intensité du mal et de son développement. Ce nombre peut, il est vrai, augmenter ou diminuer selon les temps ou les lieux; mais néanmoins il est retenu au dedans de certaines limites par la constitution même de la nature humaine, qui, flottant entre le bien et le mal, ne peut jamais, soit dans l'un, soit dans l'autre, dépasser certaines bornes. Si donc le nombre des crimes de magie dépasse toute mesure dans l'opinion publique, les juges ne doivent pas facilement ajouter foi à tous les bruits ni à toutes les accusations; et s'ils trouvent que l'opinion publique est justifiée par les faits, ils doivent dès lors reconnaître dans le mal un caractère endémique ou épidémique, et en attribuer le développement moins à la perversité qu'à certaines dispositions générales. Le juge a, dans ce cas, une double fonction; car il doit, d'un côté, renfermer en d'étroites limites le foyer du mal, et de l'autre tâcher d'en préserver ceux qui n'ont pas encore été soumis à ses influences. Or c'est ici que le concours des théologiens est nécessaire.

Problème du théologien.

Le théologien doit avant tout examiner jusqu'à quel point le démon peut exercer son pouvoir désastreux sur la nature humaine, afin de donner sur ce point des notions justes aux médecins et aux juges séculiers. Le premier procès de magie s'est instruit après la chute d'Adam devant le tribunal de Dieu. Adam et Ève, trompés par le démon, s'étaient engagés pour ainsi dire à son service. La femme d'abord avait cru sur sa parole qu'en mangeant du fruit défendu elle deviendrait clairvoyante, et connaîtrait de la même manière que Dieu le bien et le mal. Après avoir participé en quelque sorte à la table du démon, elle avait, comme une magicienne, entraîné son mari dans sa chute. Dieu alors s'assied sur son tribunal, et l'inquisition commence. Les accusés sont appelés; leur frayeur et leur honte n'annoncent que trop qu'ils sont coupables. L'homme rejette la faute sur la femme, et celle-ci sur le serpent, qui, comme le premier auteur du mal, est aussi condamné le premier. Il est maudit entre tous les animaux; il doit désormais ramper sur la terre; une inimitié terrible doit exister entre lui et les descendants de la femme, et briser un jour le lien qu'elle a contracté avec lui. Dieu abandonne au démon le talon du fils de la femme, c'est-à-dire la partie la plus extérieure et la plus infime de son être; mais ce talon doit un jour fouler et écraser sa tête, c'est-à-dire ce qu'il y a en lui de plus intime et de plus élevé. La femme est condamnée à enfanter avec douleur et à vivre dans la dépendance de son mari; et celui-ci est condamné à son tour à manger son pain à la sueur de son front.

Plus tard un second procès fut instruit. Les anges, ayant la faculté de contempler les choses en elles-mêmes, ont aussi une volonté ferme et immobile dans les desseins qu'ils ont une fois conçus. L'épreuve à laquelle ils furent soumis fut donc pour eux décisive, soit pour le bien, soit pour le mal. Mais l'homme, étant composé d'une âme et d'un corps et ne pouvant penser qu'en allant d'un objet à un autre, a par là même une volonté inconstante et mobile. C'est pour cela qu'après la chute tout ne fut pas perdu pour lui, et l'histoire lui fut donnée comme moyen d'expier son crime. C'est dans l'histoire, en effet, et par elle que se produit l'inimitié entre les fils de la femme et les fils du démon. Deux peuples opposés se formèrent, et à mesure que l'un se purifiait davantage l'autre s'enfonçait davantage aussi dans sa perversité. Afin de préserver son peuple de la contagion du mal, Dieu l'avait séparé de tous les autres: mais bientôt deux cités se formèrent en lui, l'une sous l'influence de Dieu, l'autre sous celle du démon. Et lorsque enfin l'opposition entre ces deux cités eut atteint son dernier terme; lorsque, d'un côté, le démon manifesta sa présence par des obsessions nombreuses et terribles, et que de l'autre Dieu descendit parmi les hommes dans l'incarnation, l'heure du jugement sonna. Mais il parut cette fois que le démon allait être victorieux, car les juges qui devaient porter la sentence en ce mémorable procès lui appartenaient tous. Aveuglés par leurs passions et leurs préjugés, ils condamnèrent le Fils de Dieu comme magicien, comme coupable de s'être donné au démon, et d'avoir fait des miracles par la puissance qu'il avait reçue de lui. Ainsi fut accompli sur le Calvaire ce célèbre auto-da-fé où la victime fut un Dieu. L'enfer tressaillit de joie, car la race du démon avait écrasé la tête du Fils de la femme. Mais c'est alors même qu'éclatèrent les miracles de la Providence. Le péché, en séparant l'homme de Dieu, avait aussi divisé dans l'homme l'âme et le corps, et donné la mort à l'un et à l'autre. Pour rétablir l'harmonie il fallait que Dieu s'unit à la nature humaine, et que, se livrant volontairement à la mort, il expiât le péché. La mort du Christ, que l'enfer regardait comme un triomphe, fut donc au contraire la cause de sa défaite. Le démon, en blessant le talon du Fils de la femme, ne lui avait enlevé que la vie physique; mais ce dernier, en ressuscitant, écrasa la tête du serpent. La prophétie était accomplie, et tous les disciples du Christ victorieux étaient arrachés à la mort spirituelle. Ce fait, au reste, était en même temps symbolique et prophétique; il renfermait en soi toute l'histoire et tout l'avenir; et dans la résurrection du Sauveur était représentée la destruction de la mort physique et la restauration de toutes choses à la fin des siècles.

Depuis ce temps le Christ tient sous son pied la tête du serpent; il lui a ôté le centre même de son pouvoir, et ne lui a laissé dans l'homme que la partie extérieure ou animale. Les théologiens chargés d'instruire les procès de magie devaient avoir sans cesse cette considération sous les yeux. Ils devaient se rappeler que le démon n'a plus comme autrefois le pouvoir d'enlacer dans ses filets le genre humain tout entier, et de contraindre Dieu pour ainsi dire à noyer celui-ci dans un déluge universel; qu'il n'a plus le pouvoir d'infecter des nations entières, et de forcer les autres peuples à marcher contre elles, afin d'échapper à la contagion; car l'Église, avec ses institutions salutaires, est plus forte que lui, et il ne peut plus recruter de complices que parmi ceux qui se séparent d'elle volontairement. Il devait donc y avoir beaucoup d'exagération dans les récits auxquels la magie donnait lieu; et parmi ces crimes, ces meurtres d'enfants dont on accusait les sorciers et les sorcières, il y en avait beaucoup qui reposaient sur le mensonge ou l'illusion. Trois-Échelles, qui, après avoir longtemps amusé de ses tours la cour de Charles IX, fut condamné à mort en 1571, confessa devant le roi, ses maréchaux et l'amiral Coligny ses visites au sabbat, ses danses, son libertinage, ses préparations de poisons. C'était, disait-il, avec le secours du démon qu'il avait pratiqué son art. Il indiqua ses complices et donna le signe auquel on pouvait les reconnaître. On trouva ce signe en effet sur un grand nombre de personnes. On portait d'abord leur nombre à douze cents; puis l'imagination, s'emparant de ces données, porta ce nombre à trois mille, puis à trente mille, puis à cent mille, puis enfin à trois cent mille. On accusait les juges d'avoir ainsi multiplié le nombre des coupables par leur négligence.

Si nous considérons la nature physique, nous y apercevons comme une image de ces opérations du démon dans ces forces destructives et violentes qui, se produisant de temps en temps, peut-être sous l'influence de causes étrangères, semblent se soustraire à l'ensemble des lois naturelles, et déterminent des désordres plus ou moins frappants dans le cours ordinaire des choses. Mais bientôt l'énergie salutaire de la nature apparaît et prend le dessus, ce qui prouve que les puissances conservatrices l'emportent sur les autres, et que le désordre est soumis malgré lui à la loi de l'ordre et y est ramené tôt ou tard. Il en est de même du monde moral, où la liberté toutefois complique les rapports, mais où cependant les efforts du mal sont brisés à la longue par l'opposition calme et persévérante du bien. Ainsi, dans le monde moral comme dans le monde physique, les forces ne sont pas également réparties entre le bien et le mal. Pourquoi en serait-il autrement dans le monde surnaturel? Pour porter le mal jusqu'à son extrême limite, comme le font ceux qui sont initiés aux mystères de la magie, il faut une sorte de génie dans la perversité, comme il en faut une autre dans le bien pour former un saint mystique; car la nature, abandonnée à son développement ordinaire, ne suffirait pas à cette tâche. Or le génie dans tous les genres n'est le partage que d'un petit nombre. C'est ce qu'on a senti dans tous les temps; aussi pour expliquer l'accroissement prodigieux du mal, on admettait la proximité de la fin du monde: mais les juges ne pouvaient dans leurs procédures s'appuyer sur des suppositions de ce genre.

Enfin, de même que la vie mystique des saints n'est après tout que le développement d'une vertu soutenue, ainsi la magie n'est non plus que l'effet du progrès de la volonté dans le crime. Celui en effet qui veut assurer à sa volonté la liberté dont elle sent le besoin la cherche soit en Dieu, qui en est la véritable source, soit dans sa volonté propre; et alors il trouve au bout de la voie ténébreuse où il s'engage le démon et ses impurs mystères. Or, l'union soit avec Dieu, soit avec le démon, peut avoir lieu de deux manières: ou dans la volonté spéculative, ou dans la volonté pratique, laquelle se produit au dehors. Dans le premier cas, l'union avec Dieu a pour effet la sanctification de l'individu seulement, et celle avec le démon sa perversion. Dans l'autre cas, le bien et le mal ne sont plus renfermés dans le sanctuaire de la personnalité; mais ils se manifestent au dehors, et peuvent se communiquer aux autres. Les opérations de la volonté pratique peuvent donc être du ressort des tribunaux séculiers, tandis que celles qui ne sortent point du cercle de l'individualité sont par là même soustraites à la justice humaine, et sont uniquement du ressort de l'Église, qui les juge dans le tribunal de la pénitence. Si l'homme, par le moyen de la mystique, entre dans des rapports plus intimes soit avec le principe du bien, soit avec le principe du mal, il faut tenir compte également de ces différences. Il faut savoir bien distinguer surtout ce qui est exotérique de ce qui n'est qu'ésotérique. Le premier seul ressort des tribunaux séculiers, qui doivent laisser le second à l'Église. Ils n'ont donc à s'occuper ni du sabbat ni de ses abominations, ni des incubes ni des succubes : ces choses ne regardent que l'Église; c'est à elle qu'il appartient de juger si, dans un cas donné, le mal qui gît dans l'homme suffit pour expliquer le fait, ou s'il faut avoir recours à un pacte formel avec le principe du mal. On a bien étudié, il est vrai, toutes ces questions, mais pas assez peut-être pour se faire une opinion bien fondée. Il ne faut pas oublier toutefois qu'ayant à notre disposition les faits et l'expérience de tant de siècles, nous sommes bien plus en mesure de résoudre ces questions difficiles que ceux qui vivaient à une époque où le mal était encore nouveau, et par conséquent peu connu. Le monde alors parut menacé de voir fondre sur la terre tous les démons de l'abîme; il semblait qu'un volcan s'était ouvert tout à coup au milieu de la société, prêt à l'engloutir tout entière. Pour prévenir cette calamité, s'il en était temps encore, il semblait que les tribunaux ne pouvaient user de trop de sévérité. Vainement plusieurs objectaient qu'il était invraisemblable que tant d'hommes à la fois fussent coupables de ces crimes : le souvenir de l'hérésie manichéenne n'était-il pas encore vivant dans tous les souvenirs? Ne savait-on pas que des centaines de milliers d'hommes avaient adhéré à ces principes, dont la magie n'était que la reproduction, et qu'ils avaient été sur le point de triompher? N'avait-on pas d'innombrables aveux que n'avait point arrachés la torture, mais qui avaient été pleinement volontaires? Tout cela n'indiquait-il pas une véritable contagion? Et quand même ceux qui en étaient infectés n'auraient pas été criminels, fallait-il à cause de cela laisser la société exposée sans défense à leur fureur? Le mal était si étendu que non-seulement il embrassait de larges espaces, mais qu'il se propageait encore de génération en génération, par une épouvantable hérédité, si bien que l'on vit plus d'une fois la population d'un village entier émigrer, uniquement parce que les magistrats ne pouvaient se décider à sévir contre ce genre de crimes. Souvent alors le peuple se croyait autorisé à se faire justice lui-même, comme il arriva à Laon, où il lapida deux personnes accusées de magie, et que le tribunal avait condamnées seulement à balayer les rues. Tout cela imposait aux juges l'obligation de procéder avec sévérité, pour étouffer le mal dans son germe et l'empêcher de se répandre. Lambert Danée raconte que dans quelques communes, probablement de la Savoie, l'audace de ceux qui étaient adonnés aux pratiques de la magie était telle que plusieurs d'entre eux ne craignaient pas de dire publiquement que, s'ils pouvaient trouver un grand homme pour chef, ils étaient assez nombreux et assez puissants pour déclarer la guerre à tous les rois, et les vaincre avec le secours de leur art. Ces bravades étaient vraisemblablement chez eux l'effet du désespoir, à cause des persécutions dont ils étaient l'objet; mais elles n'en prouvent pas moins qu'ils avaient le sentiment de leur force, et que les tribunaux chargés de les juger n'avaient pas le temps d'examiner longuement la nature du problème qu'ils avaient à résoudre.

CHAPITRE XL.

De la manière dont on procédait dans les procès de sorcellerie. Des preuves admises dans ces procès. L'accord des témoins. Des paroxysmes qu'éprouvent ceux sur qui l'on a jeté un sort à la vue de celui qui le leur a donné. Faits qui se sont passés en ce genre dans la Nouvelle-Angleterre. Des signes qu'on aperçoit sur le corps des sorcières. L'épreuve de l'eau froide. La torture.

On serait injuste à l'égard des juges chargés d'informer contre les crimes de magie et surtout de ceux qui vécurent dans des temps meilleurs si l'on s'imaginait qu'ils procédaient avec légèreté, et qu'ils étaient étrangers à tout sentiment d'humanité. Ils ne se dissimulèrent jamais qu'ils marchaient sur un terrain incertain et mobile. Accoutumés à juger des faits palpables et visibles, ils se trouvaient dans un monde où le fait extérieur n'était qu'un masque sous lequel se cachait le véritable objet de leur enquête. Dans les cas même les plus faciles en apparence, lorsque le coupable avouait volontairement son crime, ils étaient encore obligés de douter; car le coupable lui-même ne connaissait pas toujours d'une manière certaine les impressions qu'il ressentait. Aussi voyons-nous dans les parlements de France les premiers jurisconsultes de l'époque entreprendre ces enquêtes, et les mener à terme avec une prudence et une habileté vraiment remarquables. On voit clairement que, soit par l'effet d'un certain instinct, soit par la réflexion, il s'était formé une pratique déterminée dans cette matière délicate et difficile. On voit que les juges craignaient toujours davantage de mettre le pied dans ces régions étrangères au droit, et de pousser l'enquête au delà de certaines limites. On les voit exercer toujours davantage une surveillance exacte et salutaire sur les exagérations des tribunaux inférieurs, et ne soumettre à leurs enquêtes que les cas qui, par leur complication avec d'autres crimes matériels et faciles à constater, offraient un objet certain et saisissable. Nous n'avons aucune raison de supposer que les tribunaux ecclésiastiques procédassent avec moins de circonspection, quoique leur tâche fût plus difficile, parce qu'ils avaient à s'occuper du fond même des choses, ce que les tribunaux séculiers évitaient autant qu'ils le pouvaient. Nous devons d'ailleurs leur pardonner les idées fausses qu'ils se faisaient souvent sur l'ensemble de ces faits, car elles étaient générales à cette époque; et il ne faut jamais exiger d'un homme ni d'une association quelconque des notions supérieures à celles qui ont généralement cours dans le temps où il vit. Tous ces juges ecclésiastiques et séculiers cherchaient, pour tranquilliser leur conscience, tous les moyens qui pouvaient les initier à la connaissance intime des faits qu'ils avaient à juger; et comme la théorie leur offrait peu de ressources sur ce point, ils s'appliquaient particulièrement aux moyens pratiques qui pouvaient les mener à découvrir la vérité, et ce sont ces moyens que nous allons examiner.

L'accord des témoins.

Une des preuves les plus évidentes en toute procédure, c'est l'accord unanime de témoins consciencieux. Tout homme admis à témoigner en justice doit être irréprochable, sans quoi l'on ne pourrait ajouter foi à son témoignage. Mais on ne peut trouver des témoins de ce genre que lorsqu'il s'agit d'un crime appartenant au monde extérieur. S'il est question, au contraire, d'un acte qui touche à ce monde intérieur et mystérieux qui échappe habituellement à nos regards, les témoins ne peuvent être que des complices. Dans les commencements, les juges devaient donc se croire suffisamment convaincus quand ils voyaient un fait confirmé par dix ou douze témoins qui, quoique détenus, n'avaient ensemble aucune communication, ou même qui demeuraient à de très-grandes distances les uns des autres. Ils devaient croire, en effet, que cet accord venait de ce qu'ils avaient tous vu de leurs yeux le fait soumis à l'enquête. Mais ils oubliaient que ces témoins étaient en même temps des complices; que tous s'étaient donnés au démon, et l'avaient choisi pour leur maître. Or, les *démons*, nous dit l'Écriture, n'ont pas persévéré dans la vérité, et ils sont meurtriers dès le commencement. Quand ils mentent, ils parlent alors de leur propre fonds; car ils sont menteurs et pères du mensonge. Ils peuvent bien, malgré eux sans doute, rendre témoignage à la vérité en la niant et la combattant; mais ils ne peuvent exprimer simplement la vérité sans agir contre leur nature. Or, les sorciers et les sorcières contractent avec le démon un pacte en vertu duquel il s'empare de leur volonté et la fortifie pour le mal. Leur volonté est donc à lui; et quand ils rendent témoignage c'est lui qui parle par leur bouche. Mais son témoignage ne peut être vrai; de sorte que le parti le plus sûr serait d'absoudre ceux qu'il accuse, et de condamner ceux qu'il proclame innocents. Peu importe que ses adeptes persévèrent dans leur témoignage au milieu des tortures, car celles-ci ne peuvent purifier le criminel, ni dompter la volonté étrangère qui gouverne la sienne. Il n'y a que les pécheurs vraiment repentants et réconciliés à Dieu dont le témoignage, rendu ainsi en présence de la mort, puisse inspirer une entière confiance, comme l'a fort bien remarqué Tanner dans ses *Disputes théologiques*. Mais en ce cas encore le doute est un devoir. Ces témoins, en effet, ne peuvent être certains si ce qu'ils ont vu était réel, ou seulement l'effet d'une illusion. Leur nombre ou leur accord ne prouve rien ici : car, d'après la loi du rapport qui les unit, loi qui était inconnue, il est vrai, à cette époque, cette unanimité prouve seulement qu'étant tous liés à un centre unique par un rapport spirituel et réciproque, ils ont eu la même vision.

On ne tarda pas à voir plus ou moins clairement que la preuve tirée de cet accord dans les témoignages n'était pas suffisante, et l'on chercha d'autres moyens. On avait remarqué que, lorsqu'un homme, victime d'un maléfice, sentait approcher celui qu'on soupçonnait de le lui avoir donné, les symptômes de son mal empiraient à l'instant. Ici ce n'étaient plus d'infâmes criminels qui s'accusaient mutuellement; mais c'étaient des hommes qui, victimes innocentes de leur perversité, étaient devenus clairvoyants dans la région des ténèbres, et sentaient comme par une espèce de tact interne la présence de ceux qui avaient été cause de leur mal. Ce genre de preuves ne soulevait donc point les mêmes objections que le premier. Nous interrogerons à ce sujet l'expérience; et parmi beaucoup de faits nous en choisirons un qui s'est passé bien au delà des mers, dans un pays protestant et parmi des gens qui n'y étaient nullement préparés.

Faits qui se sont passés dans la Nouvelle-Angleterre.

L'an 1692, dans la Nouvelle-Angleterre, à Salem, à Andover et aux environs de Boston, il se passa une suite d'événements qui coûtèrent la vie à un grand nombre d'hommes. Deux ans auparavant, chez un habitant du pays nommé Goodwin, une jeune fille bien élevée était devenue obsédée du démon. Cotton Mather l'avait prise chez lui, et avait publié un rapport sur ce fait. D'après les déclarations de cette jeune fille, dans les paroxysmes du mal, elle voyait apparaître un cheval. Elle montait alors sur un siége, dans la posture d'un cavalier, et se mettait à galoper. Elle parlait avec les personnages invisibles qui chevauchaient avec elle, et écoutait leurs réponses: puis, au bout de deux ou trois minutes, elle paraissait croire qu'elle était arrivée dans un lieu très-éloigné, pour prendre part à une réunion de sorcières; après quoi elle revenait de la même manière sur son coursier invisible; et lorsqu'elle avait repris l'usage de ses sens elle racontait une foule de détails sur le sabbat et sur les gens qui y avaient assisté. Cette fille était, on le voit, une somnambule démoniaque, dont l'intention était fixée sur le sabbat. Mather fit avec elle beaucoup d'expériences devant un grand nombre de témoins. Or, vers la fin de février 1692, plusieurs jeunes personnes de la famille d'un ministre protestant nommé Parris, à Salem, et quelques autres de leur voisinage tombèrent dans des états tout à fait extraordinaires; elles se glissaient dans des trous, sous les chaises et les bancs, faisaient des gestes bizarres, disaient des choses merveilleuses, et tombaient dans des paroxysmes étranges. On pria publiquement pour elles; et elles nommèrent plusieurs personnes qu'elles voyaient, disaient-elles, dans leurs accès, et qui étaient la cause de leur mal. Une Indienne appartenant à la maison était surtout l'objet de leurs accusations. On employa contre elle les coups et les menaces; et elle confessa alors qu'elle était sorcière, et que le diable voulait la forcer à souscrire un livre rouge assez gros et de la longueur d'une aune. Le nombre des malades était monté à dix; mais celui des femmes que l'on accusait était beaucoup plus considérable. Les premières prétendirent qu'une femme nommée Cory leur présentait un livre à signer, les mordait et cherchait à les étrangler. Interrogée, elle avoua qu'elle avait un oiseau jaune, et qu'un homme noir lui sifflait quelque chose à l'oreille. Un enfant de cinq ans fut accusé aussi de tourmenter toutes celles qu'il regardait, et elles montraient sur leurs bras les traces de ses petites dents. Le 11 avril il y eut une enquête publique devant six magistrats et quelques ecclésiastiques. Les malades accusèrent un grand nombre de personnes en criant horriblement et grinçant des dents. Elles étaient ordinairement renversées dès qu'elles voyaient paraître celles qu'elles regardaient comme la cause de leur mal. On les pressait toujours, disaient-elles, de signer le livre, en leur promettant du soulagement; et l'une d'elles, qui avait cédé, vaincue par la douleur, s'était trouvée mieux. Mais voici qu'à son tour elle tourmenta les autres, et que son fantôme, apparaissant à une autre personne, la pressa de signer aussi le livre *mystérieux*. Elle confessa bientôt que par le moyen de ce livre elle était devenue sorcière elle-même.

Le 14 mai 1692, sir William fut nommé gouverneur du pays. La chose prit dès lors une autre tournure, et les sorcières furent mises en prison; après quoi l'on dit que les malades se trouvaient mieux. Un mois plus tard une des premières, nommée Bissbop fut exécutée en protestant de son innocence. Le 19 juillet cinq autres la suivirent. Rébecca Nurse, l'une d'entre elles, avait d'abord été déclarée non coupable par le jury; mais aussitôt tous ceux qui avaient porté plainte et tous ceux qui avaient été tourmentés de quelque manière se mirent à pousser des cris si terribles que tous les assistants en furent épouvantés. Les jurés se réunirent de nouveau, et déclarèrent Rébecca coupable. Les cinq femmes protestèrent de leur innocence jusqu'au dernier moment. Cinq autres coupables furent exécutés le 19 août, et moururent en faisant les mêmes protestations. Parmi eux était un ecclésiastique nommé Burroughs, qui du haut de la potence adressa au peuple un discours si touchant, pour prouver son innocence, que beaucoup furent émus jusqu'aux larmes. Mais les plaignants disaient que c'était l'homme noir qui lui dictait ce qu'il avait à dire. Willard était l'un des coupables qui périrent alors. Il en avait d'abord emprisonné beaucoup d'autres; puis il avait été dénoncé à son tour. Il avait fui à quarante milles de Salem; mais il fut repris, et au moment où l'on mit la main sur lui les malades qui se trouvaient alors dans leur paroxysme s'écrièrent : Voilà que l'on prend Willard. En septembre, Giles Coag se donna la mort, parce qu'il avait remarqué qu'aucun des accusés n'échappait au supplice. Bientôt après huit autres furent exécutés. Le capitaine Aldin s'échappa de sa prison après quinze semaines de captivité. English et sa femme en firent autant; leurs biens furent confisqués. Dans le mois d'octobre, Ballard fit venir à Andover quelques gens qui se vantaient de voir les esprits, pour apprendre d'eux quel était celui qui tourmentait sa femme. Ceux-ci tombèrent dans une sorte d'extase, selon leur coutume, et nommèrent plusieurs personnes qu'ils voyaient, disaient-ils, les uns a la tête, les autres aux pieds de la malade. Peu a peu le nombre des accusés monta a plus de cinquante personnes; plusieurs s'avouèrent coupables, ajoutant des circonstances qui confirmaient leurs déclarations. Ils se trouvèrent parfaitement d'accord entre eux, indiquèrent l'époque où ils s'étaient livrés au démon et les motifs qui les avaient portés à cette action abominable; ils confessèrent qu'ils étaient allés au sabbat sur un bâton à travers les airs, que là ils s'étaient moqués des sacrements, et s'étaient inscrits dans le livre du diable. Ils montrèrent même sur leur corps les blessures d'où ils avaient tiré du sang pour inscrire leur nom. La confusion augmentait toujours; beaucoup s'imaginèrent que leurs femmes et leurs enfants étaient engagés dans la sorcellerie; d'autres prétendirent qu'ils avaient le don de voir les esprits, et qu'ils voyaient les âmes de ceux qu'on avait fait mourir planer au-dessus de ceux qui les avaient condamnés. Le mal attaqua jusqu'aux animaux eux-mêmes, et deux chiens en furent atteints.

Cependant parmi les accusés se trouvaient beaucoup d'hommes honorables et d'une réputation intacte; et leur nombre était devenu tel qu'on ne pouvait s'imaginer qu'ils fussent tous coupables. On commença donc à penser que tout cela n'était peut-être qu'une illusion, produite par Satan, le père du mensonge. Le clergé, conformément aux désirs des magistrats, se réunit pour examiner cette question, à savoir si le démon ne peut pas prendre la forme d'un homme pieux et innocent, aussi bien que d'un homme coupable ou impie, afin de mieux tromper les hommes; et leur réponse fut affirmative. On revint donc à des sentiments plus doux. Au mois de janvier 1693, vingt-six accusés furent encore entendus; mais treize seulement furent condamnés, et aucun ne fut plus exécuté. Le 25 avril, les jurés acquittèrent un homme, quoiqu'il se déclarât coupable. Enfin, après que la tempête eut duré seize mois, que dix-neuf personnes eurent péri sur la potence, que plus de cinquante se fussent reconnues coupables de sorcellerie, lorsqu'il y avait encore plus de cent cinquante personnes dans les prisons et plus de deux cents accusés, on s'arrêta dans la voie qu'on avait suivie jusque-là. Les accusés furent mis en liberté, les émigrés revinrent, et la paix fut rétablie. Mais avec elle commencèrent les réactions. Comme tout le mal était venu de la maison de l'ecclésiastique Parris, et qu'il avait montré lui-même beaucoup de zèle dans toute cette affaire, on dressa une plainte contre lui; et on l'accusa d'avoir ajouté foi aux dires du diable. Il reconnut son erreur, mais il fut obligé de quitter la paroisse. Un des juges confessa publiquement qu'il s'était trompé, et demanda pardon. Six femmes qui avaient été impliquées dans l'affaire et s'étaient avouées coupables, signèrent un écrit où elles disaient entre autres choses : « On nous amena près des personnes malades qui à notre approche, disaient-elles, tombaient dans leur paroxysme. M. Barnerd pria. Nous leur imposâmes les mains, et les malades déclarèrent qu'elles se trouvaient mieux, et que leur mal venait de nous, sur quoi on nous mit aussitôt en prison à Salem. Quoique certaines de notre innocence, nous fûmes tellement bouleversées par ces événements que nous en perdîmes presque la raison. Nos amis croyant que le seul moyen pour nous d'échapper à la mort était d'avouer les crimes dont on nous accusait, nous le fîmes d'après leur conseil. Mais, comme nous avions perdu pour ainsi dire la raison et la volonté, nous étions incapables de bien connaître notre état; et nous ne faisions presque toujours que répondre affirmativement aux questions qu'on nous faisait. Lorsque nous étions un peu revenues à nous, et qu'on nous rapportait ce que nous avions dit, nous protestions que nous étions innocentes, et que nous ne savions rien de toutes ces choses. » Il est impossible d'exprimer d'une manière plus touchante le trouble et le bouleversement de ces pauvres âmes; et ceci prouve que les hommes peuvent quelquefois, sans qu'il y ait aucune malice de leur part, se communiquer mutuellement leurs propres illusions. Les douze jurés signèrent également un écrit où ils déclaraient qu'ils n'avaient pu ni apercevoir les artifices des démons ni leur résister, et qu'ils craignaient d'avoir à leur insu et contre leur volonté répandu le sang innocent; puis ils demandaient pardon et à Dieu et à ceux qu'ils avaient offensés sans le vouloir.

Signes sur le corps des sorcières.

Dans les procès de sorcellerie on regardait encore comme une preuve de culpabilité certains signes que les sorcières portaient sur leur corps et qui y avaient été empreints lors de leur réception au sabbat. C'était surtout à gauche que ces signes se trouvaient, dans l'œil gauche, ou sur la joue, ou sur l'épaule, le coude, le côté, le genou, le pied. Quelquefois cependant ils existaient à droite; d'autres fois on les imprimait sur la lèvre inférieure en la mordant, ou sur le cœur. Lorsqu'on trouvait ces signes, on les faisait examiner avec la sonde par des hommes de l'art. Si le sang coulait sans que la personne soumise à l'opération ressentît aucune douleur, on jugeait aussitôt qu'elle était coupable. Ces signes nous offrent la contre-partie de ceux que l'Église a constatés plus d'une fois sur le corps des stigmatisés; ils peuvent donc être produits réellement par le démon, tout aussi bien que ces derniers le sont par une opération divine. Le signe extérieur n'est en ce cas que le voile ou l'expression de l'état intime de l'âme. Mais, outre qu'il est souvent très-difficile de distinguer si ces signes viennent de Dieu ou du démon, ils peuvent encore être l'effet de l'état moral de l'âme, et avoir leur source dans la volonté, ou dans l'imagination, ou dans quelque disposition corporelle et maladive qui surexcite ou déprime outre mesure les forces vitales. Ils peuvent surtout se produire dans les états magnétiques, où la volonté et l'imagination acquièrent une puissance considérable. Il peut se faire alors, en effet, que les visions du sommeil magnétique laissent une empreinte sur le corps. De toutes les parties de celui-ci, il n'en est aucune qui soit plus accessible à ces sortes d'impressions que l'œil, qui est l'abrégé du corps entier. L'iris en particulier est dans ses mouvements comme le pouls de cet organe. Les formes diverses qu'on y aperçoit quelquefois sont les signes extérieurs d'une certaine disposition nerveuse. Une simple crampe suffit quelquefois pour tarir les larmes; l'impossibilité de pleurer n'est donc pas un signe infaillible de quelque opération diabolique. Plus de trois mille personnes, dont la plupart étaient des enfants, portaient quelques signes de ce genre dans le Labourd, et tous déclaraient avoir été au sabbat. Mais ces aveux et ces signes prouvaient seulement qu'il y avait dans le peuple de ce pays une disposition visionnaire, qui avait pris cette direction diabolique et rendait ceux qui en étaient affectés accessibles à toutes ces impressions. Les juges trouvèrent une jeune fille qui prétendait reconnaitre les sorciers à la première vue. Tous ceux de Biarritz avaient, disait-elle, un pied de crapaud à l'œil gauche; mais on ne put vérifier ce fait. Cette fille était dans un état de clairvoyance qui rendait son témoignage inutile aux juges, parce qu'elle vivait dans une région où ils ne pouvaient la suivre, et qu'elle voyait des choses qu'ils ne pouvaient voir eux-mêmes.

L'épreuve de l'eau froide.

On employait encore à l'égard des sorcières l'épreuve de l'eau froide. On leur attachait le pouce de la main droite au gros orteil du pied gauche, et le pouce de la main gauche au gros orteil du pied droit. Puis deux hommes, les tenant par une corde, les plongeaient trois fois dans l'eau. Si elles nageaient, elles étaient déclarées coupables, et si elles enfonçaient dans l'eau, on les croyait innocentes. C'est vers le milieu du seizième siècle que reparut en Westphalie. sous cette nouvelle forme, l'ancienne ordalie ou jugement de Dieu, qu'employaient autrefois les Francs, les Lombards, les Normands et les autres peuples. Cette pratique s'étendit aux Pays-Bas, sur les bords du Rhin, en Lorraine, en Champagne, etc., ou d'elle-même, ou par l'autorité des tribunaux. Un acte public de l'an 1696 rapporte que cinq personnes accusées de magie s'offrirent à soutenir l'épreuve de l'eau près d'Auxerre. L'épreuve eut lieu devant plus de six cents témoins; quoique plusieurs fussent très-maigres, ils nagèrent au-dessus de l'eau; deux cependant enfoncèrent. Les premiers furent déclarés sorciers; mais les juges ne donnèrent aucune suite à cette affaire. (*Causes célèbres*, t. XI, p. 295.) Cette épreuve était employée fréquemment en Angleterre; mais une femme s'étant noyée de cette manière en 1712, le lord grand juge Parker défendit cette pratique. La foi à l'infaillibilité de cette épreuve était si générale que ceux qui y étaient soumis s'avouaient presque toujours coupables quand elle avait tourné contre eux. A Linnen, au diocèse de Cologne, une vieille femme vit nager au-dessus de l'eau deux autres femmes qui subissaient cette épreuve; elle courut aussitôt chercher le juge, et le pria de l'y soumettre, parce qu'elle passait pour sorcière, et qu'elle voulait se laver de ce soupçon. On lui accorda ce qu'elle demandait; mais à peine fut-elle dans l'eau qu'elle se mit à nager, quoiqu'elle fit tous ses efforts pour enfoncer. On lui demanda pourquoi elle avait été si ennemie de son propre corps. Elle répondit que le démon l'avait poussée à demander cette épreuve en lui promettant de la délivrer. La malheureuse échappa au supplice en se donnant la mort dans sa prison. Des aveux de ce genre ne devaient-ils pas confirmer le peuple et les juges dans l'opinion qu'ils avaient de l'infaillibilité de ce moyen? Aussi avait-on établi en Hollande une balance où l'on pesait les sorcières; et quand elles ne pesaient pas plus de treize à quinze livres, on les déclarait coupables de magie. Les voyages à travers les airs que l'on attribuait aux sorcières avaient probablement éveillé l'idée d'une grande légèreté spécifique, que plusieurs regardaient comme l'œuvre du démon. Scribonius de Marbourg, après avoir assisté à une épreuve de ce genre à Lemgo, écrivit au magistrat du lieu; et pour expliquer ce phénomène, dont il avait été témoin, il prétendit que Satan, s'unissant à la substance de ceux qu'il possède, leur communiquait sa légèreté, et les tenait au-dessus de l'eau. Mais les sorciers n'étaient pas ordinairement possédés. D'un autre côté, la nature du démon n'est susceptible d'aucune des qualités de la matière ; et l'épreuve employée par les juges était interdite d'ailleurs par les canons, comme superstitieuse et tentant Dieu. Aussi le même auteur, pour expliquer ce phénomène, eut recours à une autre hypothèse, et prétendit que l'eau a horreur des sorciers, parce que c'est par elle qu'ils ont reçu le baptême ; et c'est aussi l'explication que donne le roi Jacques d'Écosse dans sa *Démonologie*. D'autres croyaient que Dieu éclairait les juges soit immédiatement, soit par les esprits préposés à l'élément de l'eau. Au reste, ce phénomène n'était pas inconnu des anciens, et l'on raconte qu'il se produisait dans une des îles du Pont, chez les personnes soupçonnées de magie. On sait que l'homme, qui nage déjà naturellement sur le dos, peut arriver à nager dans toutes les positions. Or cette faculté pouvait être aisément développée par le genre de vie que menaient ces vieilles femmes. L'état de somnambulisme affranchit souvent le corps des lois de la pesanteur, comme on l'a remarqué plus d'une fois. Les hommes qui, arrivés à un certain degré dans le bien ou le mal, ont dépassé les limites de la nature et sont entrés dans le royaume de la lumière ou des ténèbres peuvent bien aussi quelquefois être affranchis de ces lois qui gouvernent le monde corporel. Ceux qui, vivant pauvrement, ont rendu déjà avant leur mort à la nature une partie de ce qu'ils en avaient reçu ; ceux qui par le magnétisme ont en partie brisé ses liens ; ceux qui, s'attachant à Dieu, ont pris leur vol au-dessus de la terre, ou qui, se donnant au démon, sont descendus dans les régions inférieures, les saints et les magiciens, en un mot, peuvent, soumis à cette épreuve, offrir le même résultat. Elle est donc trompeuse, et c'est ce que l'expérience ne tarda pas à faire connaître.

Toutes ces preuves se montrant insuffisantes, on employa la torture. Ce moyen de connaître la vérité avait déjà été pratiqué par les Romains à l'égard des esclaves : il fut, à la honte du christianisme, appliqué à toutes les classes ;

mais il n'offrait pas plus de certitude que les autres. En effet, l'homme que l'on soumet à la question est innocent ou coupable. Dans le premier cas, il est possible que, par une vertu surhumaine, il aime mieux souffrir que de mentir en s'avouant coupable. Dans le second cas, il peut arriver, au contraire, que la crainte de mourir, s'il avoue son crime, lui ferme la bouche; et il n'y a aucun moyen certain de distinguer en ces cas la vérité du mensonge. Ou bien l'innocent et le coupable, vaincus par le supplice, avouent le crime dont on les accuse. Il y a donc ici, comme dans l'autre cas, deux témoignages, dont l'un est vrai et l'autre faux, sans qu'on puisse les distinguer l'un de l'autre. Il est donc probable que le coupable, chez qui les crimes de ce genre supposent déjà un degré d'énergie inaccoutumé, sortira triomphant de l'épreuve, tandis que l'innocent, pris au hasard parmi le commun des mortels, ne possédant point cette force extraordinaire, se laissera vaincre par la douleur. Rien ne garantit donc la vérité du témoignage; ni la crainte de la mort, car son mal éloigné est comme effacé par une douleur présente; ni la constitution de la nature humaine, car elle est placée en ces circonstances en dehors et au-dessus de toute loi, et ne reconnait plus que celle de sa propre conservation et de sa propre défense. Saint Augustin avait déjà compris et merveilleusement exprimé cette vérité dans ces paroles : « Lorsqu'on inflige la torture à un accusé, s'il est innocent, il endure les supplices les plus atroces pour un crime qu'il n'a pas commis, non parce qu'on a découvert qu'il l'a commis, mais parce qu'on ne sait pas qu'il ne l'a point commis. C'est donc l'ignorance du juge qui fait ordinairement alors le malheur de l'innocent. Et ce qu'il y a de plus intolérable et de plus déplorable encore, c'est que le juge tourmente l'accusé pour ne pas s'exposer à tuer un innocent en ignorant la vérité. Ainsi, parce qu'il a le malheur de ne pas connaître la vérité, il tue l'innocent auquel il applique la question, afin de ne pas faire périr l'innocent. Si le patient, en effet, aime mieux sacrifier sa vie que de supporter plus longtemps ces horribles supplices, il s'avouera coupable d'un crime qu'il n'a pas commis réellement. S'il est condamné et exécuté, le juge ignorera toujours s'il a fait périr un innocent ou un coupable, quoiqu'il l'ait mis à la question pour éviter la mort de l'innocent; de sorte qu'il tourmente l'innocent pour connaître la vérité, et qu'il le fait mourir sans parvenir pour cela à la connaître.» (*De la Cité de Dieu*, l. XIX, ch. 6.) Ces paroles bien méditées auraient épargné beaucoup d'atrocités.

CHAPITRE XLI.

Des moyens d'une bonne procédure. Procès de Jean de Vaulx.

Les tribunaux ecclésiastiques et séculiers nous offrent heureusement plus d'un exemple d'une procédure irréprochable dans les crimes de magie. Nous citerons ici un fait très-remarquable en ce genre, et que le juge lui-même nous a conservé. Chapeauville, chanoine de Liége, raconte qu'en 1595 Jean de Vaulx, moine du célèbre couvent de Stablo, fut mis en prison par son prieur comme coupable d'empoisonnement et d'autres crimes. Le fait étant venu à la connaissance de l'abbé et de l'administrateur du couvent, on y envoya Chapeauville. Jean lui parut fatigué de la tyrannie du démon, et dès la première entrevue il lui découvrit, ainsi qu'au prieur, sa vie tout entière avec tous les témoignages d'un sincère repentir. Il avait souillé son enfance par des crimes abominables. Or, à l'âge de quinze ans, un jour qu'il gardait ses troupeaux, il vit chevaucher à travers la forêt un vieillard vêtu comme un ecclésiastique, et qui lui demanda s'il voulait le suivre, et entrer à son service, lui promettant pour récompense de le placer dans l'état qu'il choisirait lui-même, et de l'élever aux plus grands honneurs. Jean y consentit. Plus tard le même homme lui apparut sous une forme monstrueuse, et lui imprima sur les épaules un signe que les juges purent constater. Puis il l'emporta dans les réunions nocturnes du sabbat, lui procura des poisons, avec lesquels il fit périr non-seulement une partie du bétail de ses parents et de ses voisins, mais des hommes même; et enfin il l'accompagna dans ses études à Trèves. D'après son conseil, Jean prit les ordres sacrés et entra dans le couvent de Stablo, où il fit périr par le poison le prieur et quelques autres religieux, afin de se frayer les voies à cette dignité. Il comptait un grand nombre de complices de ses maléfices et de ses crimes. L'abbé du monastère, instruit des faits, résolut de procéder par les voies légales. Il envoya donc son suffragant Chapeauville et un notaire à Stablo. Ceux-ci, après un interrogatoire très-détaillé, dressèrent un procès-verbal de toutes les réponses de l'accusé. Ils remarquèrent que le démon lui avait suggéré beaucoup d'erreurs païennes ou hérétiques : ils l'instruisirent donc dans la doctrine catholique. Il dénonça plus de cinq cents complices. L'abbé envoya à Stablo une commission composée de son suffragant, de son vicaire général, du chancelier de son conseil, de l'avocat du fisc et d'autres personnes encore très-recommandables, avec plein pouvoir d'instruire et de juger l'affaire, de porter une sentence, et en cas de besoin de s'adjoindre des juges ordinaires connaissant parfaitement les lois et les coutumes.

Les membres de la commission se rendirent à Stablo au commencement de 1595, dans une voiture qui se brisa en route; de sorte qu'ils furent obligés de faire à cheval le reste du chemin. Ils arrivèrent le soir au couvent; et dès la première visite qu'ils firent au prisonnier celui-ci, avant même d'avoir répondu à leur salut, leur fit des excuses à propos de l'accident qui leur était arrivé pendant la route, disant que ce n'était pas son démon qui en était l'auteur, mais un autre malintentionné. Interrogé dès le lendemain matin, il persista dans ses premiers aveux, et désigna très-exactement ses complices, disant à quelle confrérie ils appartenaient, les lieux où il avait été emporté avec eux pendant la nuit, les crimes qui s'y commettaient, les hommages qu'on y rendait au démon, l'ordre des festins et des autres voluptés auxquelles on s'y livrait, et les sorts qu'on jetait sur les hommes, les animaux et les fruits. Afin d'éprouver la vérité de ses paroles, les juges attendirent quelques jours avant de lui faire une seconde visite: ils l'avertirent, au nom même de son salut, de bien prendre garde d'accuser faussement qui que ce fût. Puis ils lui lurent ses déclarations, mais en en changeant l'ordre. Il s'en aperçut, fit remarquer que ce n'était pas là ce qu'il avait dit, et qu'on avait mal écrit ses réponses. Il répéta ses déclarations précédentes dans leur ordre véritable. Ils renouvelèrent plusieurs fois ce procédé, car il avait accusé beaucoup d'ecclésiastiques. Ils le traitèrent avec le plus grand ménagement, afin de l'engager à déclarer la vérité tout entière : mais il persévéra avec une telle constance dans ses aveux, et resta si bien d'accord avec soi-même qu'il était impossible de le prendre pour un fou, malgré les choses extraordinaires qu'il racontait.

L'abbé, à qui l'on communiqua les actes, reconnaissant toujours davantage combien cette affaire était importante, ordonna à la commission de procéder contre tous ceux que Jean avait dénoncés comme ses complices, avec recommandation de ne pas se borner seulement aux vieilles femmes et aux hommes du peuple, mais d'agir aussi contre les notables du lieu, tels que le maire, les échevins, le curé et quelques religieux distingués par leur esprit, leur science et leur jugement. On les mit donc en prison; on donna un avocat et un syndic à Jean, et le 10 janvier 1597 on lut devant le tribunal assemblé les accusations du fisc et les réponses de Jean, qui persévéra dans tous ses aveux, en disant qu'il n'y pouvait rien changer sans mettre en danger le salut de son âme. Le fisc insista pour que l'on prononçât la sentence contre l'accusé; mais comme l'affaire paraissait importante, on prolongea le terme jusqu'à neuf fois; et à chaque fois on fit remarquer au coupable le danger de la vie qu'il avait menée jusque-là, en l'engageant à ne pas s'ôter tout espoir de salut par des dénonciations fausses et calomnieuses. Il répéta qu'il ne pouvait rien changer sans mensonge et parjure à ses précédents aveux, disant qu'il espérait un jugement miséricordieux, et que tout son désir était d'obtenir grâce après avoir renoncé au démon et s'être réconcilié à Dieu. Le syndic mécontent demanda que l'on entendit les prêtres de Stablo qui avaient été empoisonnés et étaient encore malades. Le prieur et cinq autres religieux furent donc interrogés. Tous déclarèrent qu'ils se croyaient empoisonnés par un maléfice que Jean ou ses complices avaient placé en différents endroits du couvent. Le syndic demanda que l'on mit le coupable à la question, afin de pouvoir mieux connaître la vérité, et le tribunal fit droit à sa requête.

Lorsque cette résolution fut connue, le bruit se répandit que Jean était fou. Afin de dissiper ce bruit, le tribunal s'adjoignit un grand nombre d'hommes recommandables, soit parmi le clergé, soit parmi les laïques, et l'on interrogea Jean en leur présence. Il répondit pertinemment à toutes les questions, redressant les erreurs que nous avions commises à dessein afin de le surprendre, de sorte qu'il était impossible de le prendre pour un fou. Cependant les contradicteurs, non contents de cette épreuve, racontèrent que, pendant sa captivité, Jean avait écrit à trois personnes des lettres qui trahissaient des signes de folie. Interrogé sur ce point, il répondit qu'il avait joué le fou afin d'être mis en liberté; et il persista quatre fois différentes dans sa déclaration. Il fut ensuite confronté avec le curé de Stablo, accusé aussi de magie. Comme celui-ci niait tous les faits, le docteur Oran, très-expérimenté dans ces sortes d'affaires, lui en témoigna son étonnement; mais Jean expliqua la conduite du curé par le serment solennel que tous les adeptes renouvelaient chaque année de ne jamais rien dire de ce qui se passait dans ces assemblées mystérieuses. Puis il rapporta qu'il n'y avait pas longtemps encore qu'une assemblée de ce genre avait eu lieu à Stablo même; qu'il y avait assisté, et avait reconnu le curé. Le syndic demanda qu'on lût de nouveau le procès-verbal de ce qui s'était passé jusque-là, et que l'on adjurât encore une fois Jean de dire s'il persévérait toujours dans ses aveux. Il répondit qu'il n'avait rien à y changer. Le syndic, non content de cela, demanda qu'il fût mis à la question, afin que ses complices n'eussent point à dire qu'on n'avait pas employé toutes les précautions. Jean, ayant entendu de nouveau la lecture des procès-verbaux, prit Dieu à témoin que tout ce qu'il avait dit était vrai. Il fut donc mis à la question, et là, pendant qu'on lui lisait les articles du fisc, il protesta, sur le salut de son âme, que tous ceux qu'il avait dénoncés comme complices étaient vraiment coupables, qu'il les avait bien vus et reconnus dans les assemblées du sabbat, et qu'il avait commis avec eux tous les crimes qu'il avait avoués. On l'avertit encore de bien peser toutes ses déclarations et ses aveux. On employa les prières et les exorcismes; mais il persista avec une constance inébranlable dans ses déclarations, invoquant la toute-puissance et la miséricorde de Dieu, à laquelle il avait recours, et demandant pardon de tous ses crimes. On lui représenta combien il était invraisemblable qu'il eût un si grand nombre de complices; mais rien ne put le faire changer d'avis. Après de nouvelles prières et de nouveaux exorcismes, on l'avertit encore de ne rien dire contre la vérité; mais il affirma qu'il persévérerait dans ses aveux jusqu'à sa mort. Tous les assistants lui représentèrent alors les dangers et les suites du parjure et du faux témoignage; mais il assura trois fois de suite que toutes les personnes qu'il avait dénoncées étaient coupables. On mit fin alors à la question, d'où il sortit sain et sauf; car elle avait été très-douce. Tous les assistants avaient pu voir sur ses épaules les signes qui y étaient empreints : on y avait enfoncé une aiguille sans qu'il ressentit aucune douleur. Le procureur du fisc demanda une copie authentique de tout ce qui s'était passé, et déclara qu'il s'en servirait non-seulement contre Jean, mais encore contre tout autre accusé, comme d'un document utile et précieux ; puis il requit que l'on fit venir Jean le 2 avril pour entendre prononcer sa sentence. Ce jour-là donc il fut dégradé, déposé de toute dignité, et livré au bras séculier, c'est-à-dire au prochancelier Oran et à l'avocat du fisc, qui, s'adjoignant quelques notables, des échevins habiles et des savants, après avoir examiné et étudié attentivement les actes du procès, condamnèrent Jean de Vaulx à périr par le glaive, en lui accordant toutefois d'être enterré dans le cimetière du couvent, parce que, pendant les cinq ans qu'avait duré l'enquête, il avait vécu de pain et d'eau dans un obscur cachot, et avait montré un repentir sincère de ses crimes. Il entendit son jugement à genoux et fondant en larmes; il remercia les juges d'avoir adouci sa peine, et demanda au prieur que pendant quarante jours après sa mort on distribuât aux pauvres la ration qui était d'usage après la mort de chaque religieux, afin que les pauvres pussent prier Dieu pour le salut de son âme. (*Gesta pontificum Leodiensum*; 1616, t. III, p. 593.)

Cette procédure, il faut l'avouer, ne laisse rien à désirer, et fait honneur au tribunal qui l'a faite. On ne peut douter du repentir de Jean ni de l'état de ses facultés spirituelles. Les déclarations méritent donc une foi entière. Il était devenu l'esclave du démon, et c'est par son inspiration qu'il avait commis ces empoisonnements et ces meurtres qu'il avoua jusqu'à la fin. Les juges ne pouvaient juger que d'après les lois en vigueur à cette époque, et ils n'avaient assurément rien à se reprocher relativement à la sentence qu'ils portèrent.

—

CHAPITRE XLII.

Des erreurs qui se sont glissées dans le cours des procédures.

Jean de Vaulx ne s'était pas contenté de confesser ses propres crimes; il avait encore dénoncé des complices, avec lesquels il était en rapport par un lien spirituel et commun. On examina ses déclarations avec la même attention. Il était manifeste qu'il était aussi convaincu de la vérité des faits qu'il reprochait aux autres que de ses propres crimes. Les motifs qui faisaient croire à son témoignage pour ces derniers existaient aussi bien pour les premiers. On pouvait donc, il semble, dans le courant de la procédure, se servir de ses déclarations comme de celles d'un témoin oculaire. Il n'en est pas ainsi cependant, et c'est ici que l'erreur commence à se glisser. De Vaulx voyait à distance : c'est ainsi qu'il avait vu l'accident qui était arrivé au commissaire envoyé par l'abbé. Il était donc clairvoyant, et toutes ses déclarations reposaient sur les visions qu'il avait eues, tandis que celles qui avaient pour objet l'état de son âme reposaient sur des idées claires et évidentes. Son moi réfléchi, ordinaire et régulier était à l'égard de son moi mystique dans un tout autre rapport que celui-ci avec le moi des autres personnes. Il regardait, il est vrai, ces visions comme des réalités, et il avait même remarqué certains signes auxquels il croyait pouvoir distinguer ce qui était réel de ce qui n'en avait que l'apparence. Mais ces signes n'étaient point infaillibles, pas même pour lui; et plusieurs fois, comme Oran le raconta plus tard à Delrio, il douta si tout ce qu'il croyait avoir vu n'était pas l'effet d'une pure vision. Si ceux que Dieu, par un privilége spécial, élève à l'état mystique, doutent quelquefois de la réalité des choses qu'ils voient, comme nous le trouvons chez Marie d'Agreda, combien plus encore cette incertitude doit-elle être fréquente dans la mystique infernale. Lorsque les visions des âmes saintes n'ont rien de répréhensible en soi, lorsqu'elles rénissent tous les signes d'une illumination supérieure, l'Église leur donne alors son approbation, de telle sorte cependant que, tout en tenant celui qui les a eues comme obligé à y ajouter foi, elle ne prétend point obliger les autres à y croire, comme elle le fait pour sa doctrine à elle; mais elle se contente de les leur recommander comme dignes d'être crues et comme moyen d'entretenir la foi et la piété, laissant libre à chacun la mesure de foi qu'il croit devoir leur donner, et défendant seulement de les rejeter en général et d'une manière absolue. Pourquoi en serait-il autrement dans les visions produites par le démon? De Vaulx était parfaitement convaincu de la réalité des siennes, et le tribunal devait reconnaître son témoignage et sa conviction en ce qui le concernait lui-même. Mais il n'en pouvait être ainsi pour ce qui concernait les autres. Ici ses affirmations ne pouvaient prévaloir contre les dénégations de ces hommes, parce qu'ils n'étaient pas tenus à regarder ces visions comme des vérités infaillibles. Le tribunal ne pouvait donc ajouter une foi entière à ses déclarations en ce genre, quoiqu'elles fussent irréprochables au point de vue légal, surtout dans des questions où il s'agissait de vie ou de mort; mais il pouvait tout au plus les regarder comme des moyens subsidiaires, capables d'appuyer l'enquête, mais incapables de lui servir de base.

Les visions, en effet, que sont-elles autre chose, sinon des regards jetés dans le fond le plus intime des choses, lesquelles se présentent alors à l'esprit d'une manière symbolique, de sorte que leur partie extérieure, celle que nous voyons dans le cours ordinaire des choses, n'est plus que le voile et l'expression de l'élément intérieur? Une somnambule magnétique, par exemple, pourrait avoir la vision de l'été ou de l'hiver. Dans le premier cas, sa vision aurait pour centre et point de départ le soleil au solstice d'été. De ce point elle verrait descendre vers la terre les courants de lumière et de chaleur dont le soleil est le foyer; elle verrait la terre se tapisser de verdure, les animaux brouter l'herbe des champs et la vie déborder partout sur la terre. Dans la vision de l'hiver, au contraire, elle verrait le froid durcir le sol, les arbres perdre leurs feuilles et se couvrir de neige ou de givre. Or, à ces deux visions naturelles doivent correspondre deux visions spirituelles. L'âme, en effet, ne pourrait-elle pas contempler, par une faveur spéciale de Dieu, les rapports qui unissent les hommes en général, ou une société particulière, avec la lumière éternelle? Ne pourrait-elle pas en ce cas voir comment ces hommes intimement unis à Dieu en reçoivent les influences vivifiantes; comment ces influences, en pénétrant dans leurs puissances et leurs facultés, les élèvent, les illuminent et les échauffent? Ce serait comme la vision d'un sabbat céleste, qui présenterait aux regards de l'esprit tout le bien qui se fait dans le monde ou dans une partie du monde, et le rapport qu'il a avec son principe et son origine. Or, ce qui est possible à l'égard du bien l'est aussi à l'égard du mal. L'âme ne pourrait-elle donc pas saisir dans une vision le rapport intime qui unit les méchants sur la terre avec Satan, le principe du mal? Il est certain, en effet, qu'il existe entre le démon et les pécheurs des rapports analogues à ceux qui lient à Dieu les âmes pures, et qu'il y a dans l'un et l'autre cas une continuité réelle, quoique dans le cours ordinaire des choses nous ne puissions l'apercevoir. Mais si, par une cause quelconque, l'âme, dégagée jusqu'à un certain point des entraves du corps, entre dans un rapport intime et mystique avec le centre de l'une de ces deux sphères, ne peut-elle pas de là saisir, contempler et comme réunir en sa main les rayons qui vont de ce centre à la circonférence, c'est-à-dire les rapports qui lient les saints au principe de la sainteté, ou les volontés perverties à la volonté la plus pervertie et la plus opiniâtre dans le mal? Ces visions sont symboliques, il est vrai, et l'interprétation de ces symboles exige beaucoup d'expérience et de prudence. Il n'est pas du tout nécessaire que les crimes qui ont été l'objet de ces sortes de visions soient réels; car l'âme qui les contemple est elle-même arrachée au domaine de la réalité. Elle voit seulement la génération des choses telle qu'elle s'accomplit au-dessus ou au-dessous de la terre. Mais pour que les actes dont elle aperçoit ainsi le point de départ deviennent réels et s'accomplissent véritablement ici-bas il faut un autre élément, un élément terrestre; et c'est le seul qui puisse être saisi et dont un juge impartial doive tenir compte. Aussi, quelque véridiques que paraissent les déclarations de Jean de Vaulx, nous ne voyons pas qu'on en ait fait usage, et les juges ont ainsi évité de répandre le sang innocent. Malheureusement il n'en a pas toujours été ainsi; plus d'une fois les juges, emportés par un zèle peu éclairé, ont manqué de prudence et de circonspection dans les procès de ce genre, comme on peut le voir surtout par celui que du Clercq, qui vivait au quinzième siècle, nous rapporte dans ses Mémoires (liv. IV, ch. 3).

Procès jugé à Arras.

A Langres, en Bourgogne, Robinet de Vaulx, natif de l'Artois et qui s'était donné pour un ermite, était mort sur un bûcher comme coupable de valdésie : c'était ainsi qu'on appelait en ce pays la sorcellerie. Il avait déclaré, avant de mourir, qu'un grand nombre d'hommes et de femmes étaient adonnés à cet art infernal, et il avait dénoncé entre autres une femme de mauvaise vie nommée Deniselle et un certain La Vitte, surnommé Abbé de peu de sens. L'inquisiteur d'Arras les fit donc enfermer tous les deux dans les prisons de l'évêque. Les vicaires de celui-ci interrogèrent plusieurs fois Deniselle pendant qu'on lui appliquait la question. Elle avoua les crimes qu'on lui reprochait, et dénonça La Vitte. Celui-ci avait essayé de se couper la langue. On lui appliqua la question, et comme il ne pouvait parler, on lui fit écrire ses déclarations. Il dénonça deux hommes et quatre femmes, comme ayant pris part aux réunions du sabbat. On les mit aussi en prison. Cependant l'affaire prenant des proportions considérables, la plupart des juges furent d'avis de relâcher les prisonniers; mais le doyen de Notre-Dame d'Arras et le suffragant de l'évêque s'opposèrent à cette mesure; ils allèrent même trouver le comte d'Étampes à Péronne, lequel se rendit aussitôt à Arras, et ordonna aux vicaires de faire leur devoir. On appliqua donc de nouveau la question aux prisonniers, et leurs aveux furent envoyés à Cambrai, où l'on prit l'avis du chanoine Nicolaï et de Gilles Carlier, docteur en théologie, un des prêtres les plus renommés dans ce temps-là. Leur avis fut que, pour la première fois, on ne devait pas les condamner à mort, à moins qu'ils n'eussent commis quelque meurtre ou quelque sacrilége sur le corps de Notre-Seigneur. Mais le doyen du Bois et le suffragant prétendirent que tous ceux qui avaient pris part à la valdésie, ou qui, étant dénoncés et refusant d'avouer leurs crimes, étaient convaincus par trois ou quatre témoins, devaient être punis de mort. Ils firent tous leurs efforts pour faire prévaloir leur opinion. Le doyen disait que plus du tiers de la chrétienté était adonné à la valdésie; il savait là-dessus des choses qu'il ne pouvait dire, et qui feraient frémir d'horreur. Si quelqu'un se permettait de lui faire quelque objection, il le soupçonnait de valdésie. Le suffragant de l'évêque pensait comme lui. Il avait une telle imagination que, rien qu'à voir un homme, il croyait pouvoir dire s'il avait été dans la valdésie ou non. Il était persuadé que cet art infernal était pratiqué même par des évêques et des cardinaux, et qu'il comptait un si grand nombre d'adeptes que, s'ils pouvaient gagner quelque roi puissant, ils seraient assez forts pour opprimer tous ceux qui ne pensaient pas comme eux. Ils disaient tous les deux que dès qu'un homme était accusé de ce crime personne ne devait plus prendre intérêt à lui, pas même ses plus proches parents, et qu'il ne pouvait se soustraire à l'enquête par la fuite.

Les vicaires de l'évêque réunirent donc les prêtres les plus distingués et les avocats les plus célèbres de la ville, et leur présentèrent les actes avec les dépositions des sept accusés; puis, après avoir pris leur avis, ils prononcèrent le jugement. Tous les condamnés, à l'exception d'un qui s'était pendu dans sa prison, furent amenés sur un échafaud, ayant sur la tête une mitre avec la figure du diable. Un religieux leur fit un sermon, et leur mit devant les yeux tous leurs crimes. C'étaient des sacriléges, des profanations de la sainte hostie, des voluptés abominables, des blasphèmes, des hommages rendus au démon et d'autres crimes de ce genre qui se commettaient dans les assemblées du sabbat. Puis il demanda à chacun en particulier s'il n'avait pas commis tous ces forfaits : tous répondirent affirmativement. Ils furent retranchés de l'Église et livrés au bras séculier : leurs immeubles furent confisqués par le souverain du pays, et leurs autres biens par l'évêque. Parmi les condamnés étaient quatre femmes qui moururent sur un bûcher à Arras. Lorsqu'elles entendirent leur sentence, elles crièrent comme des désespérées, en s'adressant à maître Gilles Flameng, qui était présent : « Traître, lui disaient-elles, tu nous avais promis que, si nous confessions les crimes dont on nous accusait, nous serions condamnées seulement à faire un pèlerinage d'une douzaine de lieues. » Elles déclarèrent qu'elles n'avaient jamais été dans la valdésie, que leurs aveux leur avaient été arrachés par la torture ou par les promesses de Gilles. Elles se préparèrent d'une manière très-chrétienne à mourir, et affirmèrent jusqu'au dernier moment qu'elles ne savaient rien de la valdésie, ce qui donna beaucoup à penser au peuple.

On emprisonna à Arras sept femmes et six hommes, parmi lesquels se trouvait le chevalier Robert Le Josne, gouverneur d'Arras. Le mal s'étendit bientôt ailleurs. Plusieurs personnes furent mises aussi en prison à Amiens; mais l'évêque les relâcha, et dit qu'il agirait toujours ainsi, parce qu'il ne croyait pas que ces gens-là pussent faire ce qu'ils disaient. Trois ou quatre personnes, à Tournay, furent aussi mises en prison, mais on les relâcha ensuite. A Arras, il n'en était pas ainsi; deux des plus riches habitants de la ville furent jetés dans les prisons de l'évêque. Enfin on prit aussi Payen de Beaufort, noble chevalier d'une des premières familles de l'Artois, et qui était âgé de soixante-douze ans. Sûr de son innocence, il avait refusé de prendre la fuite, comme ses amis le lui avaient conseillé. Il demanda à être conduit devant le comte d'Étampes; mais celui-ci refusa de l'entendre. Son beau-frère, qui guérissait la fièvre à l'aide de certaines formules, étant venu le voir dans les prisons de l'évêque, fut enfermé aussi lui. Cependant on avait achevé le procès. Tous, à l'exception de l'une des femmes, se reconnurent coupables. Deux des accusés, qui, après avoir tout avoué dès le commencement, avaient toujours persévéré dans leurs aveux, furent condamnés à la prison; tous les autres furent brûlés, et nièrent jusqu'à la fin les crimes qu'on leur reprochait. On s'empara de nouveau de plusieurs autres personnes, parmi lesquelles était un des plus riches bourgeois d'Arras. Le comte adjoignit plusieurs nouveaux membres à la commission chargée de l'enquête, et le duc de Bourgogne nomma l'évêque de Salubrin, son confesseur, âgé de quatre-vingts ans, et le chevalier de Nogelles, gouverneur de Péronne, pour en faire partie. La ville d'Arras devint, par suite de ces procès, tellement décriée en France et ailleurs que ses négociants ne pouvaient plus trouver aucun crédit, et qu'on ne voulait plus recevoir dans les auberges ceux qui en venaient. Personne n'osait sortir de la ville dans la crainte de passer pour un valdésien, et le peuple soupçonnait de ce crime tous ceux qui partaient.

Les vicaires de l'évêque firent donc savoir que personne désormais ne serait emprisonné que sur la dénonciation de huit ou dix témoins. Ils invitèrent ceux qui avaient pris la fuite à se présenter en personne, pour répondre aux accusations dont ils étaient l'objet. Lefèvre, fils de l'un de ces derniers, vint trouver dans l'église Jean Pochon, un des vicaires, avec un notaire de Paris, pour interjeter appel au nom de son père; puis ils s'en retournèrent à Paris, où le père s'était constitué prisonnier. Mais ils furent pris en route par les gens des vicaires de l'évêque et mis en prison, de même que plusieurs de leurs amis qui avaient connu leur intention. Ils ne furent relâchés qu'après avoir renoncé à leur appel, et tous ceux qui avaient pris la fuite furent excommuniés comme valdésiens. Les vicaires s'adressèrent à Philippe, duc de Bourgogne, pour savoir ce qu'ils devaient faire. Il fit venir les plus célèbres docteurs de l'université de Louvain; on leur mit sous les yeux les procès-verbaux. On ignore quel fut leur jugement; mais on prétendit que les avis avaient été partagés. Les vicaires prirent congé du duc, et revinrent à Arras le 14 août 1460. A partir de ce moment personne ne fut plus emprisonné comme valdésien, et l'on traita avec plus de ménagement les prisonniers. Quatre procès se trouvèrent terminés au mois de septembre, et envoyés au duc à Bruxelles. Le pape chargea par une bulle plusieurs ecclésiastiques de prendre connaissance de ces sortes d'affaires.

Le 12 octobre, les vicaires réunirent un grand nombre d'ecclésiastiques et de laïques, et après leur avoir mis sous les yeux les actes de la procédure ils prononcèrent, le 22, leur sentence à l'égard de quatre accusés. L'un d'eux, nommé Huguet, avait toujours nié les crimes qu'on lui reprochait, quoiqu'il eût été mis plus de quinze fois à la question. Il fut condamné à vingt années de prison. Beaucoup dans le peuple croyaient que tout était plein de valdésiens, et dans l'Église, et dans les cours des princes et ailleurs. On disait même que l'Antechrist était né, qu'il paraîtrait bientôt, et que tous les valdésiens se joindraient à lui. On avait mis en prison un grand nombre d'hommes et de femmes à Paris, à Amiens et à Tournai; mais on les relâcha sans leur faire de mal. Les vicaires de l'évêque mirent alors en liberté tous ceux à qui on avait pu arracher des aveux par la question; ils étaient au nombre de douze, parmi lesquels plusieurs avaient été tourmentés si cruellement qu'ils restèrent estropiés. Il fallut qu'avant d'être relâchés ils jurassent sur l'Évangile qu'ils étaient innocents, et que quatre ou cinq témoins honorables garantissent par serment leur innocence. Ils furent aussi obligés de payer les frais du procès, et presque tous furent bannis du comté. Une chanson que l'on trouva dans les rues contenait des menaces terribles contre les auteurs de la persécution. Le 16 janvier 1462, un messager du parlement de Paris vint à Arras pour dresser une enquête sur le tort qui avait été fait au sieur de Beaufort, et sur l'appel que celui-ci avait interjeté par devant ce même parlement de Paris. Philippe, fils du sieur de Beaufort, accompagnait le messager avec ses trois frères et trente amis bien armés. Ils se présentèrent ainsi devant les vicaires; et comme ceux-ci n'osaient paraître, le messager demanda les clefs de la prison. Le geôlier ayant refusé de les donner, il les prit de force, délivra le sieur de Beaufort, et cita les vicaires à comparaître le 25 février devant le parlement de Paris, pour être confrontés avec l'appelant, qu'il amena à Paris avec lui. Le 17, deux des vicaires se rendirent à Paris; mais l'affaire ayant été remise, ils revinrent à Arras. Là ils reçurent des lettres de leur évêque, qui se trouvait à Rome et leur ordonnait de mettre en liberté Huguet. Enfin, dans le mois de juin l'affaire de Beaufort fut introduite devant le parlement; et, dans cette circonstance, M. de Popincourt, avocat du parlement et défenseur du plaignant, dit en pleine séance que, toutes les fois qu'un homme était accusé de valdésie, on lui disait qu'il serait brûlé s'il n'avouait les crimes qu'on lui reprochait, et que, dans le cas où il les avouerait, il serait condamné seulement à un court pèlerinage; que, s'il refusait de faire ce qu'on lui disait, on le mettait à la question jusqu'à ce qu'il eût fait les aveux qu'on voulait lui arracher; que lorsque le sieur de Beaufort avait protesté au doyen du Bois de son innocence, celui-ci s'était mis à genoux devant lui et l'avait conjuré d'avouer son crime, en lui disant que c'était le seul moyen de sauver sa vie et ses biens; que Beaufort ayant fait remarquer au doyen qu'en s'accusant ainsi il commettrait un parjure, celui-ci l'avait rassuré en lui disant qu'il lui en donnerait l'absolution;

que c'était ainsi qu'on lui avait arraché ses aveux ; que plus tard il avait été forcé de payer de grandes sommes d'argent au comte d'Étampes, au bailli d'Amiens et à son lieutenant. Le parlement acquitta Beaufort ainsi que trois autres accusés qui étaient encore dans les prisons d'Arras.

Avant que ce jugement eût été prononcé, du Bois, le doyen d'Arras, avait été frappé d'aliénation mentale, et on l'avait amené à Paris. Il passait pour un bon prêtre; il était encore jeune, et beaucoup le plaignaient. D'autres disaient que sa maladie était un châtiment de Dieu. Quoiqu'il eût recouvré l'usage de la raison, il n'y avait pas de sûreté pour lui, et il dut se confesser dans sa chambre. Il tomba enfin malade; son corps se couvrit de plaies, et il eut beaucoup à souffrir. Plusieurs disaient qu'il avait été empoisonné ou ensorcelé par les valdésiens. Il mourut en 1461. On mit aussi en prison le suffragant de l'évêque; mais il s'échappa d'une manière miraculeuse, comme il le dit lui-même. Il fit un voyage à Saint-Jacques en Galice, et, revenu en France, il devint confesseur de la femme de Charles VII. Cependant le procès entre les héritiers du sieur de Beaufort et les autres qu'on avait inquiétés pour crimes de magie se portant comme appelants, d'un côté, et de l'autre le duc de Bourgogne et ses tribunaux ecclésiastiques et séculiers se portant comme défendeurs, suivait son cours devant le parlement de Paris. Enfin, l'an 1491, le jugement fut prononcé. Il cassait tous les actes et toutes les sentences portées par les tribunaux ecclésiastiques ou séculiers, condamnait les défendeurs à une amende de 6,500 livres de Paris, aux frais du procès et à un dédommagement à l'égard des personnes intéressées. De ces 6,500 livres 1,500 devaient être consacrées à faire dire tous les jours à perpétuité dans la cathédrale d'Arras une messe pour ceux qui avaient été exécutés. Une croix de pierre avec une inscription devait être placée sur le lieu du supplice. On défendait aux tribunaux ecclésiastiques d'Arras d'employer désormais dans les procès qu'ils auraient à juger la torture ou tout autre moyen extraordinaire. Le jugement fut prononcé solennellement sur la place des exécutions. On y fit un sermon, et tout travail fut interdit dans la ville pendant tout le jour.

Ce procès, on le voit, est aussi instructif par ses erreurs que le précédent par la manière remarquable dont il fut conduit. Au reste, pour porter un jugement impartial sur toute cette affaire, nous devons nous reporter au temps où elle s'est passée : c'était au milieu du quinzième siècle, de ce siècle dont le commencement avait vu trois papes sur le saint-siége et trois empereurs sur le trône, expression fidèle de l'affaiblissement de l'unité dans l'Église et dans l'État par suite des luttes qui avaient divisé si longtemps les deux puissances. L'unité de l'Église avait reçu un terrible échec à Avignon en se livrant pour ainsi dire au pouvoir des rois de France; celle de l'État, représentée par l'empereur, avait dû céder aussi devant les empiétements toujours croissants des princes et des États de l'empire. De là était résultée une dissolution presque complète du lien social et religieux en Europe. C'est alors que commencèrent à apparaître les nouvelles hérésies de Wiclef et de Jean Huss, qui eurent pour suite la guerre des Hussites. C'est alors que le lien hiérarchique fut relâché par les prétentions exagérées des évêques à l'égard du pape, et des prêtres à l'égard des évêques; et ces malheureuses tendances n'éclatèrent que trop dans les conciles de Constance et de Bâle; puis, lorsque le saint-siége fut reporté à Rome, les papes furent obligés longtemps encore de lutter contre une noblesse indocile. Dans l'état même division, même dissolution; lutte des princes contre leurs supérieurs et contre leurs inférieurs; lutte de l'ancienne discipline militaire contre la nouvelle; lutte entre l'Angleterre et la France, et par suite guerres civiles dans les deux pays. En Angleterre, lutte entre les deux roses; en France, entre le roi et le duc de Bourgogne, et chez les deux peuples enfin l'unité triomphant avec les Tudors et Louis XI; le monde parcouru, pillé, ravagé par les condottieri, les armagnacs, les lansquenets, les soldats noirs; partout le règne de la force et de la violence, l'impuissance de la justice et du droit; et comme résultat de cette dissolution de tous les liens de l'ordre moral, civil et naturel, la corruption et l'immoralité la plus profonde; l'Italie donnant l'exemple au reste de l'Europe, et lui communiquant la contagion qu'elle avait reçue de l'Orient; du fond de ces plaies dégoûtantes, la maladie vénérienne se développant comme le fruit de la justice divine; puis la chute de l'empire de Constantinople de ce côté-ci du détroit : derrière les Osmanlis, Gog et Magog lâchés dans la personne de Timur et des Mongols, et menaçant d'engloutir l'Europe et sa civilisation sous leurs flots impétueux. Tel était alors l'état de la société européenne. Faut-il s'étonner si les esprits sérieux, à la vue de ces maux lamentables, crurent que le monde approchait de sa fin. Si le christianisme, en effet, avait perdu sa puissance extérieure, le temps de l'antechrist serait infailliblement arrivé. On peut dire même en un certain sens qu'il était déjà né : tous les signes annonçaient sa venue, et tout le peuple croyait à sa présence. Ce qui devait s'accomplir plus tard au grand jour allait se préparer dans l'ombre de la nuit. Satan allait enrôler les siens, et les exercer à tous les crimes. Il avait commencé par les cours des princes; de là il avait passé à l'aristocratie. On savait ce qu'avait fait le maréchal de Retz en Bretagne et lady Fowlis en Écosse; on connaissait les mœurs et les pratiques d'un grand nombre de membres du clergé, même dans les rangs les plus élevés. Le suffragant de l'évêque d'Arras, qui avait été pénitencier à Rome, avait vu le mal de près, et il n'est pas étonnant que son imagination, l'exagérant encore, lui ait fait voir dans les désordres de son époque le résultat d'un pacte avec le démon. La perversité humaine semblait ne pouvoir suffire à expliquer de tels crimes. Il en était de même de Jacques du Bois, qui avait alors trente-quatre ans, et qui jouissait de la meilleure réputation. Tous les deux, étudiant pour ainsi dire l'Apocalypse dans l'état de la société qu'ils avaient sous les yeux, pouvaient facilement conjecturer la présence d'une influence satanique immédiate et secrète. Le souvenir des vaudois n'était-il pas *frais encore*, et le *nom de valdésie* ne le rappelait-il pas à l'esprit? Ils croyaient avoir trouvé la trace de ces crimes monstrueux. Peu importe que la plupart des aveux qui pouvaient les confirmer dans cette opinion aient été arrachés par la torture; car cet instrument, qui n'aurait jamais dû être employé par les tribunaux ecclésiastiques, n'excitait point alors l'horreur que son souvenir produit en nous aujourd'hui. Et d'ailleurs, si ces aveux avaient pu exciter en eux quelque défiance, n'avaient-ils pas les aveux volontaires d'un grand nombre de coupables ou de témoins, aveux arrachés plus d'une fois, il est vrai, par les promesses, mais souvent aussi provoqués par le repentir. D'ailleurs, l'opinion générale les confirmait dans les idées qu'ils s'étaient faites. Croyant *avoir découvert* la source du mal, ils s'étaient bâti tout aussitôt une théorie complète, et se représentaient déjà le tiers du monde comme livré à l'empire du démon; et c'est ainsi que se développa ce terrorisme qui n'épargnait rien, et qui était monté à un tel point que maître Jean croyait pouvoir distinguer un valdésien à la seule inspection du visage.

Aucune époque n'est exempte des erreurs de ce genre; et si la nôtre, fière de sa civilisation, croyait pouvoir mépriser sous ce rapport celles qui l'ont précédée, nous pourrions, pour rabattre son orgueil, lui rappeler les choses inimaginables, les crimes, les forfaits qu'on est parvenu à lui faire croire touchant les jésuites. Dans les procès que nous venons de *raconter*, les juges *étaient certainement* de bonne foi; et ce qui le prouve, c'est qu'ils procédaient non-seulement contre les pauvres et les faibles, mais encore contre les riches et les puissants, et c'est principalement cette circonstance qui donna l'éveil au parlement de Paris dans l'affaire d'Arras dont nous avons parlé plus haut, et en amena le prompt dénoûment. Les trente années que dura ce procès sont remplies en grande partie par le gouvernement violent et perfide à la fois de Louis XI, par la ruine de la maison de Bourgogne et la mort de Charles de Lorraine, circonstances qui ont eu certainement une influence considérable sur toute la marche de ce procès. Il ne faut pas oublier non plus que la vie humaine, dans cette époque de dissolution, n'était plus comptée pour rien. Du Clercq raconte dans ses mémoires que Robert le Jeune, pendant le temps qu'il fut bailli d'Amiens, fit décapiter ou noyer plus de dix-neuf cents personnes. C'était le temps des guerres de Bourgogne, et il suffisait qu'un homme passât pour un armagnac pour qu'on le fit mourir. Au reste, le parlement de Paris a bien jugé, et il s'est chargé dans sa sentence de venger autant qu'il le pouvait le sang innocent.

CHAPITRE XLIII.

Des procès de sorcellerie pendant et après la réformation, en Angleterre, en France, en Allemagne. Histoire de M. de Palud; de Louise Capelle, au couvent de Sainte-Baume. Histoire de trois religieuses dans les Pays-Bas. Critique de ces faits. Histoire arrivée à Louviers.

Pendant que la société, incertaine sur la cause et la nature des maux auxquels elle était en proie, cherchait à connaître la vérité, un livre parut sous le titre de *Malleus maleficarum*. Irréprochable dans l'intention, il manque quelquefois de discernement, et penche souvent à cause de cela vers une sévérité excessive. A peine ce livre avait-il eu le temps de pénétrer dans la masse des idées que le seizième siècle commença et amena de nouvelles catastrophes. Les opinions démocratiques s'étaient depuis longtemps développées outre mesure en Allemagne; et pendant que l'antique foi, contre laquelle elles s'étaient élevées, s'appuyait sur l'unité de l'empire et sur les princes séculiers, la nouvelle puissance cherchait son appui dans l'aristocratie, dans la bourgeoisie des villes libres, dans le peuple des campagnes, qui cherchait à s'émanciper, dans la corruption du clergé et dans la critique des humanistes. Faible encore et mal affermie, elle avait été aidée fortement par les troubles des guerres qui s'étaient élevées entre Charles-Quint et François Ier, au sujet de l'Italie, et qui avaient entraîné l'Europe tout entière; et lorsque enfin la paix fut rétablie, le traité qui devait la cimenter confirma le protestantisme dans les avantages qu'il avait obtenus au détriment du pouvoir de l'empereur et du pape. En Angleterre, la révolution, commencée par le despotisme des Tudors, avait été exploitée tout entière à son profit, et par le serment de suprématie l'Église fut complétement asservie à l'État. En France aussi, les tendances contraires à l'unité se rattachèrent au protestantisme, et trouvèrent leurs chefs à la cour des Bourbons et des Valois, leurs soutiens dans la noblesse et dans la population des villes, et purent opposer la confédération municipale des huguenots à la ligue des Guise. Ces luttes remplirent la dernière moitié du siècle, et finirent par le triomphe de l'unité dans la conversion de Henri IV. Mais dans les Pays-Bas la victoire avait été partagée entre l'Église et l'hérésie. Ainsi nous trouvons partout comme résultat de ces luttes, pendant le seizième siècle, le triomphe du pouvoir séculier sous la forme de suprématie territoriale; et si l'Espagne et l'Italie restèrent à peu près étrangères à ce mouvement, elles le durent encore à la prééminence que le pouvoir séculier y avait acquise.

Le protestantisme, dans sa haine aveugle contre l'Église, la proclama l'œuvre du démon. Il vit dans son chef l'Antechrist, et dans Rome la bête à sept têtes. Il ne pouvait donc se passer du démon; la puissance de Satan avait pris au contraire à ses yeux une nouvelle force et un nouvel éclat. Si les fondateurs de la nouvelle doctrine avaient réussi dans l'accomplissement de leurs desseins, il serait arrivé alors ce qui était arrivé dans l'antiquité, lorsque la race de Jupiter vainquit celle d'Uranus ayant Chronos à sa tête : celui-ci fut alors précipité dans le Tartare avec les Titans, car c'est sous ce symbole que l'antiquité représentait la victoire de la nouvelle époque sur l'ancienne. L'Église triomphante des saints serait devenue aussi comme un Tartare chrétien, et l'Église militante, groupée autour de son chef, aurait pour ainsi dire fêté le sabbat à la face du ciel sur les sept collines de Rome. Mais Dieu, dans sa miséricorde, ne permit pas que le protestantisme triomphât sur son Église ; et tout ce que les novateurs purent faire, ce fut d'opposer à celle-ci comme une anti-église, qui n'a cessé depuis de lutter contre la première, sans pouvoir jamais la vaincre. Ils durent donc se contenter de proclamer comme une illusion du démon toute cette partie de la mystique divine qui nous apparaît dans la vie des saints, et d'augmenter ainsi le domaine de Satan, à qui l'on n'avait attribué jusque-là que ces sombres régions qui comprennent les possessions et la sorcellerie. Les procès contre les sorciers, loin de diminuer dans l'Europe protestante, ne firent que s'étendre au contraire et prendre un nouvel essor. La puissance séculière, qui avait agrandi son domaine de tout ce qu'elle avait usurpé sur l'Église, s'attribua la connaissance de ces sortes d'affaires, comme elle avait fait pour l'hérésie. De là l'acte du parlement de Henri VIII, de l'an 1541, contre la sorcellerie et la magie, et celui d'Élisabeth, en 1559 et 1562. L'article 73 du neuvième parlement de Marie, reine d'Écosse, punit de mort tous ceux qui s'adonnent à la magie ; et nous voyons à l'instant même se multiplier les procès de ce genre, qui avaient été très-rares auparavant et qui prouvèrent que les sorciers de bas étage étaient unis par une sorte de clientèle à ceux qui étaient plus puissants. Tel fut l'état des choses dans le Nord chez les protestants. Leur exemple fut suivi par les catholiques, chez qui le pouvoir séculier s'était également agrandi au détriment de l'Église, et la sécularisation des procès de magie ne souffrit plus aucune difficulté.

Nous ne devons pas être étonnés de voir les princes eux-

Procès de magie en Angleterre.

mêmes se mêler à ces sortes de procès, surtout quand ils y étaient personnellement intéressés. C'est ce qui arriva surtout à Jacques Ier, en 1574, lors de ce procès dont nous avons parlé plus haut. Le personnage principal dans l'affaire, le docteur Fian, refusant d'avouer les crimes dont on l'accusait, on lui mit d'abord la corde nouée autour de la tête, puis aux jambes les bottes espagnoles. Mais il resta inébranlable. Plus tard cependant il se reconnut par écrit coupable d'avoir employé un charme contre le roi ; mais dès l'année suivante, après avoir vainement essayé d'échapper, il rétracta ses aveux. Le roi lui appliqua lui-même la question. On lui arracha les ongles avec une pince, et on lui enfonça dessous deux aiguilles jusqu'à la tête. Il ne bougea pas. On lui mit de nouveau les bottes espagnoles, et on les serra tellement que ses jambes crevèrent et que le sang et la moelle en sortaient.

Depuis la mort de Janet Bowman, en 1572, jusqu'à la fin du règne de Jacques, en 1625, les actes des tribunaux font encore mention de cinquante procès de ce genre; et l'archevêque Spotswood raconte que la plus grande partie de l'hiver se passait à instruire ces procès. Knox lui-même fut accusé de magie, et l'on prétendait que son secrétaire en était devenu fou. Le lord grand juge d'Écosse, Louis Ballantyne, était mort d'effroi en voyant apparaître le démon, que l'on avait évoqué, et le roi Jacques en avait pris occasion de régler dans un acte du parlement les formes des procès de sorcellerie. Dans la préface de sa *Démonologie*, il dit que c'est forcé par sa conscience qu'il écrit ce livre contre les Saducéens Scot et Wyer, de l'école du diable. Il rejette néanmoins la possibilité pour les sorcières de passer à travers des ouvertures étroites, parce que cette faculté, dit-il, a trop de rapport avec la transsubstantiation des papistes. Dans le second livre, chapitre 7, il dit qu'il y avait, il est vrai, plus de revenants dans le papisme, mais que depuis la réformation il y a plus de sorciers, ce qu'il peut prouver, dit-il, par ce qui arrive dans la Grande-Bretagne. Dans ce pays, en effet, les procès de sorcellerie se multiplièrent rapidement. Nous citerons ici la conspiration démoniaque contre Élisabeth, en 1560; la comtesse de Lenor, en 1562; le procès d'Alice, en 1575; celui des sorcières de Windsor, qui furent condamnées au feu au nombre de dix-huit; celui de la femme nommée Style, un autre à Cambridge et celui des sorcières de Warbois, etc.

Procès en France.

Il en était de même sur le continent. Au commencement du seizième siècle, à Paris, un aveugle des Quinze-Vingts est pendu avec quelques autres pour crime de magie, et dénonce cent cinquante complices. En 1521, procès de trois loups-garous à Besançon. En 1556, quatre cents personnes sont brûlées à Toulouse, d'après Pierre Tholosan. En 1571, Trois-Échelles meurt en place de Grève, puis à Dôle le loup-garou Garnier. Après la mort de Charles IX la justice devient plus sévère encore. Procès d'Harvilliers; celui de La Rue en 1582; ordonnance d'un concile contre la magie. En 1584, quatorze accusés sont acquittés à Tours par le parlement de Paris, sur le rapport des médecins. Bosdau, en 1594, confesse de son plein gré, devant la cour de Bordeaux, la part qu'il a prise au sabbat. « A cette époque, vers la fin des guerres civiles, » dit Florimond de Raimond, conseiller au parlement de Bordeaux, « le crime de magie était devenu si commun que les prisons du parlement ne pouvaient contenir tous les prisonniers et que les juges n'avaient pas assez de temps pour les interroger. Chaque jour leurs siéges étaient souillés de sang, et ils ne quittaient jamais la cour sans un sentiment profond de tristesse, à cause des choses épouvantables que dévoilaient les déclarations des sorciers. » Le livre de Bodin, *de Magorum dæmonomania*, 1579, contient une partie de ces enquêtes. A la même époque, Remi, en Lorraine, jugea neuf cents personnes de 1581 à 1585, et ses trois livres, *de Dæmonolatria*, rendent compte du résultat de ces enquêtes. Quelques années plus tard, de Lanoue est envoyé dans le Labourd en Gascogne, où l'on trouva plus d'un millier de personnes adonnées à la magie. Telles étaient les suites de la barbarie de ce siècle, rempli dans sa première moitié par les guerres intérieures qu'avait suscitées l'ambition de ses princes, et dans sa seconde moitié par les luttes de religion et par huit guerres civiles qui se succédèrent dans l'espace de trente ans. Rome, dans la première de ces guerres, avait été saccagée, sans l'avoir mérité, par les descendants de ces mêmes peuples qui avaient autrefois exécuté contre Rome païenne le jugement de Dieu. La Saint-Barthélemy avait marqué le milieu de la seconde guerre. Le calvinisme, avec sa sécheresse et sa dureté, avait attaqué de front le catholicisme exact et rigoureux de la Ligue, et lui avait opposé son horrible doctrine de la prédestination, et toutes les luttes qui ensanglantèrent cette époque s'étaient rattachées à celle qui avait éclaté entre l'Église et l'hérésie. Le peuple, consterné, pillé par des bandes de brigands qui ne connaissaient aucun frein, plongé dans une horrible misère, ne sut bientôt plus ce qu'il devait faire, et eut recours dans sa détresse à celui qui paraissait être devenu le maître et le roi de cette époque barbare. Un grand nombre de sorcières en Gascogne avouèrent à de Lancre qu'elles avaient toujours regardé le culte des sorcières comme la meilleure religion, qu'on célébrait la messe au sabbat avec bien plus de pompe qu'à l'église, et que ce n'était point un mal d'y aller. Satan leur avait d'ailleurs fait croire qu'il était le vrai Dieu, que le sabbat était son paradis, et que les joies qu'on y ressentait n'étaient que l'avant-goût de celles dont on devait jouir dans l'autre monde. Ces femmes s'étaient jetées, on le voit, dans ce monde mystérieux pour échapper à la misère du monde réel où elles vivaient, sans réfléchir davantage aux suites de leur action. Ainsi le mal, répandu par l'audace des grands, propagé par une soldatesque barbare, était devenu épidémique par suite de la misère des peuples; et c'est là ce que les juges purent constater dans leurs enquêtes.

Il en était de même en Allemagne. Beaucoup de protes-

La magie en Allemagne.

tants français s'étaient réfugiés dans les Pays-Bas, et cherchaient à se répandre dans les principautés ecclésiastiques. Tous les pays qui furent le théâtre de la guerre souffrirent des maux incroyables non-seulement de la part des Hollandais, mais aussi de la part des Espagnols, qui ne connaissaient plus aucune discipline. Le peuple succombait à la misère et semblait retourner à la barbarie. Les dix-neuf ans du règne de Jean VI, électeur de Trèves, furent, à l'exception de deux, des années de stérilité, de famine et de disette, et bientôt la peste vint s'ajouter à tous ces maux. Le peuple, dans son désespoir, attribua toutes ces calamités aux artifices du démon et de la magie. Les magistrats de cette époque, chez qui la misère avait éveillé la cupidité, ne manquaient pas d'exploiter cette croyance. Les villes et les villages du diocèse de Trèves étaient parcourus sans cesse par des inquisiteurs, des sergents et des bourreaux, qui s'emparaient de tous les suspects et en brûlaient un grand nombre; car être accusé, c'était presque toujours être condamné. Le terrorisme s'étendit jusqu'à la ville de Trèves, et n'épargna pas même les juges. Flade, recteur de l'université, qui avait condamné au feu un grand nombre de ces malheureux, fut brûlé à son tour en 1586; deux bourgeois, plusieurs sénateurs ou échevins, des chanoines, des curés, des doyens eurent le même sort. Dans deux villages il ne resta que deux femmes, tant la fureur du peuple et des juges était extrême. Cependant les notaires, les huissiers et les aubergistes s'enrichissaient; le bourreau paradait comme un grand seigneur sur un cheval magnifique, revêtu d'or et de soie, et sa femme égalait dans son luxe les dames de la première noblesse. Les enfants des condamnés émigraient, et leurs biens étaient confisqués. Bientôt les laboureurs et les vignerons manquèrent, et de là vint la disette. La persécution dura plusieurs années, et les magistrats se glorifiaient du nombre de leurs victimes. Enfin on comprit la nécessité de prendre des mesures pour arrêter le mal, qui disparut ainsi peu à peu. En moins de sept ans, trois cent soixante-huit personnes de vingt villages les plus proches de la ville furent brûlées. (*Gesta Trevirorum*, vol. III, ch. 301.)

M. de Palud et Louise Capelle.

Tout cela annonçait la présence de l'Antechrist, plus encore peut-être dans les juges que dans les condamnés, et l'on en vint à croire qu'il était vraiment arrivé dans ce monde, ce qui fut la source de nouvelles erreurs. Les exorcistes, pleins de confiance dans leur pouvoir, conçurent l'idée de s'en servir pour forcer le démon à rendre malgré lui témoignage à la vérité, et à révéler lui-même les mystères de son royaume. La première fois qu'on fit cette expérience, ce fut, je crois, dans l'affaire de Gaufredy. Madeleine de Palud, qu'il aimait, était entrée malgré lui, à l'âge de quatorze ans, dans un couvent d'Ursulines, et s'était mise sous la direction d'un P. Romillon, qui avait été calviniste. Elle devint obsédée du démon, ce qui troubla le repos de la maison, et bientôt cinq autres sœurs se trouvèrent également obsédées. Parmi elles était une jeune fille simple, pieuse, nommée Louise Capelle, née de parents hérétiques, dans le comté d'Avignon. Madeleine fut longtemps exorcisée en secret, mais sans résultat. On la conduisit à la Sainte-Baume, pour être exorcisée par le P. Dompt, Flamand, Dominicain et docteur de la faculté de théologie de Louvain. On lui donna pour compagne une sœur nommée Louise, que l'on ne soupçonnait point encore d'être possédée, mais qui le devint bientôt. Le 8 décembre 1610, les esprits qui obsédaient Louise dirent leurs noms. Le premier et le chef des autres s'appelait Verrin, et les deux autres Gresili et Soneillon. Verrin fit un très-beau panégyrique de la sainte Vierge par la bouche de Louise, le jour de l'Immaculée Conception, et finit en disant que ce n'était pas par amour pour la sainte Vierge qu'il parlait ainsi, mais par crainte de Dieu. Une religieuse nommée Catherine amena Madeleine pendant ces discours. Verrin, dès qu'il l'aperçut, reconnaissant en elle un démon plus fort que lui, lui cria : « Quoique tu sois mon maître, je parlerai néanmoins en ta présence, par l'ordre d'un plus puissant que toi. » Alors celui-ci se jeta furieux sur Madeleine, en mugissant comme un taureau, et lui lança un soulier à la tête. Verrin continua à lui tenir un discours très-éloquent sur la pénitence et le renoncement au mal, et finit par ces paroles : « Oh ! merveille inouïe, voilà le diable qui se mêle de sauver les âmes, et de leur servir de médecin. » Madeleine, qui pouvait soupçonner dans cette scène quelque supercherie, resta immobile. Les assistants récitèrent pour elle des psaumes, ce qui parut faire quelque impression sur son esprit. Elle se mit à pleurer, et, se jetant par terre devant les assistants, elle se proclama la plus malheureuse de toutes les créatures. La glace était rompue, et l'œuvre de sa conversion suivit son développement. Verrin continua ses exhortations, et l'une des possédées fit tous ses efforts auprès de l'autre pour l'arracher à la puissance dont elle avait été jusqu'ici l'esclave et pour la ramener au bien. Le prêtre présenta l'eucharistie aux deux possédées, en disant : « Voici l'Agneau de Dieu, qui efface les péchés du monde. » L'esprit qui possédait Madeleine se mit alors à crier : « Un agneau pour vous, c'est vrai ; mais pour nous un lion rugissant. » Le prêtre lui ayant commandé d'adorer son Dieu, il répondit : « Moi, adorer ce Dieu? Tu ne m'y contraindras jamais, ô Christ, ni toi Marie, ni toi Madeleine, qui es à moi. » Verrin lui cria : « Ah ! misérable, maudit comme moi, tu ne peux rien sur Madeleine, qui va prendre le Seigneur pour son époux. — Non, répondit l'autre, elle est ma fiancée à moi, et je le prouverai. »

Les esprits se querellaient ainsi : celui de la néophyte était toujours vaincu par l'autre, mais il se vengeait sur elle en produisant en elle de temps en temps les paroxysmes les plus violents, la jetant par terre, la tourmentant par d'affreuses convulsions, confessant devant tout le monde ses péchés les plus secrets, et la troublant la nuit par des incubes. Verrin continuait cependant ses exhortations chrétiennes, confirmant sur chaque point par un serment solennel la vérité de ce qu'il avait dit. Il reprocha à Madeleine d'avoir renoncé trois fois à Dieu, qui maintenant avait pitié de son âme. « Oh ! disait-il, si les étoiles du firmament pouvaient parler, si les feuilles des arbres comprenaient mes paroles, si les pierres de Sainte-Baume avaient une voix, elles loueraient Dieu ; car tes péchés sont plus nombreux que le sable de la mer. » Le cœur de la pécheresse s'attendrissait lentement ; elle retombait souvent dans l'impatience et le désespoir. Des visions terribles l'effrayaient. Catherine, dont nous avons parlé plus haut, continuait de la prêcher. Elle se reconnut publiquement, devant tout le monde, comme une pécheresse digne de l'enfer ; elle se plaça devant la porte de l'église, priant les passants de la fouler aux pieds comme la plus indigne de toutes les créatures. Pendant qu'on l'exorcisait, beaucoup d'esprits sortirent de son corps, ce qui pourtant ne la délivra pas de son obsession : il en fut de même de Louise, chez qui Verrin était resté après le départ des deux autres. Ses tourments revinrent de temps en temps avec une nouvelle intensité. Le démon l'enlevait en l'air. Si elle voulait aller à confesse, elle perdait l'ouïe et la vue pour plusieurs jours. Son imagination et sa mémoire étaient comme liées et impuissantes; tout son corps enflait quelquefois, ses yeux devenaient comme des lampes ardentes. D'affreuses grimaces couraient sur son visage, et chaque soir, pendant quinze jours, le démon Asmodée la souillait durant les exorcismes, en produisant en elle les mouvements les plus obscènes, et lui représentant l'image de Louis Gaufredy.

Cependant Verrin avait souvent assuré que c'était ce Gaufredy qui avait séduit Madeleine ; qu'il l'avait fait renoncer au baptême et à ses droits au paradis ; qu'il lui avait donné le démon dont elle était obsédée, et qu'il possédait son abjuration signée par elle. Puis il s'était mis à crier comme un désespéré qu'il était forcé à ce témoignage par le Dieu vivant, jurant solennellement sur l'eucharistie que tout ce qu'il avait dit était vrai. Les prêtres qui étaient présents donnèrent à Gaufredi trois monitions. Le démon avait dit à Aix par une autre possédée que Gaufredi n'était pas un magicien et que Madeleine n'était point ensorcelée. Le lendemain, le P. Michaëlis fit les exorcismes, et Gaufredi renonça à la magie. Le Père voulut s'assurer si ces deux femmes étaient possédées, et dissiper sur ce point les doutes des conseillers du parlement d'Aix qui avaient pris connaissance de cette affaire. Enfin le 8 janvier arrivèrent à la Sainte-Baume plusieurs personnes des plus considérables de Marseille, pour ramener Gaufredi dans cette ville. On arracha au père dominicain tout ce qu'il avait écrit, et lui-même fut mis en prison pendant quelques heures. Tous prirent parti contre lui : partout où il allait, il était en butte aux plaisanteries et aux sarcasmes ; on le menaça même de faire casser et annuler par le synode et l'évêque de Marseille tout ce qui s'était fait. Cependant, le parlement ayant attiré à lui cette affaire, on se convainquit, en examinant les choses de plus près, que ces femmes étaient vraiment possédées, et l'on rendit au Dominicain ses papiers.

Histoire de trois religieuses dans les Pays-Bas.

Le fait de la Sainte-Baume se continua trois ans plus tard aux Pays-Bas. Là, dans un couvent nouvellement fondé, trois religieuses, F. Bollinesia, Cat. Fourner et Imberta, se trouvèrent possédées. Le P. Dompt fut chargé de les exorciser, et on lui adjoignit un frère Mineur, le P. Michaëlis. Les démons désignèrent Marie de Sains comme auteur du maléfice. Interrogée, elle nia tout ; mais comme un des démons avait découvert qu'elle portait sur son corps des signes diaboliques, elle indiqua elle-même les endroits où ces signes étaient empreints. Bientôt toutes les religieuses du couvent se trouvèrent affligées de différents maux. Marie avoua que c'était elle qui les avait produits par un double maléfice, afin de ruiner la maison; elle confessa encore beaucoup d'autres crimes de ce genre, et déclara qu'elle connaissait depuis longtemps déjà les exorcistes, et qu'elle les avait vus à la sainte Baume, où son démon Astaroth l'avait portée. Elle continuait, disait-elle, de fréquenter le sabbat, et chaque fois elle en rapportait de nouveaux signes, que l'on trouvait en effet sur son corps tels qu'elle les avait indiqués. Elle se mit aussi à parler de l'Antechrist, disant qu'il avait été baptisé en sa présence par Gaufredi dans la synagogue; qu'il avait pour père Béelzébub, et pour marraines Marie Palud et Marie de Sains; qu'il était né à Babylone, avait été élevé à Capharnaüm, et qu'un jour de Jérusalem il gouvernerait le monde entier; qu'il était encore dans l'adolescence; qu'il ne se ferait connaître qu'à l'âge de trente ans; qu'il régnerait pendant trois ans; qu'il aurait pour signe la forme du bouc imprimée sur le front chez ses principaux adeptes, et sur la main chez les autres; que les Juifs reconnaîtraient en lui leur Messie; qu'il persécuterait les chrétiens, ressusciterait toutes les hérésies, renverserait la puissance de Rome, détruirait les églises, et se bâtirait à la place de nouvelles synagogues, où on honorerait son image et on lui immolerait des enfants chrétiens.

Outre Marie de Sains, il y avait encore une femme nommée Simone impliquée dans cette affaire. Elle était entrée dans le même couvent que Marie, et avait été complice de tous ses méfaits. Comme elle était encore novice, on l'avait congédiée, et elle servait comme domestique à Valenciennes. Personne ne connaissait le lieu de sa demeure; mais le P. Dompt, l'ayant appris, obtint son emprisonnement. Il vint à Valenciennes la trouver avec deux commissaires et Marie de Sains. Simone nia tout; mais Marie persista dans ses déclarations, et proposa de faire venir les autres possédées afin de les interroger, disant qu'on verrait bien alors que Simone était sous l'empire du démon. Les possédées furent appelées en effet, et l'on vit alors se reproduire les mêmes faits, les mêmes contradictions, les mêmes disputes entre les démons qu'on avait déjà remarquées à la Sainte-Baume. Marie de Sains indiqua plusieurs signes qui devaient se trouver sur le corps de Simone, et que l'on y découvrit en effet. Et les démons, parlant par la bouche des possédées, insistèrent auprès d'elle pour l'amener à se convertir, lui représentant tout ce que Dieu avait fait pour elle. Elle parut émue et se mit à pleurer. Vaincue enfin par les exhortations des possédées et des assistants, elle s'écria : « Je suis une magicienne. » Le démon lui dit par la bouche de Péronne : « Par le Dieu qui a créé les anges et nous a réprouvés, nieras-tu que je suis Béelzébub, prince des démons, qui t'ai marquée si souvent de mon signe? » Elle répondit : « Je te connais; Dieu me force à l'avouer? » Puis elle se mit à confesser tous ses crimes, aidée par les démons des possédées, qui les rappelaient à son souvenir. Cependant, comme on lui demanda deux jours après si elle persistait dans ses aveux, elle répondit : « Je n'ose dire non; et pourtant, si je dis oui, tout me paraît comme un songe, et il me semble que je mens. » Bientôt néanmoins Simone rétracta tous ses aveux.

Lorsque l'on étudie ces faits extraordinaires, on se croit transporté dans la grotte de la sibylle. Ces femmes étaient vraiment possédées, à moins qu'on ne les regarde comme des monstres de scélératesse, et qu'on ne déclare fous tous ceux qui ont été mêlés à cette affaire comme juges ou comme témoins. Et d'abord, pour Marie Palud, le parlement d'Aix acquit la conviction qu'elle était possédée, comme nous l'avons vu plus haut. Elle avait été examinée par le président du Vair, les conseillers Thoron, Seguiran, Calas, Thomassin, les plus célèbres jurisconsultes de cette époque; par les médecins Fontaine, Mérindol et Grassi; par les anatomistes Bontemps et Pronet; par un grand nombre d'ecclésiastiques et de religieux, et tous avaient déclaré unanimement que les phénomènes que l'on remarquait en elle dépassaient les limites de la nature. On avait observé à son front, dans ses paroxysmes, que le cervelet s'agitait d'une manière convulsive sous l'influence de Béelzébub, et que ce mouvement s'arrêtait dès que les exorcistes commandaient à ses démons de la quitter pendant le

Critique de ces faits.

27.

temps d'un *Miserere*, tandis qu'un mouvement semblable, produit par un autre démon, Leviathan, agitait sur leur injonction l'autre partie du cerveau. Louise, avons-nous dit, était une fille simple et ignorante; elle était née de parents protestants. Son démon, qui s'était donné le nom de Verrin, était moins puissant que Béelzébub, le démon de Madeleine.

Marie de Sains était une femme d'une audace et d'une impudence extraordinaires. A peine entrée dans le couvent, elle l'avait entraîné dans le tourbillon de sa mauvaise nature. Elle avait d'abord essayé de tromper par les apparences de la sainteté; mais ce rôle lui ayant mal réussi, elle avait eu recours au démon, et bientôt les autres sœurs ressentirent sa funeste puissance. Toutes furent plus ou moins possédées. Ce qui s'était passé à la Sainte-Baume, ce que l'on racontait du prince du sabbat et de la naissance de l'Antechrist occupait alors tous les esprits. C'est ainsi que, ces idées venant s'ajouter aux influences diaboliques auxquelles ces femmes étaient soumises, il en résulta cet état singulier où les éléments naturels et l'élément satanique se confondaient et s'appuyaient mutuellement. Le principe de tous ces événements singuliers, c'était l'opinion qu'avait le P. Dompt que l'on pouvait utilement forcer le démon à dire la vérité ; mais il oubliait que Notre-Seigneur lui-même n'avait pas voulu accepter le témoignage des possédés de Gérasa lorsqu'ils le proclamèrent fils de Dieu, et qu'il les chassa dans un troupeau de porcs et les laissa s'abîmer dans les flots. Déjà, dans l'état de somnambulisme, l'erreur, on le sait, se trouve souvent bien près de la vérité. Chez les extatiques elles-mêmes que la grâce a élevées à cet état, qui vivent dans une obéissance entière à leur directeur, il s'élève encore parfois des ténèbres et des erreurs qui permettent à peine de discerner le vrai du faux. Que doit-ce donc être dans les extatiques démoniaques ? Elles sont à l'égard de leurs exorcistes dans le même rapport que les somnambules à l'égard de leur magnétiseur. Les unes et les autres sont clairvoyantes, quoique d'une manière différente, et lisent les pensées de celui qui les gouverne avant même qu'il les ait exprimées. Mais ce qui est erreur dans un cas est mensonge dans l'autre. Ainsi, dans le fait que nous venons de raconter, les exorcistes ont été trompés formellement par la fable de l'Antechrist.

Nous trouvons au commencement de l'histoire, dans l'incarnation, comme divin fondateur de l'Église, une personne concrète, celle de Notre-Seigneur Jésus-Christ. De même, à la fin des temps, paraîtra dans le monde, par une sorte de contrefaçon de l'incarnation, une autre personne, humaine et diabolique, celle de l'Antechrist, qui anéantira l'œuvre de la première. Or, de même que le Christ, se développant dans l'Église comme en son corps mystique, pénètre l'histoire tout entière, et reparaîtra victorieux à la fin dans sa personnalité concrète, ainsi l'Antechrist a existé en un sens dès le commencement, et reparaît de nouveau dans toutes les manifestations anti-chrétiennes de l'histoire, toujours combattant contre Dieu, tantôt vaincu, tantôt victorieux, jusqu'à ce qu'enfin il apparaisse réellement à la fin des temps dans sa personnalité véritable. C'est cet Antechrist historique de leur époque que ces femmes ont vu dans leur extase; c'est là ce qu'il y avait de réel et de vrai dans leurs visions. Les panthéistes modernes nient le Christ comme personne réelle et concrète, et reconnaissent à la place un Christ historique et général. Ces femmes, au contraire, faisaient de l'Antechrist historique et universel une personne véritable et vivante, et rattachaient à lui tous ces contes et ces fables que nous remarquons dans leurs déclarations. Il est facile de voir qu'elles avaient puisé une partie de ces fausses idées dans une étude incomplète et mal dirigée de l'Apocalypse et des saints Évangiles. Il est probable que le père dominicain, qui était déjà initié aux idées de la Sainte-Baume, avait étudié sous cette impression ces livres sacrés. L'exorcisme l'avait mis en rapport avec ces femmes que le démon possédait; de sorte que le cercle d'idées où vivait son esprit devait naturellement se refléter en elles. Ce qui n'était en lui que subjectif devint objectif en elles, et prit en quelque sorte un corps et une réalité. Tout cela se fit naturellement, sans aucune intention mauvaise de sa part, ni de la part des femmes avec lesquelles il était entré en rapport ; tout cela se passait dans une région ténébreuse et complétement étrangère au monde où l'on vit ordinairement. L'erreur était difficile à découvrir ; car il en était de tout cet ensemble d'idées comme des systèmes scientifiques de nos jours, où la méthode est irréprochable, l'enchainement des pensées parfait, et où pourtant tous les résultats sont faux, parce que les hypothèses sur lesquelles ils s'appuient sont fausses elles-mêmes. De même que les juifs, se trompant sans cesse, ont dans leur aveuglement cent fois personnifié en tel ou tel individu l'idée de leur Messie, ainsi ces femmes, supposant que l'Antimessie devait être arrivé, avaient fini par se le représenter comme réellement existant.

Histoire arrivée à Louviers.

Vingt-cinq ans plus tard, il se passa quelque chose de semblable à Louviers, en Normandie. M. Picard, étant mort en 1642, avait été enterré dans l'église, près de la grille du chœur des religieuses dont il avait été le directeur. Elles devinrent presque toutes possédées, et furent pendant quatre ans dans un état de fureur et d'emportement démoniaque qui leur ôtait leur liberté et l'usage de leur raison. A peine avait-on mis le corps en cet endroit que toutes sans exception eurent comme un accès de rage, et vomirent, au milieu d'horribles contorsions, les paroles les plus infâmes contre le défunt et les plus épouvantables blasphèmes contre les sacrements et la religion. F. Péricard, évêque d'Évreux, qui déjà avant la mort de Picard avait visité le couvent à l'occasion des choses extraordinaires qui s'y passaient, y vint une seconde fois pour étudier les choses de plus près. Il eut recours aux exorcismes. Toutes les religieuses se mirent à crier qu'elles voyaient dans la chapelle le cadavre de Picard porté par quatre démons ; qu'il avait été adonné à la magie ; que son corps était comme un charme pour le couvent, et que la paix n'y serait rétablie que quand le corps en aurait été enlevé. On le déterra donc en secret pendant la nuit, et on alla le jeter dans la grotte de Crosnier, qui était extrêmement profonde. Cependant les démons criaient par la bouche des possédées que, malgré toutes les précautions, la chose ne tarderait pas à être connue. Au bout de deux mois, en effet, un bruit sourd se répandit que des enfants avaient remarqué dans cette grotte quelque chose d'extraordinaire. On y descendit, et l'on reconnut le corps de Picard. Ses parents portèrent l'affaire devant les tribunaux. Les démons n'accusaient pas seulement Picard, mais encore la Bavent, qu'ils désignaient comme l'auteur de tout le mal et dont ils disaient les choses les plus abominables. L'évêque ordonna qu'on lui ôtât le voile et qu'on la mît en prison pour le reste de sa vie. Elle souffrit son sort sans se plaindre. Une seule chose l'affligeait, c'est qu'on ne voulait pas lui donner un autre confesseur que le pénitencier de l'évêque, contre lequel elle avait une invincible antipathie. Un sombre désespoir ne tarda pas à s'emparer d'elle; elle essaya de se couper les veines du bras avec un couteau rouillé qu'elle avait trouvé, puis de se couper la gorge, et enfin elle se l'enfonça un jour dans le ventre jusqu'au manche, et le tint ainsi dans la plaie pendant quatre heures, en le retournant de temps en temps; mais tout fut inutile; elle guérit de ses blessures ainsi que d'un ulcère cancéreux au sein. Pendant trois jours elle prit par cuillerées du verre pilé sans rien manger autre chose; elle survécut encore à ce nouvel essai de suicide. Cinq fois elle resta sept jours sans rien prendre, et pendant ce temps elle avait des tentations violentes de fureur contre Dieu, à cause de ses souffrances; elle conjurait les démons de la venger; mais au plus fort de ses accès un ange lui apparaissait et venait la consoler. Puis, retombant dans son désespoir, elle mangea des araignées et essaya de s'empoisonner avec de l'arsenic qu'elle s'était procuré; mais elle en fut empêchée par une apparition. Cependant, sur la requête des parents de Picard, le conseil d'État avait porté l'affaire devant le parlement de Rouen, qui, après avoir informé sur la vie des religieuses et entendu les témoins, déclara vers la fin d'août 1646 Picard, Boulé et la Bavent, dignes de mort, comme coupables de magie, de sacrilége et d'autres forfaits. Picard devait être traîné sur une claie et brûlé; Boulé, pendu et brûlé, et la Bavent gardée en prison jusqu'à ce qu'on eût fini l'enquête relative à Louise, sa complice. La sentence relative aux deux premiers fut exécutée, et les actes jetés avec eux dans les flammes. Quant à la Bavent, on ne connaît aucun autre jugement à son égard. On continua les exorcismes jusqu'à la fin de 1646, et les possédées furent enfin complétement délivrées. L'évêque mourut de fatigue et d'ennui de toute cette affaire. (*La Piété affligée*, par le R. P. de Bosroger, capucin; Rouen, 1652.)

CHAPITRE XLIV.

Histoire des possédées de Loudun.

Un fait semblable à celui-ci arriva à peu près dans le même temps à Loudun, petite ville située sur les confins de la Touraine, du Poitou et de l'Anjou. Là vivait Urbain Grandier, curé de la paroisse de Saint-Pierre et chanoine du chapitre de Sainte-Croix. C'était un de ces hommes nés pour la domination; car il joignait à de grands talents une grande énergie de volonté, qui était servie d'ailleurs par une constitution robuste et de belles formes. C'était un prédicateur distingué. Il savait aussi, dans le commerce de la société, s'exprimer avec habileté et facilité; tout son extérieur annonçait un esprit ferme et pénétrant : aussi fit-il bientôt sensation dans la petite ville. Mais ces qualités ne reposaient point sur un fondement religieux et moral. Il avait une forte inclination pour la volupté, et il se laissa bientôt dominer par elle. Soixante témoins, parfaitement sûrs, ont certifié dans son procès un grand nombre d'adultères, d'incestes, de sacriléges et d'autres infamies qu'il avait commises dans son église, tout près du Saint Sacrement, à toute heure du jour. Voulant se justifier à soi-même son libertinage, il écrivit contre le célibat un traité qu'on trouva parmi ses papiers avec un grand nombre de poésies obscènes. Les parents et les maris dont il avait déshonoré les filles et les femmes devinrent furieux contre lui, et au lieu de chercher à les adoucir il tourna contre eux toute la violence de son caractère. Accusé devant l'évêque de Poitiers, il fut mis en prison, et un jugement de l'officialité, du 3 janvier 1630, l'interdit pour cinq ans dans le diocèse et pour toujours dans la ville de Loudun. Il interjeta appel devant l'archevêque de Bordeaux, qui le déclara innocent, en lui conseillant toutefois de changer ses bénéfices. Mais lui, au contraire, fit son entrée à Loudun portant à la main une branche de laurier. Il fit valoir jusqu'à la dernière rigueur le droit qu'il venait de regagner, chercha à se venger de ses ennemis par un mépris insultant, et s'engagea dans une foule de querelles et de procès. Il devint le tyran du lieu, l'épouvante des faibles et un objet de haine pour les forts. Pendant que les catholiques s'éloignaient de lui et que beaucoup même ne voulaient pas aller à l'église dont il était curé, les huguenots s'étaient rangés de son parti. Loudun avait été dans les premières guerres une place forte pour les calvinistes, et beaucoup de ceux qui y demeuraient alors jugeaient, non sans motif, que Grandier était des leurs au fond de son âme, et que la crainte seule de perdre ses bénéfices l'empêchait de passer ouvertement de leur côté.

Il y avait à Loudun depuis 1626 un couvent d'Ursulines où vivaient quatorze jeunes filles, toutes de bonnes familles, nobles ou bourgeoises, d'une vie irréprochable et qui, sous la conduite d'un directeur, tenaient un pensionnat afin de gagner leur subsistance. Le directeur étant mort, et Grandier ayant été proposé pour lui succéder, la supérieure le refusa, et le couvent choisit à sa place Mignon, un de ses adversaires. Le monastère avait été déjà quelque temps auparavant inquiété par certains bruits nocturnes que ses ennemis avaient attribués aux caprices de quelques religieuses. Mais bientôt commencèrent à se produire des phénomènes sérieux, que l'on prit d'abord pour les symptômes de quelque maladie de femme, et que l'on chercha à cacher. Ces phénomènes augmentant toujours et devenant moins équivoques, il fallut invoquer le secours des médecins et des exorcistes. On en parla dans la ville, et bientôt la vérité fut connue. Quatorze religieuses se trouvaient possédées. Les parents retirant leurs enfants, le besoin et la misère se firent bientôt sentir dans le couvent, et les pauvres sœurs passèrent chez les uns pour des folles et chez les autres pour des femmes abandonnées de Dieu. Le sceau qui ferme à nos yeux le monde des ténèbres était rompu pour elles, et la première chose qu'elles y aperçurent fut cet aimant mystérieux vers lequel la ville tout entière semblait se tourner depuis longtemps dans l'amour ou dans la haine. Pendant plusieurs mois elles virent chaque nuit à leur lit Grandier, leur inspirant incessamment le mal. On ajouta foi à leurs récits quand on vit que, malgré leur pauvreté, elles restaient irréprochables et remplissaient avec zèle tous les devoirs de leur état. Dans les exorcismes, les esprits confessèrent tous unanimement que c'était lui qui les retenait dans les corps de ces femmes. Toute la ville prit parti pour ou contre lui; mais Grandier et ses partisans ne restèrent pas oisifs, et une grande fermentation agita bientôt la ville tout entière. Laubardemont, conseiller du roi, étant venu à Loudun pour y exécuter la résolution prise de raser toutes les forteresses de l'intérieur, trouva la ville en feu, et sa commission ne fit que l'agiter encore davantage. A son retour il fit là-dessus son rapport au roi Louis XIII, et celui-ci le chargea de choisir parmi les tribunaux des environs treize juges des plus probes et des plus habiles et de terminer avec eux l'affaire sans appel.

Ses ordres furent exécutés, et Grandier fut provisoirement mis en prison. L'enquête prit bientôt une tournure inquiétante pour Grandier, et l'on put prévoir que le jugement lui serait défavorable. Quoique ses partisans aient blâmé l'arrêt qui le condamna, ils n'ont cependant jamais soupçonné la droiture des treize juges, et ne les ont accusés que d'une excessive crédulité. Ce reproche n'était pas sans fondement, il est vrai, mais dans un autre sens que celui qu'ils prétendaient. Le commissaire Laubardemont commença par entendre les dépositions des témoins, y compris ceux qu'on avait cherché à effrayer pour les empêcher de donner leur témoignage. Les possédées furent placées dans des maisons à part et interrogées dans leurs moments de calme. Quant aux paroles qu'elles disaient pendant les paroxysmes, que ne manquait jamais de provoquer l'exorcisme fait par l'évêque de Poitiers lui-même, on n'en tenait compte que comme de simples indications. On rechercha minutieusement toute leur vie, et l'on ne remarqua jamais une seule contradiction dans les déclarations des vingt personnes entendues à cet effet. L'exorcisme, continué pendant deux mois et demi, avait démontré jusqu'à l'évidence qu'elles étaient vraiment dans un état d'obsession. M. de Launay de Nazilly, qui avait demeuré longtemps en Amérique, certifia qu'il leur avait parlé dans la langue de plusieurs tribus de ce pays, qu'elles lui avaient parfaitement répondu, et lui avaient même découvert plusieurs choses qui se passaient dans ces contrées. Plusieurs gentilshommes de Normandie déclarèrent qu'ils avaient adressé à la sœur Claire de Sazilly des questions en turc, en espagnol et en italien, et qu'elle y avait répondu d'une manière satisfaisante. M. de Nismes, docteur de Sorbonne, un des aumôniers du cardinal de Lyon, fit ses questions en allemand et en grec. Le P. Viguier, supérieur des Oratoriens, parla grec pendant toute une après-midi : tous deux furent contents des réponses. L'évêque de Nîmes commanda en grec à la sœur Claire de lever son voile et de baiser la grille ; elle obéit, et fit encore beaucoup d'autres choses ; de sorte que l'évêque disait : « Il faut être fou ou athée pour nier la possession. » Les médecins l'interrogèrent aussi en grec dans des termes scientifiques, qui ne pouvaient être connus que des hommes de l'art, et ils obtinrent des réponses parfaitement claires. Les possédées exécutaient des ordres qui ne leur avaient été donnés que mentalement. Le prieur de Maillezais dit à l'oreille du chanoine Fernaizon qu'il voulait que la sœur Claire prît le missel qui était à la grille et mît le doigt sur ces paroles : *Salve, sancta parens*, par où commence la messe de la sainte Vierge. L'exorciste, M. de Morans, qui n'avait rien entendu de ces paroles, ordonna à la sœur de se conformer à l'intention du prieur. Elle tomba dans de violentes convulsions, blasphéma, appela par son nom le prieur, qu'elle ne connaissait pas, et prit le missel en disant : « Je vais prier ; » et, détournant les yeux, elle mit le doigt sur le grand S au commencement de cette messe. On dressa un procès-verbal sur ce fait.

Comme M. de Millières priait à genoux pendant l'exorcisme de la sœur Claire, celle-ci lui demanda s'il disait un *De profundis* pour sa femme, ce qu'il faisait en effet. Le marquis de La Mothe assura que la sœur Louise de Nogarez lui avait découvert l'état de sa conscience. Le P. Surin, dont la véracité n'a jamais été contestée, même par les adversaires les plus acharnés, certifie que la sœur Jeanne, la supérieure, lui découvrit un nombre infini de fois les choses les plus secrètes, et qu'un prêtre de son ordre fit mentalement au démon un commandement, qu'il révoqua aussitôt mentalement, et ainsi de suite jusqu'à sept fois, et qu'alors il cria au démon : *Obediat ad mentem*. Sa possédée répéta le premier commandement, et dit ensuite : « Mais monsieur ne veut pas ; » et elle continua ainsi avec les cinq autres, jusqu'à ce qu'étant arrivée au septième elle dit : « Faisons cela, puisque c'est là qu'il s'est arrêté. » Ces femmes étonnaient par leurs réponses aux questions théologiques les plus difficiles, sur la grâce, la vision de Dieu, les anges et l'Incarnation, et tout cela dans les termes de l'école. Elles voyaient dans le lointain, et jusque dans le fond le plus intime des âmes; et pendant que la supérieure Jeanne découvrait au P. Surin les secrets des personnes qu'il avait dirigées pendant le séjour qu'il avait fait autrefois à Marennes en Saintonge, Kerioles, conseiller au parlement de Bretagne, fit de cette faculté une expérience décisive pour sa vie. Cet homme sans foi ni religion était plongé dans tous les vices. Il portait l'athéisme à un tel point que, quand l'orage grondait, il dirigeait contre lui la bouche de ses pistolets; et un jour que la foudre tomba dans sa chambre, environné de flammes, il blasphémait et plaisantait encore pendant que tous ses gens criaient miséricorde. Il n'avait qu'une pensée : faire le mal, et faire plus de mal que tous les autres. Il avait eu même une fois l'intention de passer chez les Turcs pour se faire mahométan, afin d'assouvir sa haine contre les chrétiens. Comme toute son application était au crime, il vint à Loudun pour trouver l'occasion de se satisfaire. On pourrait à peine, dit le P. Surin, trouver un homme plus criminel et dans un état plus désespéré. A peine arrivé, il se moqua beaucoup des religieuses, les traitant toutes de folles. Mais Dieu, qui sait conduire les choses à son but, sauva cet esclave de Satan par Satan lui-même. Dès le premier exorcisme auquel il assista, les possédées lui découvrirent ses secrets les plus cachés, que personne autre que lui ne pouvait savoir, ce qui le jeta dans un grand étonnement. Il revint une seconde fois, et fut si touché et si bouleversé qu'il fit une pénitence terrible, et mena désormais une sainte vie. Les esprits confessèrent que c'était la sainte Vierge qui l'avait arraché de leurs mains. Il vendit sa place, devint prêtre, et changea sa maison en un hôpital. (*La Vie du P. Surin*, par Boudon, partie troisième, p. 727-31. Il existe deux Vies de Kerioles.)

Plus de cinquante médecins certifièrent successivement,

dans des procès-verbaux authentiques, que les choses que les possédées exécutaient avec leur corps surpassaient toutes les forces de la nature. Sur l'ordre des exorcistes, elles tombaient dans les convulsions les plus violentes, sans aucune altération du pouls. Le visage devenait affreux à voir; la langue leur sortait de la bouche, noire, épaisse, dure et couverte de pustules, sans qu'elles fussent empêchées de parler. Elles s'appuyaient sur le ventre, se tenaient la plante des pieds avec les mains, ou se renversaient la tête jusqu'au talon, et couraient ainsi avec une agilité surprenante. Elles ne dormaient jamais, et passaient souvent cinq ou six jours sans rien prendre, et leur santé ne souffrait nullement de ces privations; les plus faibles, au contraire, semblaient en devenir plus fortes. Elles s'endormaient tout d'un coup, et l'on entendait alors chez Françoise Filastreau des voix qui se querellaient, comme pour se disputer à qui parlerait la première. On vit plusieurs fois Élisabeth Blanchard, dans ses convulsions, se tenir à une chaise ou à une fenêtre sans appui, les pieds en haut et la tête en bas. La supérieure fut enlevée une fois deux pieds au-dessus de terre. Couchées tout du long, elles étaient quelquefois relevées comme des colonnes, sans le moindre mouvement de leur part. Plusieurs devenaient souples comme de l'étain; de sorte qu'elles prenaient et gardaient toutes les formes qu'on voulait leur donner. D'autres s'écartaient tellement les jambes que leur périnée touchait le sol, le corps restant droit et les mains étendues. Et quoique la supérieure ne fût haute que de quatre pieds, lorsqu'elle était dans cette position, il y avait sept pieds d'écartement entre le bout de ses deux pieds.

Le 9 mai 1636, Monsieur, frère du roi, vint à Loudun pour voir ces phénomènes, qui faisaient tant de bruit dans toute la France. Le jour suivant, il se rendit à l'église de Sainte-Ursule, où Élisabeth Blanchard devait recevoir la communion. Elle était possédée de six démons, dont l'un, nommé Astaroth, se remua bientôt, et, conjuré par les exorcistes, la jeta dans de telles convulsions qu'elle rampa en se roulant et s'agitant jusqu'aux pieds du prêtre, qui lui mit la sainte hostie sur les lèvres, en défendant aux démons de la profaner. La possédée fut aussitôt jetée par terre, tournée et retournée trois fois, de sorte qu'elle touchait la terre avec la pointe du nez, comme si elle eût voulu frotter l'hostie contre le sol, dont elle n'était éloignée que par l'épaisseur d'une feuille de papier. Mais l'exorciste l'empêcha d'exécuter son dessein ; le démon releva la jeune fille et souffla l'hostie, qu'on apercevait sur ses lèvres, entre lesquelles elle oscillait comme une feuille au souffle du vent. L'exorciste ayant ordonné à Béelzébub de monter au visage de la sœur, le cou lui enfla d'une manière prodigieuse, devint dur et agité par un mouvement semblable à celui du pouls. Chacun de ses démons fut conjuré l'un après l'autre, et reçut l'ordre de se rendre visible. Chacun obéit, et défigura horriblement le visage de la pauvre sœur. Astaroth entre autres produisit sous l'aisselle gauche un gros ulcère, au grand étonnement du médecin du prince. Chassé de là par l'exorciste, il lui monta au visage, et fit tomber l'hostie sur la patène, où on la trouva parfaitement sèche. Les lèvres de la possédée étaient en effet tellement desséchées qu'il s'en détachait comme des écailles, et la peau paraissait toute blanche. L'exorciste lui essuya les dents avec un morceau de drap, et porta l'hostie à l'une des dents supérieures, où elle resta longtemps suspendue, quoiqu'elle ne la touchât que par une partie de sa circonférence, malgré les convulsions violentes du corps, les contorsions de la bouche, et quoique l'esprit soufflât violemment dessus. On lui ordonna alors de consommer les saintes espèces, ce qu'elle fit aussitôt. L'exorciste pria le médecin d'examiner la bouche de la religieuse, pour voir si l'hostie y était encore. Il le fit, en promenant ses doigts dans la bouche, le long des gencives et jusqu'au gosier ; et il se convainquit ainsi que l'hostie n'y était plus. On fit alors boire de l'eau à la sœur, et l'on examina encore sa bouche. Puis l'exorciste ayant commandé à Astaroth de rapporter l'hostie, elle reparut aussitôt sur le bout de la langue. La même épreuve fut encore répétée deux fois. Le prince fut témoin de la plupart de ces phénomènes, qu'il certifia par un témoignage authentique, en date du 11 mai 1636, et commençant par ces mots : « Nous, Gaston, fils de France, duc d'Orléans, certifions, etc. »

Les juges ne pouvaient méconnaître la possession. Ils procédèrent avec toute la gravité que demandait cette affaire, et étudièrent pendant quarante jours l'enquête. Grandier fut confronté avec les témoins, qui tous confirmèrent leurs dépositions. Lui, de son côté, nia tout, disant que les faits qui lui étaient imputés étaient des mensonges ou de fausses imaginations, et qu'il ne s'était jamais occupé de magie. Il montra dans cette circonstance la fermeté de son caractère, son sang-froid, sa présence d'esprit et sa prudence. Comme il niait la possession des religieuses, on le chargea de les exorciser lui-même. L'évêque de Poitiers lui en donna la faculté. Il prit donc l'étole : les possédées furent amenées dans le chœur de l'église, et alors commença une scène épouvantable. Il exorcisa d'abord en latin la sœur Catherine, la plus ignorante de toutes. Toutes les autres furent à l'instant prises d'un accès, et commencèrent à crier et à hurler. La sœur Claire, criant plus haut que toutes les autres, se jeta sur lui. Il s'éloigna d'elle, puis se tourna de son côté; mais elle, sans faire attention à lui, disait des choses qui n'avaient ni raison ni suite. La supérieure intervint : il lui adressa la parole en grec, parce qu'elle comprenait le latin. Elle lui répondit : « Rusé que tu es, tu sais bien que la première condition du pacte c'est de ne pas parler grec. » Il lui dit : « O pulchra illusio; egregia evasio! » On lui dit qu'il pouvait les conjurer en grec, pourvu qu'il écrivît auparavant ce qu'il avait intention de leur dire. Mais les possédées devinrent de nouveau furieuses, tombèrent en convulsions, l'accusèrent de magie, et s'offrirent à l'étrangler si on voulait le leur permettre; ce que les exorcistes empêchèrent, comme on le pense bien. Il resta calme au milieu de ce tumulte, regarda les possédées d'un œil ferme, protesta de son innocence, et demanda qu'on permît aux démons de lui rompre le cou ou de lui laisser seulement une trace sur le front s'il était réellement coupable, disant qu'aucune des possédées n'oserait le toucher. Les exorcistes apaisèrent de nouveau leur fureur; et l'on fit apporter un réchaud plein de charbons allumés pour brûler quatre prescriptions de Grandier, qui avaient été remises par les possédées. Mais alors la scène précédente se renouvela avec plus de violence encore; le désordre monta à son comble, les cris devinrent si perçants, les attitudes si terribles qu'à part la sainteté du lieu on aurait pu se croire en plein sabbat. Grandier seul resta inébranlable et ne témoigna aucun étonnement, quoique les religieuses lui reprochassent ses crimes, qu'il nia de nouveau, renonçant à Satan et protestant que, malgré celui-ci, il était encore chrétien et prêtre, et chantant des hymnes avec le peuple qui était présent. La fureur contre lui montait de temps en temps à un tel degré qu'il aurait été déchiré si les assistants ne l'avaient emporté de l'Église. On eut toutes les peines du monde à calmer les religieuses.

Les juges condamnèrent unanimement Urbain Grandier comme coupable de magie. Aucun tribunal, même foncièrement catholique, ne porterait peut-être aujourd'hui un tel jugement en de telles circonstances. On ne peut toutefois refuser de croire au témoignage du rapporteur, qui assure que les juges, après la sentence, sentirent leur conscience parfaitement tranquille. Avant de mourir, Grandier dut être mis à la question selon l'usage, afin d'être forcé à découvrir ses complices. Mais il nia qu'il en eût aucun, et au milieu des plus cruels tourments il se contenta de dire qu'il n'était point magicien, mais qu'il avait commis des crimes plus grands que ceux qu'on lui reprochait. On lui demanda lesquels? Il répondit : « Des crimes qui viennent de la fragilité humaine; » ajoutant qu'il lui en aurait plus coûté de confesser ceux-ci que ceux qu'on lui imputait. Il rejeta les consolations de la religion, et repoussa le crucifix qu'on lui présentait. C'est ainsi qu'il monta sur le bûcher. On lui avait accordé comme une faveur d'être étranglé avant que les flammes le consumassent ; mais celles-ci ayant touché la corde avant que le bourreau fût venu à lui, il tomba dans les flammes, qui le dévorèrent ainsi sans pitié. Les contemporains ne trouvèrent point injuste la sentence des juges ; cinquante ans après seulement, lorsque tous, juges et témoins, étaient morts, Aubin, protestant émigré, écrivit son livre où il représentait Grandier comme une victime de Richelieu, prétendant qu'il avait fait autrefois une satire contre le puissant cardinal. Il peignait Laubardemont comme l'instrument de celui-ci, Mignon et Barré comme d'infâmes jongleurs qui avaient engagé les religieuses dans leur coupable dessein, de complicité avec l'évêque de Poitiers et tous ceux qui avaient pris part à cette affaire. Tous les autres, Monsieur et les juges à leur tête, n'étaient que des esprits faibles et crédules ; tout cela était dit avec un aplomb imperturbable, sans aucune étude des faits, et appuyé par des raisonnements plausibles ; et ce jugement est resté celui de la postérité frivole et rationaliste qui est venue depuis.

Au reste, la mort de Grandier n'avait point mis fin aux obsessions dans le couvent ; elles durèrent encore longtemps après avec la même violence. Ce fut bientôt comme un mal contagieux qui gagna un grand nombre de ceux qui avaient joué un rôle en cette affaire. Le lieutenant civil Louis Chauvet avait, au commencement des exorcismes, pris dans le procès le parti de Grandier, et l'une des possédées l'avait plus tard accusé de magie. Depuis ce temps l'épouvante était devenue son démon, et il ne recouvra jamais complétement la plénitude de ses facultés. Le P. Lactance, un des exorcistes, sentait pendant que les exorcismes duraient l'influence d'une réaction mystérieuse. Bientôt il perdit la vue, puis la mémoire, puis toute espèce de sentiment. Il souffrait tantôt des maux de cœur, tantôt des tentations dans l'esprit. Il tomba malade peu de jours après la mort de Grandier, et mourut après avoir subi de terribles assauts de la part des démons. Cinq ans plus tard mourut du même mal un saint homme, le P. Tranquille, lequel éprouva dans sa personne tous les phénomènes qui s'étaient passés pendant deux ans autour de lui à Loudun ; mais rien ne put l'abattre, et il porta courageusement son mal jusqu'à la mort, car le démon ne le quitta qu'après qu'il eut reçu l'extrême-onction, et s'empara d'un frère qui était présent. Un jour de Pentecôte, que le P. Tranquille devait prêcher, le tumulte devint si violent qu'il n'osait pas avancer. Son confesseur ordonna au démon de le laisser libre ; aussitôt il monta en chaire, et prêcha pour la dernière fois, ravissant tous ses auditeurs. Ceux-là même qui, aveuglés par l'esprit de parti, avaient auparavant considéré toute cette affaire comme le jeu d'une scélératesse inouïe ajoutèrent foi maintenant à la vérité des faits qu'ils avaient niés, et crurent voir dans ceux qui se passaient sous leurs yeux l'œuvre de la vengeance divine; mais cette idée ne pouvait s'appliquer en tout cas au P. Surin, qui ne vint à Loudun que quatre mois après la mort de Grandier. Il se trouva bientôt dans un rapport mystérieux avec les esprits de la sœur Jeanne, de sorte qu'un jour, en présence de l'évêque de Nîmes, un de ces démons le menaça avec fureur pendant l'exorcisme, en se rendant sensible sur le visage de la possédée, puis il disparut aussitôt; mais le P. Surin le sentit bientôt en sa propre personne par des oppressions de poitrine et la perte de la parole. Chassé de là par les exorcismes, il reparut dans toute sa difformité sur le visage de la supérieure, pendant que le Père se trouvait libre au contraire. Cette transition se produisit jusqu'à huit fois dans une matinée. Le P. Surin se trouvait tout à coup comme atteint d'une flèche, et renversé par terre, en poussant des cris lamentables, et il fallait alors, pour le délivrer, le toucher avec la sainte Eucharistie aux endroits où il sentait la présence du démon. Dans une lettre du 3 mai 1635, au P. Datischi, son confrère, qui demeurait à Rennes, il peint son état d'une manière extrêmement remarquable. Voici un extrait de cette lettre : « Je ne puis vous dire ce qui se passe en moi pendant ce temps, ni comment cet esprit s'unit au mien sans m'ôter ni ma conscience ni ma liberté. Il est là comme un autre moi; il semble alors que j'ai deux âmes, dont l'une, privée de l'usage de ses organes corporels et se tenant comme dans le lointain, regarde ce que fait l'autre. Les deux esprits luttent sur le même champ de bataille, c'est-à-dire dans le corps; et l'âme est comme partagée, ouverte dans l'un aux impressions diaboliques, abandonnée dans l'autre à ses propres mouvements et à ceux de Dieu. Dans le même moment, je sens une grande paix, sous le bon plaisir de Dieu, et ne conçois rien à cette répulsion qui me pousse d'un autre côté à me séparer de lui, au grand étonnement de ceux qui me voient. Je suis en même temps rempli de joie et abreuvé d'une tristesse qui s'exhale en plaintes ou en cris, selon le caprice des démons. Je sens en moi l'état de la damnation, et je le crains; cette âme étrangère, qui me paraît la mienne, est percée par le désespoir comme par des flèches, pendant que l'autre, pleine de confiance, méprise ces impressions, et maudit dans toute sa liberté celui qui les éveille. Je reconnais que ces cris qui sortent de ma bouche partent également de ces deux âmes, et il m'est impossible de décider si c'est la joie ou la fureur qui les produit. Ce tremblement qui me saisit lorsqu'on approche de moi la sainte eucharistie vient, il me semble, et de l'horreur que m'inspire cette approche, et d'un respect plein de tendresse, sans que je puisse dire lequel de ces deux sentiments domine. Si je veux, sollicité par l'une de ces deux âmes, faire le signe de la croix sur ma bouche, l'autre âme me retire le bras avec force, et me fait saisir mon doigt avec les dents, et le mordre avec une sorte de rage. Dans ces tempêtes, ma consolation, c'est la prière; c'est à elle que j'ai recours pendant que mon corps se roule par terre, et que les ministres de l'Église me parlent comme à un démon, et prononcent contre moi des malédictions. Je ne puis vous exprimer combien je suis joyeux d'être un démon de cette sorte, non par une révolte contre Dieu, mais par un châtiment qui me découvre l'état où le péché me réduit; et pendant que je m'applique les malédictions qu'on prononce, mon âme peut se plonger dans son néant. Quand les autres possédés me voient en cet état, il faut voir comme ils triomphent, et comme les démons me plaisantent en me disant : « Médecin, guéris-toi toi-même ! Monte donc maintenant en chaire ; il serait beau de t'entendre prêcher, après que tu t'es ainsi roulé par terre. Mon état est tel qu'il me reste très-peu d'actions où je sois libre. Si je veux parler, ma langue est rebelle ; pendant la messe, je suis contraint de m'arrêter tout à coup ; à table, je ne puis porter les morceaux à ma bouche. Si je me confesse, mes péchés m'échappent, et je sens que le démon est chez moi comme en sa maison, entrant et sortant comme il lui plaît. Si je m'éveille, il est là qui m'attend ; si je prie, il agite ma pensée selon son caprice. Mon cœur s'ouvre-t-il à Dieu, il le remplit de fureur ; si je veux veiller, je m'endors, et il se vante par la bouche des autres possédés qu'il est mon maître, ce que je ne puis nier en effet. Je suis ainsi au pouvoir de deux démons, dont l'un est Léviathan, le contradicteur du Saint-Esprit ; et les opérations de ce faux Paraclet sont tout l'opposé de celles du véritable : elles produisent une douleur indéfinissable. Il est le chef de la bande de tous les démons qui opèrent ici des choses si extraordinaires ; nous avons en même temps le paradis et l'enfer, et nos religieuses sont en un sens de vraies Ursules, et dans l'autre pires que les femmes les plus abîmées dans l'ordure et le blasphème. »

Cet aveu remarquable d'un homme qui n'aurait jamais consenti à prononcer un mensonge est digne d'attention, et très-instructif sous tous les rapports. Il nous fait connaître d'abord cet état de division du moi indivisible dans l'homme, lequel, dans sa partie supérieure, continue de marcher dans la lumière de la grâce, pendant que la partie inférieure, plongée pour ainsi dire dans le corps, demeure dans l'obscurité du principe ténébreux, voulant et faisant le contraire de ce que veut la première, qui toutefois la reconnait toujours comme son autre moi. Secondement, ce témoignage confirme d'une manière éclatante la réalité de la possession des religieuses de Loudun. Le P. Surin resta ainsi pendant douze ans sous l'empire des démons; et un jour, dans un de ses accès, il se jeta de la fenêtre d'une maison de son ordre, et se rompit une jambe. Tout ce qui lui arriva, ainsi qu'aux deux autres exorcistes, nous montre les dangers qu'entraine après soi la pratique des exorcismes. Quant au protestant Aubin, tout ce qu'il voit en cette affaire, c'est que le démon étant peint sur un mur du couvent, les religieuses avaient pris cette image pour une réalité.

CHAPITRE XLV.

Des procès de sorcellerie en Angleterre; en Allemagne, pendant et après la guerre de Trente ans. Le Jésuite Spée appelle le premier l'attention sur les horreurs de ces procès; il est suivi du protestant Meyfart. Les procès de sorcellerie cessent.

Hutchinson dit que l'Angleterre est le pays où l'on ressentit le moins les effets terribles des procès de magie et où ils disparurent de meilleure heure; mais cette double assertion est complétement fausse. En effet, Howell écrivait à E. Spencer, le 20 janvier 1647 : « Depuis le commencement de ces guerres inhumaines, des nuées de témoins mettent hors de doute l'existence de la magie; car, en deux ans seulement, près de trois cents sorciers et sorcières ont paru devant les tribunaux, seulement dans les comtés d'Essex et de Suffolk, et presque tous ont été exécutés. L'Écosse est pleine de ces gens, et chaque jour on exécute sept personnes des conditions les plus honorables. » Le Long Parlement envoya dans le pays Hopkins, qui se vantait d'avoir un don particulier pour découvrir les sorciers, et qui, dans l'espace d'une année, en fit pendre soixante. Il se servait ordinairement de l'épreuve de l'eau; ou bien, après avoir fait lier de pauvres vieilles femmes de manière que tout le poids de leur corps reposait sur le siége, il les faisait asseoir pendant vingt-quatre heures au milieu d'une chambre, jusqu'à ce que la circulation du sang venant à cesser, elles fussent contraintes par la violence du supplice à faire des aveux qui leur coûtaient ensuite la vie. On en tenait d'autres éveillées pendant cinq jours et cinq nuits, jusqu'à ce qu'elles tombassent dans un état de demi-clairvoyance, pendant lequel elles racontaient des choses dont elles ne se souvenaient plus une fois revenues à elles-mêmes. Les excès de cet homme durèrent jusqu'à ce qu'enfin un des personnages les plus importants du pays le soumit lui-même à l'épreuve de l'eau; et comme il surnagea, on le fit mourir. Grey, dans son édition d'Hudibras, raconte avoir en sa possession une liste de trois mille personnes qui avaient péri de cette manière pendant le Long Parlement. C'était surtout le Lancashire qui était regardé comme le pays des sorciers; et la violence de la persécution ne cessa que vers la fin du siècle, sous la magistrature de Holt. De 1694 à 1701 dix procès de sorcellerie furent soumis à son tribunal, et il sut amener le jury à prononcer un verdict d'acquittement. Encore en 1711, sous Powell, une sorcière, nommée Menham, fut déclarée coupable d'avoir eu commerce avec le diable, sous la forme d'un chat; mais elle fut graciée. En 1716, la femme Hickes et sa fille, âgée de neuf ans, furent pendues pour s'être données au diable et avoir excité une tempête. Ce furent les dernières condamnations prononcées pour crime de sorcellerie; car en 1736 les peines portées contre les sorciers furent retirées, et ils ne furent plus punis que par la prison et l'exposition. On peut en croire Barrington lorsque, dans ses remarques sur le vingtième statut de Henri VI, il porte à trente mille le nombre de ceux qui furent exécutés en Angleterre, depuis ce statut, peu de temps avant la réforme, jusqu'à la suppression du code pénal. C'est précisément le nombre des victimes que l'on reproche à l'inquisition d'avoir fait mourir, à peu près pendant le même temps, dans tout le sud de l'Europe et dans le nouveau monde, en y comprenant les juifs et les mahométans espagnols. On le voit, les ecclésiastiques, les juges, le peuple, d'où l'on prenait les jurés, tous étaient parfaitement d'accord dans leurs jugements. A l'encontre de l'épidémie des sorciers s'était formée une autre épidémie dans la procédure, par laquelle on cherchait à détruire le mal; et l'on ne sait laquelle des deux fut la plus funeste.

Procès en Allemagne. C'est surtout en Allemagne, pendant et après la guerre de Trente ans, que cette épidémie produisit les plus grands ravages. Le pays tout entier était alors dans une désolation profonde. Le peuple, livré au désespoir, retournait à grands pas à la barbarie, et avait perdu toute foi dans la Providence. Il eut donc recours aux puissances infernales; et tous les arts ténébreux de l'enfer, avec les crimes et les forfaits de tout genre, marchèrent à la suite des armées. La pratique de la magie était devenue générale, et la vie de l'homme ne comptait plus pour rien. Il s'était développé dans chaque crime en particulier une sorte de *virtuosité* et de génie, que l'on appliqua bientôt aussi aux procès de magie. La guerre une fois achevée, les princes, qui avaient obtenu un pouvoir à peu près illimité, n'eurent presque plus aucun rapport avec le peuple, qu'ils regardaient comme trop au-dessous d'eux. Cette nouvelle position donna naissance au gouvernement des employés, qui finirent par s'attirer toutes les affaires, celles même que les princes s'étaient auparavant réservées. Ceux-ci se trouvèrent de cette façon complétement isolés de leurs peuples, et étrangers à ces sortes d'affaires, tandis que ceux qui en avaient usurpé le maniement acquirent peu à peu une complète indépendance ; serviles par en haut, et despotes par en bas, ils ne laissèrent aux princes, comme dédommagement du pouvoir qu'ils avaient perdu, qu'un vain formalisme. Tels étaient les gouvernements qui eurent à juger les procès de sorcellerie. La misère du temps, la détresse du peuple, la désolation du pays n'étaient que le juste châtiment des désordres de cette époque. Mais le peuple, plutôt que de reconnaître la source du mal et de s'avouer coupable, aimait mieux le rejeter sur les sorcières. Au milieu de cette barbarie et des superstitions grossières qui avaient remplacé l'ancienne foi, chaque accusation était accueillie avec avidité. La méchanceté, l'envie, la haine et la vengeance l'exploitaient avec empressement ; le moindre soupçon devenait bientôt une certitude, et les plus légers indices un bruit public qui allait jusqu'aux oreilles des princes. Voici en effet ce que le P. Spée nous dit à ce sujet :[2]

« On veut à tout prix détruire cette peste qui ruine le pays. On avertit les juges de procéder avec la plus grande rigueur. Les princes déchargent ainsi leur conscience en confiant aux employés le glaive de la justice, sans daigner s'informer si les juges observent dans la procédure les règles de l'équité et de l'humanité. Mais les magistrats, de leur côté, déchargent leur conscience sur les princes, dont ils ne sont que les mandataires, et se disent que, puisqu'on leur recommande avec tant d'instances la sévérité et la rigueur, c'est que le mal est à son comble, et qu'ils n'ont qu'à obéir sans discuter les ordres qui leur sont donnés. Les juges vont donc se mettre à l'œuvre ; mais tout leur manque, les indices, les preuves et même les coupables. Ils ne savent par où commencer ; ils reculent. On les avertit une seconde et une troisième fois. Le peuple les accuse de négligence et de complicité ; les princes le croient. Or, en Allemagne, il est dangereux de s'attaquer aux princes, car ce qu'ils font est toujours bien fait aux yeux de cette époque lâche et servile. Les juges se soumettent donc ; ou, s'ils tardent plus longtemps, on envoie un commissaire extraordinaire, un homme sans expérience, dont la précipitation passe pour zèle de la justice, et qui est encouragé dans son œuvre par les avantages qu'on lui promet; car il doit avoir quatre ou cinq thalers par tête et d'autres profits encore. On vient lui raconter une parole prononcée par un possédé ou une calomnie contre quelque vieille femme; il se met aussitôt à l'œuvre. Et cependant un simple bruit ne suffit pas pour commencer une procédure. On fouille donc le passé de cette pauvre femme, et l'on finit toujours par y trouver quelque tache, d'où l'on conclut qu'elle est une sorcière. Que si sa vie est irréprochable, si elle a fréquenté l'église et les sacrements, c'est un indice qui n'est pas moins certain; car les sorcières ont coutume, on le sait, de cacher leurs crimes sous le voile de l'hypocrisie. On fait donc mettre la pauvre vieille en prison. De nouveaux signes viennent augmenter les soupçons. Elle paraît timide, elle a peur, sachant quels supplices l'attendent. On en conclut qu'elle est coupable, et que c'est sa conscience qui l'accuse. Que si, au contraire, elle se montre ferme et certaine de son innocence, c'est encore un indice de sa culpabilité; car c'est la coutume des femmes de cette sorte de montrer un front d'airain et de protester de leur innocence. Pour recueillir des preuves plus abondantes, on lâche des espions, gens pour la plupart sans foi ni loi, qui ne manquent pas de trouver quelque indice de magie, surtout s'ils en veulent à la prisonnière. Alors on l'interroge, sans lui permettre de choisir un défenseur, sous prétexte que son crime est un cas exceptionnel; et d'ailleurs on n'en trouverait pas facilement, parce qu'on craint de passer pour initié aux mystères de la magie. Il suffit de recommander aux juges la prudence et la modération pour être soupçonné de favoriser les sorciers. On la fait donc comparaître, et on lui communique les indices recueillis contre elle. Si elle parvient à se justifier pleinement, elle n'en est pas plus avancée pour cela; les accusations gardent toute leur force, et on la reconduit en prison pour qu'elle fasse des réflexions plus sérieuses;

car on la regarde comme obstinée dès qu'elle cherche à se justifier. C'est donc là encore un nouvel indice, et elle ne serait pas si éloquente si elle n'était sorcière.

« Si au bout d'un jour elle persiste, on la met à la question, après avoir examiné attentivement toutes les parties de son corps, pour voir si elle ne porte point quelque remède secret et magique contre la douleur. Les souffrances auxquelles on la soumet seraient intolérables si elles ne duraient qu'un demi-quart d'heure. Or, malgré la défense du pape Paul III, on la fait durer une demi-heure, ou même quelquefois une heure. Les plus forts ont avoué que la souffrance est telle que pour en être délivrés ils avoueraient sans difficulté, au péril même de leur salut éternel, les crimes les plus horribles. Plusieurs, convaincus qu'ils seront damnés si, quoique innocents, ils s'avouent coupables par un mensonge, finissent néanmoins par céder ; et reconduits en prison, ils y tombent dans un affreux désespoir, parce qu'ils n'ont personne qui les console et les fortifie. Un grand nombre meurent dans les tourments, d'autres en sortent estropiés pour toute leur vie. On en a vu bien souvent qui étaient dans un tel état que le bourreau n'osait pas, dans l'exécution, découvrir leurs épaules devant le peuple, ou bien qu'il fallait les exécuter pendant la route, sans quoi ils seraient morts avant d'être rendus au lieu du supplice. On commence par la question la plus douce, c'est-à-dire qu'on leur applique aux jambes une machine de fer avec des dents, qui leur presse la chair jusqu'à en faire jaillir le sang. La malheureuse s'avoue aussitôt coupable, et dès lors elle est perdue. Si elle nie, on répète la torture trois ou quatre fois, en la rendant à chaque fois plus cruelle, jusqu'à ce qu'on ait vaincu son opiniâtreté. Pendant ce temps-là on l'observe attentivement. Si elle roule les yeux, on dit qu'elle cherche son amant ; si elle les tient ouverts et fixes, on dit qu'elle l'a trouvé ; si elle se tait, elle a le maléfice du silence. Si les convulsions agitent les muscles de son visage, on dit qu'elle a ri. Si la nature, vaincue par la douleur, amène le sommeil, c'est un signe infaillible qu'elle est coupable; c'est la même chose si elle devient clairvoyante. Si elle meurt, c'est Satan qui l'a tuée, pour l'empêcher de divulguer son secret, et on l'enterre sous la potence. Les juges ont besoin de bourreaux ; ceux-ci sont des hommes méchants et cruels, qui font ce qu'ils veulent des victimes qu'on leur livre. Ils font consister leur gloire à vaincre les plus rebelles ; et ceux qui ont acquis cette réputation sont recherchés et employés de préférence aux autres. La loi défend de demander au coupable ses complices; mais les bourreaux se mettent au-dessus de la loi. Dès le commencement, ils avertissent leurs victimes de nommer tels ou tels, leur promettant qu'elles seront traitées plus doucement; car c'est une honte pour eux de ne pouvoir venir à bout d'une faible femme. Ils tourmentent donc de toute façon les prisonnières en dehors de la torture, par le froid ou par la chaleur, jusqu'à ce que, fatiguées et rompues, elles consentent aux aveux qu'on leur met en quelque sorte sur les lèvres.

« On pourrait croire que ces malheureuses trouvent du moins un appui dans les ecclésiastiques chargés d'assister les juges dans ces sortes de procès. Les supérieurs, il est vrai, ne devraient confier ces fonctions délicates qu'à des hommes doux, pieux, prudents et sensés, vraiment pénétrés de l'esprit de la religion, accoutumés à éprouver les esprits et à sonder les secrets du cœur. Mais de tels hommes ne conviendraient point pour le but qu'on se propose; ce seraient des observateurs incommodes, auxquels l'injustice de ces procédures ne pourrait échapper. Les tribunaux les éloignent donc bien souvent, et leur préfèrent des hommes violents, d'un zèle outré et sans expérience, qui supposent dès le commencement la culpabilité de l'accusée, et croient qu'il ne s'agit plus que d'obtenir ses aveux. C'est là que tendent tous leurs efforts. Ils cherchent à la tromper par des promesses équivoques, et ajoutent à la question corporelle une torture morale qu'ils continuent souvent jusqu'au bord du bûcher. Ainsi pressée de tout côté, vaincue par la douleur, la malheureuse avoue, et presque toujours elle entraine dans sa perte d'autres victimes; car celle qui ne peut se sauver elle-même ne garde aucun ménagement pour les autres. Si elle ne meurt pas pendant la question, et si elle n'avoue rien, de sorte que l'on n'ose ni la tourmenter davantage, ni la faire mourir sans de nouveaux indices, on la jette dans une prison plus étroite, où on la laisse croupir pendant une année entière; car il faut des victimes aux juges, et le moindre soupçon d'indulgence leur serait préjudiciable. On essaye les exorcismes, on lui fait changer de lieu pour rompre le maléfice du silence; on la met de nouveau à la question, et enfin on la livre aux flammes, où son dernier cri n'affaiblit point le témoignage que lui a arraché la torture. »

C'est ainsi que ce sont passées les choses en Allemagne pendant la guerre de Trente ans et longtemps encore après. C'est ainsi qu'en 1616 le duc de Wurtemberg avait commencé à faire brûler les sorcières dans plusieurs villes de son duché. On avait pris une femme nommée Brogruth, surnommée la mère des sorcières, parce qu'elle avait soufflé sur le visage d'une femme en couche, qui était devenue à l'instant même estropiée, jusqu'à ce que son mari eût contraint la sorcière, à force de coups, d'ôter à la malade le sort qu'elle lui avait donné. Elle fut mise en prison, et demanda elle-même à être jugée, avouant que depuis longtemps déjà elle était adonnée à la sorcellerie; qu'elle avait fait mourir au moins quatre cents enfants, parmi lesquels il y en avait trois à elle; puis qu'après avoir déterré leur corps elle les avait fait bouillir, qu'ils avaient été en partie mangés, et en partie employés à faire des onguents magiques; qu'on avait vendu leurs os pour faire des pipes; qu'elle avait fait mourir la femme et deux enfants de son propre fils, et ses deux maris à elle; que depuis quarante ans, dans le duché de Wurtemberg, à quelques milles de

Heuchelberg, elle avait souvent troublé l'atmosphère, et nui de cette manière aux moissons; que chaque année le sabbat se tenait cinq fois sur cette montagne, et qu'à chaque fois il s'y rendait au moins deux mille cinq cents personnes de tout âge et de toute condition. Elle dit aussi que si tant de femmes s'adonnaient à la sorcellerie, c'était parce que leurs maris étaient des ivrognes, et les maltraitaient dans l'ivresse. Elle indiqua aux juges les signes auxquels on pouvait les reconnaitre. Cette femme, on le voit, était une empoisonneuse, qui avait cherché dans la magie de nouvelles ressources pour sa perversité; mais malheureusement elle donna aux juges l'occasion de procéder de la même manière contre un grand nombre d'innocents. Ainsi, dans l'évêché de Wurzbourg, quatre femmes étaient entrées, d'une manière très-naturelle sans doute, dans la cave d'un journalier, et avaient bu son vin. La torture en fit bientôt des sorcières, et leur arracha des aveux. Elles dirent que dans le district de Gerolzhofer il n'y avait pas soixante personnes au-dessus de sept ans qui ne pratiquassent la magie. On en prit trois d'abord, puis cinq, puis dix, puis quatorze, puis enfin vingt-six, qui tous furent livrés aux flammes. Comme les premières déclarations se trouvaient toujours confirmées par celles qui venaient après, et que le nombre des coupables augmentait toujours, le duc de Wurtemberg ordonna aux magistrats de dresser un bûcher le mardi de chaque semaine, et d'y brûler chaque fois vingt-cinq ou vingt sorcières, mais jamais moins de quinze. Ce décret devait être exécuté dans tout l'évêché de Wurzbourg. Ces auto-da-fé peuvent bien avoir duré quelque temps; car on trouve dans la bibliothèque d'Hauber le catalogue de cent cinquante-sept personnes qui furent brûlées en vingt-neuf fois de 1627 à 1629. La plus grande partie des victimes étaient des vieilles femmes et des étrangers; mais on y trouve aussi des enfants de douze et même de neuf ans, quatorze vicaires de l'église principale, deux enfants de familles considérables.

deux petits-fils du sénateur Stolzenburg, une jeune fille aveugle, etc. Il en aura été de la plupart de ces victimes comme des femmes dont parle G. Mackenzie lorsqu'il dit : « Comme je présidais les assises, j'allais interroger quelques femmes qui avaient avoué juridiquement leurs fautes. L'une d'elles, qui était très-simple, me dit qu'elle avait avoué, non parce qu'elle était coupable, mais parce qu'étant pauvre elle mourrait de faim ; que maintenant qu'elle avait la réputation d'une sorcière personne ne voudrait plus désormais ni l'accueillir ni lui donner à manger ; qu'on la maltraiterait et que l'on lâcherait les chiens sur elle ; qu'à cause de cela elle désirait *mourir*. En disant cela, elle pleurait amèrement et prenait Dieu à témoin de la vérité de ses paroles. » (*Criminal law.*, tit. 10.)

Tel était l'état des choses en Angleterre et en Allemagne : pendant que la guerre moissonnait les hommes, les flammes dévoraient les femmes. L'excès du mal devait amener enfin une réaction terrible. La nature, poussée au désespoir chez les victimes, l'avait déjà commencée. Pendant quelque temps elles n'avaient désigné comme complices que des femmes de leur condition ; mais bientôt elles dénoncèrent les juges eux-mêmes et jusqu'à des princes. Il n'y avait pas moyen de rejeter leur témoignage en ces cas ; car il avait la même valeur, et offrait les mêmes garanties qu'auparavant : il fallut donc faire aussi aux juges leur procès. Or la procédure suivie pour ces sortes de crimes était telle que l'accusé n'échappait jamais. La flamme des bûchers se retourna donc contre ceux qui les avaient allumés, de même qu'à une époque plus rapprochée de nous la guillotine faisait disparaître successivement les hommes importants de tous les partis, et vengeait ainsi les victimes en frappant tour à tour les juges. Les sorcières furent donc suivies sur l'échafaud par les juges et par les prêtres même qui les avaient traitées sans miséricorde. Que l'on se représente les derniers moments de ces malheureux, qui voyaient alors clairement l'erreur dont ils avaient été les dupes, et qui étaient forcés de reconnaître qu'ils avaient fait mourir une multitude innombrable d'innocents.

Le jésuite Spée.

Ces choses devaient naturellement attirer l'attention des juges ; il ne fallait plus qu'un homme capable d'entreprendre ce que personne n'avait encore osé, c'est-à-dire de découvrir aux princes le véritable état des choses. Cet homme parut dans le Jésuite Spée, qui est devenu ainsi un des plus grands bienfaiteurs de l'humanité. Il avait vécu au milieu de toutes ces horreurs, et avait été probablement témoin des auto-da-fé de la Franconie. Son cœur saigna à la vue de ces excès, et il écrivit la *Cautio criminalis*, qui parut pour la première fois en 1631. Déjà les plus grands théologiens avaient élevé la voix, et Tanner, Jésuite aussi, avait dans sa *Théologie* conseillé aux juges d'être moins sévères, ce qui lui avait attiré la haine des terroristes. Spée avait confessé un grand nombre de personnes accusées de sorcellerie, et il s'était ainsi convaincu que sur cinquante condamnés il y avait à peine deux coupables. Il écrivit donc, sans se laisser arrêter par la crainte des hommes, ce livre mémorable, dont nous avons cité plus haut un extrait. Il représenta aux princes comment les juges justifiaient leur conduite par les ordres qu'ils recevaient de plus haut ; il leur dit qu'il y avait là une responsabilité terrible non-seulement pour leurs conseillers et leurs confesseurs, mais encore pour eux-mêmes; qu'ils rendraient compte un jour devant Dieu de ces exécutions sanglantes ; qu'ils n'avaient qu'à consulter les théologiens, et que ceux-ci leur diraient qu'on ne doit pas jouer avec le sang humain, comme se le permettaient alors les juges à l'égard des sorciers. « Nous paraîtrons tous devant le tribunal du souverain juge, disait-il, et si alors nous devons rendre compte d'une parole inutile, que sera-ce de tout ce sang répandu? » Le livre produisit son effet ; il ébranla les convictions les mieux affermies, et l'on commença à s'apercevoir de ce que ces procédures avaient de monstrueux. Peu à peu les bûchers s'éteiguirent. Le mouvement, parti des bords du Main et du Rhin, s'étendit par toute l'Allemagne. Quant à Spée, il reçut la récompense que le monde a coutume de donner à tous les hommes de bien. Il avait ramené à l'Église le village de Peina. Les habitants d'Hildesheim, ennemis de la foi catholique, l'attaquèrent pendant qu'il se rendait en ce lieu pour y célébrer le service divin, et il reçut cinq blessures considérables à la tête et deux autres au dos; mais il n'en célébra pas moins le service divin jusqu'à ce qu'il tomba d'épuisement. Il mourut quelques années après, à l'âge de quarante-quatre ans.

Après lui nous devons citer encore avec éloge, parmi les protestants, Meyfart, directeur du gymnase de Cobourg. Il écrivit au temps de Maximilien Ier un livre intitulé : *Avertissement chrétien aux princes et aux prédicateurs*, etc. C'est une paraphrase du livre de Spée. Il avait vu de bonne heure comment les tribunaux protestants procédaient à l'égard des sorciers ; comment on ne laissait prendre aucun sommeil aux prisonniers ; comment on les réveillait en leur enfonçant des pointes dans la chair dès qu'ils fermaient les yeux ; comment on ne leur donnait à manger que des aliments salés avec de la saumure de hareng, sans leur accorder une goutte d'eau ; comment les bourreaux maltraitaient et défiguraient le corps humain, disjoignant les membres, faisant sortir les yeux de la tête, détachant les pieds des jambes, faisant gonfler les veines, etc. Il avait vu que bien souvent l'envie, la vengeance et la calomnie avaient été la première cause de l'accusation. Il avait vu les ministres de son église, emportés par un zèle aveugle, invoquer le bourreau contre les malheureuses victimes, demander les chaînes, le cachot et le feu des bûchers, et croire malgré cela être fidèles à la doctrine de leur maître, qui avait dit : *Apprenez de moi que je suis doux et humble de cœur*. Il avait vu les juges saisir les accusés avec des mains impitoyables, et agir sans aucune discrétion dans une affaire qui tient aux plis les plus profonds de la conscience humaine. A

Meyfart

cette vue, son cœur s'était brisé de douleur, et il avait crié malheur sur les auteurs de tous ces maux. Sa parole ne fut pas stérile non plus ; et au commencement du dix-huitième siècle il ne restait plus aucune trace de ces horribles procédures. Le mérite de ces deux hommes est d'avoir mis des bornes à l'excessive crédulité de cette époque ; mais malheureusement, par une réaction bien ordinaire en ces sortes de choses, cette crédulité fit bientôt place à un scepticisme dont les résultats furent plus déplorables encore.

CHAPITRE XLVI.

L'Église dans ses rapports avec les procès de sorcellerie. Instructions de la Chambre apostolique à Rome. Conduite du P. Surin.

Les choses en étaient venues au point que les moyens employés pour guérir le mal étaient plus fâcheux encore que le mal lui-même. Ce n'était point par un esprit de cruauté ou de fureur que les juges étaient emportés ; c'était chez eux un zèle aveugle, excessif et indiscret, qui avait produit à l'origine cette effroyable rigueur dans les procédures. Puis l'insensibilité, l'indifférence et la négligence s'étaient ajoutées à cette première cause, et avaient porté le mal à son comble. La même indiscrétion dans le zèle d'une part et la même indifférence de l'autre avaient produit dans le domaine religieux ces changements de foi et de confession qui donnent une si triste idée du caractère des populations à cette époque ; et l'on avait vu les peuples changer deux ou trois fois de religion dans l'espace de quelques années, selon le caprice des princes auxquels ils étaient soumis. Cette indifférence ne s'était pas arrêtée dans le domaine religieux ; mais de là elle avait envahi tout ce que l'homme a de plus précieux sur la terre. La patrie, la liberté, la constitution, l'unité nationale, les vieux souvenirs, les anciennes mœurs, la langue elle-même étaient devenus des choses sans valeur et sans prix. Lorsque enfin les peuples, considérant l'état de dégradation où ils étaient tombés, sentirent se réveiller en eux quelques sentiments de confusion et de honte, au lieu de chercher à réparer le mal en s'appliquant à en étudier la source, ils le rejetèrent sur les institutions et les formes qui les avaient gouvernés jusqu'alors, voulant ainsi épargner à leur orgueil un aveu humiliant. L'homme est ainsi fait : il sait très-bien ce que c'est que la religion ; il connait l'Évangile et sait parler avec éloquence de la charité chrétienne ; mais dans la pratique il n'oublie que trop souvent ces doctrines salutaires, qui restent dans son esprit à l'état de théorie ou de spéculation transcendante. Il prend plaisir à contempler au théâtre les héros qui ont honoré l'humanité en luttant contre le destin ou contre la tyrannie ; mais cela ne l'empêche point de descendre, dans la conduite ordinaire de la vie, jusqu'au servilisme le plus honteux. On accusa donc et les princes et l'Église surtout des excès auxquels avaient donné lieu les procès de sorcellerie. Les papes, disait-on, et en particulier Innocent VI ont donné le signal, et l'Inquisition a paru, cherchant ses victimes comme un lion affamé. Mais ce ne sont pas les lois qui ont produit le mal, c'est la manière dont on les exécutait. Elles étaient sanglantes, il est vrai, d'après l'esprit de cette époque ; c'est pour cela qu'elles ont admis la torture. Mais, la regardant toutefois comme une chose dangereuse, elles l'ont entourée de toutes les précautions qui pouvaient en prévenir les périls et les excès, tandis que les hommes, au contraire, sous prétexte de cas exceptionnels, ont renversé les limites que les lois avaient tracées, et procédé avec une rigueur impitoyable contre les malheureux accusés.

Ce n'est donc pas du sanctuaire même de la justice que ces horribles procédures sont sorties, mais c'est de cette chose orgueilleuse et lâche à la fois qu'on appelle le *cœur humain*. Bien moins encore faut-il accuser ici la religion, l'Église et les papes. C'est au contraire sous les yeux de ceux-ci que la procédure a été la plus douce. Le mal avait commencé, nous l'avons vu, bien longtemps avant Innocent VI; tous les peuples en deçà et au delà des Alpes en étaient atteints. Mais il était d'autant plus grand qu'il échappait davantage à l'action directe de l'Église, et il est arrivé à son comble précisément à l'époque où la prétendue réforme a soustrait à l'obéissance du Saint-Siége une partie considérable des peuples de l'Europe. Les papes, il est vrai, ne pouvaient rester indifférents dans une matière qui intéressait à un tel point les populations; ils avaient donc envoyé leurs inquisiteurs pour s'informer de l'état des choses et arrêter les progrès du mal. La bulle d'Innocent VI n'était adressée qu'aux provinces rhénanes, où il commençait à se propager, et elle avait simplement pour but de protéger les inquisiteurs contre toutes les réclamations qu'on pouvait élever à leur égard, et de les autoriser à procéder en ces sortes d'affaires; mais elle leur recommandait en même temps de s'appliquer à détruire la racine du mal en instruisant le peuple par tous les moyens qu'ils jugeraient les plus convenables. Si les inquisiteurs se sont trompés quelquefois, s'ils ont procédé avec trop de rigueur, il ne faut point l'attribuer au mandat qu'ils avaient reçu; et tout homme impartial doit reconnaître, au contraire, que les papes ont agi avec modération et douceur comparativement à la puissance séculière; que s'ils ont suivi l'esprit de leur époque, ils l'ont fait avec prudence et discrétion, et qu'ils se sont toujours servi des lumières que fournissait l'expérience pour adoucir les rigueurs des procédures.

Instructions de la chambre apostolique à Rome.

L'esprit de l'Église et des papes en particulier ressort admirablement de l'instruction qui parut à Rome, sur ce point, en 1657, dans l'imprimerie de la chambre apostolique. « L'expérience, y est-il dit, a appris que les erreurs les plus graves se sont glissées souvent dans les procès intentés contre les sorciers, au détriment de la justice et des accusés; et la congrégation générale de la sainte Inquisition romaine a remarqué depuis longtemps qu'il est à peine un procès de ce genre qui soit instruit régulièrement et d'après les formes du droit. Aussi a-t-il été souvent nécessaire de blâmer les juges, à cause des vexations injustes, des inquisitions, des emprisonnements, de l'emploi de tortures barbares et des autres procédés irréguliers et cruels dont ils se sont rendus coupables dans les procès de ce genre, d'où il est résulté qu'un grand nombre d'innocents ont été condamnés à mort ou livrés au bras séculier. Beaucoup de juges se sont montrés crédules ou indiscrets, tenant une femme pour sorcière sur le moindre soupçon, employant tous les moyens, même les plus illicites, pour arracher aux accusés des aveux qui ne méritaient aucune foi tant ils étaient invraisemblables ou même contradictoires. Les juges, afin d'agir avec plus de discernement à l'avenir dans l'instruction de ces procès, doivent toujours avoir devant les yeux ce qui suit. » L'écrit s'étend ensuite très au long sur cet objet, le considérant d'un point de vue large et élevé, et le traitant avec intelligence et modération à la fois.

« Une des principales erreurs des juges, continue-t-il, c'est de croire qu'on peut non-seulement informer contre quelqu'un, mais encore l'emprisonner, ou même lui appliquer la torture, quoiqu'il n'y ait aucun corps de délit qui prouve l'existence d'un maléfice. Or, le maléfice doit être prouvé d'abord; et il ne suffit pas, comme beaucoup le croient, qu'une personne soit tombée malade ou soit morte pour que l'on en conclue qu'elle a été victime d'un maléfice; car la maladie et la mort ne sont pas l'effet nécessaire d'une cause de ce genre. On doit donc d'abord interroger avec le plus grand soin les médecins du malade, pour savoir s'ils regardent la maladie et la mort comme naturelles. Ceux-ci doivent constater leurs observations dans un procès-verbal détaillé, afin que leurs jugements puissent être contrôlés par un médecin plus expérimenté. On doit interroger aussi ceux qui vivent avec le malade sur l'origine et le cours de la maladie, afin que l'on puisse comparer leurs déclarations avec celles des médecins, et que le juge puisse se former ainsi une opinion exacte de l'affaire. Il doit, avant d'ordonner l'emprisonnement, avoir bien pesé toutes les accusations, et ne pas se hâter de croire au témoignage de celui qui prétend être soumis à un maléfice, ou des siens. S'il croit devoir procéder à l'emprisonnement, qu'il ait bien soin d'examiner par lui-même, ou par d'autres, tout ce qui se trouve dans la maison de l'accusé, et qu'il ait égard non-seulement à ce qui peut le charger, mais encore à ce qui peut le justifier. Que pour cela il appelle des témoins impartiaux, et qu'il ait bien soin d'exclure ceux qui croient avoir souffert quelque dommage, ainsi que leur famille. S'il trouve dans la maison de l'accusé de l'huile, des poudres, des onguents, etc., qu'il n'aille pas en conclure aussitôt qu'il est adonné aux pratiques de la magie, mais qu'il fasse examiner attentivement ces objets par des hommes de l'art. Si les parents du malade trouvent dans son lit quelques objets de ce genre, qu'ils ne les prennent pas aussitôt pour le corps du délit; car il peut se faire qu'on les y ait mis exprès pour les tromper. Les femmes ont toujours beaucoup d'aiguilles avec elles; il ne faut donc pas s'étonner si l'on en trouve un grand nombre par hasard en quelque lieu, d'autant plus que les possédés en rejettent très-souvent par la bouche ou par les autres voies.

« Beaucoup d'exorcistes sont assez imprudents pour interroger le démon, et lui demander si c'est par un maléfice qu'il est entré, et quel en est l'auteur. Le père du mensonge répond ordinairement d'une manière affirmative, et on procède aussitôt contre ceux qu'il a nommés. La sacrée congrégation a toujours blâmé sévèrement en ces cas les exorcistes et les juges. Plusieurs juges s'imaginent aussi que l'obsession est le résultat d'un maléfice, et procèdent ainsi sans raison contre les personnes qui sont ennemies de l'obsédé, ou qui leur sont désignées comme auteurs du maléfice. Or, cette conduite est tout à fait déraisonnable; car tout le monde sait que le démon peut, sans aucun maléfice et par une permission divine, tourmenter le corps d'un homme. Les juges doivent donc éviter ce piége et ceux que leur tendent de prétendus obsédés qui cherchent à surprendre leur bonne foi. Ils ne doivent pas se décider facilement à procéder contre une sorcière sur le bruit public seulement, quoiqu'il faille cependant en tenir compte; car la haine dont ces sortes de personnes sont l'objet fait qu'on les accuse facilement, et qu'au moindre prétexte l'opinion se soulève contre elles. Il ne faut point s'appuyer sur le bruit public, et le juge doit en étudier d'abord avec soin la source. Il ne doit pas oublier que les femmes sont portées à la superstition; qu'elles ont volontiers recours à toute sorte d'arts et de pratiques, surtout lorsqu'il est question d'amour; et parce que l'une d'elles a prononcé quelques formules pour guérir un maléfice, ou pour lier la volonté, il ne suit pas de là qu'elle soit sorcière. Le juge ne doit donc pas supposer comme réel ce qui n'est que possible, ni se croire autorisé à employer tous les moyens pour arracher à ces pauvres femmes un aveu relativement à des choses auxquelles elles n'ont peut-être jamais pensé. Il ne doit pas permettre non plus que ces femmes, une fois mises en prison, aient quelque rapport soit entre elles, soit avec des personnes du dehors, parce que beaucoup croient qu'il est permis dans les procès d'apostasie de porter faux témoignage contre soi-même dans l'espoir d'être plus promptement délivré. Il ne doit pas permettre non plus que leur gardien ou d'autres personnes leur suggèrent ce qu'elles ont à répondre dans les interrogatoires; car il est certain par l'expérience que, trompées par ces sortes de suggestions, elles avouent souvent des choses auxquelles elles n'ont jamais pensé. Le juge ne doit jamais s'entretenir avec elles sur leur affaire en dehors de l'interrogatoire légal. Lorsqu'il les interroge, il ne doit jamais leur suggérer aucune réponse, mais leur demander seulement si elles savent ou soupçonnent la cause pour laquelle on les appelle; si elles ont des ennemis, et quelle est la cause de ces inimitiés; comment elles ont vécu jusque-là; si elles ont fréquenté les sacrements; quel a été leur confesseur, etc.

« On peut aussi leur demander en général si elles connaissent quelque chose de la magie. Si elles le nient, on peut leur rapporter peu à peu les accusations portées contre elles, sans nommer toutefois les dénonciateurs ou les témoins. Si elles persistent à nier, on peut, l'enquête une fois finie, passer aux témoins à charge. Le procureur fiscal peut dans ce but articuler quelques points déterminés, mais on doit en remettre une copie aux accusées, leur donner un avocat habile, et le nommer d'office si elles ne peuvent s'en procurer un à cause de leur pauvreté ou par quelque autre motif. On doit aussi leur laisser tout le temps nécessaire pour la défense. Cette seconde partie du procès une fois terminée, on doit leur remettre une copie du tout, et leur fixer un nouveau délai pour qu'elles puissent préparer leur défense. Celle-ci une fois entendue, que les juges réunissent des jurisconsultes expérimentés; qu'ils leur lisent tous les actes, sans nommer les témoins. Si ces jurisconsultes ne sont pas d'accord entre eux, ou si l'affaire est difficile, qu'on n'emploie jamais la torture avant d'avoir consulté la sacrée congrégation, en lui envoyant une copie fidèle de tout le procès. Si les juges croient devoir employer la question à l'égard des accusés, qu'ils ne les interrogent point sur tel ou tel crime en particulier. S'ils commencent à avouer, qu'on ne cherche point à leur suggérer ce qu'ils doivent dire, mais que l'on se contente de transcrire leur témoignage, et de leur demander ensuite la vérité en général.

« On ne doit employer pour la question ni cordes, ni poids aux pieds, ni instruments qui déchirent les membres. Les juges ne doivent en ordonner la répétition que dans les affaires les plus difficiles, et après en avoir obtenu la permission de la sacrée congrégation. Ils ne doivent attacher aucune importance à certains signes, tels que l'absence de larmes dans un accusé. La torture ne doit jamais durer plus d'une heure, et encore ne doit-elle durer ce temps que dans les cas les plus difficiles, et lorsqu'il y a des preuves convaincantes contre l'accusé. Si quelque femme se reconnaît coupable d'apostasie, ou d'avoir assisté au sabbat, les juges doivent la laisser raconter, sans aucune suggestion de leur part, comment elle en est venue là, et s'informer exactement du temps et des circonstances, pour bien s'assurer de la sincérité de ses aveux. Si les faits sont susceptibles de vérification, ils doivent user de tous les moyens pour en constater la vérité : s'ils se trouvent faux, leur témoignage perd par là toute sa force, et doit être considéré comme leur ayant été suggéré ou arraché par l'impatience et les ennuis de la prison, ou par la torture, moyen souvent trompeur; et ils ne doivent point s'en rapporter sur ce point à ce que certains auteurs ont écrit sur la matière. Si ces femmes ont confessé d'une manière authentique leurs crimes, et dénoncé leurs complices, on ne doit jamais procéder contre ceux-ci sur cette simple dénonciation; car tout ce qu'elles ont cru voir peut être l'effet d'une illusion chez elles, et la justice ne demande pas que l'on procède contre les complices qui n'ont été vus que par une illusion de l'esprit. La conduite des juges, pendant toute l'affaire, doit être exactement consignée dans les actes, afin que l'on puisse toujours l'apprécier à la seule lecture. Il arrive souvent qu'ils n'indiquent comme cause de la procédure que le bruit public ; ils doivent à l'avenir désigner exactement, et dans le plus grand détail, toutes les circonstances et les noms des personnes qui ont été les dénonciateurs. Il arrive souvent que des nourrices étouffent leur nourrisson au lit. Les juges doivent bien examiner, dans ces sortes de cas, si les nourrices ne cherchent point à se soustraire à la justice en accusant les sorcières. Dans tous ces procès, les juges doivent se tenir strictement aux taxes prescrites par la sacrée congrégation, et éviter toute extorsion illégale dans les cas de pauvreté. »

Cette instruction, que nous avons traduite dans toute son étendue, fait le plus grand honneur à l'intelligence, à la modération et à l'humanité de la chambre apostolique :

elle est une condamnation solennelle des procédés injustes et violents que l'on se permettait presque partout ailleurs. Elle devait nécessairement mettre fin à ces procédés barbares, et introduire une pratique plus douce et plus régulière. Au reste, les ecclésiastiques en particulier qui étaient fidèles à l'esprit de leur vocation agissaient d'après l'esprit de cette doctrine et de ces instructions. Ils comprenaient qu'il était bien plus important de chercher à instruire et à convertir les malheureux qui, par une cause quelconque, étaient soumis à l'empire du démon que d'avoir recours à la terreur et à la violence. C'est ce dont on peut se convaincre par la conduite que tint le P. Surin à l'égard des obsédées de Loudun. Il n'eut point recours au glaive matériel; il fit même assez rarement usage des exorcismes, comprenant qu'il devait, avant tout, répondre lui-même des personnes qui étaient confiées à ses soins. Il s'adressa donc, dans la prière, à Dieu et à ses saints, mais surtout à la sainte Vierge; et les démons crièrent par la bouche des possédées que c'était là le meilleur moyen de renverser leur pouvoir. Il persuada la même chose à l'une des obsédées, la sœur Jeanne, qui, après avoir ainsi persévéré dans la prière sous sa direction, fut délivrée sans exorcismes de l'un des esprits qui la possédaient. Il comprit aussi que le fondement principal de l'union de l'homme avec le démon consiste dans nos péchés et nos mauvaises habitudes, et qu'il faut par conséquent avant tout détruire cette mauvaise racine si l'on veut vaincre la puissance des mauvais esprits. C'est ce qu'ils furent obligés de confesser eux-mêmes; et plusieurs fois ils crièrent qu'ils n'ont que ce que leur donnent nos péchés et nos vices, et que ceux-ci une fois extirpés ils sont contraints de se retirer. Il exerçait donc continuellement Jeanne à lutter contre ses mauvaises inclinations; et les démons témoignaient assez la peine que leur causait cette manière d'agir, en menaçant le Père, en lui reprochant d'employer un procédé tout nouveau, en lui promettant de faire tout

Le P. Surin.

ce qu'il voudrait s'il agissait autrement à l'avenir, et en déclarant que le plus grand malheur pour eux sur la terre était de rencontrer une personne mortifiée, parce qu'au lieu de la dominer ils étaient ses esclaves.

Jeanne avait encore quatre démons ; et le P. Surin résolut d'attaquer chacun d'eux dans sa propre forteresse. L'un lui inspirait toute sorte de farces et de plaisanteries, et l'autre la poussait à la volupté. Il vint à bout de l'un et de l'autre en lui inspirant l'esprit d'une pénitence rigoureuse. Elle couchait sur la dure, ne se chauffait jamais, se donnait trois fois par jour la discipline, portait le cilice et une chaîne de fer, jeûnait presque toujours, se privait de tous les fruits qu'elle aimait beaucoup. Puis il attaqua les autres esprits, qui la poussaient à l'orgueil et à la colère en l'exerçant à l'humilité et à la patience. Lorsque, poussée par ces démons, elle se laissait aller à quelques mouvements d'orgueil, il faisait venir des mendiants qui la jetaient par terre, la foulaient aux pieds, la frappaient sur la bouche ; ou bien il l'envoyait à la sœur qui faisait la cuisine, avec prière de lui donner une bonne discipline, ce que celle-ci faisait avec une grande simplicité. Il lui faisait honte en public, ce dont elle le remerciait toujours. Elle aurait voulu qu'il eût dit à tout le monde les péchés qu'elle lui avait déclarés dans une confession générale. N'ayant pu l'obtenir, elle confessa du moins devant ses sœurs ses fautes les plus graves et les plus humiliantes, et fit le vœu de devenir sœur converse. Les démons témoignèrent à plusieurs reprises combien il leur en coûtait d'être forcés de rester en un lieu où ils ne trouvaient plus aucun repos. Ils la quittèrent tous en effet, les uns après les autres ; et chacun en partant traça sur le front de Jeanne ou sur sa main une croix ou le nom d'un saint. (*Vie du P. Surin*, par M. Boudon.)

Le procédé thérapeutique employé par le P. Surin était, on le voit, bien différent de celui auquel on avait recours ordinairement. Les juges ne pouvaient, il est vrai, procéder de cette manière ; mais ils devaient du moins appeler à leur secours des hommes pieux et expérimentés, et leur remettre entre les mains les accusés qu'ils avaient à juger. Malgré les sages prescriptions du Saint-Siége, et l'esprit de douceur vraiment chrétienne dont plusieurs ecclésiastiques furent animés, on ne peut nier que bien des excès n'aient été commis. Il est malheureux qu'à cette époque, comme à celle où le manichéisme parut, l'Église n'ait pas eu à sa disposition un ordre religieux consacré d'une manière toute spéciale à l'extinction de cette peste, qui avait d'ailleurs plus d'un rapport avec cette hérésie. S'il en avait été ainsi, il y aurait eu plus de suite et d'unité dans les moyens que l'on employa pour arrêter la propagation du mal, plus de douceur et de modération dans les procédures, et l'on n'aurait pas eu à déplorer tant de victimes innocentes.

ÉPILOGUE DU TRADUCTEUR.

Nous avons parcouru le cercle entier des phénomènes mystiques, et le lecteur a pu se convaincre qu'ils n'ont jamais cessé tout à fait dans le monde. Plus nombreux et plus frappants, il est vrai, à certaines époques de l'histoire, ils deviennent parfois plus rares ou plus difficiles à constater; mais comme les principes ou les facteurs qui contribuent à les produire ont toujours la même puissance et la même activité, ils ne disparaissent jamais entièrement. Tantôt c'est Dieu qui se manifeste avec plus d'éclat, à ces époques privilégiées où la foi est plus vive et la piété plus tendre, où l'esprit et le cœur sont plus accessibles aux impressions de la grâce; tantôt la nature semble acquérir au contraire un nouveau degré d'énergie, et produit des phénomènes extraordinaires et d'un caractère souvent équivoque, qu'il est impossible d'attribuer à l'opération divine et dans lesquels l'influence du démon n'est pas assez évidente pour qu'on les lui rapporte. D'autres fois, par une permission divine, l'abime de l'enfer semble s'ouvrir, et l'action du diable se trahit par des signes si manifestes qu'il est impossible de se faire illusion sur leur nature. Quelquefois enfin l'action divine, celle de la nature et celle du démon se révèlent dans des proportions inaccoutumées, et donnent à certains peuples ou à certaines périodes de l'histoire un caractère singulier et grandiose à la fois.

Le lecteur aura pu remarquer que la mystique naturelle se distingue des deux autres par des signes douteux et équivoques; de sorte qu'il est souvent très-difficile d'en bien saisir le principe et l'essence, et que les hommes les plus compétents en ces matières ne savent s'ils doivent y reconnaitre l'action du démon, ou seulement celle de la nature. Ces sortes d'états sont donc en général très-dangereux; car la pente qui conduit à l'abîme est si glissante que bien souvent, après avoir commencé par la nature, l'homme finit par tomber sous la puissance du démon; et c'est ce que le lecteur aura pu constater dans cet ouvrage. Aussi n'est-il jamais permis, sans des raisons très-graves, de s'aventurer dans ces régions obscures et semées d'écueils; et lorsqu'on a quelque motif de le faire la prudence chrétienne nous fait un devoir de prendre toutes les précautions nécessaires pour que le démon ne puisse mêler son action à celle de la nature. Le domaine de celle-ci, en effet, touche à son extrême limite celui des puissances infernales; de sorte que l'homme s'y trouve particulièrement exposé à leurs pernicieuses influences. C'est là surtout que le diable, selon la parole de saint Pierre, rôde comme un lion rugissant, cherchant à dévorer les imprudents qui semblent ainsi braver sa puissance. Et ceux qui s'engagent sans motif dans ces voies douteuses, ou qui négligent de prendre toutes les précautions que la prudence et la foi prescrivent, s'exposent infailliblement aux plus dangereuses illusions. Ils tombent presque toujours, sans s'en apercevoir et par une pente presque insensible, sous l'empire de celui que l'Écriture appelle *le prince des fils de l'orgueil*. C'est là un fait que confirme l'expérience de tous les siècles, et particulièrement du nôtre.

Il ne faut pas croire, en effet, que l'esprit positif et pratique de notre époque ait guéri les hommes de la maladie du mysticisme, comme parlent les esprits ignorants, légers et superficiels, qui ne voient dans les phénomènes de la mystique que les symptômes d'une maladie naturelle. Jamais peut-être, au contraire, les phénomènes mystiques ne furent plus fréquents ni plus répandus. Déjà le magnétisme à lui seul les a multipliés dans une proportion vraiment effrayante; et il y a lieu de s'étonner de la légèreté avec laquelle plusieurs jugent les faits de ce genre, et de l'imprudence avec laquelle d'autres se jettent inconsidérément dans ces domaines. Les phénomènes du magnétisme ont sans doute une base naturelle; et nous croyons que le cercle de la nature est beaucoup plus large ici que plusieurs ne se l'imaginent. Mais s'il faut prendre garde d'attribuer trop facilement aux anges ou aux démons, comme le font quelques-uns, tous les effets singuliers et extraordinaires du magnétisme ou du somnambulisme, il serait tout aussi déraisonnable de nier que l'action des puissances infernales puisse s'y mêler bien souvent; car, parmi ces effets, il en est plusieurs qui dépassent évidemment les limites de la science et de la puissance naturelle de l'homme. Nous dirons la même chose des phénomènes qui se sont produits dans ces derniers temps sous la forme de tables tournantes ou parlantes et qui ont mis l'Europe entière en mouvement. Nous avons assisté nous-même plusieurs fois à des séances très-intéressantes en ce genre; mais nous devons avouer que, parmi les faits dont nous avons été témoin, il n'en est aucun qui nous ait paru surpasser d'une manière certaine les forces de la nature, et qui n'ait pu s'expliquer par une certaine influence magnétique. Il en est d'autres cependant qui semblent avoir un tout autre caractère. Ainsi, par exemple, nous avons vu deux têtes, l'une du Christ, l'autre de la sainte Vierge, dessinées au crayon par un enfant n'ayant jamais appris le dessin; et cependant ces têtes, et particulièrement celle de la sainte Vierge, sont faites avec une telle perfection qu'un de nos plus grands peintres, à qui on les a montrées, n'a pas craint de dire qu'elles ne pouvaient être que l'ouvrage d'une main très-habile et très-exercée. Pour moi, je déclare avoir vu, même en Italie, où il y a tant de chefs-d'œuvre en ce genre, peu de têtes aussi belles pour l'expression que celle de la sainte Vierge dessinée par cet enfant. Je connais de plus un homme très-distingué, qui occupe aujourd'hui un poste important dans l'Université, lequel possède un Mois de Marie en prose et en vers, composé par un enfant de sept ou huit ans, qui, je crois, sait à peine écrire. Je n'ai point lu ce livre; je ne puis donc en juger par moi-même; mais je connais plusieurs ecclésiastiques très-respectables et fort bons juges en ces matières, lesquels m'ont assuré qu'il y a dans cet ouvrage des pages qui révèlent un talent vraiment extraordinaire.

On sait que les phénomènes des tables tournantes ont subi bien des phases. D'abord plusieurs personnes, se mettant autour d'une table, se tenaient par la main, et formaient ainsi comme une chaine magnétique, qui finissait par mettre la table en mouvement. On adressait alors aux esprits invisibles, dont on la croyait l'organe, des questions plus ou moins indiscrètes, à l'aide de certains signes de convention; et l'on cherchait à soulever ainsi le voile qui couvre les choses invisibles. On a essayé d'attribuer à la supercherie tout ce qu'on ne pouvait expliquer naturellement en ce genre; c'est là depuis longtemps, on le sait, la ressource des ignorants et des esprits légers ou paresseux. Mais, de toutes les explications, c'est, à notre avis, la plus futile et la plus absurde. Nous avons été témoin de plusieurs faits de ce genre; nous y avons même pris part quelquefois, et nous devons à la vérité de dire que nous n'avons jamais remarqué aucune tromperie, malgré toutes les précautions que nous avons prises pour la constater. Bien plus, nous nous sommes assuré une fois, dans une expérience à laquelle nous prenions part, que la table a remué malgré les efforts d'une personne qui, craignant une indiscrétion, cherchait à peser sur elle.

Ce n'était encore là que l'enfance de l'art. Après les tables tournantes et parlantes, sont venues les tables écrivantes. Un crayon placé en guise de pied sous une petite table servait à rendre les réponses de l'oracle. On posait la table sur une feuille de papier; puis la personne chargée de la faire manœuvrer la magnétisait en quelque sorte en tenant ses mains dessus; et au bout d'un temps plus ou moins long la table traçait par ses mouvements, à l'aide du crayon, sur la feuille de papier, des caractères grossiers, mais lisibles cependant. Pour simplifier davantage encore l'expérience, on traça en forme de cadran autour d'une planche les lettres de l'alphabet. Une aiguille servant d'indicateur, et magnétisée aussi, mais non dirigée par la main, allait se poser d'elle-même sur les lettres, et composait ainsi des mots et des phrases qui avaient quelquefois un sens très-profond. Enfin, on en est venu à employer, au lieu de tables ou de planches, des enfants ou des personnes sans instruction, ne sachant ni lire ni écrire, et ne pouvant, à cause de cela, donner lieu à aucun soupçon. On leur met à la main une plume ou un crayon, et l'on obtient ainsi des résultats souvent fort extraordinaires et qu'il est très-difficile d'expliquer naturellement. Il paraît qu'en Amérique surtout les choses ont été poussées beaucoup plus loin encore, et que là des tables ou d'autres objets matériels sont mis en mouvement sans le concours d'aucun homme; de sorte qu'il est impossible en ces circonstances de méconnaître l'action d'un agent invisible et extranaturel. Le sens des choses surnaturelles est si affaibli aujourd'hui, l'homme est tellement esclave des choses sensibles qu'il ne peut se décider à croire aux phénomènes qui s'élèvent au-dessus de cette sphère où il vit habituellement; de sorte qu'il aime mieux nier les faits de ce genre, ou les attribuer à l'illusion ou à la supercherie, que de se donner la peine de les examiner sérieusement, et de s'exposer ainsi à rencontrer quelque agent invisible et surnaturel dont il redoute la présence, ou dont il a quelquefois intérêt à nier l'existence. On ne croit plus au démon, et c'est bien là, sans contredit, un des signes les plus manifestes de sa puissance et de son action. Afin d'échapper à la nécessité de reconnaître son influence, on a exagéré les forces et l'énergie de la nature, et on a mis sur son compte une multitude d'effets et de phénomènes que l'on attribuait autrefois au démon, et dont elle ne peut manifestement être la cause. On a ainsi agrandi son domaine de tout ce que l'on a ôté aux esprits invisibles. Mais il arrive souvent ici comme dans toutes les positions forcées; on est obligé de faire violence aux faits et au bon sens pour faire entrer dans le cadre des choses purement naturelles des résultats qui appartiennent évidemment à un autre ordre.

Jamais peut-être l'action du démon n'a été plus profonde ni plus sensible qu'aujourd'hui. Il se passe au fond de la société, dans ces abimes de ténèbres et de corruption qui touchent à ceux de l'enfer, il se passe des choses monstrueuses, inconnues, grâce à Dieu, pour la plupart des hommes, des choses qui feraient désespérer de l'avenir du monde, et sembleraient donner raison à ceux qui croient que la fin des temps est proche, si, à côté de ces prodiges du mal, le bien n'avait aussi ses héros et ses miracles. Le culte de Satan est formellement constitué et pratiqué en Europe, surtout dans certaines parties et dans certaines villes où l'impiété et l'athéisme ont fait plus de progrès. Ce culte s'est allié à la démagogie, et recrute ses adeptes parmi les tristes victimes de ces théories, qui ne tendent à rien moins qu'au renversement de toutes les choses divines et humaines, de sorte que la parole prophétique de l'illustre Gœrres se trouve parfaitement confirmée, lorsqu'il disait que son livre viendrait à temps, et qu'il se préparait une manifestation de l'enfer telle qu'on n'en aurait jamais vu de semblable depuis le paganisme. Déjà un homme qui semble avoir le génie de l'absurde, si l'on peut accoupler ensemble deux expressions aussi contradictoires, a osé écrire que Dieu est le mal, qu'il est l'adversaire déclaré du genre humain, et que tout l'effort de l'homme doit être de se soustraire à sa puissance et d'affaiblir son empire. Jamais assurément le monde, même au sein du paganisme, n'avait entendu une telle énormité. C'est la théorie du mal et de l'enfer donnée pour base à la société humaine. Pour qu'un homme ait pu prononcer un tel blasphème il faut que le règne du mal et du démon ait été bien répandu à l'époque où il parlait ainsi; car il n'y a rien d'isolé dans l'histoire, et le tissu en est si fortement serré que tous les fils s'y tiennent, et que les anomalies les plus frappantes en apparence ont encore leur principe et leur explication dans ce qui les entoure.

Ainsi, dans les bas-fonds de la société, tout près de nous, sous nos pieds, se célèbrent les mystères de l'enfer. Le diable a ses adeptes, ses prêtres, ses initiateurs, son culte, ses cérémonies, ses pratiques et sa morale. Celle-ci nous la connaissons en partie par les théories charnelles et démagogiques qui ont trahi plus d'une fois les secrets de ces associations ténébreuses. Les novices sont initiés à ce culte abominable de la même manière qu'ils l'étaient autrefois, par un pacte solennel, dans lequel ils renoncent formellement à Dieu et au ciel, et se reconnaissent les vassaux de Satan. Aujourd'hui comme autrefois ils signent encore de leur sang ce pacte sacrilége, et les missionnaires, qui ont été chargés d'évangéliser les contrées où ces horribles mystères sont particulièrement en honneur, ont eu plus d'une fois l'occasion de se faire remettre ces sortes de formules, par des hommes que leurs exhortations avaient touchés. Nous nous rappelons encore avec terreur ce qui nous a été raconté en ce genre, en 1847, par un saint missionnaire qui s'était trouvé plusieurs fois dans la nécessité de se faire apporter des formules de ce genre. Son regard pénétrant avait entrevu les conséquences funestes qui devaient résulter d'un tel état de choses; et il nous disait avec un accent de certitude que nous n'oublierons jamais : « Soyez sûr qu'avant peu nous verrons d'horribles catastrophes. »

Le manichéisme, comme on a pu le voir dans la suite de cet ouvrage, n'a jamais disparu tout à fait dans le monde; chassé d'un pays, il s'est réfugié dans un autre. Forcé de soustraire aux regards ses impurs mystères, il s'est caché dans les antres et les cavernes; ou bien, dissimulant sous des dehors hypocrites ce qu'il y avait dans sa doctrine de trop choquant pour l'opinion publique, il a pris d'autres formes, et a réuni ses adeptes par les liens d'une société secrète et ténébreuse. Mais le fond de sa doctrine, malgré toutes les modifications apparentes qu'elle a subies, est toujours resté le même. Le culte de Satan et de la chair, le mépris orgueilleux de toute autorité, de toute supériorité, l'amour et la convoitise des richesses et du bien-être, tels ont toujours été son culte, ses dogmes et sa morale ; et nous le retrouvons encore aujourd'hui ce qu'il était à son origine, lorsque la révélation de ses horribles mystères épouvanta l'Église et la société tout entière, et arma contre lui les foudres du saint-siége et des conciles, et le glaive du bras séculier. Au treizième siècle, le manichéisme longtemps comprimé leva enfin le masque, sous la protection des comtes de Toulouse, et essaya de nouveau de ressusciter le paganisme. Ce fut alors que Dieu suscita deux hommes et deux ordres religieux chargés spécialement de défendre la société contre les incursions de ce terrible ennemi. Saint François et saint Dominique eurent pour mission de réhabiliter la pauvreté, l'obéissance, l'humiliation, la souffrance, la croix de Jésus-Christ en un mot, contre ces nouveaux adorateurs de la chair. Leur vie pauvre, obéissante et mortifiée fut une protestation solennelle contre les doctrines sensuelles et révolutionnaires des nouveaux Manichéens. Leurs exemples et leurs exhortations sauvèrent alors la société, bien plus encore que les victoires de Simon de Montfort. Puisse cette leçon salutaire n'être pas perdue pour les princes qui gouvernent aujourd'hui l'Europe ! Puissent-ils comprendre l'analogie frappante qui existe sous tant de rapports entre les doctrines par lesquelles l'esprit d'erreur cherche à pervertir aujourd'hui les peuples, et les théories qui essayèrent de se faire jour au treizième siècle ! Puissent-ils comprendre que, le mal se produisant sous les mêmes formes, la prudence et la sagesse conseillent d'employer pour le guérir un remède qui a déjà si bien réussi. Les ordres religieux, et particulièrement les ordres pauvres et mendiants, sont spécialement appropriés à l'état et aux besoins de la société moderne. C'est à eux qu'il appartient de réconcilier avec la pauvreté, l'obéissance et la mortification une génération dévorée par la soif de l'or, du pouvoir, des honneurs et des plaisirs. Il faut, et pour les pauvres et pour les riches, et pour encourager les premiers, et pour effrayer les seconds, des hommes qui marchent volontairement nu-pieds, revêtus de bure, de sorte que les pauvres puissent en les voyant se dire que la pauvreté n'est pas si redoutable, puisqu'il y a des hommes qui la choisissent de préférence; et que les riches puissent apprendre de leur côté que la fortune n'est pas le plus grand bien, puisqu'il y a des hommes qui en tiennent si peu de compte.

Le culte du démon est encore aujourd'hui lié à certaines pratiques de théurgie et de nécromancie, qui rappellent d'une manière sensible celles du paganisme. Nous citerons à ce sujet un fait qui nous a été raconté par un ecclésiastique de nos amis, il y a quelques années. Se trouvant dans une des capitales les plus importantes de l'Europe, il y fit connaissance d'un gentilhomme très-versé dans la chimie et les autres sciences naturelles, peu disposé par conséquent aux illusions et aux préjugés spiritualistes, d'autant plus qu'il avait vécu dans l'éloignement de la religion et qu'il n'était converti que depuis peu de temps. Ce gentilhomme avait entendu parler de sociétés secrètes, où les doctrines démagogiques s'alliaient aux pratiques de la nécromancie. Poussé par la curiosité, il voulut savoir ce qu'il y avait de vrai dans ces récits; et, pour cela, il se fit affilier à l'une de ces associations, dont chacune était, je crois, composée seulement de douze membres, et dont les réunions avaient lieu la nuit. Il y fut témoin de choses fort extraordinaires. Les initiés entraient, à l'aide du somnambulisme magnétique, en rapport avec les défunts, qui leur apparaissaient et répondaient à toutes leurs questions. De retour chez lui, il voulut s'assurer par lui-même s'il n'y avait point là quelque supercherie ou quelque illusion, et il essaya d'obtenir les mêmes résultats, en magnétisant son fils, âgé de onze ou douze ans. Puis, lorsqu'il l'eut endormi, il évoqua l'ombre de sa femme, qu'il avait perdue lorsque ce fils n'avait encore que deux ans, de sorte qu'il n'avait pu la connaître. L'enfant dans son sommeil dépeignit sa mère d'une manière si parfaite que son père en fut étonné et effrayé en même temps. Celui-ci demanda à son fils s'il ne pourrait pas avec un crayon dessiner le portrait de sa mère. Le fils répondit qu'il croyait pouvoir le faire. On lui donna donc un crayon et du papier, et il fit en quelques minutes le portrait de sa mère très-ressemblant et pour les traits et pour le costume.

Le père, voulant pousser plus loin encore ses expériences, alla trouver l'ecclésiastique dont nous avons parlé plus haut, avec lequel il était très-lié. Il lui raconta ce qui s'était passé, et le pria de lui permettre de le magnétiser. Après bien des objections et des résistances, il obtint enfin ce qu'il désirait. Lorsqu'il l'eut endormi, il répéta l'expérience qu'il avait faite avec son fils, et elle eut le même résultat. Le prêtre, dans son sommeil magnétique, vit très-bien la femme de son magnétiseur, et en fit au crayon le portrait d'une ressemblance parfaite. Il vit encore plusieurs autres défunts mis en rapport avec lui.

Mais une fois revenu de son sommeil, son esprit fut pendant plusieurs jours assiégé et troublé par des souvenirs et des visions terribles du monde étrange qui lui avait apparu pendant son extase magnétique; et les choses allèrent au point qu'il n'osa célébrer la messe en cet état. Il se sentait en quelque sorte esclave d'une puissance étrangère, et craignait une véritable obsession. Il me confia ce qui lui était arrivé, et me dit en même temps que le gentilhomme qui l'avait magnétisé avait été lui-même tellement épouvanté du succès qu'il avait obtenu qu'il pensait à aller à Rome rapporter au souverain pontife ce qui lui était arrivé. Je l'adressai à un savant prélat, et j'ignore ce que l'affaire est devenue depuis; je sais seulement que le gentilhomme et son fils sont partis pour Rome, et que leur voyage a été marqué par des aventures et des rencontres fort extraordinaires. Nous donnons ce fait tel qu'il nous a été raconté; l'ecclésiastique de qui nous le tenons est un homme dont le témoignage est irrécusable; nous sommes donc certain du fait, comme s'il nous était arrivé à nous-même. Il pourra faire entrevoir aux lecteurs l'abîme que l'incrédulité et l'irréligion ont creusé sous nos pas.

Cependant, au milieu de ces épouvantables manifestations du mal, Dieu ne laisse pas son Église sans témoignages visibles de sa puissance et de son amour; et si l'enfer semble d'un côté prendre part immédiatement à la lutte, le ciel paraît, de l'autre, entrer en lice d'une manière directe et formelle contre lui. La race des saints n'a pas péri; et en ce moment encore, dans toutes les parties de l'Église, des âmes privilégiées rappellent ces temps heureux bénis par une effusion toute spéciale de l'Esprit-Saint. Les uns, initiés aux secrets de l'avenir par le don de prophétie, essayent d'effrayer la génération présente par l'annonce des châtiments que Dieu nous réserve si nous ne revenons à lui. Les autres, introduits par le don de science et de sagesse dans la connaissance des mystères de la foi, expliquent sous l'inspiration du Saint-Esprit le sens caché des divines Écritures. D'autres portent sur leur corps les stigmates du Sauveur, et retracent dans leur vie souffrante et mourante les agonies et les douleurs de sa passion et de sa mort. Nous ne parlerons point ici de l'extatique de Kaldern, qui, depuis vingt-cinq ans, renouvelle chaque semaine, dans son corps fragile, brisé par la maladie et la souffrance, les tourments de la passion; le lecteur a pu suivre les détails de cette vie extraordinaire dans la peinture que nous en a laissée l'auteur de la *Mystique*. Nous nous contenterons d'ajouter ici que cette femme extraordinaire vit encore; qu'on peut la visiter avec une permission de l'évêque diocésain et de l'autorité civile, et que ceux qui douteraient encore de la réalité des faits qu'on raconte d'elle peuvent aller les constater sur les lieux mêmes.

A Naples, dans un modeste couvent dont les religieuses

sont occupées à élever de petites filles pauvres, vit une femme que Dieu visite aussi d'une manière merveilleuse et à qui il a communiqué le don de science et de sagesse. La sœur Marie-Louise, c'est le nom de cette religieuse, sait à peine écrire, quoique ses correspondances avec les personnes qui la consultent de toute part et les nombreux écrits qu'elle a publiés depuis le moment où elle a reçu le don de Dieu aient rendu son écriture plus lisible et son orthographe plus correcte. Il y a quelques années, elle sentit après la communion comme une voix intérieure qui lui ordonnait de lire et de commenter le livre de Josué. Elle n'avait jamais lu la sainte Écriture, à part les évangiles et les épitres de l'année. Elle regarda cette pensée comme une illusion de l'amour-propre, et résolut de n'en tenir aucun compte. Mais après chaque communion la même voix intérieure se faisait entendre, de sorte que, craignant à la fin de manquer à la simplicité et à l'obéissance en cachant plus longtemps à son confesseur ce qui se passait en elle, elle se décida à le lui communiquer. Celui-ci pensa d'abord comme elle que ce pouvait être une illusion, et lui conseilla de n'y faire aucune attention, tout en exigeant d'elle qu'elle lui rapportât fidèlement tout ce qu'elle éprouverait. Voyant que la voix intérieure faisait toujours de nouvelles instances, il prit la chose plus au sérieux, et craignit de s'opposer aux desseins de Dieu en retenant plus longtemps sa pénitente. Il lui conseilla donc de lire et de commenter par manière d'essai les premiers chapitres de Josué. Marie-Louise prit le livre, et à la vue de ces batailles dont il y est parlé, elle fut effrayée de la tâche qui lui était imposée. Quel sens mystique, se disait-elle, pourrai-je trouver dans tous ces combats? Cependant elle prit la plume par obéissance, et sa plume, comme poussée et dirigée par une main étrangère, se mit à courir sur le papier avec une rapidité qui l'étonnait elle-même. Elle présenta son travail à son confesseur, qui, après l'avoir examiné, lui commanda de continuer, tout en lui cachant les sentiments d'admiration dont il avait été pénétré en lisant ce qu'elle avait écrit. Le livre de Josué une fois achevé, la voix lui prescrivit d'en expliquer un autre; et c'est ainsi qu'elle a interprété successivement tous les livres de la sainte Écriture, s'appliquant surtout à en faire ressortir, à la manière des Pères et particulièrement de saint Grégoire, le sens mystique et allégorique. Ce commentaire, qui forme une vingtaine de volumes, en est déjà à sa seconde édition; et ce que nous en avons lu nous a laissé cette impression qu'un travail de ce genre suppose ou une connaissance approfondie de l'Écriture et des Pères qui l'ont interprétée, ou une infusion particulière de l'esprit de Dieu. Ce que nous y avons remarqué surtout, c'est une exactitude théologique qui serait admirable déjà dans un théologien consommé. C'est surtout dans son commentaire sur l'Évangile de saint Jean que cette merveilleuse qualité ressort davantage. Dans le premier chapitre, le mystère de la Trinité y est exposé avec une largeur et une élévation de pensées qui rappellent la manière de Bossuet. Il nous a été donné de nous entretenir plusieurs fois avec cette femme admirable; et c'est d'elle-même que nous tenons tous ces détails, qu'elle nous racontait avec une simplicité d'enfant. Je n'oublierai jamais cette figure bonne, simple, ingénue, où la sainteté ne se manifeste que par une candeur vraiment enfantine. On ne peut apercevoir sur ses traits, ni dans ses manières, ni dans sa conversation, aucune trace d'affectation, de vanité ni de pruderie. Elle raconte ce que Dieu fait en elle, comme elle le ferait d'une autre, sans y attacher la moindre importance, sans aucun retour sur soi; et c'est bien là le caractère de la vraie sainteté.

Il nous a été donné encore de connaître un saint religieux de Saint-François, attaché au couvent de Sainte-Marie des Anges à Assise, et que Dieu favorisait aussi de dons singuliers. Fra Luigi, c'était son nom, avait été chargé d'aller quêter en Allemagne pour la réparation de l'église de Sainte-Marie des Anges, dont la voûte avait été détruite par un tremblement de terre. C'est à Vienne, en 1834, que nous le vîmes pour la première fois. Nous recommandâmes à ses prières une personne qui nous était chère et dont le sort nous inquiétait vivement. Et comme nous savions qu'il jouissait de communications intimes avec Dieu, nous le priâmes de le consulter au sujet de cette personne, et de nous dire ensuite ce qu'il lui aurait appris. C'était ordinairement la nuit qu'il s'adressait à Dieu dans l'oraison. Il nous répondit avec une simplicité charmante qu'il ferait ce que nous lui demandions, mais qu'il ne savait s'il pourrait réussir. Trois ou quatre jours de suite il nous dit qu'il avait pensé à notre affaire, mais qu'il n'avait rien pu voir. Un jour enfin il nous annonça que Dieu l'avait éclairé, et il nous donna sur la personne que nous lui avions recommandée des détails qui se trouvèrent justes. Un jeune homme qui se distinguait par une grande pureté avait fixé son attention. Avec ce sens exquis que donne la sainteté, il avait senti le parfum de chasteté qui s'exhalait de l'âme de ce jeune homme, de sorte qu'il était attiré vers lui par un attrait tout particulier. Il voulait l'avoir sans cesse près de lui, et posait de temps en temps sa main sur sa tête pour le bénir. Je lui demandai la cause de cet attrait; il me dit que Dieu avait de grands desseins de miséricorde sur ce jeune homme, et qu'il fallait faire en sorte qu'il n'y fût point infidèle. Quelques années auparavant Dieu lui avait inspiré la pensée d'aller trouver le pape Grégoire XVI pour lui dire plusieurs choses importantes. Avec cette candeur d'enfant qui le caractérisait, il alla trouver son supérieur, et lui raconta ce qui lui était arrivé, en remettant l'affaire entre ses mains. Celui-ci, qui connaissait Fra Luigi, lui permit d'aller à Rome s'acquitter de sa mission auprès du pape. Le souverain pontife le reçut avec bonté, l'écouta pendant plusieurs heures avec attention, et le congédia après l'avoir béni et s'être recommandé à ses prières. On ne sait lequel admirer davantage dans cette histoire, ou du bon religieux, ou de ses supérieurs, ou du pape; car elle suppose en tous une merveilleuse simplicité que la foi seule peut inspirer.

Deux ans plus tard, je revis Fra Luigi à Assise avec le jeune homme qui l'avait tant intéressé à Vienne. Nous le trouvâmes occupé à nettoyer la petite chambre où est mort saint François, et qui sert aujourd'hui de chapelle dans l'église de Sainte-Marie des Anges. Je n'oublierai jamais le cri de jubilation qu'arracha de son cœur la vue inopinée de ce jeune homme, ni l'effusion de tendresse avec laquelle il nous reçut. Puis, quand il fallut se quitter, il ne put retenir ses larmes; et prévoyant bien que c'était pour la dernière fois qu'il nous voyait sur la terre, il nous montra du doigt le ciel, comme pour nous dire que c'était là qu'il nous donnait rendez-vous. Il mourut en effet quelques années après. Il n'avait jamais voulu entrer dans les ordres, par humilité; et son occupation favorite était de soigner, de nettoyer et d'entretenir les deux chambres consacrées par les deux actes les plus importants de la vie de saint François, et autour desquelles on a bâti l'église de Sainte-Marie des Anges. L'une est celle où il donna sa règle à ses disciples; elle est connue sous le nom de Portioncule; l'autre est celle où il est mort. Il y passait les jours le balai à la main, nettoyant les murs, le pavé, l'autel, nourrissant son âme de saintes pensées et des souvenirs que lui rappelaient ces lieux sanctifiés par la présence de son père. Nous pourrions citer encore plusieurs autres saints personnages mystiques qui ont vécu dans ces dernières années à Rome et en Italie et qui ont été célèbres par leurs extases, leurs ravissements ou le don des miracles.

Mais ce n'est pas seulement en Italie que la mystique fleurit; Dieu n'a pas voulu priver la France de ce témoignage particulier de sa puissance et de son amour. Aujourd'hui encore, dans un diocèse de l'Ouest, plusieurs saintes religieuses reproduisent en leurs personnes les phénomènes mystiques les plus extraordinaires. L'une d'elles, novice dans une communauté chargée de faire l'école aux petites filles et de visiter les malades dans les campagnes, après avoir été guérie miraculeusement d'une maladie qui ne laissait plus aucun espoir aux médecins, a eu en 1854 une extase qui a duré depuis le jeudi saint jusqu'au jour de Pâques. Cette extase lui avait été annoncée d'avance, et elle en avait prévenu ses supérieurs; de sorte qu'on put prendre toutes les mesures que conseillent la prudence et la charité dans ces circonstances. La communauté tout entière et un grand nombre d'étrangers eurent le bonheur de la voir en cet état, et tous sortirent d'auprès d'elle grandement édifiés du spectacle qu'ils avaient eu sous les yeux. Pendant tout ce temps elle s'entretenait avec la sainte Vierge; et quoiqu'on n'entendit point celle-ci parler, on pouvait très-bien juger par les choses que disait la sœur qu'elle répondait à des demandes que la sainte Vierge lui avait faites. Elle assista ainsi avec la sainte Vierge à toutes les scènes de la douloureuse passion de Notre-Seigneur; et l'on voyait par les souffrances qu'elle endurait qu'elle y prenait une part bien vive. De gros pleurs tombaient de ses yeux, et son front parfois ruisselait de sueur. La sainte Vierge lui demanda si elle voulait consentir à souffrir en expiation des péchés de ses frères, et elle répondit qu'elle était prête à endurer toutes les peines et toutes les douleurs pour l'amour de son Dieu et le salut de son prochain. Le dimanche de Pâques elle se réveilla tout à coup de son extase, et quoiqu'elle n'eût rien pris depuis le jeudi, elle se leva aussi forte que si rien d'extraordinaire ne lui fût arrivé, et fit dans la communauté tout ce qu'elle avait à faire sans paraître fatiguée.

Dans une autre communauté du même diocèse, une sœur converse, postulante encore, âgée de dix-neuf ans, ne sachant ni lire ni écrire, a vu plusieurs fois la sainte Vierge lui apparaître dans le cimetière et en d'autres lieux du couvent. Une fois entre autres, voulant donner à la communauté tout entière un témoignage authentique de sa visite, la sainte Vierge annonça à cette jeune fille qu'une affaire très-importante se traitait depuis quelque temps entre la supérieure de la maison et l'évêque du diocèse, et que, jusqu'à ce qu'elle fût définitivement terminée, elle passerait tout ce temps sans boire, ni manger, ni dormir. Elle vécut un mois en effet dans une abstinence et une insomnie complètes, sans négliger malgré cela les travaux, très-fatigants d'ailleurs, auxquels elle était occupée dans la maison, ce que la communauté tout entière ne pouvait assez admirer. Enfin, au bout de ce temps, elle sentit tout à coup, pour la première fois, le besoin de manger. La sœur chargée de la cuisine lui donna une tasse de lait avec du pain bis, et elle mangea sans en être indisposée. Or, au moment où elle fut prise par la faim, la supérieure de la maison se trouvait dans le cabinet de l'évêque, et tous les deux ensemble prenaient une résolution définitive sur l'affaire qui les tenait en suspens. Depuis cet événement, de nouvelles faveurs ont été accordées à cette religieuse. Afin de préserver son humilité des périls auxquels sont exposées les âmes que Dieu visite de cette manière, ses supérieurs l'ont placée dans une autre maison qui n'est connue que d'eux et de quelques personnes. Cependant, malgré tout le mystère dont on a cherché à l'entourer, d'heureuses indiscrétions ont soulevé de temps en temps le voile sous lequel on cache avec raison ces états extraordinaires. Ainsi l'on sait que tous les phénomènes de la passion de Notre-Seigneur se sont reproduits pendant la semaine sainte de cette année 1854 dans sa personne, entre autres les stigmates et la flagellation. Plusieurs témoins ont été appelés pour examiner et constater ces faits extraordinaires, et sont sortis avec la conviction qu'ils sont tout à fait surnaturels. L'un d'entre eux, homme instruit, froid et très-grave, a raconté que pendant la flagellation on entendait les coups se succéder rapidement avec un bruit et une violence à faire frémir; peu s'en fallut qu'il ne se trouvât mal. La pauvre patiente avait le corps tout meurtri, ensanglanté et comme broyé; elle pouvait à peine se remuer, et ses douleurs étaient excessives. Une particularité remarquable de l'état de cette bonne sœur, c'est que toutes les marques extérieures des divers phénomènes qu'elle éprouvait disparaissaient dès que l'obéissance l'appelait à un exercice public. Voulant cacher par humilité aux sœurs de la communauté où elle se trouvait les faveurs signalées de Dieu à son égard, elle avait demandé avec instance cette grâce à Notre-Seigneur, et n'avait consenti pour ainsi dire qu'à cette condition à s'offrir comme victime à sa justice.

Elle portait habituellement des gants, et cette circonstance a fait penser aux personnes qui vivaient avec elle que c'était une précaution qu'elle prenait pour cacher les traces des stigmates qu'elle avait reçus. Toutes les mesures que conseille la prudence en ces sortes d'occasions ont été prises, afin de bien constater la véritable nature des phénomènes qui se sont produits chez cette jeune fille. L'évêque du lieu l'a fait examiner par des médecins et des hommes graves, capables de porter un jugement en ces sortes de matières. Non content de cela, il a, dit-on, adressé au saint-siége un rapport détaillé, afin de soumettre ces faits à la congrégation qui est spécialement chargée de les étudier. En rapportant ici le peu qu'il nous a été donné d'en connaitre par des témoignages qui nous offrent toute sécurité, nous ne voulons rien préjuger relativement à leur nature, et nous attendons, pour nous faire à ce sujet une conviction bien arrêtée, que l'autorité ecclésiastique se soit prononcée. Car nous savons jusqu'à quel point la nature, ou même le démon, peut imiter quelquefois en ce genre les opérations de la grâce divine, et combien il est facile de confondre avec le surnaturel ce qui est seulement extra-naturel.

Si, après un examen sérieux et attentif, le caractère surnaturel et divin de ces états est bien constaté, ce sera, il n'en faut pas douter, une bénédiction pour le pays où ils se sont produits, comme il arrive toujours en ces circonstances; car ce sont là de ces grâces que les théologiens appellent *données gratuitement*, parce que Dieu les accorde, moins encore pour celui qui en est le dépositaire que pour les autres à qui elles doivent profiter. On ne saurait se faire l'idée des effets admirables qu'a produits dans le Tyrol le spectacle des extases douloureuses de Marie de Mœrl et de Domenica Lazzari. Plusieurs paroisses ont été changées entièrement : l'esprit de foi et de piété s'est ranimé dans les populations, qui accouraient en foule et en procession pour être témoins de ces phénomènes extraordinaires, et qui s'en revenaient en chantant des hymnes et des cantiques de louange au Seigneur. Des incrédules se sont convertis, des esprits chancelants dans la foi ont été affermis ; et Marie de Mœrl est encore aujourd'hui dans le Tyrol comme une fleur dont les célestes parfums embaument toute la contrée. Il est bien difficile, en effet, pour un esprit sérieux et un cœur droit, de résister à ces sortes de spectacles. Comment ne pas croire à la passion du Sauveur et à sa divine efficacité quand on la voit se reproduire d'une manière si parfaite, à dix-huit siècles de distance, dans de pauvres femmes simples, sans éducation et dont l'esprit et l'imagination sont garantis par leur ignorance même et leur simplicité des impressions auxquelles on a coutume d'attribuer ces états ? Un grand nombre de nos amis ont visité Marie de Mœrl et Domenica Lazzari. La plupart étaient des hommes aussi distingués par leur intelligence que par les qualités de leur cœur, et plusieurs se sont acquis un nom justement célèbre par leurs travaux. Tous sans exception ont rapporté de la modeste chambre où s'accomplissaient ces pieux mystères une foi plus vive, un amour plus tendre pour Notre-Seigneur et une plus grande dévotion pour sa passion sacrée.

On a coutume, je le sais, d'attribuer, soit à une imagination exaltée, soit à la maladie ces sortes de phénomènes; on a même trouvé un nom pour désigner celle-ci. Que ces états soient accompagnés ordinairement d'une certaine exaltation de l'esprit et d'une disposition maladive du corps, cela se conçoit, et il n'en saurait guère être autrement. Tout état surnaturel ne consiste-t-il pas précisément en effet dans une élévation, ou, si l'on veut, dans une exaltation de la nature? Et comment les puissances de l'âme et du corps pourraient-elles garder l'équilibre qui maintient leur harmonie lorsqu'elles sont comme envahies par une puissance étrangère et supérieure? Si une affection purement humaine, comme la joie ou la douleur, bouleverse quelquefois l'âme et le corps au point de les jeter dans des états que la science a peine à constater, que doit-ce être quand la charité unit l'âme à Dieu d'une union si forte et si intime qu'elle ressent en elle tout ce que Notre-Seigneur Jésus-Christ a senti dans son humanité sainte? Cet état est une maladie, c'est vrai; mais qu'est-ce que cela prouve, et que prétend-on expliquer de cette manière? C'est esquiver la difficulté au lieu de la résoudre; car il faut en ce cas expliquer la maladie, ce qui n'est pas plus facile que de rendre compte des phénomènes dont on dit qu'elle est la cause. Nous ne nions pas la maladie; mais nous affirmons que c'est une maladie surnaturelle et divine dans sa source et son principe, dans les formes sous lesquelles elle se produit, dans son cours, ses effets et ses crises. C'est une maladie qu'aucun remède naturel ne peut guérir, qui n'est pas seulement du ressort de la médecine, mais qui demande surtout les soins, les secours et l'examen du prêtre et du théologien. En effet, la maladie consiste dans un manque d'équilibre et d'harmonie entre les forces de l'organisme; et personne ne peut nier que les états extraordinaires dont il s'agit ici ne rompent presque toujours cet équilibre. Ils ont d'abord pour effet nécessaire d'assujettir le corps à l'âme d'une manière tout à fait insolite; de sorte que le premier, subjugué complétement par celle-ci, n'a presque plus la force de réagir contre les impressions qu'il en reçoit, et n'est plus pour ainsi dire qu'une enveloppe frêle et légère, usée continuellement et atténuée par l'action de la grâce divine. Il en est de même, dans un sens contraire, de la possession. Au reste, il est bien des cas où l'on ne peut constater aucune maladie proprement dite, où toutes les fonctions sont régulières, où l'état du pouls, lequel sert habituellement à indiquer le rhythme intérieur de la vie, n'offre aucune altération sensible, où la maladie ne laisse par conséquent entrevoir que son caractère surnaturel. Bien souvent aussi ces phénomènes extraordinaires se sont produits chez des personnes très-peu disposées à l'exaltation, d'une grande simplicité d'esprit, ou remarquables au contraire par la fermeté de leur intelligence et la maturité de leur jugement, comme sainte Thérèse, par exemple ; ou bien encore chez des personnes d'un caractère froid et rassis, peu impressionnables, ou même de sens obtus. Ces états singuliers s'annoncent quelquefois d'une manière subite, sans aucune préparation, sans aucun indice qui ait pu les faire pressentir d'avance, et ils disparaissent de la même manière au jour et à l'heure que Dieu veut.

Il est tout aussi impossible de les expliquer par le magnétisme et le somnambulisme, malgré l'analogie frappante qu'ils présentent parfois avec les phénomènes observés dans ces derniers états, à moins que l'on n'admette avec Goerres un magnétisme surnaturel ou diabolique, dans lequel Dieu ou le démon exerce sur l'âme un pouvoir dont les effets extérieurs ont beaucoup d'analogie avec ceux que le magnétiseur produit dans le somnambule dont il s'est emparé. Il serait par trop extraordinaire, en effet, que Dieu, qui a créé l'homme, ne pût se l'attacher par des liens aussi forts et aussi intimes que le fait un autre homme ou la nature en certains cas. Tout rapport de l'homme soit avec Dieu, soit avec les autres hommes, soit avec le démon, soit avec la nature peut, quand il est poussé au delà de certaines limites, devenir magnétique et développer les phénomènes propres à cet état. Peu importe le nom sous lequel on les désigne, pourvu qu'on s'entende bien sur leur cause et leur nature. Si le nom d'extase, de stigmates, d'état mystique vous répugne, dites qu'ils sont l'effet du magnétisme, nous y consentons; et ce mot nous l'adopterons volontiers, pourvu qu'il soit bien entendu que c'est un magnétisme d'un tout autre genre que celui qui se produit ordinairement, et que le magnétiseur en ce cas c'est Dieu lui-même, s'il s'agit d'un état mystique surnaturel, ou le démon dans les cas de possession diabolique, ou la nature dans les cas de magie naturelle. On aura beau faire, il y aura toujours des faits qu'il sera impossible d'expliquer sans l'intervention d'une puissance au-dessus ou en dehors de la nature. Et c'est un grand honneur pour l'homme que le ciel et l'enfer, Dieu et Satan, les anges et les démons se disputent ainsi sa conquête et sa possession, et qu'ils l'estiment assez pour entrer directement en lice à son sujet.

—

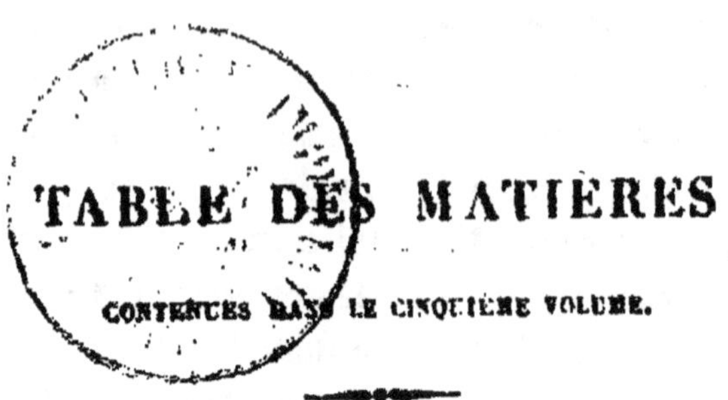

TABLE DES MATIÈRES

CONTENUES DANS LE CINQUIÈME VOLUME.

LIVRE HUITIÈME.

CHAPITRE VIII.

CHAPITRE IX.

CHAPITRE X.

CHAPITRE XI.

CHAPITRE XII.

CHAPITRE XIII.

CHAPITRE XIV.

CHAPITRE XV.

CHAPITRE XVI.

CHAPITRE XVII.

CHAPITRE XVIII.

CHAPITRE XIX.

CHAPITRE XX.

CHAPITRE XXI.

CHAPITRE XXII.

CHAPITRE XXIII.

CHAPITRE XXIV.

CHAPITRE XXV.

CHAPITRE XXVI.

CHAPITRE XXVII.

CHAPITRE XXVIII.

CHAPITRE XXIX.

CHAPITRE XXX.

CHAPITRE XXXI.

CHAPITRE XXXII.

CHAPITRE XXXIII.

CHAPITRE XXXIV.

CHAPITRE XXXV.

CHAPITRE XXXVI.

CHAPITRE XXXVII.

CHAPITRE XXXVIII.

CHAPITRE XXXIX.

CHAPITRE XL.

CHAPITRE XLI.

CHAPITRE XLII.

CHAPITRE XLIII.

CHAPITRE XLIV.

CHAPITRE XLV.

CHAPITRE XLVI.

FIN DE LA TABLE DU CINQUIÈME VOLUME.

www.ingramcontent.com/pod-product-compliance
Lightning Source LLC
LaVergne TN
LVHW010526100826
845148LV00001B/108

9782012682566